融媒体实用教程系列

融媒体编辑
实用教程

RONGMEITI BIANJI SHIYONG JIAOCHENG

董毅敏 / 主编
林晓芳 刘建华 / 执行主编

中国书籍出版社
China Book Press

图书在版编目（CIP）数据

融媒体编辑实用教程 / 董毅敏主编 . — 北京：中国书籍出版社，2023.3
ISBN 978-7-5068-9365-7

Ⅰ.①融… Ⅱ.①董… Ⅲ.①传播媒介－运营管理－教材 Ⅳ.① G206.2

中国国家版本馆 CIP 数据核字（2023）第 049735 号

融媒体编辑实用教程

董毅敏　主编

责任编辑	李　新
责任印制	孙马飞　马　芝
封面设计	农云云
出版发行	中国书籍出版社
地　　址	北京市丰台区三路居路 97 号（邮编：100073）
电　　话	（010）52257143（总编室）　（010）52257140（发行部）
电子邮箱	eo@chinabp.com..cn
经　　销	全国新华书店
印　　刷	北京九州迅驰传媒文化有限公司
开　　本	787 毫米 ×1092 毫米　1/16
印　　张	24.5
字　　数	504 千字
版　　次	2023 年 3 月第 1 版　2023 年 3 月第 1 次印刷
书　　号	ISBN 978-7-5068-9365-7
定　　价	138.00 元

版权所有　翻印必究

融媒体实用教程系列编委会

主　任：魏玉山　黄晓新
副主任：董毅敏
编　委：张建星　李　勤　李维福　彭铁元　黄楚新
　　　　张晓锋　刘建华　祝　青　王　鸣　王　志

融媒体实用教程系列

课题组

组　长：董毅敏

副组长：林晓芳　刘建华

成　员：李维福　原业伟　彭铁元　赵　东　叶倩倩

　　　　　赵子忠　李国建　李科浪　秦　斌　梅明丽

　　　　　乌琼芳　满都拉　许润松　尚婷婷　朱飞虎

　　　　　张凤杰　王　强　朱晓华　邓国臣

课题合作单位：中国信息技术教育杂志社

　　　　　　　　中国传媒大学

　　　　　　　　同济大学

　　　　　　　　南京师范大学

　　　　　　　　深圳大学

　　　　　　　　青岛大学

　　　　　　　　内蒙古师范大学

统　筹：原业伟　王黎明　董奎兴　武向娜

序

  历经三年的编纂，"融媒体实用教程系列"的《融媒体编辑实用教程》《融媒体管理实用教程》两部书稿就要付印出版了，这两本书的基础是中国新闻出版研究院之前的两个课题，是我们在融媒体中心研究方面的成果之一。

  2018年11月，中央深改委审议通过《关于加强县级融媒体中心建设的意见》，提出了组建县级融媒体中心，提高县级媒体传播力、引导力、影响力的要求。此后一些县市陆续开展了县级融媒体中心建设试点，至2020年底，我国的县级融媒体中心建设已经实现了全覆盖。与此同时围绕融媒体中心建设的研究工作也得到重视，许多研究成果也陆续发表或出版。

  与其他研究成果相比，这两本书有以下三个特点：

  第一，这套书有一定的创新性，填补了融媒体理论学习和工作指南的空白，让媒体融合工作有规律可循，有章程可依，有实例可借鉴。融媒体中心是一种新的组织形态、新的媒体形态，与传统的广播电视、报纸期刊、网站等不同，也不是几种媒体的叠加或机构的合并，有其独特的管理运行方式；融媒体工作复杂多样，汇集了5G、人工智能、云计算、物联网、大数据、区块链等最新技术，有其独特的技术融合方式。同时各级融媒体中心数量庞大，地区差异性大，运营水平参差不齐，缺乏可资融媒体部门的编辑和管理者借鉴的资料教程或工作手册。这套书分别从融媒体编辑和融媒体管理两个方面研究，基本涵盖了当前融媒体的相关理论与运营中的一些关键环节。

  第二，这套书有一定的实用性，内容非常贴合融媒体运营的实际。《融媒体编辑实用教程》针对一线操作的融媒体编辑，详细介绍融媒体编辑所需要的技术手段、内容搜集方式、素材采集提取方式、融媒体美术编辑、内容播发与运营、传播效果和各种稿件审读等必备知识；根据最新融媒体趋势变化，指导编辑角色向产品经理的转换、美术编辑从平面到电子设备的转型。《融媒体管理实用教程》针对各级各类融媒体的管理者，梳理融媒体的组织架构和生产流程，包括采访、编辑、播发、反馈、考评等；介绍了自营平台运营的方法，网站、客户端、小程序、微信、微博、短视频、直播、B站等平台的特点和运营规律，深入分析自建平台和入驻平台的特点和规律；剖析融媒体商业运营的规律，介绍广告经营的策略和实践；介绍融媒体的技术支持体系，分析各种新技术应用的方法；介绍融媒体相关的行政法规和文件，避免版权和内容的各种纠纷。这两部书形成有机的整体，构建了完备的融媒体运营管理的知识架构。

第三，这套书具有一定的系统性。这套书的编者既有新媒体的实践者，又有传统出版人和传统媒体人，他们以多年从事媒体工作的经验与心得，对融媒体工作所需要掌握的政策法规与专业知识做了比较系统的安排，比如内容审读、美术设计、版权管理、法律法规等篇章，这些法规与知识虽然不是专门对融媒体工作讲的，但对于从事新闻舆论工作、宣传思想工作者来说是必不可少的。全书自成体系，既有一定的理论的高度概括，也有实际应用的示范。

技术发展日新月异，媒体融合发展是一个动态的过程，人们对媒体融合的认识也日益进步。希望课题组根据媒体融合发展的过程，不断更新、完善内容，真正成为各级各类融媒体中心和媒体工作者案头必备的工作手册，服务于一线的编辑和管理者，服务于融媒体中心建设工作。

2022年11月22日

出版说明

为助推构建以内容建设为根本、先进技术为支撑、创新管理为保障的全媒体传播体系，加快推动传统媒体和新兴媒体深度融合、一体发展，加快推进县级融媒体中心建设，加强全媒体人才培养，中国新闻出版研究院和中国信息技术教育杂志社共同承担了融媒体实用教程课题研究，组织相关领域的专家学者编写了《融媒体管理实用教程》和《融媒体编辑实用教程》，旨在探究如何创新利用媒体技术，实现传统媒体与新兴媒体的更好融合，探索媒体融合发展途径、重构方法、全流程编辑及管理，为传媒、教育、政府、企业等部门成立的融媒体中心管理者和从业人员提供理论指导、操作规范和工作指南。

《融媒体管理实用教程》各章节及编写人员如下：第一章"认识融媒体"和第二章"组织架构及团队建设"由中国通信工业协会副秘书长、硕士生导师彭铁元编写；第三章"生产流程"和第四章"自建平台运营"由中国人民大学博士赵东编写；第五章"播发合作平台运营"由深圳创新型城市促进会融媒体培训中心主任叶倩倩编写；第六章"融媒体商业运营"由中国传媒大学新媒体研究院院长赵子忠编写；第七章"技术支持体系"由青岛大学师范学院教育技术系主任、青岛市教育信息化应用专家委员会主任委员李国建编写；第八章"融媒体相关行政法规、规章及规范性文件"由深圳大学高等教育研究所副研究员李科浪与中国新闻出版研究院原业伟合写。

《融媒体编辑实用教程》各章节及编写人员如下：第一章"编辑的定位与职责"由同济大学艺术与传媒学院副教授梅明丽编写；第二章"内容策划"和第三章"素材采集与内容生产"由深圳大学教授级高工、新一代电子信息技术方向硕士生导师秦斌编写；第四章"融媒体制作"由内蒙古师范大学新闻传播学院教授乌琼芳与北京乐享云创科技有限公司总经理王志合写；第五章"融媒体的美术编辑"由《人民日报》《求是》杂志美术总监满都拉编写；第六章"审读"由人教数字出版公司质量总监许润松，北京悦库时光文化传媒有限公司尚婷婷，《自然资源学报》专职副主编、编辑部主任、中科院地理资源所学术期刊中心副主任朱晓华，中国测绘科学研究院副编审邓国臣合写；第七章"内容播发与运营"和第八章"传播效果"由南京师范大学博士朱飞虎、王君与硕士研究生钱帆帆、杨馨艺、刘昊、刘丽颖共同编写；第九章"版权管理"由学习强国学习平台有限责任公司法务部主任张凤杰编写；第十章"职业规范"由深圳大学高等教育研究所副研究员李科浪编写；附录"中国教育报刊社"由中国教育报总编室副主任王强编写。

中国社科院新媒体研究中心副主任兼秘书长黄楚新、中国新闻出版研究院传媒研究所常务副所长刘建华、浙江省安吉县融媒体中心主任祝青等专家，在审稿过程中提出了不少宝贵且中肯的修改建议。

在此，向以上各位专家学者以及支持、帮助和参与本项课题研究与教程编写工作的各位领导、专家和同人一并表示诚挚的谢意！

内容提要

本书详细解析融媒体编辑需要的技术手段、内容搜集方式、素材采集提取方式、融媒体美术编辑、内容播发与运营、传播效果和各种稿件审读等必备知识，助力融媒体编辑迅速成长。

基于社会化关系的社交媒体传播平台，以算法和数据来分发内容的传播场景，从根本上改变了传播的环境和架构，编辑的定位与职责也随之发生了重要的变化。本课题根据最新融媒体趋势变化，分析编辑角色向产品经理的转换、美术编辑从平面到电子设备的转型，也分析了网络时代热点追踪和线索整合的新趋势。在审读部分，将纸媒的审读方式，如何在新媒体中应用，展开了独到的分析。对于机器写稿的优势和掌控，UGC、PGC、PUGC等内容生产模式进行了深入剖析，指出了融媒体编辑的发展方向。对于技术性较强的H5融媒体新闻制作和融媒体直播，做了简要介绍和技术说明。在新时代如何对融媒体进行相关行政管理、行业自律、职业道德开展了探讨。课题还附了大量案例，有利于实践操作。

关键词：编辑 产品经理 内容聚合 素材 短视频 美术编辑

目录 contents

第一章 编辑的定位与职责

第一节 编辑角色转变：产品经理 …… 1
一、产品经理：融媒体时代内容竞争的战略中枢 …… 1
二、从"编辑"到"产品经理"的必然性 …… 5
三、新形势下编辑的产品经理定位：从后期集成转为战略掌控 …… 8

第二节 业务流程重构与工作室机制 …… 11
一、观念转变：竞争心态从事业型格到企业型格 …… 12
二、流程重构：以过程为导向的三位一体架构 …… 15
三、工作室机制的形成：契合流程重构的需要 …… 23
四、"专业化+专班式"运作机制 …… 29

第三节 编辑素养 …… 29
一、政治素养：做好把关人 …… 30
二、专业素养：完善的知识结构与全面的技能结构 …… 31
三、管理素养：领导力、应急力和创新力 …… 36

第四节 工作职责 …… 39
一、编辑作为产品经理的基本职能 …… 39
二、编辑作为产品经理的工作范畴 …… 40

第二章 内容策划

第一节 线索收集 …… 46
一、线索来源 …… 46
二、线索整合 …… 50
三、从事线索搜集工作应具备的能力 …… 51
四、线索搜集技巧 …… 52

第二节 热点分析 ... 56
一、什么是热点？ ... 56
二、群众追热点的本质 ... 58
三、热点分析的工具 ... 60
四、热点分析的方法 ... 67
五、其他 ... 72

第三节 内容聚合 ... 74
一、内容聚合的定义 ... 75
二、内容聚合的实现与优化 ... 75
三、"央视频"案例 ... 80

第四节 抽取与提炼 ... 80
一、内容抽取 ... 81
二、内容提炼 ... 82
三、案例："双黄连可抑制新型冠状病毒"事件 ... 90

第三章 素材采集与内容生产

第一节 素材采集和提取 ... 94
一、概述 ... 94
二、素材采集前的准备工作 ... 94
三、素材采集的方法 ... 95
四、素材提取 ... 100

第二节 内容生产和管理（CM）... 102
一、内容生产 ... 102
二、内容管理 ... 111
三、内容生产管理过程中的注意事项 ... 113
四、小结 ... 114

第三节 机器写稿与辅助 ... 115
一、背景 ... 115
二、内容模式 ... 116
三、实现方法 ... 117
四、优势 ... 126
五、劣势 ... 127
六、小结 ... 127

第四节　UGC、PGC、PUGC等内容生产模式 …… 127
一、UGC内容生产模式 …… 128
二、UGC内容发表原则与安全策略 …… 130
三、PGC内容生产模式 …… 131
四、PUGC内容生产模式 …… 132

第四章　融媒体制作

第一节　短视频 …… 135
一、传播内容依然是影响短视频传播力的根本要素 …… 136
二、提升表达能力是撑起短视频影响力建设的重要支柱 …… 142
三、更新传播理念是短视频发展的前提和基础 …… 146

第二节　H5融媒新闻 …… 149
一、熟悉场景陌生化的编辑创新，为受众提供更丰富的视觉体验 …… 150
二、场景化编辑及创作，为受众提供形成沉浸式体验 …… 151
三、与主题相适的节奏编辑，形成"走心"的舆论引导力 …… 152
四、善于借势舆论环境，为受众提供直抵内心的仪式感 …… 153
五、媒体新闻形态的演变与HTML5技术 …… 155

第三节　融媒直播 …… 162
一、多平台直播 …… 162
二、会议直播 …… 163
三、活动直播 …… 165

第四节　融媒体新闻的制作 …… 166
一、制作方法 …… 166
二、制作流程 …… 167
三、建设融媒新闻模板库 …… 168
四、常见问题及解决方法 …… 169
五、创意来源 …… 173
六、升级融媒生产系统 …… 174
七、了解技术，培养融媒意识 …… 174

第五节　融媒体新闻案例分析 …… 175
一、图文新闻嵌入交互SVG …… 175
二、图文新闻中嵌入第三方页面 …… 176
三、融合类图集新闻 …… 177

四、音频可视化包装……179
　　五、短视频可视化包装……181
　　六、信息图……187
　　七、数据新闻……189
　　八、新闻专题……190
　　九、测试题……193
　　十、创意类新闻……194
　　十一、小　结……197

第五章　融媒体的美术编辑

第一节　元素的提炼……199
　　一、视觉元素……199
　　二、图文组合……206
　　三、色彩配置……212
　　四、互动效果……215
第二节　排版与剪辑……216
　　一、稿件分类与组织……216
　　二、媒体的视觉结构……219
　　三、版面规划……223
　　四、画面剪辑……230
第三节　创意与设计……232
　　一、图像创意……232
　　二、配图思路……237
　　三、图表制作……239
　　四、插图绘画……240
第四节　流程与发布……242
　　一、工作流程……242
　　二、层级职能……245
　　三、印刷与显示……248
　　四、软硬件配置……252

第六章 审　读

第一节　音频作品的内容审校 …… 254
一、音频作品的分类标准 …… 254
二、有声读物作品的审校标准 …… 255
三、音频节目作品的审校标准 …… 257
四、小　结 …… 262

第二节　视频审读 …… 262
一、不得含有国家法律法规禁止的内容 …… 263
二、国家通用语言文字的规范要求 …… 268
三、国家通用语言文字审读重点 …… 270
四、视频直播的审读 …… 274

第三节　地图审读 …… 275
一、地图插图常见问题 …… 275
二、世界地图和国外地图常见问题 …… 280
三、地图相关插图使用建议及处理 …… 281
四、小　结 …… 282

第七章　内容播发与运营

第一节　智媒分发平台 …… 283
一、智媒分发平台的背景 …… 284
二、智媒分发平台的构想 …… 286
三、智媒分发平台的建设 …… 291

第二节　平台分发的技术 …… 296
一、平台分发技术内涵 …… 297
二、平台分发技术介绍 …… 298
三、分发技术实例分析 …… 302

第三节　智媒平台分发模式 …… 304
一、智媒平台分发模式形成背景 …… 304
二、智媒平台的智慧分发模式构建逻辑 …… 306
三、智媒平台的两大主要分发类型 …… 308
四、智媒平台分发模式可能存在的风险 …… 311

第四节 平台分发的原则 ········ 312
一、平台的技术原则 ········ 312
二、技术分发的意识形态原则 ········ 315
三、以人为本的伦理原则 ········ 317

第八章 传播效果

第一节 传播效果指标 ········ 320
一、认识传播效果 ········ 320
二、新媒体时代的传播效果指标体系 ········ 323

第二节 用户行为分析 ········ 328
一、用户行为分析的方法 ········ 328
二、用户行为的变化和具体表现 ········ 331

第三节 传播平台的效果评价 ········ 335
一、报纸融合：融合发展创新，打造主流新型媒体 ········ 335
二、广播融合：挖掘传统优势，融合持续健康发展 ········ 338
三、电视融合：战略布局清晰，平台建设有序推进 ········ 339
四、总　结 ········ 342

第九章 融媒体版权资产管理

一、融媒体版权资产概述 ········ 343
二、融媒体自有版权资产的管理 ········ 344
三、融媒体关联版权资产的管理 ········ 347

第十章 职业规范

第一节 融媒体管理制度规范 ········ 350
一、融媒体相关行政管理概述 ········ 350
二、融媒体管理制度体系 ········ 355

附录：中国教育报刊社

- 一、媒体融合总体情况 ······················· 357
  - （一）"三创四融"激发全员干劲 ··············· 357
  - （二）做强"大脑"——智融平台常态化 ·········· 358
  - （三）突出行业特色，专业服务教育 ············· 358
  - （四）从纸端到"指端" ······················· 359
  - （五）从单打独斗到"一鱼多吃" ··············· 359
- 二、媒体融合组织机构再造 ····················· 360
  - （一）管理体制的改革 ······················· 360
  - （二）薪酬制度的改革 ······················· 360
  - （三）成立全媒体中心 ······················· 360
- 三、内容的采集、发布——以中国教育报客户端为例 ··· 361
  - （一）运行机制 ····························· 361
  - （二）报道内容 ····························· 361
  - （三）工作流程 ····························· 362
  - （四）编辑业务规范 ························· 363

参考文献 ····································· 364

第一章 编辑的定位与职责

从传统意义上来讲，编辑岗位是传播过程中的重要一环，涵盖文字、图像、影像等内容处理与后期制作的流程。随着新媒体技术的深入发展，传播的形态也不断发生变化，人际传播、组织传播、大众传播开始融合沟通甚至同时发生，传播的边界和隔阂不断被打破，建立在传统的大众传播模式基础上的编辑流程也随之发生了巨大的变化。基于社会化关系的社交媒体传播平台，以算法和数据来分发内容的传播场景，从根本上改变了传播的环境和架构，编辑的定位与职责也随之发生了重要的变化。

第一节 编辑角色转变：产品经理

编辑定位转变的第一步，就是成为适应新的媒体环境和传播形态的产品经理。那么产品经理又是如何定位的？从一般的定义来看，产品经理（Product Manager）是为传播用户服务，负责媒介产品整个生命周期的人。负责整个媒介产品生命周期意味着产品经理的职责多样化、全程化和协同化，从产品、技术、市场到客户、运营、服务，都是产品经理的核心职责范畴。具体到融媒体时代，作为内容产品生产的核心，产品经理就是内容竞争的战略中枢。

一、产品经理：融媒体时代内容竞争的战略中枢

与其他行业的产品经理不同，融媒体时代的产品经理主要生产的是融媒体产品。传统媒体覆盖有限，资源相对匮乏，而融媒体的发展，可以在利用"无限空间"的互联网平台资源的基础上，突破现有的限制，实现"互联网+"的快速发展。融媒体时代的"内容+服务"模式就是基于移动互联网的一种模式创新。

（一）融媒体产品的生产：基于互联网的内容、技术、平台的结合

"产品"，原指被生产出来的物品，进入市场后即被作为能够满足人类需求的商品而进行使用和消费。一般来说，产品不仅指有形状的物品，更包括无形的服务、观念、组织以及上述四种的搭配组合。"互联网产品"的最初概念即从传统的"产品"概念衍生而来，其作为一种无形的商品满足了一部分消费者（即互联网用户）某方面的需求。伴随着网络技术的不断发展和互联网市场的日趋繁荣，"用户价值"和"商业价值"已经成为互联网产品追求的核心利益，互联网

产品的功能性与用户服务性进一步凸显。

1. 互联网产品与传统媒体生产的不同

"去中心化"是互联网产品的突出特点。一个互联网产品往往需要包括开发方、运营方、测试方、交互方、产品方等多方团队的通力合作,其产生、迭代、运营等重要环节的发生也多是"自下而上"推动的。产品的支持团队呈现扁平的管理模式,产品经理主要负责统筹沟通各方的需求和进度,往往需要对各方的基本知识有所掌握,但各方的地位是平等的。与此同时,UGC(即用户生成内容)式的互联网新闻类产品和自媒体写作者也进一步强化了"去中心化"的生产特质。而传统媒体生产中各方职责单一、层级明确,记者负责新闻的采集和撰写,编辑负责稿件的编写和架构调整,再由各级主编负责审稿和定稿,整个制作流程呈现"流水线"式的模式,与互联网产品团队交叉式、去中心化的生产模式存在显著不同。

此外,基于互联网能够全天候实时更新的媒体特性,互联网产品同样具有快速迭代的特质。互联网产品在推出之初往往略显粗糙,但是凭借产品精准的定位契合了大众实际生活中的需求,在抢占市场后不断更新完善,使得产品用户群体不断扩大,形成了稳定的经济效益。也就是说,新媒体的编辑会在事件发生的第一时间进行新闻报道,而传统媒体由于报纸印刷或电视新闻的周期排版问题,编辑的稿件往往会拖到截止期前才提交,新闻的时效性难以得到保障。

2. 基于互联网的融媒体产品的类型和特征

to C、to B、to P是基于互联网产品的服务对象和商业模式产生的三种主流分类。

(1) to C指的是面向用户设计的互联网产品,从满足用户的需求出发实现商业价值和用户价值的双赢。如今市场上典型的to C产品包括QQ、微信、优酷视频等,它们通过深入挖掘并细化大众的需求,构建用户的使用场景,始终突出产品以人为本的特点。根据马斯洛的需求层次理论,人的需求共有生理需求、安全需求、社交需求、尊重需求和自我实现的需求五类。好的互联网产品多从这五类基本需求入手,紧扣日常生活中的痛点和难点问题,旨在解决问题、满足情感,通过提高用户的使用体验形成品牌依赖,从而实现互联网产品和公司的有序发展。

(2) to B 指的是面向企业设计的互联网产品,以提升企业的实际效益为根本目的。相比to C类产品,如何以最小的价值/代价为企业换得最高的价值才是产品经理关注的重点。如今市场上典型的to B产品包括阿里云、钉钉、企业微信等,它们通过提高企业工作的效率、帮助企业引流等方式,希望实现与行业的深度融合。

(3) to P 指的是搭建信息生产、浏览、互动的平台,提供信息传播、交易购买、监督管理等服务。如今市场上典型的to P 产品包括淘宝、京东、美团外卖等，它们同时对接大众端和企业端，既能够为用户提供便捷的服务，又能够帮助企业盈利。此类产品在诞生之初规模较小，多是帮助几方之间达成联系和交易，随着平台的不断优化拓展，平台的参与方和衍生物越来越多元化，同时带动平台功能的迭代和发展，从而吸引更多的受众，如此螺旋式上升后形成庞大而稳定的生态系统。比较典型的例子是微信的个人端、企业端以及微信搭建的商业端，从编辑的产品设计和整体架构都根据消费对象的不同而呈现典型的差异。

与传统媒体的新闻报道相比，融媒体产品的时效性和技术融合性大幅度提升，也成为与传统新闻媒体竞争的突出优势。以普利策获奖新闻《雪崩：特纳尔溪事故》（*Snow Fall: The Avalanche at Tunnel Creek*）为例，其通过音视频、动画模拟、模型建构、卫星视频联动等技术形式，直观巧妙地展现了雪崩的过程并对雪崩这一自然灾害进行了全面科学的解释，有效地放大了融媒体报道的优势。如果说融媒体中心更像是一个平台类（to P类）的互联网产品，那么新闻类的融媒体产品则与to C 类产品极为相似。用户是得以长久生存发展的根本，而如何能够让用户在产品中保持长期的活跃度、养成产品的使用习惯和品牌依赖，一方面需要融媒体产品满足用户高频率的刚需、痛点问题，另一方面则需要提供优质的用户体验，两者相辅相成、不可偏废。

3.产品生产从流水线变成同时空

初期融媒体只是起到一个系统集成的作用，一是降本增效，二是多端并进，除了某些环节和终端出现一定变化外，与传统的新闻采编流程并没有本质的区别。虽然表面上抹去了各类媒体和各单位的界限，但是具体的实施效果要看各地方和部门的整合能力，否则仍然是一盘散沙。

而融媒体中心真正发挥作用要实现质变，从传统媒体的流水生产线，变为互联网时代的无缝传输基础上的同时空内容生产生态群。首先，需要打通所属单位的融媒体矩阵，对于不同的新闻类别进行群组构建，推行扁平化的团队管理和多线程并举的内容制作新流程。其次，借鉴互联网产品的"项目组"制度，将重大的专题新闻、突发类公共新闻、调查类新闻等新闻事件以及社区服务、用户服务等看作类互联网产品来建构团队，打破不同团队的壁垒，利用好各个维度的优势资源，实现组内的信息共享和有效交流，在此基础上建立不同用户群体的推送系统，实现精准的分发和推送，并形成粉丝黏性。常态化的多线程内容制作流程和专题的项目组制度相结合，能够有效地提高融媒体新闻产品的制作效率，以用户服务为导向，实现融媒体的转型升级，以及融媒体生产从流水线向同时空内容生产生态群创新再造。

（二）产品经理：构建内容产品运营网和用户服务生态圈

产品经理指的是企业中负责产品管理职位的专项人员，负责产品从研发制造到推广营销、渠道沟通、运营维护等各阶段的大小事宜，监管产品的整个生命周期。产品经理这一岗位的产生，有效地改善了传统意义上各职能部门争夺项目预算但又不对产品成果负责的情况，是统筹互联网产品定位与发展的核心角色。

1. 融媒体时代产品经理的定位：内容竞争的战略中枢

以融媒体中心的发展目标对标产品经理的定位，编辑需要对融媒体中心的新闻产品实现全过程的负责，而其中最为主要的工作即是内容的策划。内容竞争已经成为互联网时代新闻竞争的内核，也是融媒体时代主流媒体必须面对的新课题。面对越来越多元的新媒体竞争和分众化的现实情况，编辑作为类产品经理需要全盘考察竞争市场上的主要竞争对手以及他们的优势和服务对象，从而寻找出可行的方案和具有特色的主题来与竞争对手进行长期博弈。在一个有吸引力的主题下，通过整合丰富的信息资源，把优质的内容提供给自己的主要受众群并争取吸引更多的潜在受众。

2. 产品经理的核心能力：产品开发、渠道运营、服务维护

产品经理需要监管产品发展的全部流程，因而产品经理往往需要对各方的基础知识有一定的了解，其核心能力包括产品开发、渠道运营和服务维护三部分。

（1）产品开发方面，产品经理需要深入认知行业的发展状况并了解用户的需求，从而相应地对互联网产品进行整体规划、需求管理和绩效评审。除了融媒体产品的主题内容，使用何种媒体技术、如何使用好融媒体技术、主题内容的最终呈现等都是产品经理在前期开发过程中需要注意的事项。

（2）渠道运营方面，新闻产品的传播不能仅仅依靠各级融媒体平台及相关融媒体矩阵的渠道力量，还需要在公域流量平台（如微博、微信公众号、今日头条号等）进行运营传播。一方面，融媒体矩阵需要将其在相关平台的账号运营常态化，不断累积受众群并维护好粉丝黏性。另一方面，新闻产品也需要联合其他有影响的公共账号进行统一宣传，在适当的时间把适当的新闻产品推送给适当的媒体和流量账号，从而将新闻产品更全面地呈现在目标市场的受众面前，形成更广泛的影响力。

（3）服务维护方面，产品经理需要统筹好新闻产品的技术呈现并收集用户的意见反馈。一方面，融媒体作品在多平台的传播难免受到平台限制和传播时间变化的影响，其内容呈现的完整度会有所缺失，产品经理需要在产品上线前与测试人员充分沟通并在上线后实时监测，保障新闻产品能够完整地呈现在受众面前。另一方面，产品经理需要通过多渠道与其受众群进行顺畅沟通，帮助其更好地规划新的新闻产品，支持好融媒体中心的有序发展。

3. 内容经营：吸引用户而不是分发内容

从传统媒体到融媒体，产品经理关于内容经营的理念需要发生变化。官方媒体在传统媒体时代能够凭借自己的公信力和影响力，有效地辐射绝大多数的大众。"从上到下"式的内容传播体系能够完成新闻舆论引领的政治功能，推进和

谐社会和文化强国建设。而进入融媒体时代，非官方话语同样能够在社交平台取得高关注和流量影响力，官方话语往往通过分发内容，借由其他有影响力平台或账号进行传播。如今众多的传统媒体将内容分发到其他新媒体平台，用户不仅被导流流失，而且传统媒体的公信力和品牌价值被无形削弱。长此以往，免费的信息供给将内容运营的核心竞争力拱手让人，不利于长期发展。因而，产品经理在内容运营时，不能一味地通过重复灌输内容的方式打破用户的信息壁垒，而是应该创新工作方式，通过内容吸引用户。报纸的时政报道照搬在新媒体上，用户一定会流失。必须创新微信版"金句"，进行抖音版后期包装，才能让传统媒体与新媒体在同一内容上互相赋能。如人民日报微信版标题《中方将不得不做出必要反应》《揪心！四川泸县发生6.0级地震，有人员伤亡》《全红婵不认识许昕？联动画面可可爱爱》《那个从背后抱住晕倒女孩的小姐姐，找到了！》都是典型的微信公号编辑模式。产品经理要构建内容产品运营网，将用户吸引到自己的平台，成为长期忠诚的客户，就如同传统媒体时代的报纸订户每天准时打开报箱一样，形成信息或者新闻阅读收看依赖。

4.用户经营：满足用户需求与开发用户需求相结合

通过内容运营吸引用户的同时，产品经理还需要通过满足用户需求与开发用户需求相结合的方式进行用户运营，有效地维护用户的粉丝黏性，促进融媒体平台的长期发展。目前，各互联网公司对于用户需求的洞察主要依靠算法实现。通过算法了解用户对平台的主要诉求并将其更加直接地推送到用户面前，能够有效地降低用户流失，从而培养用户的长期使用习惯。在满足用户需求的同时，算法也应当关注用户在本平台的主要搜索内容并联系用户的其他使用习惯，进一步挖掘主要用户未在产品中实现的潜在需求，并通过产品的更新迭代来进一步满足这些需求，构建用户服务生态圈。虽然算法在实际新媒体运营中还褒贬不一，但是其吸引长期有效媒体使用习惯的魔力说明，对用户需求的重视十分有效，也应该引起融媒体产品生产的重视。

二、从"编辑"到"产品经理"的必然性

（一）新媒体舆论阵地建设的紧迫性

中国互联网络信息中心（CNNIC）发布的第45次《中国互联网络发展状况统计报告》中指出，截至2020年3月，我国的网民规模达到9.04亿，互联网普及率达到64.5%。其中，手机网民规模达到8.97亿，我国网民使用手机上网比例达到99.3%。可以说，新媒体已经成为我国大众接受和传播信息的主流渠道，传统媒体和新媒体的格局发生根本性变化，官方媒体引导舆论的主导性地位受到影响，在新媒体平台建设舆论阵地已经迫在眉睫。

产品经理型人才是新媒体舆论阵地建设过程中重要的人才储备。新媒体舆论

阵地建设是一个阶段性发展的过程，而在转型的过程中，需要有能够适应融媒体新闻产品架构的专业人士率先进行战略规划、需求管理、内外沟通、竞品分析、服务设计等全方位经营，推出符合市场需求的各类产品，并总结成功经验、分析失败教训。这就对于编辑的转型发展有着迫切需求，要求编辑能够及时适应新媒体的用户特性，充分考察用户的使用习惯并综合运营各项内容呈现的技术手段，不断改进用户的使用体验。新媒体舆论阵地的建设过程中，同样会不断补充相关的技术人员、运营人员、开发人员进行前后台辅助支撑，但融媒体产品的中心仍是内容，所以编辑仍是融媒体产品的核心，主导不同类型团队的融合和沟通。因而，如果编辑能够成为类产品经理型人才，对于相关专业知识有所涉猎，则能在新闻产品的规划、创作、呈现、运营等多方面更加顺畅，有效提升舆论引导能力和传播力，对于加快构建先进现代传播体系的进程有着重要意义。

（二）融媒体时代受众选择的必然结果

进入互联网时代以来，传统媒体向新媒体转型的步伐不断加快。互联网技术给大众提供了更加丰富的选择空间和更具有时效性的新闻报道，用户的主动性不断增强，传统媒体时代媒体强势的格局逐渐向用户强势转变。以"用户体验为王"的互联网思维开始渐渐影响新闻传播行业，无论是技术手段的迭代更新（如H5技术、VR技术等被运用到新闻传播领域），还是关注用户诉求的传播内容和精细化的分众传播，提升用户体验、增强用户黏性开始成为新闻产品的主要目标。

用户主导新闻产品的现实也给编辑提出了更高的挑战。编辑在掌握图文和视频编写能力的基础上，需要进一步掌握新的传播技术和运营手段，并通过主动的新闻产品创新和独特的内容主题立意，吸引产品的固定受众群并拓展潜在的受众群。换而言之，传统传播业与新媒体传播业的融合对于产品经理型人才提出了现实需求。产品经理制度的运用能够引入与时俱进、散发式的互联网思维模式，有效转变原本单线程式的新闻编辑模式。产品市场导向和主动创造性的提升也使得新闻报道的呈现形式直观生动、选题立意更加多元，将势必提高新闻报道的可读性和易读性。可以说，把产品经理这一职位引入新闻传播行业，是媒体融合发展的必然结果，也是媒体行业内在运作发展的要求。从编辑到产品经理，也已经成为包括报纸、广播电视、图书杂志等传统媒体从业人员转型发展的重要步骤。这一变化进一步意味着新闻从业人员工作重点的转变，将从内容生产向市场拓展和用户维护过渡。

（三）县级融媒体中心平台建设的必然要求

2018年9月，中宣部在县级融媒体中心建设现场推进会上指出，"要努力把县级融媒体中心建成主流舆论阵地、综合服务平台和社区服务枢纽"。县级融媒体中心的建设不仅仅是新闻单位转型发展的一部分，更是旨在打造集社会综合治理和公共资源服务为一体的治国理政新平台。县级融媒体中心需要通过强势的资源整合构建成为集新闻传播、政务沟通、社区服务和电商消费等多维度为一体的智慧运营超级互联平台。因此，中心建设要跳出媒体的本位，基于互联网和政务信息优势为社区服务和智慧城市运营助力，打造新型的综合平台、提升地县治理能力。新闻平台、智慧平台、生活平台各编辑以产品经理身份定义来组织素材和展示形式，在融媒体实践中，往往新闻平台是主要媒介，智慧技术是受众显现，生活平台是用户黏合，各平台都是宣传传播媒介，但更重要的是三类平台各自定位的侧重，更加有利于产品附加能量。

首先，长远来说，县级融媒体中心的工作业务不应该局限于新闻报道，更为重要的是在搭建 to P（平台型）产品的基础上不断推出相关的惠民产品和服务，成为普通大众与政府各部门沟通交流的"中间人"。作为在县级融媒体中心工作的主力军，编辑的作用被进一步扩展，从原先负责某一领域和专题文稿的编写向平台的运营、维护以及产品的创意、设计、推广等多维度环节衍生已经成为不可逆的趋势。从"内容编辑者"到"产品创造者"的转变，体现出编辑人员对于内容价值变现关注度的日益增加，县级融媒体中心的编辑定位也逐渐"产品经理化"。

其次，县级融媒体中心的目标定位也使得其编辑不仅仅是一个纯粹的新闻编写人员。习近平总书记在全国宣传思想工作会议上指出，"要扎实抓好县级融媒体中心建设，更好引导群众、服务群众"，让县级融媒体中心承担起一线基层的政治引领和文化育人工作，切实解决好大众的生活需求和政治诉求。服务群众的中心思想和互联网产品强调用户价值的特征不谋而合，这就需要编辑在语言编写能力之外充分掌握调研能力和产品规划、设计能力，从而能够在设计相关产品之前充分调研用户需求、回应大众关切，推出契合市场需求的产品项目，并在产品上线运营的全过程中实时监管，保障产品高效运行。

因而，县级融媒体中心作为一个兼具舆论引导和公共服务为一体的地方治国理政新平台，要求编辑能够全方位地具备互联网产品的管理能力，保障产品从设计到执行和后期维护全过程的长期平稳运行。由编辑向产品经理的角色转变，是县级融媒体中心建设的基本要求，也是互联网时代媒体行业转变的发展趋势。县级融媒体中心的编辑人员需要顺应时代对于新闻工作者的要求，拥有产品经理式的"全才"能力。编辑以互联网思维参与平台运营，才能充分贴近大众的日常生活，切实解决大众的刚需和痛点问题，令县级融媒体中心成为大众生活的必需品。

（四）要有"编辑组"到"产品经理团队"的过渡期

新技术和新媒介对人的综合素质要求越来越全面，而实际中往往需要组团式专班化小集体的集中智慧有效过渡，并将持续很长时间。完全打破原有机构和格局，建立全新的便于高效运作的中央厨房式新闻采编中心和指挥调度中心，让全体人员融入全新的工作情境，快速转变角色不能一蹴而就，需要一段时间的磨合和融入，方能达成实效目标。

积极运用大数据技术，不断深化平台技术水平和功能模块，在互联网的助力下，连接PC端与移动端，实现二者互通互用，将乡镇、部门信息以点阵方式收集起来进行统一分析、发布，可以解决传统媒体在新闻信息传播范围窄、传播速度慢等方面的劣势，但是对于编辑的能力更新和创新也提出了更高的要求，原有人员的知识技能往往需要充电，或者需要直接引进部分新的技能人员来对接平台技术，这些都需要一段过渡期来实现团队重组为"产品经理团队"。

三、新形势下编辑的产品经理定位：从后期集成转为战略掌控

主流媒体在新媒体崛起之后，不仅需要在竞争中考虑如何抢占流量入口、吸引用户，更需要在此基础上占领舆论引导与思想引领、文化传承与社会服务的传播制高点。标准化的人工智能+编辑服务于不同层级不同类型的媒体，成为他们的中央编辑室，具有普遍推广性。新形势下"编辑"将定位于产品经理，从后期集成转为战略掌控。

（一）主流舆论阵地：坚守本源

县级融媒体中心作为受到所属地政府直接领导的融媒体平台，在构建主流舆论阵地时应当坚守本源。编辑作为类产品经理型人才，应当充分把握新闻产品生产发布的各个环节，监督好各方的职业操守和专业能力，提高县级融媒体平台新闻舆论的公信力。

1. 舆论导向与真实信息源的基本保障

对于C端，即普通用户来说，县级融媒体中心的新闻产品与自媒体新闻产品相比，最突出的特点之一就是政治敏感性。大众对于官方媒体报道硬新闻有着天然的信任感，县级融媒体中心对于各种新闻的信息来源相较其他新闻类产品也更加权威。虽然很多突发信息因为便捷的移动互联和短视频流行，而使一部分消息发布权转到用户手中，但是，信息的真假往往一时难以辨明，事件的来龙去脉也缺乏深入的展现。因而，编辑作为新闻产品的负责人，更应当首先辨析新闻报道信息的真实性，树立好官方媒体在融媒体平台上新闻专业主义的形象，维护好受众对于县级融媒体中心的品牌信任。其次，作为党和政府的喉舌，编辑作为官方媒体的从业人员，也应当把握正确的舆论导向，做好新形势下党的思想宣传工作。

2. 职业意识和新闻价值标准的坚守

互联网的时代背景令很多自媒体蓬勃发展，而这些媒体大多缺乏专业新闻人的职业意识和判断新闻价值的标准，只是一味地寻求爆点，来争夺市场上的流量和关注。作为县级融媒体平台，在竞争过程中虽然不可避免地需要考量受众的需求，维护好固有的受众群体，但是仍需要以良好的新闻专业素养来应对用户

价值的冲击。编辑在推出新闻产品时，要以新闻价值为判断标准，做对社会发展有益、对大众生活有利的新闻。由于县级融媒体中心分布在各个地县，编辑可以将更多的新闻关注点放置在地县层面，通过地域相近性有效拉近产品与用户之间的距离。在产品策划上，有意识地策划涉及国家社会发展、事关普通市民切身利益、影响直属受众生活的新闻产品，合理安排不同媒体的工作重点，打造专属于县级融媒体中心的特色新闻产品，保障融媒体中心平台的有序长效发展。

3. 观点整合与专业判断的优势引领

县级融媒体中心在进行新闻产品制作时，各类党政媒体构成的融媒体矩阵均能够为其完成信息采编、观点输送、材料整合等工作，使得新闻产品的价值更加多元、观点更为丰富，从而区别于同类的其他新媒体产品。作为编辑，需要通过自己的专业能力判断好整个新闻产品的价值和观点导向，合理统筹各个方面的资源和工作，从而尽可能地放大自身条件带来的优势，不断扩大主流舆论阵地的影响力。

总的来说，编辑作为新闻产品的实际战略掌控者，在为主流舆论阵地提供支撑时，最为重要的原则就是坚守本源。在立足党政新闻喉舌的本位、立足本地发展的基本定位下，凝聚行业力量，为受众提供丰富多元的新闻产品，不断提高新闻受众的覆盖面，从而真正做好主流舆论的传播和引导工作。

（二）综合服务平台：多方协同

作为县级融媒体中心，其不仅仅需要整合县级各类党政机关的资源来服务各类受众，更需要成长为综合服务平台。通过分析用户和相关竞品数据，反哺各级机关和融媒体矩阵中的各类媒体，多方协同，不断提升平台覆盖面和县级政府的理政能力。

1. 根据数据分析优化内容

内容是新闻产品的核心竞争力，而编辑在日复一日的工作中容易陷入自我重复的旋涡中，难以推陈出新，造成其在市场上竞争力下滑的局面。编辑作为内容生产环节和内容分发环节的主要负责人，可以根据数据分析优化内容的途径，从根本上吸引用户、留住用户。首先，立足于媒体服务的内容生产本位，融媒体中心需要根据自身新闻产品的相关数据，如阅读量、点赞量、评论量、转发量等，交叉分析用户对于新闻产品各环节（包括标题、主题、技术呈现、图文结构、文字风格等）的偏好，从而有针对性地改善新闻制作的方向和细节。其次，融媒体中心作为县级各类党政媒体的"大后方"，编辑可以定向支持各条业务线或媒体，针对性地分析相关数据，从而针对内容弱势部分进行专项弥补，带动整个融媒体矩阵共同发展。

2. 根据目标用户分析组织内容生产

用户价值近年来已经成为互联网产品的重要指标，对于目标用户的挖掘和留存成为互联网产品能否长期运营的关键，也意味着其决定产品的成功与否。对于县级融媒体中心来说，关于目标用户的分析是一个动态并长期持续的过程。在县级融媒体中心创立发展的初期，编辑需要通过分析目标用户群体需求来确定新闻产品的定位，从而不断扩展其固有的受众群，打响品牌价值。在县级融媒体中心发展过程中，编辑需要通过分析固有受众群和潜在受众群的需求，一方面针对固有受众群推出符合他们取向的新闻产品，实现高留存、高转化；另一方面，针对潜在受众群的需求进行大数据分析和挖掘，通过有区别性的新闻产品吸引新的用户，并努力实现更高的留存率，促进县级融媒体的可持续发展。

3. 根据竞品分析进行产品规划和战略调整

新闻产品如今已经成为互联网产品中同质化极高的内容服务之一，能够吸引用户关注的新闻信息是有限的，而除了争夺新闻传播的时效性外，在市场上进行差异化竞争是十分有必要的。因此，编辑作为信息产品的战略掌控者，明确竞争对标媒体和竞争赶超媒体非常重要。从中短期上来说，需要通过分析竞品来了解市场上受到用户喜爱的产品导向，并在此基础上根据用户需求寻找不同的新闻主题和产品定位，拓展潜在用户群体；另一方面也可以根据调研，补足竞品在技术呈现方式、内容策划等具体手段上的不足，从而凸显自身的新闻产品。而从长期发展上来说，编辑也需要根据竞品媒体的发展战略和市场份额，适时调整融媒体中心的发展战略，从而在同质化极高的内容市场始终明确融媒体中心所能够解决的大众需求，以独特的市场定位和对受众有益的概念成为可以持续发展的治国理政平台。

4. 整合内容、技术、平台资源

在互联网时代，好的新闻产品不仅仅依靠优质内容脱颖而出，先进的技术呈现手段同样能够吸引用户的关注。而丰富的内容和先进的技术很难依靠编辑一人或是单个团队的力量独立实现，编辑作为类产品经理更需要依托整个融媒体矩阵，在深入了解各渠道资源配置的基础上，充分沟通、合理调配，根据新闻产品特点构建不同的项目团队，最大化地发挥融媒体矩阵的资源优势和县级融媒体中心的平台优势，并反馈到吸引力的平台产品上，实现可持续的用户运营和拓展。

编辑需要具备全面地学习能力，掌控内容、技术、服务多个领域的知识技能，这样不仅能够降低产品和技术的沟通成本，而且面对抽象的需求能够提出合理且务实的解决方案，进一步通过系统的项目管理及时推动各项产品进展，从而实现整个平台的高效快速发展。

（三）社区服务枢纽：立足本地

从社区服务枢纽的平台属性上来说，县级融媒体中心推出的相关产品一方面需要能够解决本地大众最为关切的生活服务需求的方面，如气象预报、道路交通情况、生活水电缴费等；另一方面，在产品不断迭代完善时也可以推出一系列方便居民衣食住行消费的衍生产品。作为支持公共服务类别的编辑人员，最主要的工作在于对接各方面的业务人员，搭建并维护好平台各个子产品的稳定运行。县级融媒体只负责搭建平台，整体纳入县级融媒体新闻客户端中集成，一次建成集成后，"新闻+智慧+生活"不断赋能，枢纽和中心只需维护基本信息和基本运维。

本质上来说，每一个县级融媒体中心都应当成为当地的社区服务枢纽，因而编辑人员需要切实立足本地，密切关注主要受众群体的需求。在维护好现有产品的基础上，及时发现平台产品的盲点并与相应商业产品进行沟通，评估平台拓展的利益点和维护成本，不断扩展平台的服务群体，从而帮助县级融媒体中心成为有效回应大众关切、能够区别同类产品的优质互联网平台。

（四）数据反馈中心：灵活调控

县级融媒体平台作为县级各媒体的"大后方"，需要能够整合反馈融媒体矩阵内各媒体的用户数据，包括销量，收听/收视率，新媒体的阅读量、互动量、活跃用户数、转化率，以及各类媒体的广告投放量等，而实际上从互联网的本质来看，融媒体面对的不是读者、听众和观众，而是用户——用户思维成为融媒体生产和运作转型的根本基础。

在用户为本的时代，编辑流不再是决定传播的最后一环，融媒体产品只能在社交流和算法流里按照用户的需求轨道分发，经由用户的最终点击和信息消费，才能到达最终的传播目的地。

因此，从传播终端溯源，融媒体中心的编辑必须通过反馈各类数据，能够提醒各级媒体关注数据增幅和跌幅，从而灵活调配媒体的资源配置和人手分布，实现分层化管理和优化的配置。这样不仅能够带动县级各媒体的成长发展，更能进一步促进融媒体中心的整体发展。

总的来说，作为一个类互联网公司，县级融媒体中心的互联网产品得益于其由政府直接领导管理的特点，有着明确的产品定位和平台建设架构，即存在主流舆论阵地、综合服务平台、社区服务枢纽等三个主要功能，同时也能够更进一步成长为各类媒体的数据反馈中心。作为平台类产品，其运营人员应当同时满足B端（即融媒体中心服务的各个政府职能部门和企业）和C端（用户）需求，搭建好双方沟通的渠道。编辑作为类产品经理，即平台的主要运营人员，需要充分支持该平台的定位特点，相应地为各产品分支提供运营支撑，从内容生产到内容分发，完成覆盖整个产品生命周期的使命。

第二节 业务流程重构与工作室机制

业务流程重构（Business Process Reengineering）是为了增强竞争力、提升工作效率而进行的管理革命，主要是发现整个流程中存在的问题，并通过重新构思和设计来实现服务质量和绩效的显著提高，重构的重点是对关键节点和信息流的简化、理顺和突破。

一、观念转变：竞争心态从事业型格到企业型格

业务流程重构概念的提出者迈克尔·哈默（Michael Hammer）指出，重构成功的关键不在于技术的提升，而在于人的提升和文化的跟进，也即流程的操作者、领导者和参与者，以及整个变革中人的思想感情的沟通。只有流程重构的所有参与者都认识到变革的必要性，从信念、文化、机制上保持思想的一致，才能获得普遍支持和配合。

（一）传媒改革与新媒体市场竞争的必然要求

伴随着新媒体的发展，传统媒体的转型发展已经成为事关媒体生存的重要问题。

首先，目前由于县级媒体之前属于事业单位，从业人员传统意义上不以市场利益为先，其本质上缺乏争抢用户的观念。进入互联网时代后，大众开始掌握新闻产品的主动选择权，所以各互联网平台、互联网产品均深挖用户价值，不断扩大自身的用户市场，而县级融媒体中心的自身情况难以匹配新媒体发展变化的现状。

其次，县级媒体的管理者经营理念跟不上新媒体发展变化的大趋势，且由于其收入主要依靠少量的国家财政拨款和广告二次售卖营收，整体运转呈现下降态势，难以吸引有竞争力的媒体人才和技术专项人才，造成新媒体对传统媒体的冲击被进一步放大。

再次，传统媒体的业务流程和采编机制与新媒体的采写流程存在一定的不同，不能完全适应县级融媒体中心的发展要求，也约束了新闻生产力的发展。

换而言之，县级融媒体中心的发展受到事业编制、绩效考核机制等多方面限制，治国理政综合平台的定位优势并没有真正实现最初设定。所以，要推动媒体融合发展，更快速地将县级融媒体中心建设成为治国理政平台，在创新内容主题、提升技术水平、拓展平台能力的同时，也需要对县级融媒体中心的组织架构、传播体制、管理机制和竞争理念等进行结构性的调整和完善。

（二）从事业型格到企业型格：竞争动力的转变

传统广电产业参与市场活动的主体大部分是以事业单位身份。虽然在传媒运作上传统媒体有许多行为已经市场化，或者成为挂牌的传媒企业，但是事业单位的本质并没有变。核心媒体的改革有待进一步明确，但是传统媒体既然无法避免地参与到新媒体的市场竞争中，与新媒体企业一同争夺受众的眼球，就先要将市场竞争的心态调整为企业性格，从而更好地适应为用户服务的思想理念，为新媒体的市场竞争做好心理上的准备。

在互联网的竞争平台上，搜狐网在分源分流的媒体改革实践中，已经建立了"算法+编辑""智能+人工"的内容分发模式；抖音和头条的推荐系统，通过精准匹配智能分发，增加用户黏性，优化内容生产和发布模式，实现广告和流量变现。融媒体产品的生产和分发不仅仅是一种形式上的兼顾融合，而应该从根本上建立互联网竞争思维——在内容生产、内容分发、用户沉淀、流量变现上找到自己的定位和发展模式，否则，随着用户的流失，融媒体平台的发展也存在巨大的危机。适应融媒体定位的变化，从参与互联网竞争的思路来看，坚持市场导向用户思维的企业化生存理念将成为融媒体流程变革最好的推动力。

（三）打造市场意识和培育主导力量

1. 打破条块分割的利益格局

中国传媒市场是垄断竞争市场，实质上是行政保护下的传媒机构之间的有限竞争。地区市场壁垒和行业扩张壁垒，使整个中国传媒市场条块分割，传媒市场竞争不足，规模有限。

以观念带动媒体转型发展，首先就是要从内容生产的采编机制入手，打破传统的采编部门利益格局。融媒体采编利益格局的转变，一方面能够充分利用融媒体矩阵的新闻资源，打破传统媒体采编体制，通过编辑人员的整合调配，把稿件资源能够发挥的效用最大化，节省了人力成本；另一方面，也能够打破传统媒体静态周期性的限制，实现实时采编、实时报道的数字化转型，帮助融媒体中心紧跟互联网的变化速度，打开互联网的用户市场。

近年来，不同级别的融媒体中心建设使报业广电等之间的传统界限开始融合，以市场意识变革现有机构，数量显著增加。2018年，天津海河传媒中心由天津日报社、今晚报社、天津广播电视台整合而成。组建的资源包括16家子报子刊、20个广播电视频率频道、若干新闻网站、新闻客户端、手机报，还有"两微"自媒体账号334个。组建后撤销4个正局级和2个副局级机构，关闭10个子报子刊和6个电视频道，停更合并部分新闻网站和新闻客户端。同年，大连新闻传媒集团完成"物理融合"，芜湖传媒集团揭牌成立，随后鄂州市融媒体中心、银川市新闻传媒集团、绍兴市新闻传媒中心等在全国各地纷纷成立。但是，必须清醒地认识到，挂牌不等于融合，除非内部的文化整合、组织融合、业务结构变革到位，否则，部门分立依然存在。2010年，作为报业广电融合先锋的大庆新闻传媒集团曾经获得"中国最具投资潜力媒体单位"称号，董事长获得"中国传媒创新人物"称号。历经9年的融合发展之后，2019年4月12日，大庆日报社、大庆广播电视台、大庆新闻传媒集团三家单位正式分开独立运行，互不隶属。

因此，融合之前需要根据市场需要和资源状况进行深度考虑，切忌为了挂牌而挂牌，融合之后的整合需要业务流程的重组、领导和员工的思想转变等最基本的重组行动。否则，传统的人员结构和思维模式没有实质打破，只能是

"融而不合"。

从具体措施上来说，除了从业人员观念的转变，需要从架构上优化部门结构、加大各类基础设施的投入。一方面，县级融媒体中心建设需要参考人民日报"中央厨房"的构建框架，打通融媒体矩阵内各媒体之间的界限，实现资源互通、信息互通，以扁平化的管理理念指导融媒体快速、高效的报道流程构建；另一方面，需要领导层的管理转变和意识转变，与基层员工实现理念一致，统一变革再造行动。同时，在技术辅助上为采编人员提供可移动的办公设备和AR、VR等技术支持条件，能够提高新闻产品的实时性，同时丰富产品的技术呈现形式，更好地吸引不同用户。

2. 打破同质化发展思路

从县级融媒体中心的总体发展上来说，打破同质化的发展思路意味着从业人员需要意识到县级融媒体中心的定位不仅仅是建立一个转型的传统媒体，而是一个综合类的互联网服务平台。编辑作为类产品经理，需要打破固有的新闻媒体发展竞争思路，以互联网思维和产品思维指导总体发展，有针对性地推出人民大众喜闻乐见的互联网产品，通过综合各方力量，建设成集主流舆论阵地、综合服务平台、社区服务枢纽为一体的治国理政平台。

进一步需要指出的是，一方面，各地在建设县级融媒体中心时，不能照搬互联网产品的发展路径，而是应该在此基础上发展衍生，体现政治加权和社区服务的新特点；另一方面，各地在建设融媒体中心时也不能照本宣科、一味地模仿典型示范，而是应该切实根据各地社会生活的实际需求和该地互联网产品的市场覆盖现状，建设富有地方特色的融媒体中心，千城千面，在差异化竞争中寻找最适合地方、最受当地市民欢迎的发展方向。

3. 打造用户需求导向的产品

从产品内容的发展导向上来说，打造用户需求的产品是互联网产品的核心概念。360公司创始人周鸿祎2015年在谈到好的互联网产品时指出，此类产品多同时满足刚需、痛点、高频三个特征。以曾经风靡一时的人人网为例，前期其瞄准大学生市场，专注于校内社交分享，很好地满足了在校大学生沟通交际的需求，因此在2010年底占据了全国3/4的大学生市场，活跃用户超过1亿。而2010年至今，伴随着其固有用户群体人生阶段的变化和微信、微博等面向各个人群的社交媒体的兴起，人人网的定位不再与用户刚需紧密挂钩，而网站转型也并不及时，导致用户断层，造成了人人网如今用户占比不足1%的现实情况。人人网从前期精准解决大学生的社交痛点，到后期用户刚需变化导致其定位尴尬的过程，说明了互联网产品能否长久经营的本质问题，在于能否找到用户不同时期的刚需问题并精准解决。

对于编辑来说，作为县级融媒体中心的产品经理，在业务流程重构的同时，需要转变内容产品的基本理念，深刻认识到用户是互联网产品得以长久生存发展的根本，深挖用户未被满足的核心需求和高频需求，打造符合用户需求导向的产品，并时刻根据用户需求的变化和市场上各类产品的发展而迭代融媒体中心的基本产品，从而实现可持续化运营。

二、流程重构：以过程为导向的三位一体架构

"社区""社群""圈子"……这些不同的交流情境和关系网络，使传播转变成为基于关系的一种新模式，新媒体丰富了多元主体之间的关系，构建了一个基于用户关系和社会关系的内容生产和分发新平台，而融媒体的产品竞争和生产也必须融合于新的传播环境和传播模式：媒体的内容生产不仅要分发于各个融媒体渠道，而且要分发于不同个性特征的社群和个性化的用户——编辑流程重构不可避免。

流程重构首先要有针对性地发现存在的问题，结合流程设计要达成的目标，进行解决问题的可行性分析，在不断地实施修正中提供组织和制度上的保证。在流程重构的过程中，主要的步骤和方法有较丰富的研究积累，主要包括以下重要的内容：决定客户需要和流程目标、规划和测量现有流程、发展想象力和合理性策略、设计改善措施并嵌入持续性改善的远景等。业务流程重构模型如图1-1所示。衡量业务流程重构的标准就是在绩效的重要尺度上取得显著的进展，显著的进展目标是指：周转周期缩短70%，成本降低40%，客户满意度和企业收益提高40%，市场份额增长25%。

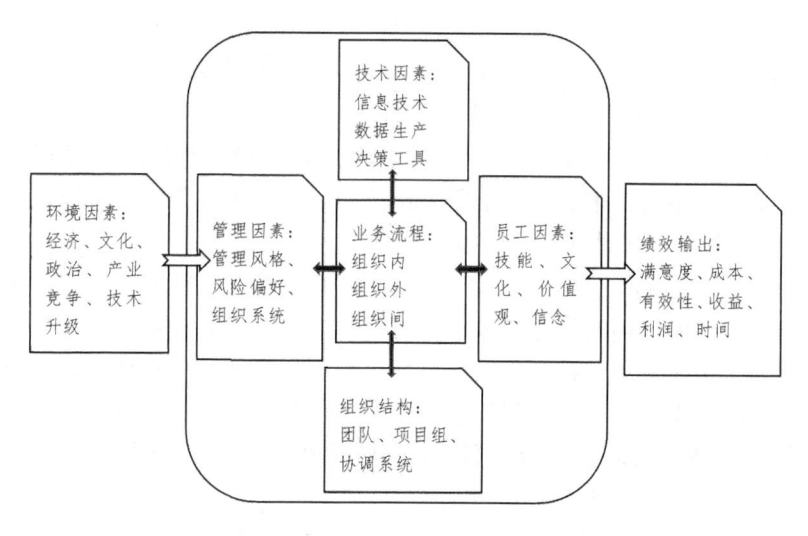

图1-1 业务流程重构模型

（一）业务流程重构的起点：树立"全天发布"意识和"平台协同"机制

融媒体中心"新闻+政务+服务+商务"这种新的发展模式为融媒体编辑的定位提出了更高的要求，"资源通融、内容兼融、宣传互融、利益共融"的新型媒体矩阵模式也成为整个编辑业务流程重构的目标。

白天采访、晚上编发的传统媒体内容生产模式，已经不能适应互联网内容生产的24小时滚动播出需求。这种"全天发布"模式要求平台的采编设计技术运营各岗位必须实时动态对接，平台协同和流程优化势在必行。

在融媒体发展过程中，比较常见的融合生产模式思路是"一个平台、一次采集、多种生成、多元发布"。这种思路的核心依然是"采、编、审"，并没有完全摆脱传统的编辑模式，最后的传播环节也仅仅是到达了"自有平台"或"第三方平台（微信、微博、头条等）"，即为融媒体传播完成，实际上恰恰缺乏的是适应新媒体传播情境的完整过程再造，也即"策、发、管"环节的薄弱。前后期策划、发布到用户、全过程项目管理协同是整个业务流程重构的起点，也是重点。

1. 内容—技术—平台三位一体：建设内容为核心、技术为支撑、管理为保障的全媒体体系

习近平总书记指出："对新闻媒体来说，内容创新、形式创新、手段创新都重要，但内容创新是根本的。"

因此，在融媒体体系建设中，首先仍要坚持以输出高质量内容为团队核心目标。在建设融媒体平台的过程中，要基于自身发展定位深度挖掘内容信息，提升输出产品的品质质量，丰富内容表达；融合文字、音频、短视频、H5、互动游戏等多种方式，拓宽内容呈现方式，使产出作品更加符合时代需求，更加贴近受众喜好。

其次，适应智能技术手段对于媒体行业全过程的参与和应用，合理运用大数据、云计算、传感器技术等智能手段，渗透至信息采集、加工、分发、内容审核、反馈等全过程，为媒体转型提供技术支撑。

除此之外，建立符合融媒体工作体制的管理机制，发掘人才、培养人才，为融媒体体系建设提供切实保障。鼓励和支持从业人员进行自我技能的提升，组织机构定期提供相关培训课程和考察学习机会，以提升团队的整体技术水平和创新视野。同时，根据自身实际发展情况，制定更加科学完备、运行有效的管理制度，在经营、管理、财务、绩效、晋升考核方面制定适合融媒体平台的管理体系，保障团队可持续发展建设。

但是必须清醒地认识到，"中央厨房"这一数字化集成平台在一定程度上理顺了不同媒体之间的合作问题，但是仍然是基于传统媒体的发展模式，而不是基

于互联网的建构模式，因此，中央厨房并不等同于就实现了媒体融合，重点应该是互联网上各平台用户的融合和反馈，过去仅仅是报网广电融合，现在应该由内容、渠道、产品融合，随着形势发展进一步转向平台、生态、技术、系统融合。

融媒体中心目前已经建立起包括自有APP、客户端、微信、微博、抖音在内的融媒矩阵。但是从互联网的用户思维出发，试问又有哪一家融媒体可以清晰地回答：我的用户群在哪里，用户画像长什么样，用户主要特征是什么，用户规模和增长趋势如何？未来的用户核心竞争力有哪些？如果不能清晰地找到内容发布的方向，又如何可以确定吸引用户的选题并进行高效策划呢？

因此，虽然融媒体矩阵的传播影响力相比传统媒体的颓势有巨大的发展，但是由于缺少内容分发落到用户实地的目标导向，更多地偏向高端播发而缺少底层声音的交互传递，受众的点击率、点赞率和转发率偏低，也难以形成内容上的"爆款"和互动上的"头部IP"。自有平台用户偏少，第三方平台又为他人贡献流量而缺少自我品牌内涵，这些都需要通过融媒体中心内容—技术—平台三位一体的深入建设和传播效果评估、传播内容策划、用户管理和传播过程制度的完善来进一步修正。

2. 全平台"发布优先"：以高效高质为目标的内容流程

我们把新闻事件的发生想象成投掷石头，把即将接收信息的受众看作平静的湖面。石头投入湖面，湖面泛起的涟漪，逐个扩散，迅速放大在受众间的影响力。因此，应按照不同类型媒体自身的反应速度来决定新闻信息平台的投放顺序。编辑成本较低的新媒体最先发布新闻，第一时间获得受众的占有量；信息发布即时性较弱的传统媒体平台随后发布，增强信息在接收者层面的可信度，使得新闻信息对于接收者的影响随时间逐渐扩大。全平台"优先发布"，差异化全面覆盖，在增强发布效率的同时，保证各平台内容质量，增强平台的整体品牌含量。

因此，融媒体的内容生产和发布首先应该树立"全天发布"意识，在发布时间上根据不同的媒体特性组织发布时序和深度阶梯，实现"优先发布"和"高质发布"的结合，确保内容生产发布的差异化定位。其次，根据不同的用户特性组建新媒体矩阵，实现不同社群的有效联结和占有，并实现差异化传播，也就是说对于不同的社群，传播的稿件组合和顺序都是结合算法的个性化推送。

具体到融媒体的内容生产和发布上，首先应该加强的是内容生产上的策划打造。

一是账号的策划。根据不同的用户群体打造有针对性的发布账号，形成虚拟的"作者形象"，包含账号的拟人化定位、原创定位、发布频率和特色定位等。例如，"上海发布"的小编被受众亲切地称为"小布"，可以形成账号与用户互动的亲密基础；长江云通过平台建设了103个"云上系列"，可以实现快速的复制和推广，同时建设了120个客户端和聚合1412个微信公众号，有效建立多维定位的融媒体矩阵。

二是呈现方式的策划。每个素材，可能需要全媒体宣传推广，也可能仅某个平台适宜，在其他平台推送没有有效性和扩散性。考虑到微信、微博、抖音等不同媒体平台的特性，在文字和画面素材的选取组合上，要分类策划实施，达成内容和形式的和谐。

三是具体内容产品的策划。不同的账号根据定位，策划相应的选题，按照重要性、欣赏度、影响力等不同的角度进行选题构思和筛选。选题方向确定后，由各项目团队合作，发挥各自优势，理清主题和逻辑，通过简洁有力的文字、图像、影视表达，形成高质量的内容产品。

四是具体标题的策划。奥格威在《一个广告人的自白》中提到，标题的重要性毋庸置疑，标题的阅读比正文的阅读多5倍，因为对标题产生兴趣，所以接下来才会去阅读正文。在新媒体时代，一个好的标题是点击率和转发率的基础，因为除了阅读率，互动和转发才是新媒体流量的一个重要保证，这是与传统媒体非常重要的不同。提炼关键信息，找到有效价值点，通过直击痛点产生情感共鸣，是打造标题的基础。

其次是加强内容分发的策划打造。随着传统媒体的销量和影响日渐衰落，内容产品的分发的重点实际上越来越围绕新媒体展开。通过融合业务平台的全流程智能化操作，实现"算法+人工"的内容审核和风险控制，算法分发和社交分发的汇流，实现用户的有效获得，同时实现新闻发布+舆论引导+社会治理+社区服务+产业升级的全面推进。

3. 融合业务平台的全流程智能化操作

人工智能、大数据、物联网等技术在传媒领域的运用，更新了媒体业务的全流程操作方式，智能化技术已经可以被运用到媒体信息的采集、加工、分发、审核、反馈等各个流程。

智能化技术的介入，拓宽了信息获取的途径，为信息采集提供了大数据支撑。传媒产品生产过程最初的信息收集已经无须完全依靠"人力"。首先，大数据时代为信息采集提供了更广泛的数据来源和更高效的分析手段，在信息的整体性状况、广泛性态度或趋势性走向的分析和预测方面，大数据应用也能够为此提供更加有力的支撑。其次，在现场采访过程中，智能技术设备的辅助和支持也可以帮助记者更快速地处理音频信息、图片数据，快速筛查、整理、分析、挑选出有价值的内容，提高内容生产的效率。

智能化技术的应用为信息加工提供了智能生产支撑。早期的相关运用体现在智能写作领域。由机器代替人力，使用软件对数据进行自动采集、分析，并根据已有新闻模板进行机器写作。这种写作方式虽然无法拥有人对新闻现场的理解和描绘能力，在语言运用和情感传达上难以替代人的作用，却极大地提升了信息的加工速度。2017年，腾讯公司所使用的写作机器Dreamwriter生成每篇稿件的速度可控制在0.5s。智能技术的运用，也可以为图像、视频的处理提供批量、便捷、高效的加工方式。例如，在批量图片的短视频化、相同视频的集锦生成、目录的智能编写等方面，都可以借助相关的智能化技术得到高效快速的完成。

除此之外，智能化技术让信息分发投放更加精准。智能技术可以实现即时收集信息，采集用户阅读习惯，通过数据处理分析用户的阅读偏好，并针对不同用户生成个性化投放方案，为不同的用户提供更加适合其"阅读口味"的内容，让信息的分发更加精准而富有"人情味"。

这些技术的提升为融媒体内容分发奠定了非常好的基础。新媒体传播就是基于社会关系的传播模式，融媒体的流程再造也必然要回归关系的构建，因此融媒体的分发不是简单地将报网影视融合的内容传给自有或者第三方平台，而是要通过编辑流、算法流加上社交流的融合打造，形成融媒体与用户关系的构建。

第一，了解融媒体的用户特征和用户社会化媒体社交行为。通过个性化用户分类和画像，区分不同的用户流量行为，如用户关注的公众号、微博号，用户的活跃度，用户的阅读量与评论数，用户转发率与点赞数等。

第二，通过算法匹配用户和内容。通过内容运营经营粉丝群体，使阅读量转化为活跃粉，打造每日活跃用户和增加在线停留时长。通过粉丝群体优化和数据分析，有针对性地实现内容的创作优化，建立内容和粉丝的有效情感联系。

第三，通过编辑策划有效传播的内容。根据用户数据反馈，实现内容的优化排序，为选题策划提供方向和基础，实现标题和内容的有效排序。

因此，全流程智能化操作实际上是实现了信息采集的大数据支撑、信息加工的智能生产支撑、信息分发的精准投放支撑，编辑在此过程中从全程策划掌控，到多平台多账号内容分发，实现整个项目管理的高效执行，有效改造了原有融媒体"策、发、管"环节的薄弱。

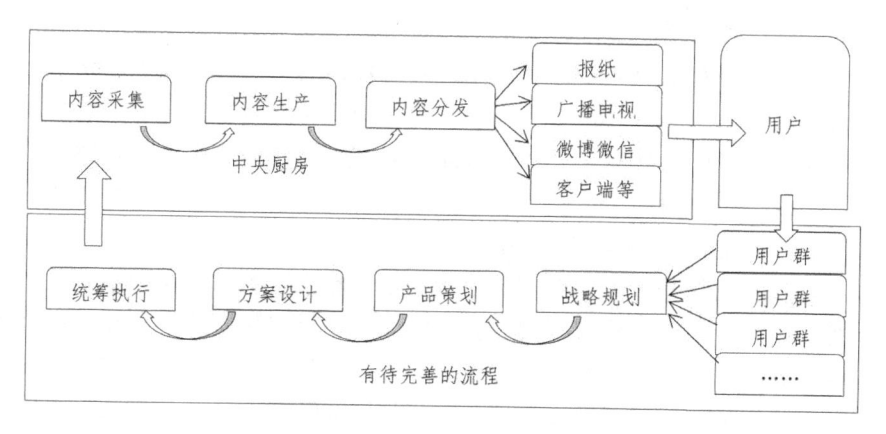

图1-2 融媒体平台的业务流程图

从目前影响融媒体业务流程重构的因素来看，国家对于各级融媒体，尤其是县级融媒体的建设有清晰的顶层设计，政策支持非常明显。融合得比较好的媒体如人民日报、新华社等，在结构扁平化标准化和工作室运行上都有成功的探索，而主要的问题、困难可能在于县级融媒体在内部结构变革的同时，还需要进行原属于不同部门的报业广电的不同结构间的融合，传统媒体和新媒体的融合，领导和基层员工在变革沟通和信念上的融合，以及如何把本地化的传统媒体和"无限化空间""去中心性"的网络媒体进行融合。

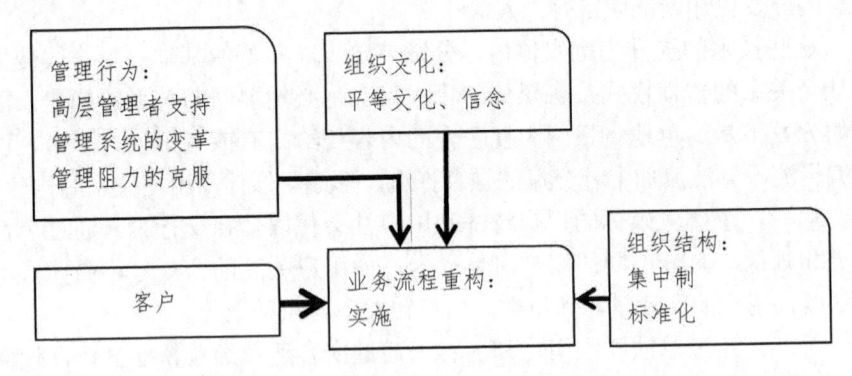

图1-3 影响业务流程重构的实施因素模型

（二）以过程为导向：融媒体时代下的内部融合与业务流程再造

以过程为导向（process-oriented），是管理学上基于行为逻辑结构而采用的一种思维模式，通过项目部署、职责落实来实现预期工作目标。过程导向在明确目标和时间的要求下，以市场和用户需求为方向，对整个项目运作过程进行管理和控制，强调全过程的协调和高效。整个过程既注重激发编辑和团队的责任心和个体动力，也注重协作关系的建立，实现自我管理和过程控制的结合。

1. 智能生产和传播的平台协同建设

得益于大数据和AI技术的广泛应用，智慧媒体的建设和发展也达到了一个实质性的进步。高效率的媒体内容生产和分发，是各大媒体平台试图通过智能化生产和传播想要达到的最佳状态。而采编流程的彻底重构和优化，是智能生产和传播建设的关键。新闻+服务的模式可以兼顾政务和民生，并且可以为市场化的电商和扶贫等业务也提供融合拓展的平台。

在打造信息枢纽集成、综合服务集聚的治国理政平台的过程中，融媒体中心也各显神通，出现了多元化发展模式。浙江在线通过建设舆情客户端，提供包括舆情反馈、战略咨询、公关沟通等内容的服务，另外通过连接各大省内医院，提供挂号服务等，多元化功能的拓展使年收入超过3000多万，颇为可观。太原市组建的融媒体协同平台，不仅是信息发布和舆情管控平台、政务媒体大数据分发平台、机关事业单位信息协同支持平台，而且加强了与网络媒体、自媒体人、新媒体公司的多元化协作。人民在线推出的融媒体协同发展平台，与搜狗、TCL两家企业签署战略合作框架协议，通过差异化定位、协同性创新，助力地方融媒体建设和运营。2019年5月，长三角新闻融媒体平台以区域媒体协同为突破口，正式发布面世，力图实现更大规模的一体化传播矩阵。

2018年8月，浙江安吉新闻集团对安吉广播电台、安吉电视台、安吉新媒体中心3个单位、15个媒体平台进行了整合，成立了适合县域特点的安吉县融媒体中心。集团通过搭建"中央厨房"，依托互联网行业的飞速发展，打造全媒体人才精英队伍，自主创立了融媒体移动客户端"爱安吉"，将"爱安吉"打造成为以新闻时政、民生热点、便民服务、政务公开等为一体的智慧化县级融媒体移动APP。2020年3月，浙江省安吉县广播电视台媒体智慧化融合案例被列为国家广播电视总局"2019年度全国广播电视媒体融合典型案例"。目前安吉县融媒体中心已成功在全国23个省近300个县成功落地"新闻+政务+服务+商务"领域产品。

无论何种形式和规模的平台协同建设，都必然要依托有效的各流程职责部署来持续推动，方能形成合力，否则，仅有平台协同之名，而无相应的政治效益、经济效益和公共效益产出，则最终会流于形式。

首先，目标明确。过程导向的平台协同要求实现责任明确—及时激励—结果跟踪，融媒体平台首先确立年度战略目标和季度短期目标，自上而下确定各级部门和项目组的业绩目标，各单位根据岗位职责和部门目标，确定季度工作计划并分解至周工作计划，制定具体的行动方案和责任落实到人。

其次，团队协同。整个重构的推进依托平台所有参与团队的合作，包括高层战略设计者、中层实施执行者和基层参与员工。

最后，路径科学。经过战略梳理和流程诊断，在流程设计的合理性和可行性评估后，进行流程试点，取得一定经验和教训后，开始全面推广，最后根据反馈评估改进。

2.垂直领域资源共享：生态群的建设

融媒体时代的媒体发展转变不仅仅停留在内容分发平台从传统媒体转移到新媒体平台。在打造影响力的同时，应加强将流量变现的意识，跳脱传统的版面经营、时段经营方式，充分发展垂直领域，构建生态群，拓宽发展平台和视野。

融媒体时代的受众用户，不仅是信息的接收者，也可以是市场产品的消费者、文化产品的购买者。也就是说，媒体经营过程中，除了挖掘信息，产出各种形式的媒体产品，还可以立足自身定位，对已有资源进行挖掘，站在用户需求的角度，将信息资源转化成垂直领域的相关系列产品，产生经济效益。

许多中央媒体或行业大头已经进行了垂直资源延伸的尝试。《南方周末》是一家以"在这里，读懂中国"为追求的具备广泛影响力和公信力的新闻大报，广阔的写作视野、具有内涵深度的文字，成为其经久不衰的重要原因。以提升新闻写作能力为卖点，《南方周末》开设了付费课程"写作实践训练营"，由内部具有影响力的知名记者、编辑授课，以自身媒体地位为保障点，延伸多元的产品单元；依托强大的读者基础和粉丝群体，设计售卖以"南周青年"为元素的服装、文化、日用品等多种类型的周边产品；发展跨界合作的各类活动，建设多领域发展生态群，如与五粮液集团共同举办"顶尖博物馆之旅"项目、与普利司通共同主办"共筑少年梦"公益支教活动，通过不同领域的活动开展，打响自身品牌影响力，进行合理有效的资源共享。

广州日报通过微门户营销平台，形成融媒方阵，包含"报+网+微+端+院"一体化生产，并已接入广州日报、健康有约等10余个公众号，将媒体平台与医院资源、街道管理连通，"最强科室榜单"推出广州300多个三甲医院专科的资源，"微社区e家通"上线以来已覆盖120条街道。在《2018全国党报融合传播指数报告》排名中，广州日报的融合传播力位列全国第三，成效显著。

多家媒体已经按照专业化、垂直化原则，分类建立工作室或者项目组，实现生态群的建设，并打造品牌矩阵。人民日报"中央厨房"为工作室设计"麻辣财经姐"卡通形象和表情包，并筹划推出相关脱口秀视频类产品。"一秒世界工作室"通过国际新闻专业垂直领域的组合，将人民日报国际部、《环球时报》、《人民日报》美国分社记者等联合起来，实现共同策划和协同生产。

3.实时新闻热点追踪与价值评估

移动终端的普及和数据网络的发展使得大众获取新闻的门槛越来越低，只要通过屏幕和网络，就可以随时随地获取海量信息。微博、头条等客户端用户量的增长，更是改变了大众了解热点的方式，只要进入微博、打开头条，就可以随时随地了解世界正在发生的事情。因此，留给媒体平台进行新闻热点的发掘、加工、发布的时间也变得越来越短。

对于新闻热点，应尝试充分利用智能技术手段进行热点的实时监控，在"第一落点"推出，先声夺人。热点事件在网络平台不断转发，往往会引起社会公众的持续关注和二次传播，引起新闻的持续发酵。因此，要做好新闻热点的追踪与评价，在"第二落点"以新的角度或事情的后续进程为报道，以适应激烈的新闻市场竞争。

在AI技术应用的帮助下，整个编辑的内容生产流程可以实现标准化、全面化。智能传播效果评估系统能够及时对舆论热点事件的传播强度、发展趋势、圈层效果进行实时可视化呈现，编辑可以在数据的支持下快速判断选题，紧跟舆论热点，并突出主流价值观的引导力。

4.AI内容风险控制

移动终端、互联网信息的发展带来了信息传播门槛的降低，但同时也对保障媒体平台发布内容的安全性提出了更高的要求。2019年，"内容风控业务"这一概念应运而生，其主要目的在于维护网络安全，营造绿色健康的网络环境。

介于内容生产和传播之间的内容风险控制也需要采用更加灵活高效的手段，提高审核效率，以保障在安全的前提下，传递更多优质内容和服务。尝试运用AI技术、区块链技术进行风险控制，最明显的优势是提高了内容审核速度和效率，同时一定程度上降低了风险控制所需的人工成本，在主流媒体平台已经得到了一定的运用。但是，人工智能发展还存在着一定程度的未知和潜力，智能化风控平台也存在一定的限制。因此，人工干预风险控制短时间内依然是无法完全被替代的，坚守自身的调性标准，把控行业责任，依然是内容风险控制中不变的原则。

因此，在内容风险管理上，按照目标管理过程管控的原则，必须建立总编辑协调制度、部门沟通制度、岗位值班制度等与AI平台相辅相成，同时通过网情监控通报制度、用户反馈制度、协同生产制度、传播力影响力分析制度等为前后期工作流程的高效运转提供切实保障。

三、工作室机制的形成：契合流程重构的需要

融媒体工作室人数规模不等，团队创新多元，组成方式多样，根据各地的融媒体发展情况，在垂直化和个性化内容生产方面起到基础作用，灵活机动地补充完善了"中央厨房"，是目前融媒体实践中广泛认可的实施组织变革的一种创新方式。

（一）融媒体工作室的应时而生

在习近平总书记指出"推动媒体融合发展，建设全媒体成为我们面临的一项紧迫课题"后，全国各级媒体针对此项课题进行了积极的探索和创新，融媒体工作室就是在这样的环境下逐渐形成的。

回顾工作室的最初产生可以发现，融媒体工作室的发展开端要追溯到2014年10月。互联网技术公司网易依托原有的多媒体小组，成立了以"创新和开拓，让新闻更'好看'"为目标的新媒体实验室。作为一家企业化程度较高的互联网媒体，不论是成立目标、运行结构还是最终产品，网易新媒体实验室的风格特点都与融媒体工作室基本相同，所以可以看作是当今现象级大热的融媒体工作室雏形。

在一些互联网平台的尝试得到受众的接收和认可后，一批影响力广、历史根基强劲的传统媒体也开始了融媒体的尝试。作为党和政府的喉舌、对外文化交流的重要平台，人民日报首先进行了相关的改革和探索。2016年，人民日报在原有的媒体矩阵"中央厨房"基础上，正式建立了更加追求专业化、垂直化的"融媒体工作室"；同年，上海解放日报成立了融媒体工作室"上观数据新闻中心"。一系列党委市委机关旗下的报纸媒体基于传统媒体原有生产优势，加入带有互联

网思维的表达方式，良好的效果和牵头意识进一步激励了各地区、各领域进行融媒体工作室探索的脚步。

随后，随着移动终端普及率的上升，受众对信息品质、发布速度、覆盖范围、接收方式的要求逐渐提高，地方媒体、公共部门、文化事业单位等部门也先后建立了各具特色的融媒工作室，内容覆盖了各类新闻、市政信息、市民服务、媒体宣传、公益活动、文化教育、电商运营等。2017年，天津市红桥区检察院发布了天津检察机关首家融媒体工作室——"红桥检察"；襄阳日报与宜城市网络新闻信息中心共建"楚都融媒体工作室"。2018年，兰州广电成立了包含三个媒体融合试点工作室的"融媒体实验点个人工作室"，出现了以个人名字命名的工作室；广州日报通过新媒体项目孵化机制，组建的扁平化项目团队"中心工作室""健康有约工作室""五号楼工作室"等逐步展开。新华社、光明日报、内蒙古日报、湖南卫视、东南卫视等媒体的融媒体工作室也相继诞生，后续还出现了如丰台区融媒体中心和北京汽车博物馆共同孵化的"北京汽车博物馆融媒体创新工作室"。

融媒体工作室在某种程度上是对传统媒体原有的制片人中心制、主持人中心制等模式的一种延续，但是又突破了传统媒体的边界束缚。融媒体工作室在制度和结构上有很大的自主权，包括用人权、运营权、资金权等相对自由的掌控，同时辅助了与绩效挂钩的利益分配制度，往往可以采用分红激励手段，极大地调动了积极性，也扩展了对外的跨行业合作范围。

如今，成立融媒体工作室已不再仅仅是传统媒体平台适应市场的迎合动作，更成为各领域部门拓宽宣传平台，创造自身品牌影响力的重要举措。

（二）工作室机制的特点：专业、灵活、多样

在某种程度上，拥有较大自主权的融媒体工作室是整个融媒体变革的一个重要的试点和支撑点，这种由组织结构变化逐步深入的融媒体内容生产流程的变革，使融媒体工作室能够灵活地适应变革的环境，又能起到改革先锋的作用。

1. 基于兴趣和资源进行融媒体团队建设

新媒体时代下的信息发布已经告别了传统的发布节奏和方式，全平台、全时段的"全天发布"要求工作团队能够随时发掘信息、生成相关产品、即时发布，除了要求团队人员具有一定的新闻敏感度之外，也需要有饱满的积极性和强大的资源支撑。基于兴趣和资源进行融媒体团队建设，可以使工作团队效率更加高效、产出更加具有专业度。

上观数据新闻中心在成立工作室后，以原有报纸采编人员为对象，面向全体采编人员公开招标，筛选组成了近70个栏目小组，让不同的采编人员在自己最擅长、最感兴趣的领域进行内容的输出。同时，设立视觉中心、技术运营中心、编辑中心三个跨部门机构，提供充分的信息、技术资源和培训，极大地释放团队采

编生产力和积极性，日均发稿数由之前的20余篇增加到101篇，"上观"下载量在四个月内增加90%，用户增加260%，极大地激发了团队的活力。2018年又在上海和长三角企业数据库以及城市空间历史档案库等历史和城市数据基础上，推出了叙事化和可视化结合的数据新闻、发展报告、咨询指数等融媒体产品。

2. 优势互补与差异化定位

跨部门、跨机构组建融媒体工作室使不同媒体之间优势互补、资源共享成为可能，更利于不同机构、不同主体之间，最大化发挥各自的优势，释放工作室的生产力。这种优势互补体现在两个方面。

首先是传统媒体与新媒体两种媒体平台优势资源的互补。诸如广播、报纸媒体在受众间已具备一定的公信力和影响力，而各种网络平台则具备更快速的信息传播速度和更多形式的信息呈现方式，传统媒体组建的融媒体工作室就可以将两种形式的媒体优势进行整合，在传统媒体广泛号召力和公信力的品牌基础上，增加更加适应受众需求的、形式多样的新媒体信息展现方式。

其次，融媒体共建模式下，工作室的参与者不再仅仅局限于新闻采编，跨媒体、跨行业共同孵化也可产生不同领域、不同思维模式的互补。地方融媒体中心与当地政务部门合作，可以拓宽政务发布渠道；媒体与相关高校共建，在教学资源深度分享的同时，建立专业实践平台，使教学与实践融合，培养多层次融合人才。

融媒体工作室的建设与发展已经逐渐扩散到了各级区县，渗透到各个微小部门中，各级融媒体工作室的目标定位、团队规模也需要进行差异化定位。大型报社、广电等具有多品种、多平台的融媒体机构应将视野拓宽，融媒作品力求实现多类别覆盖，建立海量的内容平台，增强自身产品的影响力。例如，人民日报的融媒产品"学习大国""麻辣财经"，上观新闻的"观云""着调青年"，都已逐渐成为带有品牌特色和实际影响力的融媒产品。区县融媒体、地方部门成立的融媒体团队规模有限，覆盖领域更加具有针对性，在当前阶段应先保证自身领域融媒产品的专一性，在专项领域获取一定的影响力，保证当前规模下的服务质量。

3. 目标激励与协同创新

融媒体所面对的多平台传播格局和瞬息万变的市场反馈，对于工作室团队的成员的创造力和积极性都有着极大的要求。能够一直紧跟受众需求，产出优质、有看点的新鲜传媒作品，这样的发展要求对于内部人员的激励和管理来说，提出了更严峻的考验。工作室结构框架的组建、考核指标的设立、绩效福利的安排和设定，都要与激发成员工作积极性相关联。除此之外，由于人工智能技术在新媒体中运用的越来越成熟，融媒产品也不再只是文字或视频，涉及的生产人员也不仅仅是传统媒体中的采编，一些动画展示、H5交互或者AR互动更需要联动数据分析、视觉交互等更多部门共同完成。因此，多样化的效果呈现方式更加鼓励和需要部门联动、协同创新，共同产出视觉新颖、能够吸引眼球的融媒作品。

工作室的考核可以结合自评和平台考核相结合的方式，根据之前确定的融媒体平台的年度战略目标和季度短期目标、各级部门和项目组的业绩目标，来评估工作计划的完成度，按照具体的责任落实负责人发放相关的酬金和劳务费用。融媒体平台还可以根据各项目组或者工作室之间的协同程度，设定协同创新目标并发放相应的激励奖金。

（三）工作室机制的着力点

融媒体工作室的建立，给各媒体机构提供了一个优化流程、拓宽平台、焕活动力的有效路径，但要让融媒体工作室成为媒体改革真正的着力点、突破口，还需要在顶层设计、政策扶持、机制运营、内部管理、产品定位等多个方面做好精确规划，找准可持续发展的着力点。

1. 用户定位模式化和差异化

融媒体建立的初衷，大多是基于传统媒体内容生产的经验方向，融合互联网传播优势，打造符合现代互联网阅读习惯和差异化分发的优质融媒体产品，激发媒体机构在新平台的品牌生机，并带动相关产业的发展。产品或者服务的差异化，是一种独特性的战略定位，用户在识别和认可的过程中，对工作室和产品的调性、品牌的气质有强烈的归属和认同感，从而形成粉丝黏性和转化率、留存率。面向新平台、新应用的融媒体工作室显然无法继续传统媒体的固定思维，仅靠依托收视率、阅读量带来广告收益，这种漫天撒网对用户特性一无所知的传播模式，必然无法受到有精准广告投放需求的广告主青睐。在新媒体平台下，高粉丝数量并不一定能够自动转化为收益回报，维持千万级的阅读量、下载量、日活量需要工作室成立时明确差异化目标定位，选择用户范围，打造粉丝社群，实现可持续发展力，建构新型的发展模式。定位模式包括：以优质的新闻产品巩固媒体公信力，以质攒量；以专一化内容服务收拢区隔的市场，实现粉丝经济；以积累庞大的粉丝群体为目标，用广泛影响力开拓市场等。

传统意义上的"受众"向融媒体时代的"用户"转变，使用户思维和用户服务成为关系网络和信息传播的重要推动力和最终实现者。工作室发展初期，目标用户定位需要精准明确，打稳根基，提供后续运作的动力和可持续发展的可能。

2. 组织结构扁平化与灵活性

组织结构是整个管理系统各要素之间按照一定的相互关系进行运作的框架，在责权利之间设定的分工协作体系。扁平化组织结构是现代企业常见的一种结构形式，通过减少管理层次，避免人员冗余造成的人力资源浪费和内部效率懈怠，使得组织结构更加紧凑、干练。

扁平化的内部运作机构，符合融媒体工作室建立的初衷，打破传统组织架构的烦琐层次，使组织架构更加简明清晰，减少项目流程所经历的层层樊篱，能够一定程度地提高运作效率；同时，在人员管理层面，扁平化结构改变了组织结构中上下级与领导者之间的纵向联系方式、平级单位之间的横向联系方式，使得团队运作更加自由灵活，降低了个体在组织框架中的级别束缚，也有利于提高成员的工作活力和热情。工作室在一定程度上有较大的自主权和灵活空间，使创造力和洞察力能发挥更大的作用，同时又通过标准化的职能结构，实现职责组合优化，分工清晰，有利于协调和考核。

3. 产品布局IP化和联动化

IP（Intellectual Property），泛指一种知识产权，在信息爆炸的今天，多种多样的知识、信息充盈在我们的生活视野中，维护自有的知识产权，形成产品思维布局产业生产，即IP化，是文化产业领域达成规模化、体系化、良性化发展的一条关键途径。

融媒体工作室需要持续产出优秀内容，同时也需要借助IP化的产品思维，为自己的产品定义专属标签，使得具有一定时效性的即时性产品，逐渐演化成工作室特有的具有生命力和号召力的产品IP。

对于融媒体工作室来说，走IP化道路可以尝试从不同的方面入手：传统媒体可尝试建立品牌IP化。首先从传统媒体多年积累建立的品牌栏目、节目中发掘值得进行IP化的品牌元素，对具有自身品牌标识的部分进行放大和强化，使得原有品牌元素逐渐形成IP。其次，可以挑选有一定知名度或影响力的主持人、编辑、记者，进行个人IP化，把流量转化为留存的长期的关注度。最后，产品的形象化和拟人化IP，把内容产品的特色进行精准可视化拟人或者情感化拟人，打造品牌气质和情感内核，拉近与用户的距离，创造更好的互动氛围。除此之外，泛平台化传播时代下，进行全平台IP化的实践和尝试，或者实现跨界传播IP联手，也是一种适应技术迭代和多元传播的有效方式。初级层次是融媒体相同内容在不同第三方账号平台的同步产出。联动效应更明显的是，两个知名IP的跨界合作，如"段子手"朱广权和"带货一哥"李佳琦进行"小猪佩奇"的公益合作，目的都是为了在注意力稀缺的时代利用IP打造稳定的流量入口和粉丝黏性。

（四）融媒体平台工作室的创新与升级

经济学家辜胜阻认为，制度创新应该重于技术创新，中国不缺创新要素，缺少能把要素集成的创新制度，在创新过程中人才激励应该重于技术开发，营造环境重于集聚要素。融媒体平台工作室在业务流程再造中也应该注重业务流程再造的四个关键因素：创造力、洞察力、标杆和IT使能。其中标杆和IT使能是不断变化的，很多时候取决于组织对IT的认识，以及附加在其之上的人员、文化等因素。

1. 从降本增效到整体协同：运作模式的提升

从最初的降本增效，到整体协同的创新发展趋势，这种运作模式的提升，体现在从中央媒体到地方市县媒体的联动和协同中。2019年1月15日，国家广播电视总局发布《县级融媒体中心建设规范》和《县级融媒体中心省级技术平台规范要求》，其内容规范了融媒体平台从技术到业务再到产业生态的可参考标准。相关规范要求的发布，为我们提供了新的发展思路：在融媒体产品涉及政务支撑、民生服务等具有技术共通性、覆盖普遍性的领域时，省级区域以技术共享为目的搭载共性技术平台，为县级融媒体提供一个有效的技术手段支撑，可以很大程度地降低地方融媒体的建设成本，在相通领域达到资源共享和整体协同。

除此之外，随着"全国县级融媒体智慧平台"终端的上线，全国数百家县级媒体已入驻该平台，实现了内容、技术、应用、终端的互通共融。这种共性平台的支撑，也为地方融媒体提供了可实现性的创新基础与升级路径。

2. 从被动应变到主动竞争：适应人工智能的新趋势

传统媒体向融媒体平台升级转型的措施，是各级媒体适应网络新形势、传播新平台和智能新技术的应变之举，也是适应市场转变和传播业态变化的主动竞争。在这条转型发展道路上，适应人工智能在传播流程、平台搭建、信息内容、反馈测评、管理手段上的全面运用，成为人工智能时代的必然趋势。

从宏观层面上来看，智能全媒体传播体系将覆盖报刊、广电、出版、互联网、电影、文艺娱乐等领域，通过人工智能手段的运用，整合各媒体资源，对全媒体平台进行升级和优化；从微观层面上来看，人工智能技术将逐渐参与到传播体系的全过程，传感器技术为信息采集环节提供优化服务，智能机器人逐渐参与新闻内容的编写，AR技术带来的人机交互将极大地改变传媒产品呈现的方式，大数据算法在内容推送环节将为读者提供更加符合用户需求的内容。因此，适应人工智能参与媒体生产全过程已经成为媒体参与市场竞争的必然趋势。

融媒体编辑要适应这种基于人工智能的智能化内容分发模式，需要处理好分发效率和用户关系两个重点。既要通过信息内容标签来提高智能化内容分发的适配度和传播效率，从而更好地满足不同类型用户在不同场景下的信息需求，又要通过算法促进融媒体和用户社交关系的建立，依托智能化的社交关系提高信息分发效率。通过智能化内容分发和智能化信息反馈，更好地实现人工智能在信息传播中对主流价值观的引导。

人工智能化的融媒体变革，在技术上是实现信息与用户间的智能匹配，在整个编辑业务流程重构中，实际是探索人机共存的合理方案，借此逐步使编辑从集成到掌控整个内容生产的转向与升级。2019年1月25日，习近平总书记就提出，要探索将人工智能运用在新闻采集、生产、分发、接收、反馈各个环节中，全面提高舆论引导能力，以高站位、高起点为媒体融合发展指明方向。打造"媒体+AI"生态共同体，实现"人工智能编辑部"的落地，也是各大媒体今年重点发力的方向。随后，人民日报、新华社、央视网向业界全面披露了"人工智能编辑部"的全部内容和战略规划，包含智能创新产品矩阵、智能编辑工具库、基础支撑平台形成的"媒体+AI"生态共同体。

四、"专业化+专班式"运作机制

融媒体中心建设应坚持"本土""服务"原则。我国有近2000个县，每个县的经济情况、政策环境各不相同，融媒体中心建设不可能走完全相同的路径，但县级融媒体中心的任务是一样的，都承担着更好引导群众、服务群众的重任。针对县级融媒体人才现状，一人多能的状况在一定时间阶段无法很好完成。专业性人才提倡专业更专，临时性专班集聚多人多方力量，才能出精品、出爆款。这种"双专化"可能才是县媒最好的产品生产机制。

以安吉新闻集团为例，坚持以"管用、实用"为原则，搭建适合县域特点的融媒体技术平台。为促进融合往深里走，集团调整编委会下属机构及职能，组建或改建融媒体新闻中心、广播中心、视频创作中心、媒体服务中心等，调整和完善了新媒体稿件预审制、各平台终审标准化体系、广告纳入编委会议等机制。集团探索建立"大编辑中心+垂直采编部室"组织架构和运行模式，形成"日常新闻全媒传播、原创推文新媒生产"分工合作格局，实现内容生产全平台全链条监管，推进一套人马向多个媒体供稿及新旧媒体间优势互补。利用移动端集成推送优势，高效应对突发事件，强化新技术运用，研发VR全景视频，上线AI主持人，推出Vlog短视频，积极运用抖音等在线直播平台传播新闻信息，广播一改以往我播你听的形式，将主持人播音间实况搬到移动端，实时与听众互动、打赏，听众的参与感、互动性更强，形式更活泼。

打破原有框架，植入融媒体思维，提升采编人员新闻实战能力需要结合实情，将专业性人才和临时性专班结合起来，优势互补，共同推进，实现差异化发展，提供接地气的报道和服务，这样才能在激烈的竞争中脱颖而出，实现基层媒体的价值。

第三节 编辑素养

随着新技术的发展，媒体环境随着发生了巨大的转变，媒体间的纵深融合已经步入了3.0阶段融媒体时代，基于大数据、云计算和人工智能的技术推动，融媒体不是简单的媒体合并，而是技术与内容的融合。媒体环境的改变，不仅改变了媒体的地位，也改变了媒体的组织和运营，现在媒体直接面向用户、政府、企业等，需要接受市场的检验，优胜劣汰是媒体必须面对的挑战。因而既要汲取原有的传统媒体的经验，又要学习互联网商业的规律。新媒体时代新闻编辑要从"信息把关人"转型为"信息产品经理"，也就是说，在"把关人"的基础上，编辑还要学会如何"销售"信息产品，这样才能在信息过载的今天赢得一席之地。

编辑在融媒体的组织架构中充当着重要的角色，因而其自身需要有充实的知识和丰富的经验，具备一些重要的素养和思维方式。在针对编辑的新媒体使用问卷调查中，反映出编辑普遍存在着新媒体使用效果不佳的情况。在新媒体环境下，对编辑的要求更高，不仅要熟悉传统的采写编过程，也要熟悉新媒体的使用和谋划，更加考验编辑的综合素养。我们着重从以下部分简要阐述编辑的素养。

一、政治素养：做好把关人

随着传播技术与媒体革命的到来，传统的新闻媒体受到了极大的冲击，人人都有麦克风、人人都是发言人的时代，新闻媒体控制的话语权逐步让位，同时新闻信息更新的频率越来越快，用户的选择越来越丰富，而注意力是有限的，网络空间随之催生出的一些违反国家法规、假新闻、盲目蹭热点等不良现象，破坏了新闻空间的正常运转。互联网的去中心化和脱嵌，也对国家治理构成了影响和挑战。县级融媒体中心建设，是中国传播权力结构的重要一部分，承担贯通自上而下的政治通道，传递党的意志和声音的任务。从社会治理的角度来看，融媒体将重新加固互联网普及之后传播权力失控的基底，也是中国基层治理结构的重新整合，从而实现合法性传递和价值观引领的重要制度安排，这是编辑需要从变革理念上进行领悟的重点。融媒体编辑在整个内容运营中起到掌控中枢的作用，更要坚守政治素养。

（一）党性原则

我国特色的政治体制和新闻业制度要求，党性原则是根本，必须牢牢坚持。坚持党性原则，最根本的是坚持党对新闻舆论工作的领导，任何媒体都要表达立场，或多或少都带有意识形态的属性，媒体在我国就是党的耳目喉舌，这是必然的要求。习近平总书记多次强调新闻舆论工作对于党建的重要性，任何时候都要守好新闻舆论的阵地。另外，习近平总书记提出"党性和人民性从来都是一致的、统一的"，中国共产党历史发展的经验同样证明了这一点，党的媒体与人民群众是统一的。

坚持正确的政治方向，是新闻编辑始终必须坚持的原则。我国是中国共产党领导的社会主义国家，党和政府主办的媒体是党和政府的宣传阵地，必须做到爱党、护党、为党，维护和宣传党的精神，坚持正面积极的宣传方针，新闻舆论工作就是要推动社会的健康稳定向上的发展，始终以人民为中心。

因此，深入学习马克思主义思想，毛泽东思想、邓小平理论、三个代表重要思想、科学发展观以及习近平新时代中国特色社会主义重要思想，是一个新闻编辑必须坚实具备的素养，只有在不断深入研究和把握这些思想的基础上，才能更好地为党和人民服务。新华视点提出至少要研究和思考以下三个问题：一是中国特色社会主义新闻事业与中国先进生产力发展要求的关系；二是中国特色社会主义新闻事业与中国先进文化前进方向的关系；三是中国特色社会主义新闻事业与中国最广大人民的根本利益的关系。新闻编辑工作者学习马克思主义新闻理论要密切结合实际工作，在学习和实践中不断深入理解。

（二）编辑的专业主义素养

目前我们使用最广的有关新闻的定义来自陆定一，即新闻是新近发生的事实的报道。陆定一在给出新闻的定义后面还有一句话也非常重要，他说事实是第一性的，新闻是第二性的；事实在先，新闻在后。可想而知事实的重要性。新闻专业主义基本精神同样要求"新闻媒介须以服务新闻大众为宗旨，新闻工作须遵循真实、全面、客观、公正的原则"。这要求新闻从业者在认知和实践中都要践行新闻的基本原则，而编辑则要以更高的标准要求自己，在审核稿件时，能分辨出报道是否符合客观、真实的基本要求，做好把关人的角色。

传统媒体语境下，受众往往是被动的接受者，编辑有更大的话语权决定传播什么，但受新媒体冲击和市场的影响，很多媒体为了迎合受众而偏离了新闻的专业主义，为了获得阅读量而炒作博人眼球的现象屡见不鲜，在市场业绩和新闻专业精神之间无法平衡，这就需要编辑能冷静地判断做出更合理的选择，不因暂时的热度而抛弃新闻工作者的职责和操守，在遵守基本原则的基础上，满足市场的需求，作出符合受众喜爱的内容。

二、专业素养：完善的知识结构与全面的技能结构

（一）用户需求和产品思维

传媒业态的巨大变化，新闻媒体的编辑面向新的对象、新的平台、新的工作，单一媒体生产向多媒体转移，受众不再是被动的接受而是主动选择媒体，媒体的竞争不仅是媒体行业的比拼，还有其他相关行业的挑战，我们进入了一个面貌全新的"大媒体业"时代，现在是用户来挑选我们，我们被放在了一个更大市场竞争的环境之中，网络化、智能化、场景化、碎片化等都是编辑需要面对的挑战。编辑人员关键的一环是思维模式的转变，从"编辑"走向"产品经理"，其中包括系统思维、数字思维、产品思维、闭环思维、迭代思维和服务思维。

因此，我们应该重新审视编辑的定位，把自己看作是"产品经理"的身份转型，重新思考我们的"产品"，通过换位思考，迎接新的挑战。结合产品经理的经验，我们重新梳理一下编辑的产品和用户思维。

1. 产品思维

编辑面对的是形形色色的"用户"，移动端和PC端、两微一端、短视频端，用户可供选择的产品非常丰富，现在编辑的挑战是要想尽办法把自己的东西"推销"出去，而不是"守株待兔"等着别人擦肩而过，用户的注意力和时间是有限的，因而作为产品经理的编辑要接受信息如其他产品一样在市场被"售卖"，接受市场的制约。

《人人都是产品经理》一书中提到，产品经理是任务的提出者，更需要创造力，需要能够明确产品的定义和定位。清晰的产品理念，就是弄清楚这个产品到底是做什么的，是解决什么问题的，针对什么用户的，满足何种需求的……对于编辑来说，建立清晰的产品理念，就是要求其在内容策划、制作等过程中都明确自己的目标，确定内容所针对的群体，所使用的场景和各类平台，所喜好的风格等，通过大数据的统计和反馈，实时跟踪大众的喜好，及时调整信息内容的输出模式，这就不仅仅只是单独的做报纸、做广播、做电视的策略，而是综合考虑到信息的载体和分发的平台后，作出适配的新闻产品。

产品思维是系统性思维。从产品经理的工作模式简单来看，可以分为几个步骤：市场调研收集用户需求，选择技术和商业模式，推动产品的开发，协调运营、营销，规划组织和产品战略等。这说明产品思维是一个综合性的思维方式，是一种系统思维，以产品经理的思维方式做内容推广，注重市场思维、营销思维、系统思维。对于编辑而言，产品思维的目的是要将其思维方式转变为市场竞争的思维方式，就是要跨越到顶层设计（主题研判）、产品研发（团队架构）到产品制造（内容采集）、产品发布（合成营销）的立体化、多模态报道模式，扎根于市场的规律，将整个信息内容作为商品"出售"，与其他产品竞争流量。

2. 用户思维

用户思维实质上是用户差异化需求的思维，具体到用户在不同场景下的刚性需求，通过找到用户的痛点，设计相应的产品，满足用户的需求。用户在这里不是被动的受众，他们是流动的、可变的，根据媒体的战略和目标，针对不同的目标用户，以满足他们独特的需求，这需要编辑工作深入地了解这些目标群众，做好内容的垂直化布局。

编辑不仅要满足用户需求，而且要发掘甚至是创造用户需求。即使在今天信息如此发达、互联网无处不在的环境下，仍然有很多薄弱之处等待开发。2019年，党的十九届四中全会通过《中共中央关于坚持和完善中国特色社会主义制度、推进国家治理体系和治理能力现代化若干重大问题的决定》，该决定指出要构建社会治理的新格局，政策强调了基层社会治理的构建，这也是搭建县级融媒体的目标，更好地引导群众、服务群众。依托本地化资源的优势，深入社区和社群的资源优势，还有待于开发，可以创作出更多的优质内容服务群众。疫情防控期间，管控隔离的情况中，许多县级融媒体积极推出了各种社区类的信息服务，大大满足了这些隔离中的人们的需求。抓住地方性、社区性的需求，正是县级融媒体编辑工作者需要不断尝试的方向。而需求是源源不断的，需要编辑工作者去发现，去挖掘，甚至是创造，针对目标群众，不断开发满足其需求的产品，才不会被用户所淘汰。

（二）用户沟通与高度互动能力

1. 增强"用户体验"的沟通力

何谓"用户体验"，ISO 9241-210标准将其定义为"人们对于正在使用或期望使用的产品、系统或服务的所有反应和结果"。用户体验涉及了众多环节，跨越多个领域，是用户与产品的交互界面为用户带来的所有方面构成的感知整体。主要包括可用性、用户情感体验和价值联想三个维度，包含了用户、产品和场景三大要素。媒体用户体验5大层级则是设备、平台、媒体、形态、内容。从使用的过程来看，"界面"发挥着至关重要的作用，我们可以将其理解为产品与用户，服务与后台的集合，即用户通过界面与产品之间的体验，后台提供服务于用户的体验，简单来看就是指界面的设计和后台的反馈质量。国际知名设计公司总裁John Edson深入研究苹果公司的产品设计，提出设计改变一切的原则。这对于编辑工作而言，最重要的便是重视内容的界面呈现，遵循的是视觉化的经验。移动界面的屏幕观看方式和舒适度、字体的大小、行距、图片的位置等都是编辑需要考虑的。文字的阅读方式，视频的观看方式也是不同的，但都离不开视觉，视觉的感受在屏幕阅读中处于核心地位。首都师范大学陶东风教授在央视论坛回答网友提问时说："消费时代的文化就是图像文化占绝对优势的文化。"编辑工作者则需要掌握一定的美学规律，有一定的审美眼光去审视作品，从而制作出更符合用户体验的产品，通过编辑的工作，为用户和产品搭建更好的沟通桥梁。

2. 与用户互动的主持力

新媒体最大的特点之一就是让用户都参与其中，传播者和受传者之间的界限悄然被打破，新闻报道中的用户评论部分的关注度甚至超越了新闻本身，用户已经习惯了新的媒体表达方式，点赞、评论、转发成为日常的习惯，信息的来源不仅仅只是一篇报道本身，其下面的用户评论也是重要参考，也反映出用户所遇到的问题、观点等，尤其是在危机事件发生之时，评论的力量更为重要，因而编辑有时就需要扮演成主持人的身份，积极地与用户进行互动沟通，及时澄清可能出现的错误，引导用户的观点，或是提出建议或解决的方案处理用户的问题，有利于提升媒体的传播力、引导力、影响力和公信力。

（三）内容整合与数据分析能力

融媒体建设首先是要将不同的媒介形态通过技术进行整合，通过中心的调度来实现跨平台的整合，利用大数据来连接和打通各平台之间的壁垒，本质上是数字化、智能化、平台化的基础设施的体制改革，编辑作为其中的核心中枢，其能力决定着技术和平台整合的有效性。

1. 内容整合

目前在媒体融合的探索过程中，已经摸索出一些建设路径，如《人民日报》的"中央厨房"模式，中央广播电视总台的"媒体云"模式，以及互联网企业的聚合模式等都取得卓有成效的成果，下一个阶段则是传媒集团"中央厨房"建设迈入基层的"县融媒体"建设阶段（参见图1-4）。

  首先介绍一下"中央厨房"的模式，这种模式以内容生产传播为主线，通过流程上的整合，实现"一体策划、一次采集；多种生成，多元传播"的格局，目前是县融媒体建设中最重要的参考，但是如上节所探讨的，"中央厨房"并不是唯一标准，不能生搬硬套适用于所有组织模式，业务流程再造还需要进一步走向用户终端的建设。人民网新媒体智库发布的《2019融媒体中心建设观察报告》中指出，融媒体中心的五大特征，技术支持、平台运作、内容融合、传播体系、社会治理，技术是底层支撑，内容是核心，平台是载体，传播是分发，社会治理是目标，这也是融媒体实践过程中所总结出的经验。从组织架构和业务流程来看，一般往往设立编辑中心、采访中心、技术中心、分发中心等主要融合环节，环环相扣，因此编辑的工作更适合要有一个大局视野，兼顾各个环节的要求，与其他各环节相互配合，从而对应不同的媒体平台进行创作。因此，流程的全局视野，相比于传统变得更加复杂和多样，对于编辑而言需要了解不同流程的基本过程和特点，以便做出合理的创新。

  其次，传播环境的多样性，内容生态的多样化，分发平台的差异性，要求编辑工作者熟悉不同媒介平台的运作规律和特点，短视频、微博、客户端、微信、广播、电视等不同渠道都有自身的传播规律和特征，遵循不同平台的要求，在内容策划的阶段就要做出事先的判断，根据目标决定分发的渠道和顺序，这要求编辑工作者要有一个全媒体的视野，对自身融媒体产品的布局有一定清晰的认识，在全媒体的平台架构中挑选合适的传播方案，这成为数字化媒体时代编辑工作的特殊要求，编辑面向的不再是单一的媒体产品，而是多模态的组合产品。

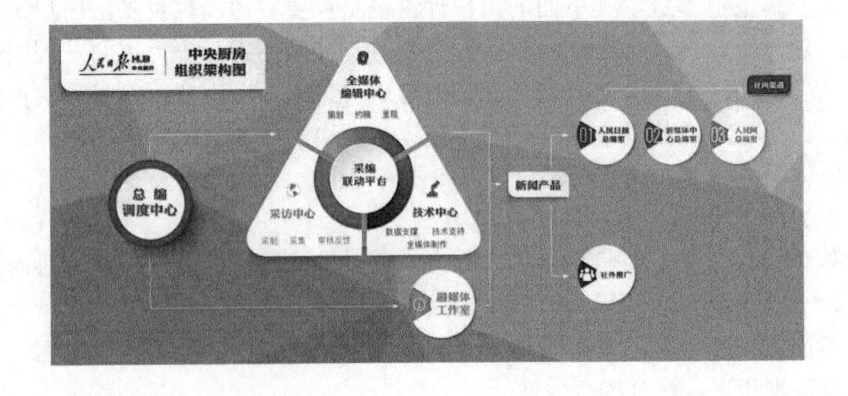

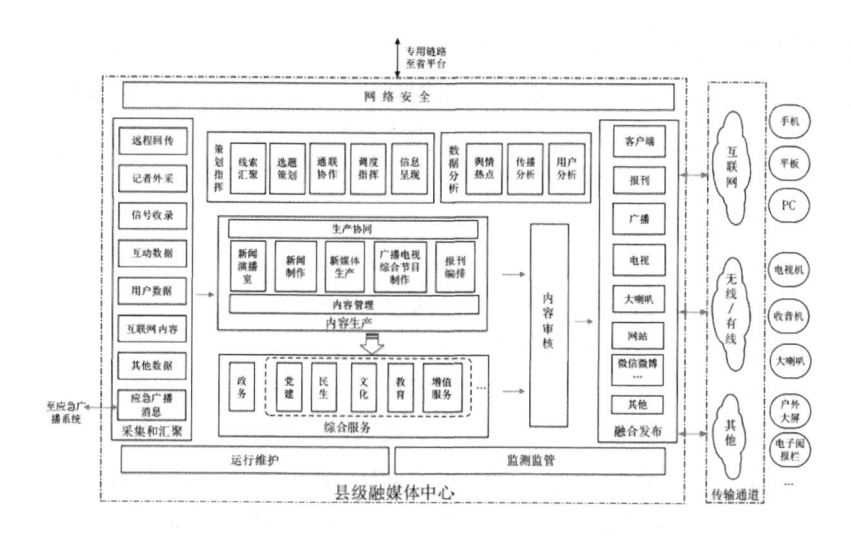

图1-4 "中央厨房"建设和"县融媒体"建设示意图

2. 数字思维与新媒体技术应用的能力

媒体产业发展到今天的3.0融媒体阶段，是技术推动下的必然趋势，从互联网企业发端，影响到整个媒体产业，都朝着大数据、云计算和人工智能的方向发展，数据和技术是媒体融合建设的基础和支撑，技术贯穿了整个媒体的产业链，技术的应用好坏甚至决定了一家媒体到底能走多远。数据和技术是智能融媒体建设的两大支撑，建构数据中心和技术中心，以实现智能化运营决策和技术应用。县级融媒体中心的建设已有的成功路径，如朱春阳归纳的"单兵扩散"的长兴模式等和"云端共联"的江西日报社"赣鄱云"平台等，又如李彪归纳的人民日报的"中央厨房"模式、邳州的"传播矩阵模式"、长兴的"县域传媒集团模式"和"长江云""四川云"的"借力省级媒体云平台模式"。

浙江安吉新闻集团作为浙江新闻行业龙头之一，一直处于改革的最前沿，联合各部门、乡镇共同打造县级融媒中心标杆样本，以大数据中心为依托，研发介入智慧城市建设的产品，如公共应急指挥中心、智慧旅游、智慧社区、综合治理平台等综合服务平台项目。在安吉县内成功推广后，安吉新闻集团顺势联动包括遂昌、海宁、易县、佛山等全国176家县市级广电台联盟，覆盖全国13个省1亿多人口，平台资金流量达到2600万元，打造"游视界"全国联动平台，实现全年营业收入1718万元。集团先后与湖北楚天网络、湖南郴州广电等10个地市签订全面战略性合作，帮助其建立本地县级智慧化融媒体中心。

无论何种模式，其实质都是要通过技术来搭建一个内容整合和媒介形态融合的数据平台，技术打通媒介之间的壁垒，数据流通形成完整的运行闭环。因此，编辑工作者正是处于大数据流通的重要环节，也是技术应用的重要指挥，所以数字思维和技术应用对于编辑而言至关重要。

传统的采写编的技能已经不能满足新媒体环境，人工智能、VR、AR、短视频等助力于新闻生产和流通，融媒体中心的数字化格局中无处不在的新技术，裹挟着新闻工作者参与其中，编辑的工作方式和工作内容都发生了巨大的变化。人民日报的用户数其实只占总用户的1%，其余99%的传播阵地是两微一端和户外电子屏，重心已经转移到了互联网。县级融媒体在微信公众平台普及率达到87.54%，此外，微博、抖音、客户端也较为普及，从拥有平台的数量看，21%拥有四种类型，39%拥有三种类型，25%拥有两种类型。作为融媒体中心的编辑，意味着你不得不面对着多种媒介形态的制作，不仅是要有文字的敏感性，还要能对图片、视频、音频等进行处理，每种形式都对应着一系列的工具，编辑图片的PS、AI，剪辑视频的PR、AE，处理音频的AU，剪辑短视频的工具等，即使编辑不需要精通这些工作，也要熟悉它们，还要有一定的审美能力能够判断制作的好坏。在一项网络问卷调查中，绝大多数编辑利用新媒体有效性不佳并普遍存在新媒体技术的负面心理。很多从传统转型过来的编辑工作者或多或少在接触新技术的过程中遇到各种问题，而新媒体技术的应用在整个融媒体中心又是至关重要的部分，因此培训编辑工作者熟悉新媒体工具的使用，才能促进融媒体工作的进行。

编辑所需的数字思维并不是指计算的能力，而是指掌握数据流通、数据分析等数字化思维。基于融媒体平台数字化管理，从生产到分发再到反馈的整个过程，越来越多的指标被数字化，甚至可以通过数据可视化的手段呈现整个融媒体的情况，需要编辑工作者能及时对变化做出反应，调整工作的方向，优化传播的策略，第一时间根据反馈作出新的变化，而这一切都需要编辑熟悉数字化的运营体系，具有一定的数据处理和分析的能力，这对编辑工作者而言，直接关系到生产的内容产品的最终成绩和效果。美国新媒介联合会发布的《全球性趋势：21世纪素养峰会报告》中，对"新媒介素养"的界定是："由听觉、视觉以及数字素养相互重叠共同构成的一整套能力与技巧，包括对视觉、听觉力量的理解能力，对这种力量的识别与使用能力，对数字媒介的控制与转换能力，对数字内容的普遍性传播能力，以及轻易对数字内容进行再加工的能力。"强调的是数字媒介的应用、数字转换等能力。如果放在编辑的工作中，就对应着新媒体技术的使用、数据分析和运营、视觉化审美的相关要求，作为编辑，无论是数字化思维还是新媒体素养都显得尤为重要。

三、管理素养：领导力、应急力和创新力

融媒体的发展空间需要基于大数据、人工智能来进行构建，而非仅仅局限于报网广电影视的融合。"中央厨房"在早期使传统媒体的边界被打破，形成了快速发展的局势，使融媒体生产迅速占领了新媒体的一部分制高点，但是"中央厨房"的内容生产变革仅仅只是延伸到了"餐桌",分发到了各个平台,而真正决定用户吃什么、怎么吃的环节依然处于模糊薄弱状态,这个环节的关键就是用户和市场的竞争和管理。从整个业务流程重构的视界来看,编辑的管理素养强调的是领导力、应急力和创新力。

(一)管理和领导力

编辑在内容整合的环节往往是发起者,在融媒体的生产过程中是策划者,他是发布任务的组织者,有很多学者探讨编辑转型为产品经理,这也是由于融媒体中心的编辑工作模式与产品经理比较相似,产品经理需要管理产品或产品线,需要带领同行和跨群组实现产品愿景,同样,编辑需要策划内容,需要跨部门的合作生产,需要最终做产品生产到分发的全过程决策等。

约翰·科特认为:"经理通过巧妙地利用各种资源实现可预见的目标,从而获得价值。他们往往关注的是处理日常事务;而领导则往往是通过影响其他人来指导行动,并将其引导到不断变化的未来之中。"往往被简化为,经理解决复杂问题,领导则应对变化。实际上,对于产品经理而言,经理和领导之间的界限是模糊的,产品经理是作为领导者的经理,他需要管理部门的运作,更需要做决策和决定。编辑亦是如此,他所处的位置要求他必须敢于做决策做决定,他直面着市场的风险与变化,承担着信息把关的责任,意味着编辑需要不断地学习进步,担任领导的角色,具备领导力和管理素养。

编辑在整个传播活动中是"总把关"和"总指挥"的角色。从产品管理的视角看,编辑要具备领导力,需要能够预见市场需求、分析情报、作出决策,并协调其他部门共同执行。从协调工作来看,编辑要具备管理素养,则需要明确各部分的职责所在和工作要求,协调各部门共同执行任务,因此必须把握权力的尺度,将部分权力让渡,让其他工作者有更大的自由发挥空间,而不是约束在工作的框架之中,编辑更需要调动其他工作者的热情和积极性,从而碰撞出更多的火花。

(二)应急能力和危机管理能力

乌尔里希·贝尔在《风险社会》一书中提到,现代社会风险无处不在,风险就像是"回旋镖",总会冲击到制造者或受益者,任何人都无法避免。当代的社会风险,大多是由传媒的信息传播行为呈现出来的,因而是典型的"呈现型风险",或者说"媒介化风险",普通人感受到的不是实际的风险,而是被传媒呈现后的风险,传媒报道、披露的风险信息,是一般社会成员能切身感知到的风险的关键性源泉。"媒介化"已经是现代"风险社会"形成的重要机制、条件和放大器。互联网错综复杂的环境,充斥着各种各样的风险,无论是媒体、企业还是机构,稍有不慎就会遭到网友的群起而喷之,舆情的力量迅速在网络上集结、批判,甚至演化成群体性行为和网络暴力行动,这样的案例近几年增长迅速。面对复杂的网络环境、媒体环境，编辑工作者必须在危机来临时，及时作出反应。

因此，从某种意义上说，编辑工作者同时还是一名公关和危机管理者。媒体所面临的危机，主要可以分为两类，一类是内部风险，一类是外部风险。在管理上，要做好风险辨别和应对，明确内部优势和劣势，以及外部机遇和危险，有效地规避风险、降低风险和化危为机。

危机事件往往具有突发性、威胁性和危害性，如果没有采取行动，局面会恶化且无法挽回。危机传播就是在危机前后及其发生过程中，在政府部门、组织、媒体、公众之内和彼此之间进行的信息交流过程。正如习近平总书记指出的，要加强对各种风险源的调查研判，常观大势、常思大局，对各种可能的风险及其原因都要心中有数，提高动态监测、实时预警能力，推进风险防控工作科学化、精细化，科学预见形势发展走势和隐藏其中的风险挑战。

首先是危机预防。在防范应对上，要制定"编辑危机处理预案"，预测和防范可能出现的风险状况，制定事前管理、沟通管理、预警管理应对措施，同时对潜在的风险通过数据和分析提前预警。在危机潜伏期，编辑要通过舆情监测把握网络舆情动态，通过日常沟通互动培养粉丝基础，通过内部危机公关、专业素养培训提高员工自律意识，避免传播过程中可能的媒介化风险。大到公开申明，小到社交媒体平台的留言回复都要在符合危机情境、媒介调性的同时兼具人性化。

其次是危机应对。媒体自身的危机，主要是指媒体发布的内容出现了错误所导致的危机。编辑工作者需要对出现的错误负责，并及时推出解决方案，尽快地、真诚地做出回复，向公众道歉，挽回媒体与公众的关系，树立媒体的形象。在外部危机事件发生时，通过指挥协调，向公众提供真实、及时的危机事件的信息，调动传媒资源打下舆论基础，赢得公众的信任，修复政府与公众的关系，实现"转危为安"。

（三）创新力

现代"创新"概念源于经济学家熊彼特从经济学角度提出创新的生产函数，后又被德鲁克引入管理领域，提出管理创新，之后创新扩散到各个领域，形成了一系列创新理念，目前业界最流行的技术创新、制度创新被广泛的传播。对于编辑工作者而言，也需要具备创新能力，根据定义，创新能力就是个体运用已有的基础知识和可以利用的材料，并掌握相关学科的前沿知识，产生某种新颖、独特有社会价值或个人价值的思想、观点、方法和产品的能力。

在强大的资源挖掘和资源整合能力基础之上，编辑需要通过开放式创新来对整个组织的资源进行创新优化和合作协同，提升整个融媒体中心的创新能力，保持创新要素的无障碍流动和有效整合，从而实现整个平台的内容技术管理的协同创新，实现资源行为绩效的全面协调发展。

具体来说，编辑工作者的创新能力关键在于知识的储备，由于编辑工作者的工作主要是与新媒体内容打交道，主要生产的是信息类产品，因此创新力、洞察力的重要性可想而知。

跨学科的复合知识体系是创新力的基础。融媒体是广播、电视、报纸、网络等的融合体，跨媒体的属性，都有相对应的一些知识体系。编辑工作者在熟悉和掌握一定的媒体相关的知识基础上，还需要了解心理学、营销学、管理学、社会学、设计学等相关学科的知识，简单来说，编辑工作者是需要了解他们的用户，了解人的需求和想法，要和人打交道，因此必须要有一定的理论知识支撑编辑的工作，同时也需要不断地培训来增加、提高相关的知识储备。当编辑不断学习掌握更丰富的知识，构建出自己的复合开放的知识体系，就可以结合自身的经验，创作出个性化资源内容，形成灵活的资源内容聚合机制，提升系统服务功能，实现创新联动机制。

在实际管理中，往往会出现编辑领导乏力、应急无措、创新无力的各种状况。卓越的编辑应该有明晰的目标，在混乱与变动的环境中保持行动的掌控力，化解工作流程改革的畏难情绪，在分析融媒体建设成功经验的基础上，学会建设性应对各种形式的变化，使各项工作在管理有序的氛围下稳步推进。通过有远见的计划组织，在工作流程中发现问题和解决问题，提高决策效率，理顺专业队伍和专班队伍的合作机制，通过过渡期磨合，全面提高队伍新技术和新媒介的综合素质，最终实现"新闻+政务+服务+商务"模式的本地化策略建构与适应。

第四节 工作职责

素养指向的是经过训练和实践学习获得的内涵能力和素质体系，工作职责具体指向的是工作任务的范围和所承担的责任。编辑的基本工作活动主要围绕策划设计、生产分发、用户服务展开，基本流程的评价指标是质量、成本、服务，辅助性流程的评价指标是复杂性、全局性、聚焦性。

一、编辑作为产品经理的基本职能

（一）战略规划

产品经理的战略规划，可以用战略产品思维来形容，指的是产品经理形象化目前尚不存在的未来情形来引领市场，并提出新产品的雏形。编辑工作者与其非常相像，编辑的工作需要提前对内容作出规划，但是新闻产品比较特殊，属于新发突发事件，其周期非常短，有不同的生产周期，归结来看，新闻产品的周期越来越短，甚至要做到24小时实时更新，从新闻的内容来看，又可以分为日常更新、特殊活动期间报道、突发事件报道等，因此编辑的规划工作既包括长期目标，制订一个阶段的内容生产和分发计划，规划用户管理和服务的创新协同，同时也包括一个短期目标，规划侧重报道的方向、报道的优先顺序等框架。

（二）产品策划

产品策划是一项重要的工作，一个产品的好坏就是从这里开始。产品策划一般都会经过市场调研、需求分析、产品设计、价格渠道分析等，主要的目标是确定一个新产品的定位和新产品属性等方向。与之相比，编辑工作者的产品策划主要指的是内容的策划，是一个比较具体的内容策划，可以是一篇报道、一个视频，也可以是一系列报道、一系列视频，单个产品或是系列产品，编辑需要明确策划该内容的大致方向和涉及的元素内容等，以便执行者能够理解具体的需求是什么，进而制作出符合要求的内容。

（三）方案设计

方案设计是解决问题的构思部分，要体现项目要求、系统目标、核心需求以及解决方案，在一定程度上体现了整个项目实施的调性和可预期的项目结果。该阶段主要是从分析需求出发，明确问题，确定实现产品功能和性能所需要的总体对象和技术系统，确立重点领域和构思执行路径，并对技术系统进行初步的评价和优化。在融媒体编辑的工作中，技术系统这一环节显得尤为重要，这要求编辑需要制定相应的平台分发的方案，编辑需要根据内容的形式、特征，兼顾不同平台对内容的需求，从而制定相应的平台对接的方案。因此，这里我们说的方案设计，更多的是指编辑工作中的分发渠道和用户服务的设计。

（四）统筹执行

执行，是整个生产环节的最后一步，也是检验效果的产出一步，同样也是各部门合作的重要环节，编辑工作者在确定了内容的计划后，就要将任务分配给各部门，尤其是在融媒体中心的组织架构中，编辑需要面对的生产部门不是一个单一的部门，里面包括了视频、文字、音频、广播、电视、网络等，还要技术部门的配合，解决技术上的难题，因此编辑在这一过程中，需要统筹各部门相对应的任务，了解不同部门之间的差别和特征，合理地分配任务，并且执行过程中出现了问题，也需要编辑能做出及时的反应，找到相应的部门解决这些问题或是自己解决，所以这一过程就考验编辑的执行力和管理协作的能力。

二、编辑作为产品经理的工作范畴

未来的内容销售将不是编辑通过融媒体向用户出售信息产品，而是先有用户需求的数据，再由编辑提供个性化定制产品，这种用户消费是参与式、体验式和互动式的颠覆性模式。这种模式的变化将编辑的内容生产变为以用户为起点，编辑要围绕用户的需求起点来分发和制造产品。因此，内容策划被提到了非常重要的位置。

（一）内容策划

1. 市场调研

融媒体转型后，媒体的运营性质实质上是要向着市场化发展的，为了打通"传播的最后一公里"，实现媒体的自主可控的平台，聚集用户和实现经营盈利，构建基层社会信息、服务和政务的基本功能，用户是最关键的一环，如何吸引用户、精准地定位用户，从而在与其他互联网产品的竞争中脱颖而出，市场调研是不可或缺的一环。

编辑工作者展开工作的基础，首先是要了解用户，市场调研的目的就是要精准定位用户的需求，了解用户的喜好、目前市场产品和服务的不足，以及了解自身的优势和劣势所在，为自己的产品定位。快速发展的人工智能和大数据资源将使市场调研的用户分析有非常详尽的数据和分析的全面支持。

由于我国媒体的特殊性质，编辑工作者需要认识到两个方面的定位：政策导向和市场导向。2018年，习近平总书记在全国宣传思想工作会议上强调"要扎实抓好县级融媒体中心建设，更好引导群众、服务群众"。中宣部在2018年县级融媒体中心建设现场推进会上强调"努力把县级融媒体中心建成主流舆论阵地、综合服务平台和社区信息枢纽"。从本质上来说，县级融媒体中心是统一宣传力量、统一服务入口、统一信息枢纽之定位，例如，"爱安吉"客户端是基于自主研发、数据独立、运营灵活的个性化移动端口，在统一舆论导向、统一信息枢纽、统一服务入口中具有明显的先进导向。县级融媒体重点向"新闻+政务+服务+商务"模式发展，因而编辑工作者在展开市场调研的过程中，要基于这样的一个出发点，从四个方面深入了解用户的需求。另外非常重要的是，通过市场化的调研，编辑可以了解市场中竞争产品的优劣势，挖掘目标用户的需求，更好地规划产品的定位。

2. 选题策划

选题策划是编辑工作中最重要的一环，决定了内容的质量，而内容仍然是媒体的核心竞争力之一，优质的内容能持续增强用户的黏性，吸引用户的注意力，持续创造价值。虽然融媒体时代带来新的生产流程、分发流程、管理模式等改革，学界和业界不断在强调技术、渠道、用户的重要性，但是打铁还需自身硬，只有你的内容做得足够好，才能真正地立足扎根，融媒体中心不会是昙花一现的现象，而是要扎实地长远地发展。

中宣部和国家广播电视总局联合发布的《县级融媒体中心规范》（以下简称《规范》）中对选题策划概括性地指出选题创建和编辑、选题筛选、选题审核派发、选题组合报道四个过程。我们延续这一思路进一步补充，将选题策划分为选题创建、选题分类、选题审核筛选、选题组合、选题执行、选题反馈。选题创建，基本含义是指选择题材，在各种线索的汇聚中选择具有新闻价值的主题，可以从新鲜性、重要性、接近性、显著性和趣味性等要素综合考虑；选题分类，是进一步将创建的主题分门别类的组成素材库，可以根据类型、时间、关键词等重新组合，建立题材素材库；选题审核筛选，在创建的过程中已经有意识地挑选了一部分内容，通过进一步审核是否符合报道的要求，并根据报道的需求进一步控制主题的数量和类别等；选题组合，是指编辑工作要初步分析不同平台，如广播、电视、App等对信息的不同要求，如时间、形式等，结合这些不同的特征属性，对选题进行组合和划分；选题执行，是需要编辑根据不同选题的任务派发给不同的部门实现内容的生产；选题反馈，是指编辑需要分析之前新闻报道后用户的反馈情况，以了解用户的动态和喜好，为选题策划提供建议。

（二）内容生产

1. 内容及形式编辑

编辑工作者在确定了选题之后，就要开始与各部门协调开始生产内容，编辑主要工作有内容组织和形式编辑两部分。

内容组织。编辑所面对的稿件、素材从单一的渠道转型到融媒体的采编中心，囊括原先广播、电视、报纸、网络等多种类型的单元，一次采集的素材作为多次生成和多元分发的内容生产。编辑必须熟练掌握并应用先进的采编系统和新闻共享平台，并针对不同的分发渠道，组织需要的素材和稿件，编辑稿件满足不同平台的要求。

形式编辑。编辑需要对一个新闻做多次分发，在选题及稿件的策划整理过程中，就要有分发渠道的规划，并对不同渠道提出排版、封面设计、标题等要求，一般可以分为文字、图片和视频三种形式，图片包括H5、可视化数据等多种形式，视频又包括短视频和长视频，编辑需要决策以哪种组合进行生产，呈现出何种效果，组织相应的生产制作部门协同完成。

2. 管理产品及生产

企业在管理现有产品时，往往会要求产品经理做好以下几项工作：巩固并保护"核心"产品和次要产品的销量；更新并重振那些本该表现良好却发展欠佳的产品；重新上市或复活所选定的产品或概念；淘汰失败的产品。一款产品往往有一个生命周期，经历"上升期—爆发期—平稳期—衰退期"阶段，产品经理需要思考的是在不同阶段，控制产品组合和生产线，以实现强化、更新、复活、退市的产品策略。而媒体生产的特殊的信息产品，与普通的产品又有差异，信息产品的更新频率、种类等都要快得多、丰富得多，需要调整生命周期的一般策略以适合编辑工作者的岗位需求。

编辑工作者同样是需要对信息产品及生产进行管理和调整。举例来说，在疫情防控期间，有很多媒体推出了社区服务的专项功能，但是疫情结束后，这些服务就失去功能了吗？并不是，这个功能区完全可以更新成新的社区服务。编辑工作者所面对的信息产品线是不同于普通产品的，信息内容需要依托在平台之上，平台如果没有变化，信息刊载的方式也不会变化，这意味着很难直接通过信息达成各项功能的需求，需要与平台一起构建。因此，编辑需要在"新闻+政务+服务"的平台模式下管理生产线，来更新或淘汰信息的系列产品。

（三）审校工作

1. 修辞与情感审校

《修辞学发凡》一书中把天下文章分成两类，消极修辞与积极修辞。消极修辞以客观表达为主，指的是语言风格上不张扬夸张，朴素直白，务求准确、明白；积极修辞以主观表达为主，务求生动、活泼。梁衡先生将新闻置于消极修辞的末端，靠近积极修辞处，并对新闻的不同文体进行修辞的排序，从消极到积极的过渡轨迹：消息—通讯—特写—述评—言论。从性质上看，新闻是属于消极修辞的，力求客观事实的准确性，但是趣味性也是新闻的重要要素，情感因素在新闻修辞中同样非常重要。

学者Jorgensen提出"情感性的策略仪式"来分析情感和叙事报道的关系，他认为，在报道中加入情感的新闻实践已经被接受而形成默认的制度了，客观性报道和情感化二者并不冲突。尤其是短视频来临时，情感化的策略在短视频传播中大获成功，短视频是以"生活化"为底色，以生活场景为依托，是一种私人化的表达。融媒体必然要走短视频之路，只能转变叙事策略，向用户学习，汲取生活化、场景化、情感化的经验。因此，编辑工作者学习不同的文体、不同平台对文字修辞的要求，在审核稿件时，不能一视同仁地处理，哪些可以放在短视频上，哪些可以放在公众号上等，要分开考虑，差异化对待。

另外，编辑工作者也要审慎地运用情感化的策略，即使在短视频上也要分清内容的性质，媒体不同于一般的个人，它肩负着传播社会正能量、传递信息、服务公众的使命，因此，编辑工作者要控制修辞和情感的尺度，在客观准确传达的基础上，适当地应用修辞和情感的力量作为突破口，走进用户内心。

2. 内容深度审校

梁衡先生将编辑工作者比喻为手握刻刀和锉刀的木匠，文章的好坏靠编辑手上的两把刀打磨，梁衡先生指出现在的大部分编辑用的都是锉刀，把文章打磨得四平八稳，打动人的地方少了。刻刀刻的是文章的"棱"，棱角给人强烈的冲击，有记忆点。文章中的棱，在叙述时是形象和具体的细节，在说理时是个性的思想和语言，在抒情时是特别的体验……

这也是编辑在审核稿件时最重要的工作，打磨文章，现在还需要打磨视频、排版、图片等，由于编辑所要面对的体裁涉及多个领域，不可能精通所有类型，需要和其他领域的优秀人才共同讨论，处理内容中的"棱角"。传统媒体版面的限制，在多媒体的今天已经被打破了，编辑需要考虑的是给内容增加"棱"角，这包括视觉化的冲击、文字的感染力、图片的记忆点等，内容的面更多了，可以打磨的"棱"角也更丰富了，编辑工作者在面对当下市场化竞争的风险下，只有产出更为优质的内容才能吸引到用户，这也是编辑工作者不得不面对的挑战。

3. 勘误校对

这是编辑最基础的工作，在此不多赘述，简单来说可以分为两部分。

（1）政治性差错，主要涉及政党、民族、宗教等问题的错误，如根据有关规定，任何出版物不得含有反对宪法确定的基本原则，危害国家统一、主权和领土完整，危害社会公德或者民族优秀文化传统等内容。另外，政治术语、政治人物、民族名、政治事件发生的时间及地点、法律法规、政策等用词用字以及国名、地名、人名、组织结构及其译名要准确无误。对过时的或不合时宜的政治观点或政策条文等要商请作者消除或修正。

（2）关于文字用法的规范，包括文字、语法、修辞、标点、单位等方面差错，按照校编基本规范统一用法。

（四）分发考核

1. 营销分发

营销，是匹配用户的需求或目标的策划，传统的4P营销模型——价格、产品、促销、渠道，从企业出发制定相应的营销策略，现在则更多地向外部转向，以消费者需求为导向，提出了4C理论——消费者、成本、便利和沟通，以及在4C的基础上提出法人4R营销理论——关联、反应、关系、回报。从4P到4C到4R，营销的侧重点发生了转变，但在实际过程中，使用什么策略需要从具体的产品出发。

编辑工作者在信息产品分发的过程中，应该从营销的视角去考虑产品分发的策略。这是因为融媒体整合了广播电视、报刊、新媒体等资源，为打通用户的最后一公里提供了传播的矩阵组合模式，因而4P中的渠道、4C中的沟通、4R中的关联，是媒体与用户之间的立足点，信息产品的特殊性，要求编辑在分发渠道作出更多的可能组合，进行更多创造性的实践，突破原有的媒体之间的界限，融合之后可以产生更多的信息组合模式，也带来更丰富的渠道分发。编辑工作者只有在充分了解各个不同平台背后目标用户的不同特征与需求后，通过合理规划内容的分发渠道，与内容策划等共同配合，才能实现将符合用户需求的产品精准地发送到每一个目标用户，并有效实现产品消费、价值转换和潜在的舆论引导。

2. 考核优化

融媒体的中心是搭建现代化的数字化平台，技术的目的是打通媒体间的界限，改革媒体的生产方式，重组媒体的组织架构，这一切的环节最核心的就是数字化的联通，通过数字化的管理，将采编、生产、分发、互动、服务等都统筹为一个大系统，同时智能化机器也投入到生产采集、写作等环节，整个流程的控制离不开数据的管理。智能机器与新技术已经在新闻领域广泛被使用，微软的小冰、腾讯的Dreamwrite、今日头条的张小明Xiaomingbot、新华社的"快笔小新"等机器人写作已经非常成熟，学者彭兰总结出新闻+机器的五大模式——个性化新闻（算法推荐）、机器人写作、传感器新闻、临场化新闻（直播、VR/AR）、分布式新闻，智能机器参与到新闻生产的过程是未来发展的方向，也是目前在积极构建的重要维度，数字化生产的模式则要求编辑工作者能利用数字的力量来配合自己的工作，并对机器的工作提供建议和指令。

编辑在整个系统之中，应用数据分析的手段，定量化的考核信息产品的质量、受欢迎程度以及不足的地方，通过整理和分析信息产品的效果以及用户的反馈情况，实现成本、质量和服务的优化。编辑的传播效果分析、用户行为分析、联动传播分析将有效地为下一个内容生产周期提供可以依托的方向，这不仅是对信息内容的生产进行优化和重新布局构建，同样也是对整个业务流程上各个协同部门的一个效果考核，可以作为不同环节和项目实施的质量评估和绩效发放的标准。

以上是对编辑素养和工作职责的一个简要的概述，编辑的定位与职责转变对目前的融媒体工作人员和业务运营都提出了巨大的挑战。一方面要团结一致，从信念上对变革进行支持，提高团队的责任心和增加个体能动力；另一方面，针对流程运作难点和数字技能的缺口，有针对性地进行培训提高。

接下来将就业务流程中编辑工作职责的具体工作内容和需要注意的问题进行分章阐述。

第二章 内容策划

内容策划是指融媒体运营者围绕特定的主题，对获取的线索、热点信息及历史数据进行挖掘、分析、聚合、抽取和提炼，针对不同媒体传播特点生成特色表现形式的受众传达，以达到预期的信息传播效果，从而实现组织既定目标的一种创造性活动。

当今各类媒体的竞争进入白热化，尤其自媒体加入市场竞争以后，受众的可选择性无限放大，而用户能够支配的时间有上限，争夺用户时间就成了竞争的直接表现形式。在以受众为主导的买方市场中，内容策划水平的高低直接决定媒体在市场上的成败。

第一节 线索收集

一、线索来源

线索指的是媒体创作者为编撰稿件节目、丰富作品内容而从现实生活中收集到的零散的原始材料，这些材料经过创作者集中、提炼、加工改造后被添加到作品中，它给媒体节目、稿件创作提供灵感，线索的搜集是内容策划的源头。随着数字时代的发展和新媒体技术的到来，媒体和受众接收到的信息量呈现爆炸式增长。在信息爆炸时代如何通过搜集优质线索，为节目文稿的编撰创作服务，提高作品的吸引力，对融媒体工作者来说尤为重要。

线索不均匀地分布于时间维度和空间维度，要根据线索的分布特点，全方位、多角度、深层次地在时间和空间上对线索进行收集，要把握线索脉络，追本溯源，厘清线索在时间和空间上的发展动态。

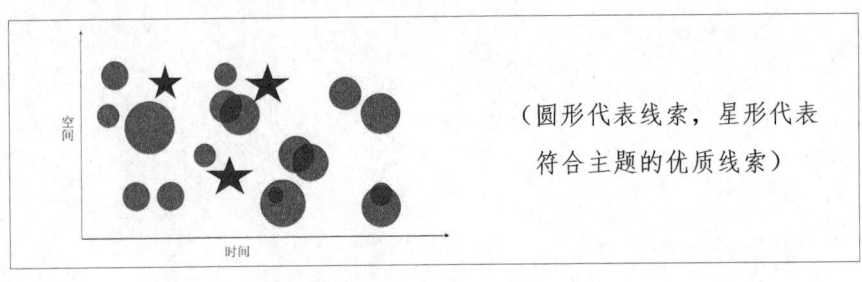

（圆形代表线索，星形代表符合主题的优质线索）

图2-1 信息爆炸时代海量线索分布示意图

线索有多种来源，既可以是融媒体工作者通过采访报道、深入挖掘得到的一手新闻线索，也可以是通过新媒体报道得到的社会热点类素材线索，还可以是融媒体工作者通过阅读各类文件、简报、报纸等获得的信息资讯线索等。

（一）时政线索

融媒体工作者要对时政信息保持敏感性，应该密切关注国际国内的重大政治事件，从各种正式组织的活动中获取线索。会议上的报告、发言和文件等是收集线索的重要途径，通常国际组织、政府的正式文件和讲话会直接披露相关的制度、政策、热点事件进程和官方对社会热点话题的看法等，但需要认真解读。

例如，在十八大召开以前，记者们就搜集调查了与民生相关的各种热点话题，其中环境问题是民众最关切的话题之一，各媒体也将此话题作为十八大召开后新闻报道的重点内容。在十八大会议上，国家相关领导人回应了天气环境以及PM2.5值爆表等社会热点问题，表示要下决心解决大气、水和上层土壤的污染问题，当天，关于政府要下决心解决环境问题的报道成为各大媒体的头条。同样，随着城市化的不断推进，有关留守儿童的教育问题也成为群众关注的热点。习近平总书记在十九大报告中明确指出要推动城乡义务教育发展，高度重视农村义务教育，努力让每个孩子都能享有公平而有质量的教育，让孩子的教育不能输在起跑线上，这一热点话题引起了许多社会群众的共鸣，也成为媒体争相报道的内容。

（二）广大通讯员和受众提供的线索

任何一家媒体工作人员的数量和工作时长都是有限的，不可能及时地搜集到全部的线索，通讯员和读者就正好弥补了这方面的不足，所以很多媒体都重视通讯员队伍建设和与受众的交流沟通。

通讯员和受众通过拨打热线电话，在第一时间为相关媒体提供了鲜活的线索，围绕线索编排的稿件或节目经过报道后能反映社情民意，起到沟通政府与群众的作用。此外，一些节目通过热线电话与群众交流，不仅能够吸引听众参与节目，增强媒体与受众的互动性，还能提高受众的参与感、临场感、亲切感。

例如，深圳快乐1062交通广播主持人通过微信和热线电话，直接从司机处获得某一路段的路况。广播电台通过有奖热线吸引了大批司机提供线索，由于电台广播的信息准确高效，吸引了越来越多的司机（受众）收听该广播电台，当某一路段遇到突发事件时，受众会积极拨打电话提供线索。

（三）通过采访、访谈获得的线索

采访是写作的前提，是一种特殊的调查研究，是采访者运用自己的观点、知识积累和思维方式，通过亲自观察、倾听，经过思索而对客体事物认识的过程，同时又是事实与报道实现联系的重要途径及媒介。

通过采访所得到的成果，是采访对象主要意识的重要产物，对于采访对象而言具有相对的真实性。采访涉及的内容，不仅仅包括事件表面现象，还能反映出受访人员的真实内心活动和价值观念。通过采访，融媒体工作者还可以对访谈背后的社会事件进行调查研究，使访谈得到的线索有更强的探究意义，如美国的《奥普拉脱口秀》（The Oprah Winfrey Show），由美国脱口秀女王奥普拉·温弗瑞制作并主持，是美国历史上收视率最高的脱口秀节目。《奥普拉脱口秀》一般以话题型为主，关注性、虐待儿童、减肥困难、缺乏自信等与普通百姓生活息息相关的现实问题，试图通过对典型事例的探讨和分析并对背后的社会问题进行探索，同时给人们提供一种指导性的建议。

（四）通过调查手段获得的线索

调查是指通过各种途径，运用各种方式方法，有计划、有目的地了解事物真实情况。"没有调查，就没有发言权"，通过调查对所掌握的素材加以分析、思考，进而挖掘出事件的本质。调查分为问卷调查、实地调查、社会调查、抽样调查、统计调查等，对于媒体人而言，问卷调查和实地调查是使用最为广泛的两种调查手段。

问卷调查是社会各行业搜集相关信息的一种途径，问卷是指用于统计和调查的表格，以问题的形式表达问题。设计好的问卷调查需要从确立问题的范围开始，比如需要收集哪些方面的信息以及重点解决哪些问题等。调查者要做好充分的准备工作，深入实际进行了解，最后确立问题的方向。调查者在确立问题的方向后，要尽可能地对问题进行深入的了解，特别是要多阅读相关文献和相关行业的研究报告，这样既能提供新的思路，又能避免走错方向。调查者在制作问卷时要对应答者进行访谈，了解他们对自己想了解的问题的看法，提前摸清发卷的对象以及适合的发卷方式，才不会导致拒绝率太高。根据前期的访谈情况，对问卷做一个全面的前期分析并提出假设，将来问卷设计就要围绕这个假设而来，完成调查后要进行数据分析和形成研究报告。

实地调查是指在一定范围内对某些社会现象进行现场调查，收集大量数据进行统计分析，从而探索社会现象。"于浅海处得鱼虾，于深海处得蛟龙"，这句话用于融媒体工作者的实地调查过程也很恰当，只有深入基层、深入社会、深入现场展开调查，才能更好地挖掘和探索问题的本质。例如，广东新闻联播曾报道了协和深圳医院智慧服务的建设成果，在报道中，记者实地走访华中科技大学协和深圳医院，以患者角色体验门诊就诊全流程。新闻解读了该医院在智慧服务方面的建设成果，无形中对全省医院的精细化管理提出了更高的要求和期待，同时也对智慧城市生活进行了一轮科普。

融媒体工作者要利用融媒体受众群广的特点，充分发挥融媒体的互动性，开展多样的调查，对调查结果进行去粗取精、去伪存真、由此及彼、由表及里的思维加工，以获得对客观事物本质和规律的认识。

（五）通过报纸、书籍获得的线索

融媒体工作者要有阅读各类文件、简报、报纸等刊物的习惯，从职业眼光、专业视角，关注报纸书籍的版面设置、策划、文章架构，从中发现新视角，获取线索，为自己媒体节目、稿件的创作进行积累。报纸书籍等传统媒体由于审稿严格，质量普遍高于网络上的灌水文章，尤其是党和政府严格管理的媒体，文章的科学性和规范性都值得学习。例如，《人民日报》《光明日报》等总是第一时间解读党和国家的重要政策和会议精神，报道的新闻也严格把关，文章可信度非常高。

（六）通过新媒体收集的线索

随着数字技术的不断变革，广播、电视、报纸等传统媒体不断遭受着微博、微信、抖音等移动互联网新媒体的冲击。当前媒体呈现了多元化、融合发展的新生态，在新媒体迅猛发展的数字时代，层出不穷的信息速递、传播快捷的呈现媒介，为记者提供了最及时、最全面的新闻线索来源。特别是微博、微信、抖音等新媒体平台，群众参与度之广、情境随意性之大、信息发布速度之快、内容涵盖面之广，让这些平台以压倒之势，发展为新媒体的佼佼者。新媒体平台是各大媒体获取新闻线索的主要渠道之一，包括微博、微信、博客、贴吧等。

微信公众号用户流量庞大且黏性较高，其信息展现形式多元化，除了围绕新闻事件进行的新闻论述，其展现出的图片、音频、视频等信息具有强烈的直观性，是新闻线索的重要素材来源。

及时性是新闻的重要元素，网络让新闻的及时性展现得淋漓尽致。随着新媒体的发展，越来越多的独家新闻报道来自网络，除了一些传统的深入性调查报道，几乎所有的突发事件都是通过网络第一时间展现在我们面前，同时，党政机关开始越来越多地使用微博、官网等平台进行信息发布，一个热点消息出来后，几分钟内就会遍布整个网络。

针对微博等新媒体平台原创性、碎片性和时效性的特点，融媒体工作者可以利用微博搜集热点线索，同时结合其他素材进行深度挖掘，进而策划出优质的热文。例如，在中国网大案要案频道，通过微博发现线索并整合成新闻报道。2014年昆明发生"3·01"恐怖事件，恐怖的砍杀行为激起全国人民的愤慨，迅速成为热点事件，关于暴恐的身份确认、作案动机等一系列问题都成为网络关注的重点，法制网等官方媒体通过微博对事件进行了通报。大案要案频道编辑通过法制网的微博发现此条新闻后，对微博内容进行了细致编辑，并配发案发现场图片后第一时间在大案要案频道发布，引发大量媒体转载。

互联网上的线索具有完整性与不完整性、复杂与简单、真假难辨等相对立的特点。例如，在浏览网页的过程中，几句简短的话或者几张图片，就能找到很多新闻线索，或者在利用微信、微博、QQ等社交软件与朋友聊天或者浏览转载的信息中也能发现很多有价值的新闻线索。但是，正是由于这些新闻线索分布比较广泛，形式也多种多样，就导致无法判断新闻线索本身的真假。

融媒体工作者要充分利用互联网的优点来拓宽线索获取渠道，在挖掘线索的同时，要注意甄别信息真伪，通过自身专业的新闻素养使报道真实可靠。

（七）利用舆情监控系统收集的线索

除了各种热搜平台，融媒体工作者也可以借助基于大数据技术的网络舆情监控系统充分挖掘热点信息。网络舆情监控系统是利用搜索引擎技术和网络信息挖掘技术，通过网页内容的自动采集处理、敏感词过滤、智能聚类分类、主题检测、专题聚焦、统计分析，实现网络舆情的监督与管理，最终形成舆情简报、舆情专报、分析报告、移动快报，向决策层提供舆情动态。通过网络舆情监控系统，融媒体工作者能够通过大数据技术，发现人民群众对热点事件的看法，进而做出正确的舆论引导。例如，新冠肺炎疫情发生以来，网络上对2020年经济形式的讨论众说纷纭。通过网络舆情监控系统发现热点后，融媒体工作者通过调研发现，中央文件指示各省份制定了贷款的延期还款和税收减免等政策，并针对此话题播发了图文消息，向公众传递金融惠民举措，稳定了人民群众的恐慌情绪，为战胜疫情提供了正确的舆论导向。

（八）追踪国内外新闻网站，搜集一手新闻线索

浏览各大新闻网站是融媒体工作者每天必做的功课之一。融媒体工作者在获取新闻线索时，要目光长远，不能只对国内的新闻事件进行关注，还要把视野拓展到国外。例如，路透社、CNN、BBC、彭博社等国外媒体在世界各地机构众多，能快速获得更多全球线索，当然，由于政治立场和利益代表的差异，各家媒体对同一事件的解读可能大相径庭，在报道大事件前需要摸清底牌，防止断章取义影响本媒体的公信力，关键点是不得破坏社会主义核心价值观。融媒体工作者要加强自身的职业素养，从专业角度去辨别新闻信息的真伪，不负责任的抄袭是造成谣言传播的最大原因。

二、线索整合

资源互通、宣传互融、利益共融是融媒体的三大特点。广播、电视、报纸等融媒体组成部分，各自有着丰富的受众群体和独特的线索收集媒介。例如，汽车广播电台可以通过司机掌握实时路况线索，电台记者、报纸记者经常收到各政府部门会议报道邀约，掌握第一手相关政策信息，将广播电台从司机处得到的路况线索和记者从政府部门采访得到的道路修缮新闻线索进行整合就能得到一篇全面的报道。

融媒体要充分发挥资源互通的优势，对各平台的线索进行整合。例如，县级融媒体中心除了与电台、报纸、广播建立联系通道外，还应该与民众生活息息相

关的教育局、民政局、卫健委、气象局、交委、应急办、城市管理执法局、信访局和宣传部网络舆情中心等单位建立联系通道，使线索更加全面丰富。

三、从事线索搜集工作应具备的能力

（一）提升新闻敏感度，掌握新闻心理学

融媒体工作者要有职业眼光和独特视角，要善于在众多新闻中发现新闻的价值，满足受众的兴趣、关心、需求，才能更好地体现新闻价值，收集线索时可以运用格式塔心理学和马斯洛人本主义心理学等心理学方法收集新闻线索。

格式塔心理学是现代西方心理学的重要学派之一，诞生于20世纪的德国。格式塔心理学家们经过实验，提出了许多组织原则，在格式塔心理学中探讨了图形与背景的关系。图形就其特征而言有赖于背景，图形出现在背景之上。背景代表着一种格局，图形与背景区别越大，越容易被感知；图形与背景区别较小，越不容易被区分，图形与背景的关系影响着人们的观察力与注意力。融媒体工作者要注意以小见大这一类线索，在平凡中挖掘不平凡，在宏大的背景中刻画人物和事件。例如，在8月1日建军节到来之际，某栏目对2分钟内勇救4名翻车落水群众的72集团军某合成旅的95后战士王亮进行了专访，专访节目既表达了对人民子弟兵的赞扬，称赞他们为最可敬的英雄，又通过王亮这位普通战士刻画出人民子弟兵的风貌和风采。

马斯洛在其著作《动机与人格》中有一个很经典的理论——需求层次论，它是马斯洛人本主义心理学理论体系的逻辑基础，这一理论认为，人类动机的发展和需求的满足有着密切的关系。有心理学研究表明，当新闻报道符合生理、心理需求时，读者就容易接受。新闻媒体应当满足受众的需求，才能更好地挖掘新闻素材，写出的新闻才具有更高的新闻价值与传播价值，如人民群众关切的环境污染问题、食品农药残留超标问题等。

（二）具有线索辨别能力

政治性、政策性、纪律性在融媒体内容策划和线索搜集中非常重要。融媒体节目受众广、影响力大，融媒体工作者首先要有强烈的责任感，要在素材、资料整理收集的过程中有明辨是非的能力，避免线索出现政治性、纪律性、常识性的差错。

线索要满足真实可靠、不被人为过分加工的要求。很多本身就没有经过检验的"假消息"，再怎么被放大、描写、调查，都毫无疑义，甚至会引起负面的社会影响，如2015年的《3153万名事业编制人员7月起参加社保》的深度报道，就是一则典型的误读政策并对事实"添油加醋"进行报道的假新闻。

（三）提升审美能力，增强内容的竞争力

内容美是指有思想深度、有深邃意境、有阅读震撼力，能"贴近生活、贴近

群众、贴近实际"，能"感染人、塑造人、教育人、鼓舞人"的优秀艺术品，而这些仅靠描绘事实和逻辑概括是远远不够的，只有运用各种手法去表现和表达，才能让读者从中感受出美感，看着喜欢，读后有所思、有所得。

审美趣味的提升可以进一步增强融媒体内容在市场上的竞争力，如果出现相似的节目或稿件，观众会更愿意观看有艺术性的作品，所以，融媒体工作者具有较强的审美能力后，可以充分运用自己的审美能力寻找优质的新闻线索，吸引受众的观看和点击。

四、线索搜集技巧

（一）善用网络搜索技巧

搜索引擎可以帮助使用者在互联网上找到特定的信息，但它们同时也会返回大量无关的信息。融媒体工作者利用搜索引擎（如百度）进行线索搜集任务时，如果掌握一些搜索技巧，将大大减少线索搜集花费的时间，提高效率。

1. 简洁化

将搜索内容拆分，提炼关键词。例如，"高中生提高物理成绩，应该买什么教辅参考？"，应当搜索"高中物理辅导书推荐"。

2. 书面化

避免口语化，使用书面语言。例如，"国庆节强制加班，没有加班费，请问这种情况符合不符合劳务法？"，应当搜索"法定节假日加班劳务费"。

3. 具体化

搜索关键词应当尽量具体化，尽量不要使用空泛的词语，同时应当聚焦关键词。例如，搜索"规划"一词时，应当添加限定词语，如"十三五规划""大湾区发展规划"等。

4. 完全匹配搜索与并行搜索

在查询词的外边加上双引号""。例如，"北京地坛"，注意引号是不分中英文的，搜索的结果就带有"北京地坛"，而不是分别带有"北京"或"地坛"的网页。在两个查询词A和B中间加入竖杠"|"，在"|"的前后都需要空一格，搜索结果会包含词语A和B中任意一个，即包含词语A的信息或者词语B的信息，如搜索"北京 | 地坛"。

图2-2 完全匹配搜索

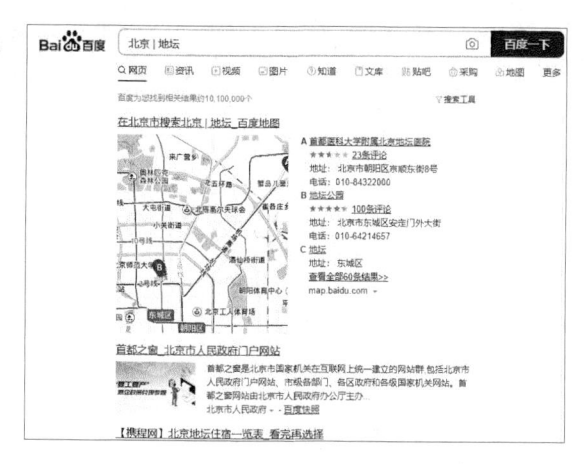

图2-3 并行搜索

5. 限定网站标题搜索范围

搜索关键字是否在标题内容里面，在查询词前加上"intitle:xx"，如果是多个词就在前面加"allintitle:xx xx"。这里的xx就是你要搜索的词，冒号为英文的冒号，如"intitle:北京地坛"。

图2-4 限定网站标题搜索

6. 搜索范围限定在指定网站

在查询词后输入"site:网站名"。网站名就是你要查的资料或信息的来源网站，这里的冒号为英文冒号。例如，搜索"户口 site:www.beijing.gov.cn"，得到的网页一定都来自北京政务门户网站。

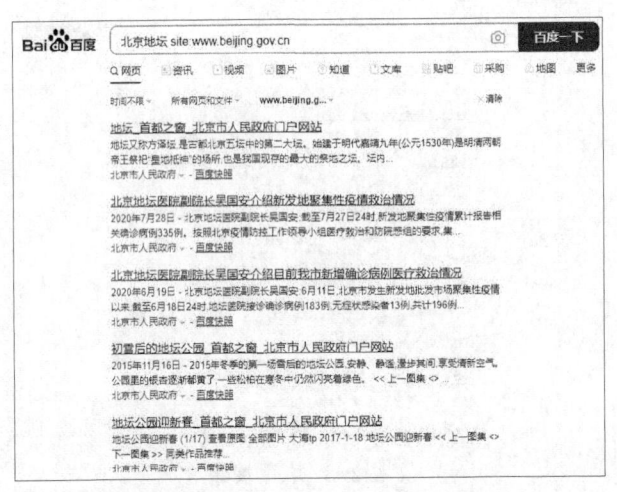

图2-5 搜索范围限定在指定的网站

7. 搜索范围限定在url中

在查询词前加上"inurl:xx",如果是多个查询词就加"allinurl:xx xx",这里的xx是查询词,冒号是英文符号。例如,搜索"人民日报 inurl:video",那么得到的网页的网址中一定包含video这个词,搜索的结果就是与人民日报有关的视频内容。

图2-6 搜索范围限定在url中

8. 限定时间

通过在搜索中增加时间关键词,如搜索"7月31日北斗卫星",可以得到北斗三号卫星导航系统建成暨开通仪式的相关新闻。此外还可以通过百度、谷歌等搜索引擎提供的高级搜索功能,对最近一天、最近一周、最近一年和全部时间的网页进行搜索。

图2-7 通过百度搜索限定搜索时间

图2-8 百度高级搜索功能

（二）善用文化聚集性，从不同圈子挖掘线索

"物以类聚，人以群分"，同类的东西常聚在一起，志同道合的人相聚成群。随着互联网的发展，出现了许多社交平台，平台内部一些兴趣爱好相同的人聚集到一起，在其中创作、交流、讨论，形成独特的平台文化。例如，网易云音乐聚集了大批音乐爱好者，知乎聚集了大批科技文化爱好者，B站有一大批二次元文化爱好者。

融媒体工作者可以通过对文化聚集性进行研究分析，挖掘带有独特文化底蕴的线索。例如，在对与二次元文化有关的新闻进行线索收集时，可以在B站视频排行榜获得B站用户关注的热点视频，以B站热点视频的角度展开调查，深究二次元文化这一文化载体和其产业的发展，探究二次元文化对新一代年轻人的影响。再如，知乎凝聚着一批知识分子，他们有一些精彩的回答，适合进行娱乐、社会、影视、美食、体育、情感、历史等领域的线索收集。

图2-9 知乎发现专题

（三）提高数据分析能力，对数字敏感

智能手机的普及带来了信息的低门槛化，谁都能轻易地获得海量信息，但是同样的信息在不同的人看来却有着不同的解读。融媒体工作者不仅要对图表敏感，还可以向领域专家求证获得解读，从而避免文章的枯燥感，让文章和节目更加真实、更加有说服力。

例如，一季度某市注销各类市场主体6599户，同比增长50%，这是某一年该市相关部门发布的统计数据。有职业敏感的融媒体工作者，一定会去了解，这个50%的增长是否和当下的经济大环境相关，是否是经济风向标？注销的是实体店铺，还是网络店铺？是房租、人力成本的上升导致还是网络的冲击？注销最多的是哪一行业？注销数量中个体工商户和企业占比是多少？等等。带着这些问题走访本地的商家，采访政府相关部门，邀请经济专家解读，即可写出一篇有社会价值和参考意义的文稿。

第二节 热点分析

一、什么是热点？

热点（hot spot）指的是比较受广大群众关注、受欢迎的新闻或者信息，或指某时期引人注目的事件或问题。集中表现在相关信息的收听率收视率高、群众参与率高、引发媒体大量转载和社会大讨论。在公众号和短视频等新媒体充斥的新媒体时代，融媒体平台朝着"共享信息采集、多种生成、多元发布"的模式发展。融媒体工作者线索获取的渠道不仅仅局限于自身的亲身调研与采访，更多热点线索来源于互联网同行的发布。热点的划分方式多种多样，如以热点素材类别属性为界定，可划分为政治热点、生活热点、娱乐热点等。从时间维度对热点进行分类的方法有利于提高全局统筹的策划能力，时间维度分类方法可将热点事件分为如下三种。

（一）周期性热点

顾名思义，这些热点长期存在，只是周期性爆发，如大型节假日、大型赛事活动、每年的高考等。这类热点的优点在于能够事先知道，做好规划和准备，但弊端是大家都在研究同一件热点，想要从中脱颖而出的难度系数也就增加了。针对这些热点，需要做好前期准备，以创意和诚意以及独特的切入点来传播自己的主题，尽早开始选题策划内容及文案，热点一出便能及时发布。

案例：在2018年"母亲节"的时候，小米手机就借助常规热点打造抖音短视频内容。小米手机推出了一段十分应景的漫画短视频，几个画面描绘出一位母亲陪儿子长大的过程，并且配上了非常贴合内容的背景音乐，其背景音乐是在抖音热门歌曲《纸短情长》的基础上改编的音乐短视频，歌词很好地诠释了母爱："怎么会生下了他，并决定养他长大……"在视频最后，响起了小米手机的铃音，儿子在电话一头对另一头的母亲说："喂，妈，我爱你。"小米手机借助"母亲节"这一特定节日，进行热点内容策划，赢得了4万点赞量，12万转发，实现了自己的主题与目标的内容传播。

（二）可预见性热点

可预见性热点和周期性热点具有相同的优缺点，这种热点与节假日等有明显周期的热点又有区别，是由人根据历史经验而判定的事件，它可以是一部人们期待值很高的即将上映的电影，可以是"中国足球队输了"，也可以是全民聚焦的诺贝尔奖得主，这种事件虽然是突发的，但是对我们来说是可预测的大概率发生的事件，这种前瞻性往往需要一定的经验以及对事件有良好的认知，才能对某些可能成为热点的事件预判并进行文案和内容的策划。

案例：2016年4月13日是科比·布莱恩特退役前的最后一场比赛，公众号"i黑马"那篇关于科比退役的文章就无比成功。公众号在其退役前已经完成内容策划，文章推送的时间把握恰到好处，下午1点左右，正是科比最后一场比赛结束的时间点，话题讨论被推向高潮，热度达到最高峰，是传播的最佳时机。其内容经过长时间的提前策划，收集了大量高质量素材，并通过标题升华了主题，引发了球迷感情的共鸣，吸引了大多数球迷的讨论与关注。

（三）突发型热点

突发型热点是指那些突发事件，具有不可预测性，这类热点出现得比较突然，一般来得快去得也快，这类事件都来源于人们日常生活中的人和事，几乎可以囊括非常规热点之外的一切不曾预料的话题和事件，它可以是时政新闻、娱乐花边、某种语体、无厘头的趣味等。由于突发型热点拥有裂变快、爆发性强等特点，所以操作难度大，对融媒体工作者文案的及时反应能力以及对事件的把控能力有着很高的要求。

案例：2016年12月6日，知名演员罗晋、唐嫣公布恋情，成为当时最火的娱乐新闻，相关微博阅读过亿。海尔官微针对这一突发性热点，迅速地跟进与回应："啥时候结婚？需要冰箱空调洗衣机吗？"仅仅16个字，便将热点与自身传播的主题紧密结合，引发了大量的关注。高德地图、天气预报、HTC、上海合作组织、晨光、凌美、锤子科技、花椒直播、OPPO等上千家企业官微为该条微博评论转发，"海尔"关键词在当天下午登陆微博热搜榜。大量网友还通过此类事件，高度赞扬海尔官微风格，顺势也提升了海尔家电企业在群众心中的地位。

二、群众追热点的本质

热点的表象有三点，即大众关注、引发热议进而广泛传播，热点的"热"体现在和大量群众强相关，受众数量多，可参与性强和传播范围广。群众为何喜欢追热点？美国社会心理学家马斯洛曾提出过一个著名的人性理论模型，即马斯洛人性需求五层次理论。如图2-10所示，在马斯洛看来，人类价值体系存在两类不同的需要，一类是沿生物谱系上升方向逐渐变弱的本能或冲动，称为低级需要和生理需要。一类是随生物进化而逐渐显现的潜能或需要，称为高级需要。马斯洛理论把需求分成生理需求、安全需求、社会需求、尊重需求和自我实现需求五类，依次由较低层次到较高层次。人都潜藏着这五种不同层次的需要，但在不同的发展阶段表现出来的各种需要的迫切程度是不同的，其中最迫切的需要才是激励人行动的主要原因和动力。

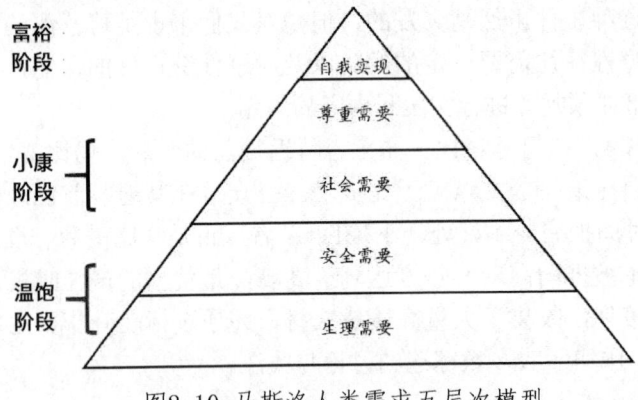

图2-10 马斯洛人类需求五层次模型

通过马斯洛人类需求五层次理论，就不难理解群众追热点的心理了。习近平总书记在2019年的新年贺词里指出，"2020年是具有里程碑意义的一年。我们将全面建成小康社会，实现第一个百年奋斗目标"，按照马斯洛人类需求五层理论，此时人们最大的需求主要聚焦在社会需要、尊重需要以及自我实现的高水平的精神追求。对热点事件进行广泛传播的需求实际体现在如下四点。

(一)寻求共同话题

热点事件常常会成为群众茶余饭后的话题,群众追热点的同时能为日常的沟通提供素材,有着维护社交关系与促进社交连接的作用。

例如,我们日常刷微博看到的明星八卦,就是热点的一种,它们之所以能够在短时间内引发热议产生上热搜的效果,一方面是由于内容满足了大众的猎奇心理,另一方面也是由于它为用户提供了谈资,让群众有了共同话题。

(二)表达想法

大多数人之所以会引用分享别人的内容,通常有两个原因:一是该内容能为自身某个论点提供依据;二是该内容恰好与自己内心想表达的观点和价值观一致,还比自己说得好,此时,简单地分享转发既能表达自己的观点又特别省事。

例如,之前引起热议的抖音(Tiktok)被美国封禁的事件,很多人会转发一些带有明确观点的推文到朋友圈,以表示他个人对这个事件的看法,甚至是政治观点等,以此来表达心里想说又没法在公共场合说出的慷慨之词。

(三)帮助他人

人们往往觉得自己分享的某些事件,对于别人来说是有用处的,用户追热点在社交圈子中找到存在感。例如,之前发生的滴滴事件,有的公众号会总结一些女孩子在人身安全受到威胁时,可以采用的适当防御方法,这类推文的内容,容易引起人们的分享转发,原因是这类内容起到了帮助他人的作用,从而不仅能加强自身与朋友之间的关系,还能表达自己的善意。

"滴滴事件"是生活中极为常见的打车场景,在看到新闻中报道的一些耸人听闻的事件后,想起身边某些经常单独行动,甚至是夜里单独行动还晚归的朋友,热心的读者一定会发自内心地想要转发提醒身边的朋友注意安全。

(四)社会比较

追热点满足了很多群众的荣誉感。例如,前段时间在微信朋友圈刷屏的"足迹地图",利用的正是用户这种"攀比"的心理,尤其是对于去过很多地方的朋友,他们更愿意晒出自己的足迹,因为这个行为能够给他们带来某种"虚荣感"。另外,还有些公众号会出一些关于全国平均工资或者生活水平相关的文章,也能够引发大家的分享热议,通过比较去讨论自己生活水平所在的层级,进而抒发个人的情绪。

假如某人经常在朋友圈分享书摘或书籍某一页中带有深意的语句,或者是一些解读书籍的推文,毫无疑问人们会觉得此人"是个爱读书的人",如果此人还会写一些个人的心得体会,那么你对他的印象又会有所升级——"是个爱读书并且能独立思考的人"。人人都幻想成为朋友圈中指点江山激扬文字的大文豪。假如你是一位内容创作者,你也可以应用这个心理特点,创造相关的传播内容,尝试用你的传播内容去"介入"别人的社交关系群以实现自己的主题和目标。

三、热点分析的工具

"工欲善其事，必先利其器"。知道何为热点以及受众用户追热点的本质后，融媒体工作者可以通过一些工具提高工作效率，获取高质量且符合自身受众用户的热点。作为信息的输送者，只被动等待接收信息容易与热点脱轨，主动解析热点，剖出一个新颖独到的传播点，才能借热点之势，走上优质内容生产的大道。

目前互联网上热点分析的工具琳琅满目，主打功能也不尽相同，按照工具的侧重点可分为例行热点工具、热点榜单工具、热点事件工具、热点分析工具。下面我们从互联网上随机收集了一批工具作为参考，因篇幅受限，无法穷举所有的工具。

（一）例行热点工具

大部分的例行热点工具主要目标都是捕获常规型热点，针对的是每年的一些固定的事件以及引人关注的节假日，通过对常规热点的时间和内容进行聚合，以及历年的常规型热点优质媒体新闻进行复盘等操作，为融媒体工作者的内容策划提供大量相关素材与思路灵感，把这些热点用起来，能减缓很多素材压力，常用的工具有新媒体管家、365热点日历、爱微帮热点日历等。

1. 新媒体管家

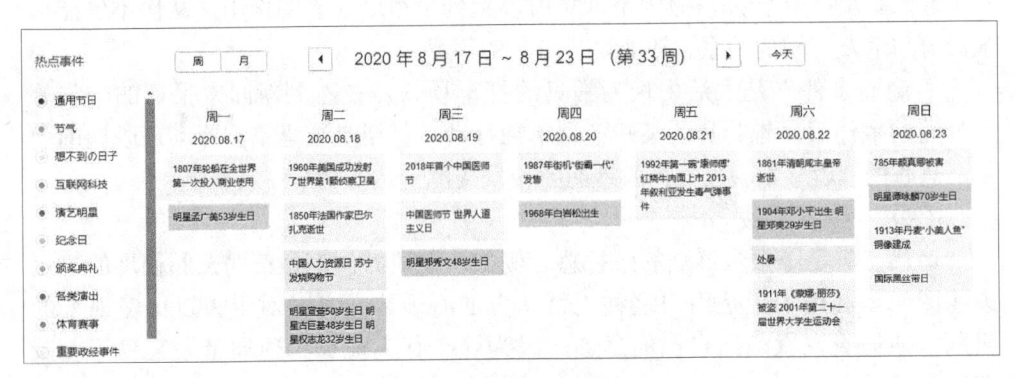

图2-11 新媒体管家界面

新媒体管家（https://calendar.xmt.cn/）除了可以用于热文中心、微信排版、图文编辑、管理账号外，营销日历的功能也有很强的实用性，内设"通用节日""颁奖典礼""行业大会/展览会"等16个选项，用户可自行选择查看周期，画面简洁，结构清晰。几乎每一天，都或多或少地会有特定人群关注的常规型热点事件。例如，做美食煲汤的媒体会经常用到"节气"选项，在相应时间推出对应季节的煲汤方法；体育新闻媒体可用"体育赛事"这个选项，不会错过任何一场比赛。

2. 365热点日历

图2-12 365热点日历界面

365热点日历（https://www.365editor.com/calendar）是365编辑器下的日历工具，内置"大片上映排期""冷门纪念日""我的记事"等15个标签选项，支持"月""周"两种周期，点击节点会自动链接到百度的相关网页。365热点日历最特别的一点在于用户可以选择定制个性化日历，可以通过15个标签进行筛选过滤，定制符合融媒体工作者自身定位的热点日历，此外可以使用"搜索"选项，通过输入相关事件的关键词查询关键字对应的热点，目前支持查看2017年1月至今的大事记。

3. 爱微帮

图2-13 爱微帮界面

爱微帮（http://abc.aiweibang.com/daily?fc=index_rw）的热点日历功能十分强大，不仅有每日热点、微博热议、百度热搜等数据，而且提供往年的大事记，可回溯到1758年，可提供6、12、24小时的查看周期，同时可以对比去年今日的相关热点，主页中的节日话题按时间顺序罗列了未来头条，还提供了一些议论范围可能更广的重大事件。

此外，该工具对热点进行归类，用户可以精准查看垂直领域的内容，点开热点标签，会出现十分全面的新闻链接，新闻来源于新华社、人民网等众多媒体。最特别的是，该工具根据用户的搜索，匹配相关热文，有利于融媒体工作者打开选题思路。

（二）热点榜单工具

热点事件无时无刻不在变动，热点榜单工具面向的不只是常规型热点，更多体现了突发型热点事件。热点时时在更新，不同的热点价值大小也不同，人们在不同的热点上会投放不等量注意力。热点榜单工具对舆情进行实时监控，提供了热点排序功能，告诉融媒体工作者哪个热点最值得追，常用的工具有今日热榜、AnyKnew、5118热点追踪、西瓜助手、新榜等。

1. 今日热榜

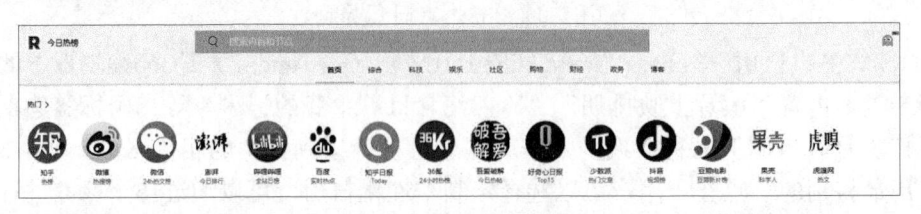

图2-14 今日热榜界面

今日热榜（https://tophub.today）聚合了各站的精细热点榜单及具体数据，如微信、今日头条、百度、知乎、V2EX、微博等，此外对各类聚合的热点网址设置了"科技""娱乐""社区"等分类选项。融媒体工作者可以查看某一平台的具体榜单，这些热点均附有链接，通过点击便能进入查看具体内容。比较特殊的是，该工具允许用户设置自己的订阅内容，这些热点大多数是24小时以内的热点，时间过了就会消失，这个特性让它比较适合那些报道消息类的媒体，多平台监测，不会疏漏。

2. AnyKnew

图2-15 AnyKnew界面

AnyKnew（https://www.anyknew.com）跟今日热榜一样，提供各个不同平台的热点，平台数量较少但界面非常清晰简洁，该工具提供历史榜单，可选择"综合""星榜"两个标签，点击热点可自动进入其所在的平台位置，值得一提的是，AnyKnew可以通过点击左上角的"往日"查看往日的热点排行榜。

3. 5118热点追踪

图2-16 5118热点追踪界面

5118热点追踪（https://www.5118.com/radar）主打关键词排名，提供行业词库、查排名词、挖词等服务，还提供"金融""新闻""金融财经"等精细分类。针对热门关键词，给出相关关注点的变化与发展，可精确至几分钟内。5118的"挖词"功能也深受融媒体工作者青睐，用户可以搜关键词、移动端流量词，还可以批量搜长尾词，每一个词会匹配相应的百度收录量、长尾词数量、百度指数、移动指数等指标。除此之外，在做内容创作时，其根据关键词搜索精华文本素材、图片素材，能给融媒体工作者很多启发。

4. 西瓜助手

图2-17 飞瓜数据

西瓜助手（http://www.xiguaji.com/）中有西瓜数据以及飞瓜数据两个服务，其中西瓜数据主要为微信公众平台提供服务，提供公众号排行、小程序排行、原文应用排行等，这些选项下还设置细分领域排行，融媒体工作者可以针对自身领域捕获相关内容；而飞瓜数据主要是提供抖音、快手和B站等视频平台的服务，可供实时查看当下最热的视频,用于平时寻找素材、数据监测、商品分析等。

5. 新榜

图2-18 新榜界面

新榜(https://www.newrank.cn/)向企业和政府机构提供相关的数据业务服务,提供各平台(如微信、微博、抖音、PGC视频)、各分类(如民生、百科、美食)的榜单数据。新榜还有显示趋势的功能,用户输入关键词可以查看相关趋势,它还提供"号内搜",方便精细查找。新榜提供日榜、周榜、月榜,用户可以收藏自己关注的公众号。

新榜还提供一些付费的增值服务,主要涵盖数据服务、运营增长、内容营销、版权分发等方面。数据服务中包括"公众号回采(用于查看历史数据)""分钟级监测""粉丝对比"等功能,运营增长中则包括"公号涨粉""有容小程序"等功能,对融媒体工作者找寻热点事件以及传播内容提供了非常有效的帮助。

(三)热点事件工具

通常知晓某一热点只是第一步,要分析热点,剖析事情的真相以及了解事情的来龙去脉乃至舆论态势,需要热点事件分析工具加以协助,如"后续""知微事见"等。

1. 后续

图2-19 后续界面

"后续"（https://houxu.app/events）的slogan叫"有记忆的新闻"，是一款纯新闻应用，它并不聚焦于侦测当前最新的热点，而是持续追踪某一热点，记录一个事件从开始到结束的那些重要的新闻，该工具收录的热点大致分为往日热点和最新热点，依照时间线对热点新闻进行梳理，同时配发各种权威信息源。融媒体工作者通过"后续"了解到一个热点的始末，从而收集到更多的材料，收集足够多的素材是编写优质文章的重要保障之一。

2. 知微事见

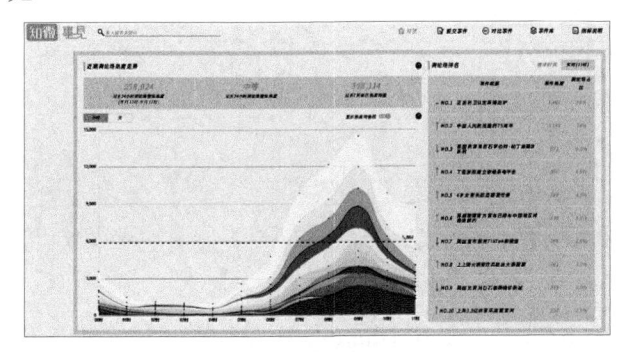

图2-20 知微事见界面

知微事见（https://ef.zhiweidata.com/）是一个热点事件分析工具，整个界面填满了大量的可视化信息，以直观的图表方式呈现传播性好的热点。除了可以自行搜索热点事件外，还提供"事件库"，事件库收录了在短时间内达到高传播量的事件、长期内保持一定传播量的事件以及在网络社交媒体中引起热议的事件。事件库记录着该事件下的大量相关信息，方便融媒体工作者全面多元的获取信息。

知微事见基于全网的自媒体和网络媒体数据计算的"事件影响力指数"，是用来刻画单一事件在互联网上的传播效果的指标。用户点开具体热点，可以获知该事件概述、在舆论场中的排名、事件热度变化、媒体参与情况、传播渠道、重要舆论观点、人群画像等详细信息。在"事件库"中点击某个事件，可以看到在时间线上比较有影响力的媒体所写的相关文章，文章都带链接，点击即可进入，适合用来把控该热点的舆论方向。

（四）指数分析工具

不同于热点榜单工具，指数分析工具是指一些有影响力的平台建立的内部的搜索、阅读数据分析系统，如百度、头条、微信等大平台的用户已经达到非常大的量级，这些有较大的影响力生态的平台都会构建自己的内部大数据平台，收集自己所有应用中的数据信息，这些大平台的指数往往反映了热点的真实情况。

例如，我们每天使用微信，在搜一搜中随意搜索一个词汇都会被记录下来，当所有人的搜索记录都被记录下来后，通过大数据平台，就能统计出大众正在搜索的高频词汇。如果我们要在这些平台发布文章或者做活动，不妨使用这些大数据平台来了解情况，通过平台中最活跃的内容来对我们的宣传标题、文章内容进行创意加工，以赢得更多的曝光机会，获得更好的流量数据，此类相关的工具有百度指数、头条指数、微信指数、Google趋势等。

1. 百度指数

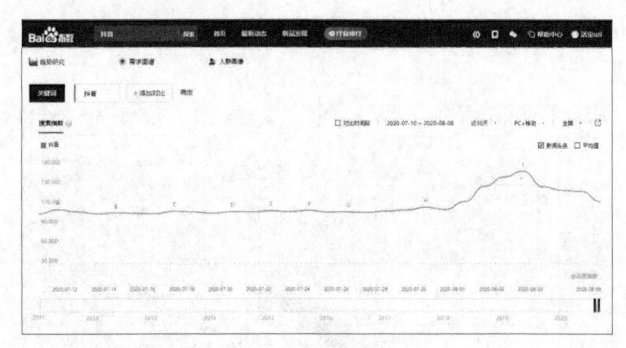

图2-21 百度指数界面

百度指数（http://index.baidu.com/v2/index.html#/）以中国网民使用最多的百度检索行为数据为基础，提供最新动态、行业排行等信息，最新动态里包括专题、公告、热点、行业等分类，对相关事件进行数据上的多维分析，如《2019百度两会指数报告》一文中，就分析了"2019年咨询指数热点话题TOP10"等数据。此外，还可以输入关键词进行查询，用户可以获知相关人群画像、需求图谱、资讯指数等数据图，也可以添加其他关键词，对比数据走向。

人们在百度搜索引擎搜索了内容，百度指数便会收集相关数据。当海量网民都用百度来检索，百度指数就成为国内互联网最重要的统计分析平台之一，自发布之日便成为众多企业营销决策的重要依据。点击菜单栏的最新动态，可以看到专题、公告、热点、行业等分类，这些专题基本都是基于数据所得出的分析报告，对于融媒体工作者来说，这个工具常用来检测一些话题的热度。

2. 微信指数

图2-22 微信指数界面

微信指数倾向于收录有实体含义的关键词以及人们正在关心的热词，主要在微信客户端内使用，可以在微信搜索框中输入"微信指数"进入，或者微信的搜一搜页面中点击"微信指数"小程序。微信指数代表某一个词在微信中出现的频率，用户只需要输入关键词就可以获知该词的微信指数和环比变化幅度。用户可以以24小时、7日、30日、90日为周期，添加对比词（最多可添加4个），更直观地对比几个词的微信指数。

想要了解某些词条在微信的搜索指数，只需将词条内容分别添加至对比词，就有可视化的界面对这些关键词的热度进行横向对比，适合微信公众号的融媒体工作者捕捉用户热点。

3. 头条指数

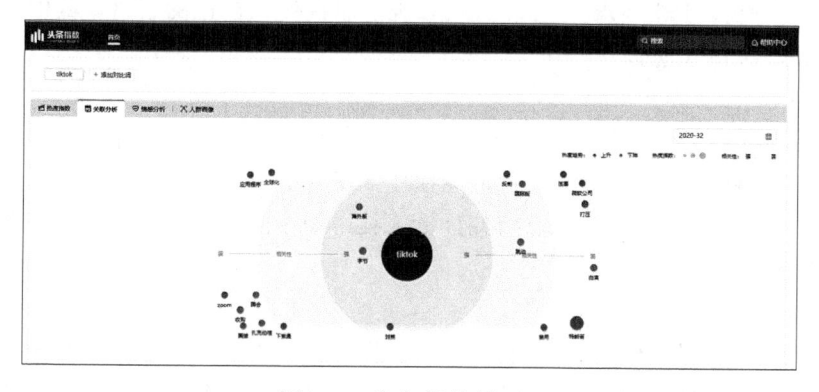

图2-23 头条指数界面

头条指数（https://index.toutiao.com/）和百度指数类似，与百度指数相比，头条指数立足于"今日头条"的用户数据挖掘，本质上展现的是算法推荐机制下用户的行为踪迹，因此，即使是没有入驻"今日头条"的媒体，也有必要了解头条指数，借此可以更好地把握用户的阅读偏好。头条指数提供关键词搜索、精选报道、数据报告等服务，针对关键词，提供热度趋势图、事件关联热词和热文、用户画像和兴趣等指标，此外，用户还可以圈定时间和地域范围，对地方媒体有一定的参考价值。恰当地利用头条指数，可以更好地了解用户的阅读偏好，制定相应的策划方式。

四、热点分析的方法

热点分析工具能帮助我们快速找到有效的素材，但要能找到真正迅速抓住群众热点、引发热议的内容，需要融媒体工作者根据自身行业背景与理论基础，对热点进行合理有效地分析，进而评估热点的优先级，对热点进行更加合理的跟进与规划。

热点分析方法可以概括为如下几种（如图2-24）。

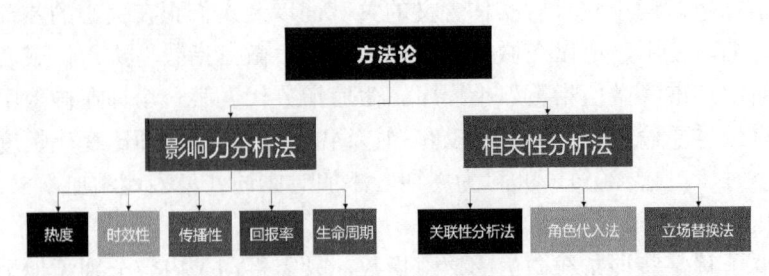

图2-24 热点分析方法

（一）影响力分析法

通常来说，对于同时出现的多个热点事件，需要融媒体工作者对热点进行价值衡量与分析，选择影响力与相关性都强的事件作为自己的素材，其中热点的价值可以分为如下几点。

1. 热度

融媒体工作者在进行热点分析时，首要看重的就是热点的影响力，即事件的热度。影响力反映在网络平台上，往往体现为话题热度，如刷评级、10W+等描述，这一点我们可以参考热点指数分析工具，如百度指数、微信指数、微博热度以及各类热点榜单。

2. 时效性

时效性指的是事件热度会持续多久。例如，情人节、儿童节等相关节日，往往提前一个星期就开始预热，节日过后，热度就迅速衰减。追热点要争分夺秒，要根据事件的走势跟进判断，才能更好地对热点进行捕获。一些例行热点工具，如新媒体管家、365日历等能将这些事件像日历一样排布，做成表格，这样就可以做到热点来临的时候有所准备，内容策划更加充分。

3. 传播性

互联网的发展打破了空间的限制，传播性广意味着带来了更多的流量。传播性广需要符合三点——简单、有趣、有用，要让广大的用户能看懂能理解，感觉值得转发分享。热点的传播性广往往伴随着争议性、延展性内容，这样才能将传播的时间线（纵向）和话题讨论范围（横向）拉长。

4. 回报率

追热点的目的就是为了获得关注和转化，做方案比较的时候应首先考虑投资回报率。回报率=回报/成本，追热点时要投入的成本包括人力、财力、物力、时间和机会成本，热点可能带来的回报包括直接经济效益和社会效益，这些都值得我们综合考虑。

5. 生命周期

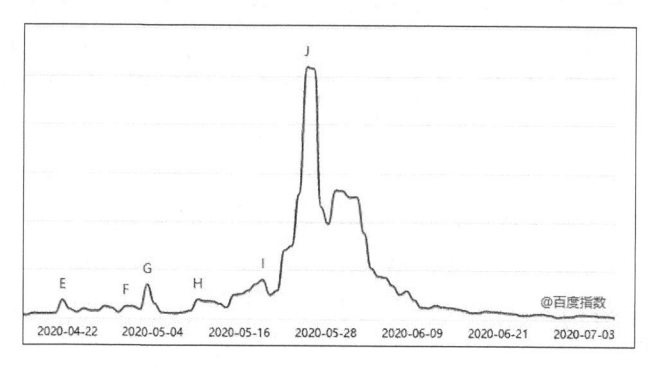

图2-25 2020年"两会"事件百度指数图

几乎所有的热点都满足一定的生命周期，热点事件在发生后会引起群众的大量讨论，但随着事件的结束与媒体舆论的把控，热点事件或长或短最终会慢慢消失在海量事件的潮流当中。融媒体工作者要想更好地捕获热点、传播内容，需要把握住热点的生命周期，这一点我们可以通过热点事件分析工具对时间内容进行把控，通过工具以及经验，选择更合适的热点进行内容策划。图2-25为百度指数展示的以"两会"为关键字索引得到的周期图。

（二）相关性分析法

1. 角色代入法

角色代入法是融媒体工作者置身于用户的角度，通过思维代入、行为代入、心态代入等方式，对热点事件进行全方面多方位的衡量，结合对热点本质的分析，以达到对热点事件的深入评估效果。例如，交通台在节目中进行分析与跟进的热点，往往都是和其目标受众驾驶员息息相关的事件，如早晚高峰新闻播报等用户更关心的热点。

2. 关联性分析法

融媒体工作者跟踪热点，一定要注意事件属性与自身定位、受众用户和平台属性之间的差异，注重事物之间的关联性。

首先，事件与自身定位的关联，需要我们对热点事件某个点的剖析，能正确且自然地弘扬自己想表达的主题或者价值观，即在描述一件事实的同时还能用事实佐证自己的观点。

另外，在进行热点分析时，融媒体工作者还需要考虑到目标受众用户与事件的联系，不能一味地传播与自身价值相符却与受众用户不搭的热点。例如，影星的热点事件在微博上发酵得很厉害，作为娱乐圈的热点事件，关心这些事的还是以他们的粉丝群体占多数。因此，融媒体工作者在进行热点分析时还需要考虑受众用户。

与此同时，融媒体工作者还要注重热点事件与自身平台的关联，在内容为王的新媒体时代，内容和形式不可分割。举例来说，在A平台上火爆的视频可能就不太适用B视频网站的受众用户。融媒体工作者还要把握一些弱相关性转强相关性的技巧，来面对大量事件与自身受众用户和平台只属于弱关联关系的不利情况。

3. 立场替换法

角度不同，看到的东西也就不一样；立场不一致，对事件的理解也不尽相同。在进行热点分析时，站在不同的角度便拥有不同的立场，多角度分析往往能更好地剖析出热点事件与自身平台以及目标用户的关联性。

4. 人群聚类法

根据《中国互联网发展报告（2021）》，截至2020年底，我国网民规模为9.89亿人，移动互联网用户总数超过16亿。群体规模巨大，需求就存在多样性。融媒体工作者应充分应用网民群体大数据，根据中国网民年龄、职业、个人收入等不同维度结构依托于大数据分析技术实现网民群体聚类，对不同结构群体进行智慧化热点预测，多角度、全方位地分析热点、预测热点，充分发挥技术优势，引领融媒体平台优化转变，加速融媒体平台与人工智能的融合发展，形成一个网络综合的融媒体平台热点预测。

（三）评价方式与实际案例

在内容策划的过程中，融媒体工作者可以结合热点分析工具与上述方法论，对热点事件的价值和相关性两个维度的多个方面进行评估，从而实现对热点事件进行内容与形式的选择。我们引入一些简单的数学方法，具体操作可以通过对热点价值维度的话题性（T）、传播性（S）、热度（H）、时效性（A）、成本（C）、收益（P）、风险（K）进行量化，数值1—5，从大到小分别代表强、较强、中、较弱、弱五个层级，计算其价值因子，同时再量化该事件与自身平台的相关性。通过权衡事件的价值与相关性从而对热点事件进行进一步的内容策划。

可以通过热点分析工具对事件进行采样并进行归一化处理，从而量化成标准分值并利用公式（2.1）来计算热点价值因子：

$$V = \alpha \log \left(\varepsilon + \sum_{i=T}^{A} x_i \right) + (1-\alpha) \left(\frac{P-C}{|P-C|} \right) \sqrt[K]{|P-C|} \qquad (2.1)$$

如公式2.1所示，$x_{T\sim A}$分别代表事件的话题性、传播性、热度以及时效性，这四个性质通常呈现出正相关，我们通过对它们的量化值累加来衡量此类热点事件被传播的能力。其中取对数操作是为了削弱$x_{T\sim A}$值都过高对整体评分的影响。引入参数ε是为了忽略$x_{T\sim A}$值都过低对整个分数的影响。此外分别代表事件的收益、成本以及风险，通过$\sqrt[K]{|P-C|}$引入，我们可以衡量出该事件投入风险获益值。其中（(P-C)/|P-C| (P-C)/|P-C|）是为了让收益少于成本时呈现为负数从

对整个价值V起到负相关以适用于更多场景。参数α取值范围为0—1，由融媒体工作者对传播能力或投入风险的侧重的权衡来设置。

例如，某地方音乐电台融媒体在进行内容策划时利用热点日历等工具，从海量事件中捕获了"高考"这一周期性热点与"周杰伦新歌"这一可突发型热点。假设由于时间冲突等原因只能选择二者之一进行内容策划，此时我们可以通过人为的对事件的价值与相关性的各项指标进行数值量化从而进行人工评判。

如图2-26所示，音乐台融媒体工作者根据历史经验以及利用热点分析工具对"周杰伦新歌"这一热点的各个指标进行衡量，量化从1—5的数值，其中话题性（T）为4，传播性（S）为5，热度（H）为4，时效性（A）为5，成本（C）为2，收益（P）为4，风险（K）为2，相关性（R）为5。

音乐台追"周杰伦新歌"热点分析							
价值							相关性
话题性	传播性	热度	时效性	成本	收益	风险	相关性
4	4	4	5	2	4	2	5

图2-26 音乐台追"周杰伦新歌"热点分析

与此同时，也对"高考"这一热点事件进行了类似的量化（参见图2-27），话题性（T）为5，传播性（S）为5，热度（H）为5，时效性（A）为5，成本（C）为1，收益（P）为3，风险（K）为3，相关性（R）为1。

音乐台追"高考"热点分析							
价值							相关性
话题性	传播性	热度	时效性	成本	收益	风险	相关性
5	5	5	5	1	3	3	1

图2-27 音乐台追"高考"热点分析

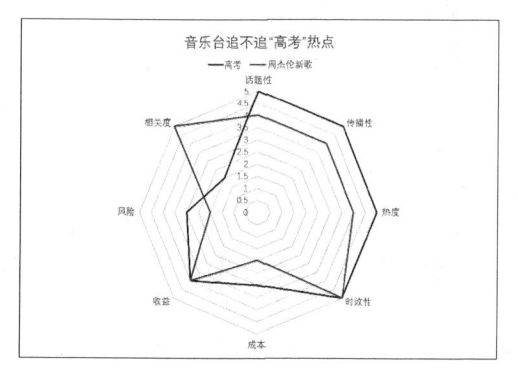

图2-27 "周杰伦新歌"与"高考"量化值对比

通过对不同指标的量化值的衡量，我们可以由公式2.1来计算热点价值因子 $V_1 = \alpha \log(\varepsilon + 17) + (1-\alpha)\sqrt{2}$，$V_2 = \alpha \log(\varepsilon + 20) + (1-\alpha)\sqrt[3]{2}$。假设此时设定的偏置系数 $\varepsilon = 1$，平衡因子 $\alpha = 0.6$，那么此时的 $V_1 = 1.13$，$V_2 = 1.29$。

通过求出来的热点价值因子 V_1、V_2 与设定的相关性因子 R_1、R_2，可以对热点事件进行如图2-28的四个象限判定，对四个象限的内容分布进行由高到低的优先级排序便于更直观地辅助抉择。

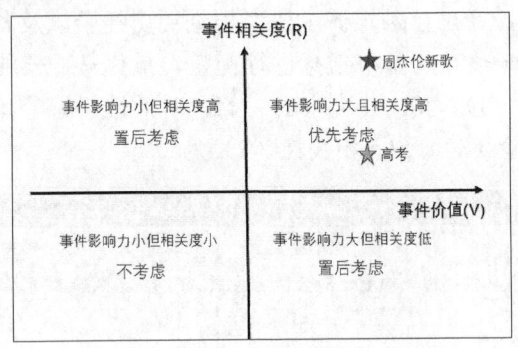

图2-28 音乐台热点策划象限图

在某些特殊情况下，融媒体工作者没有足够多的精力同时策划出多个高水平的内容，可以通过优先考虑因子来对事件进行再度衡量来进行抉择。其中优先考虑因子由事件价值因子与相关性因子R进行综合计算：

$$F = \lambda V + (1-\lambda)R \qquad (2.2)$$

其中为价值系数，为相关性影响系数，均为融媒体工作者由过往经验以及内容策划反馈不断修正得到，也可以根据当前的具体情况以及用户的粘度作出适当调整。以当前案例音乐台热点事件选择为例，通过比较"周杰伦新歌"与"高考"的优先考虑因子从而得到要进行策划的热点。

对多个热点事件进行分析时可以依此推广，同时计算多个事件的优先级别，选择得分靠前的K个事件进行内容策划。

五、其他

（一）追热点的雷区

在追逐热点的过程中可能无意中会踩到雷区，对自身平台的公信力造成不可挽回的负面影响，以下罗列了几个追热点过程中需要忌讳的因素。

1. 忌盲目跟风

有些融媒体工作者会追所有的热点，忽略了事件与自身平台与受众用户的相关性，这在一些新媒体部门比较常见，对大量热点事件的捕捉跟踪以及策划来搞大水漫灌，其质量往往难以保证，传播的内容没有特色，缺少灵魂，在受众心目中可能沦为垃圾场。

例如，很多短视频博主，看到一些热点会盲目跟风拍摄，导致作品同质化，如抖音短视频社区中有集体挑战项目，每个人几乎都以相同的音乐、相同的动作完成视频的拍摄。尽管抖音的这一功能，便利了年轻人间的沟通和交流，但也容易造成用户的审美疲劳，作品同质化倾向较为严重。此外，快手、火山小视频、西瓜视频等短视频也存在类似问题。玩模仿、秀萌宠、拼搞笑等老戏法，使得一些短视频作品缺乏新意，导致用户审美疲劳，黏性降低。

盲目跟从不仅不利于平台未来的发展，还会对一些花大量精力创作优质视频的制作者造成很大的干扰。他们制作的优质作品被"搬运工"和"剪刀手"稍作处理，变成吸引流量的工具。即使作者在视频中注明了出处，有时也被层层虚化，一些独家推出的短视频，还被抹去角标，遮盖出处，这会严重打击高质量原创作品创作者的积极性，并成为平台作品质量发展道路上的重大阻碍。

2. 慎用品牌或者明星形象

知名品牌标志或者影视娱乐体育明星等，是我们追热点时避不开的几类情况。然而，由于品牌和明星能够产生更强有力的社会效应，甚至能引导整个社会的生活风气，所以我们在选用品牌和明星作为宣传工具时，一定要提前做好背景调查工作，包括对品牌和明星过往的行为和未来的发展理念做一番详细的筛查。是否符合社会主义核心价值观？是否符合社会道德？是否能够引导正确的社会发展风向？等等。可以以此为基准线，来剔除掉一些争议较大的选项。

例如，近期H&M的抵制新疆棉事件和频频被曝辱华的杜嘉班纳、范思哲等品牌，还有吴亦凡、郑爽、赵薇等被列为劣迹明星的人物，都不应该成为我们选取的热点对象，不应该让他们再次出现在公众的视野，从而避免对公共资源的占用。

媒体追热点时一定要学会巧妙处理，规避法律风险，减少不必要的纠纷，还需要注意承担一定的社会责任，引领良好的社会风向，增强对青少年价值观的正确引导。

3. 忌讳站队或攻击对手

融媒体工作者对热点事件进行分析评论，需要以客观的立场提炼出自己的观点，不能"夹带私货"，不要主观地选边站队或者为了宣传自身而贬低对手，这样很容易给群众留下三观不正和肤浅的印象，从而失去公众平台的公信力。

就拿之前闹得沸沸扬扬的成都49中事件来说，一开始，自杀学生家长只是希望校方尽快给出说法，但是随着舆论发酵，不少自媒体开始捕风捉影，杜撰阴谋论，甚至一些主流媒体也纷纷"站队"为学生家长"伸冤"，看似义愤填膺，实则缺乏对热点事件客观公正的态度，以至于在警方公布事件调查结果后，"站队"媒体的言论不攻自破，不少坚信媒体报道的群众一片哗然。

其实，这样的例子比比皆是，在社交媒体平台上更甚，如罗冠军事件、清华学姐事件、货拉拉跳车事件、阿里员工性侵事件等，这些事件背后都少不了"站队"媒体的"推波助澜"，他们事前一呼百应，事后却留下一地鸡毛。长此以往，群众对媒体"讳疾忌医"，这显然也对媒体的公信力造成了不小的负面影响。

4. 慎用灾难性热点

天灾人祸是我们最不愿意看到的，如泥石流滑坡、地震、火灾等。生命攸关之际，利用灾难热点圈流量、哗众取宠的借势营销很容易引发众怒；不忘初心、低调祈福、积极付出的行动派才能脱颖而出。

2021年7月下旬，河南郑州出现罕见持续的强降水天气过程，全市普降大暴雨、特大暴雨，并引发洪灾。

受洪灾影响，郑州城内部分地区大面积积水，交通几乎瘫痪，地铁发生洪水倒灌，部分车站被淹，部分载人列车甚至被困在隧道中。

在全国上下纷纷为抗灾揪心、出力、扩散求助救援信息的同时，某些平台竟搞起"抖机灵"式营销，在引发争议的宣传海报上，有"入住高地，让风雨只是风景"的字样。在灾情面前，把风雨比作风景借势宣传，以洪灾为引子来凸显宣传产品的优势，如此营销无疑是极不合适的。

5. 违规发布涉政热点

每一个互联网使用者都要严格遵守相关条例规定，规范自身网络行为，尤其在涉政热点方面，由于其影响力大、敏感度高等特点，如若发布不当内容将对社会造成更严重的不良影响，甚至影响国际声誉，必将受到严厉的惩罚。例如，2021年8月底著名音乐人高晓松被微博禁言，因其不恰当地评论"九·一八事变""西安事变"等一系列涉政话题，伤害了民众感情。

（二）引爆热点，与其追不如自创

社交媒体风云变幻，三个月一小变，六个月一大变，热点事件最终会被新的热点取代，这是媒体和传播的规律。融媒体工作者要牢记追热点的初心，是为了追求自身平台目标与价值观传播最大化。除了紧跟热点对事件进行内容策划外，融媒体工作者更该锻炼自我引爆热点的能力，善于挖掘与捕捉身边的事物，以独特的角度剖析；通过长期中立客观的报道与评判，树立自身的公信力；积极与其他拥有正确价值观和传播导向的媒体平台合作，资源与创意共享，引爆热点，做到多方共赢。

第三节　内容聚合

经过线索收集与热点分析，媒体工作者们能够搜集到大量的素材，然而海量的素材信息也给工作带来了困扰，如何筛选其中有用的信息，并根据需要进行归类处理，就需要用到内容聚合技术，内容聚合技术就是为了解决融媒体信息处理的效率问题而诞生的。

一、内容聚合的定义

在人类社会已进入信息时代的今天，信息资源在社会经济发展中扮演着愈益重要的角色，信息资源已成为当今社会的核心资源。信息时代的到来，使包括资料、数据、技术、消息、信誉、形象等在内的信息资源作为一种重要的生产要素和无形资产，在财富创造中的作用越来越大。不仅如此，信息还为实现供需双方的有效对接搭建了平台。信息资源的开发利用，可有效降低社会的运营成本。在信息时代，人们的经济活动基本上是围绕信息展开的，信息流引导物流和资金流朝着合理的方向运动，使社会资源得到最大限度的节约与合理运用。

对于融媒体来说，内容聚合除了数据集中和文档集成之外，它更强调对信息的整体管理，这不仅包括对信息架构的整体构建、业务流程的改造，还包括在此基础上的信息管理与利用，强调通过增强处理动态和静态条件下信息需求的能力来提高管理的效益，追求信息资源管理的高效与实效。在互联网领域，内容聚合是指挑选、分析互联网上的海量信息，并根据内容（如电子表格、文本文件、图像、图表、报告、音频文件和视频文件等）进行归类，进而为用户提供优质有用且更具针对性的信息。

融媒体的信息聚合是针对传统媒体的学习与转型需求而进行的新的定义，融媒体的内容聚合是指依据信息化发展趋势，在组织的领导下，实现对信息资源序列化、共享化、可配置化，进而实现信息资源配置最优化、拓宽信息资源应用领域和最大化挖掘信息价值的管理过程。

二、内容聚合的实现与优化

内容聚合分为内容汇聚与内容存储，本章前两节线索收集和热点分析论述的是内容汇聚的流程，而内容汇聚流程是融合媒体生产流程的初始阶段，在该生产流程阶段主要完成对多渠道内容的汇聚工作，包括对线索和素材的采集收录、内容筛选、节目收录和记者采编等素材汇聚工作。用户互动产生的内容在该阶段被采集，作为节目制作素材之一。本节主要讲解融媒体工作者应该关注的内容存储技术。

（一）内容去重

内容去重主要是为了防止存储过多冗余信息、对服务器的空间造成不必要的浪费，其次是避免本地搜寻信息时出现过多冗余选项，加快信息搜寻的速度。内容去重可通过人工智能进行处理（如自然语言处理NLP等技术），也可使用人工对重复内容进行过滤。

（二）内容初审

将内容去重以后，需要对信息内容进行初次审查。在移动互联网时代，视频与文字传播有着碎片化、质量参差不齐、传播成本低、负面内容杀伤力大的特点。在互联网上，不少平台每天产生数千万小时的视频内容，还有亿万字级别的文字信息，其中包含大量的不良信息。在带有不良信息的海量数据面前，完全依靠人工是没办法解决内容审核难题的，这给视频和文字的内容管理带来了巨大的压力，而人工智能可以快速有效地解决此类问题，它或许是内容管理的不二之选。

在视频文件或文字处理中，人工智能可以进行智能化分析，快速识别视频中人脸、声音、文字、物品、行为、场景等信息，为决策提供参考。具体来说，内容审核可化繁为简，将音频视频内容转化为人工智能可以判断的内容，如图片和文字，通过图片识别、语音语义识别等人工智能技术对特殊物体如人体、刀具、枪支等做判断。

应对网络视频内容审核，已有多家商业平台推出了人工智能技术的应用服务，至此视频的人工鉴别（暴恐血腥、不良信息）已进化到了机器鉴别的阶段。例如，百度云视频生态解决方案主打的视频内容分析VCA（Video Content Analysis），能够通过人工智能技术，对视频进行语音、文字、人脸、物体等多维度智能分析，它整合了百度的深度学习、自然语言处理等人工智能技术，支持视频分类、视频元素提取、关键字提取以及自定义模型，适用于黄反、暴恐、政治敏感、资质审核等内容审核场景，在提取了关键的内容信息之后，还可输出视频内容的泛标签（TAG），从而提高搜索准确度和用户推荐视频的曝光量，提升视频的个性化推荐和检索能力。

（三）统一文件格式

统一文件的格式非常重要，因为内容格式标准化是实现高效资源共享、进行科学管理的前提。如果标准化工作没有做好，将使系统内部增加大量转换工作，这将给人力、物力、财力带来巨大的浪费。

统一文件格式是信息标准化体系的一个要求，根据数据类型的不同，可以参照相关的行业标准，表2-1为文件格式举例。

表2-1 文件格式举例

数据类型	数据格式
文字类数据	优先使用.txt格式，这样的文件大小是最小的，并且文件不会出现编排错误的情况。
表格类数据	如果数据量不大，优先使用excel后缀格式的存储，如果数据量巨大，优先使用数据库中的表存储。
视频类数据	每个视频需要分为几种清晰度进行存储，如360p、480p、720p、1080p、2k、4k等，这样可以让用户在观看的时候更容易自由切换，具体视频格式则尽量以占空间最小的来进行存储，如MP4格式。
图片类数据	类似于视频数据分类，可以选择jpg或png格式进行存储。
音频类数据	一般使用MP3格式存储即可，如对音质有特殊要求的，可以使用FLAC格式。

（四）内容分类

内容分类可以使内容更加便于管理与本地搜寻。多种分类产生的索引文件，为后续内容的抽取提炼提供了保障，在分类时可以根据以下几种方案来分类。

1. 根据信息来源进行分类

信息分类根据信息来源可以分为远程回传、记者外采、信号收录、互动数据、用户数据、互联网内容以及其他数据。表2-2为信息来源的分类与功能介绍。

表2-2 信息来源的分类举例

信息来源	主要功能
远程回传	①支持手机、平板电脑等移动终端或其他专业采集设备采集的文字、图片、音频、视频等各类型文件远程回传和回传文件管理等功能，在下一代移动通信技术环境下可支持高码率视频的远程回传； ②具备对回传文件的共享管理、查看预览、下载到本地、删除等功能； ③移动终端回传支持多种不同的客户端工具，具备大文件的断点续传以及文件的批量上传能力，支持整体目录回传。
记者外采	①支持文字、图片、音频、视频等不同类型外采资源的采集或导入； ②支持采集设备存储介质的素材导入及导入前的素材浏览、挑选； ③支持高、标清格式的视音频信号采集。
信号收录	①支持将各种来源的信号录制生成视音频文件； ②提供高、标清SDI信号及IP信号的自动收录，并具备采集、迁移、入库等功能； ③支持对收录的IP流节目视频的码流修复功能。
互动数据	①支持问卷、投票、报名等互动形式，并能对内容进行统计展示； ②支持用户提交文字、图片、音频、视频等内容； ③支持对评论内容进行管理，具备评论审核、回复、敏感词过滤等功能； ④支持用户点击、点赞、转发等数据的收集。
用户数据	①支持实时采集用户行为数据； ②支持实时采集用户访问流量数据。
互联网内容	①支持对媒体热点的发现，支持对主流媒体发布渠道和互联网内容的热点挖掘，定期进行热度更新，支持对汇聚线索的溯源； ②支持对各类资讯的手动抓取和自动抓取，并对抓取的信息进行智能分析； ③支持时间排序和热度排序，对线索按照主题进行聚类，并支持分类检索查询； ④支持互联网媒体的发布跟踪与反馈。

2. 根据内容进行分类

根据内容进行分类，需要先对每条内容信息分别打标签，接着对相互之间有关系的内容进行关联，建立索引。例如，某条犯罪类信息，将其打标为犯罪类，与此同时它又可能与法律类、儿童类、教育类、某地域、食品健康类发生关联，产生多个副标签，然后根据内容信息的标签对采集的信息进行分类（小型的融媒体中心可能采用人工分类方式，而素材库较大的融媒体中心就需要采用软件自动分类）。根据信息内容进行分类，可以大大加速信息查找的速度，能够让编辑更快查找到自己想要的信息。

在分类过程中，可以使用成熟的语音识别软件将多媒体音频文件转化为文字文件，便于后续打标签和建索引，能极大提高内容检索的速度。

3.根据时间空间进行分类

内容还可以根据其产生的时间和地点进行分类，按照一定的聚类规则，将同属性（时间、地点、人物、事件）的历史数据建立关联索引，这样便于在内容提炼的时候，帮助相似的内容形成有效关联（参见图2-29）。

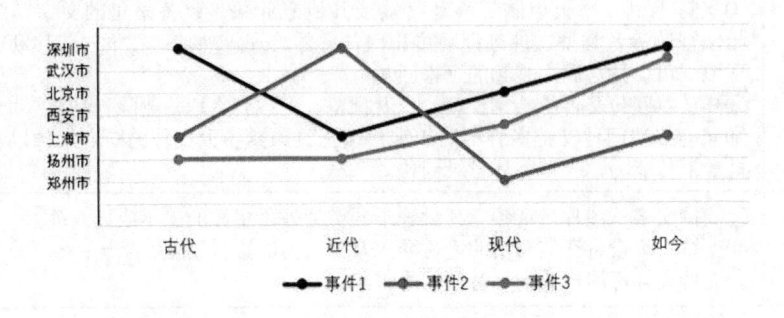

图2-29 内容按时间与空间分类示意图

（五）数据脱敏

在对信息进行存储的时候，需要做好信息的安全防护，这时候就需要对数据进行脱敏。数据脱敏是指对某些敏感信息，通过脱敏规则进行数据的变形，实现敏感隐私数据的可靠保护。在涉及客户安全数据或者一些商业性敏感数据的情况下，在不违反系统规则条件下，对真实数据进行改造并提供测试使用，如身份证号、手机号、卡号、客户号等个人信息都需要进行数据脱敏。

（六）版权保护

当融媒体工作者从各个渠道搜集内容的时候，一定要注意版权问题，充分提高版权意识，避免因为版权问题而引起的一些不必要的麻烦。具体可以从以下几个方面，来保护自身版权和避免侵占他人版权。

第一，作品和产品名称、Logo等尽早尽快注册商标，不用等全部创作完成再申请，以免在早期宣传时被他人抢注。商标的注册除了自己产品本身的所在类目、名称之外，同时应考虑防御性保护。

第二，自主开发、创作或是委托开发、创作的作品（包括文字、书画、音像、图片、词曲、图稿、软件、程序等），应在完成创作后公开发表前进行著作权登记或软件登记，以免被别人抢注。特别提醒的是，委托开发、创作的作品，在委托协议中就要规定好著作权（著作权也称版权）的归属问题，同时过程中注意保留相关证据，避免受托人反悔抢注造成不必要的损失。

第三，如需使用他人作品，需要先与作者联系获得作品的版权，之后再将加工后的作品进行发布。一定需要注意版权的问题。

（七）内部平台建设

构建统一的媒体融合互动内容管理机制，对私有云、专属云、公有云汇聚及生产制作的素材、成片、线索等进行统一的管理，通过统一检索平台实现对多渠道来源节目的联合检索，对拆条、转码、注入等环节进行统一分配和管理，同时实现对内容的编目、检索、元数据管理、素材的存储、内容周期管理、EPG管理等功能，增强内容管理的高集群性和拓展性，实现跨平台、跨网络内容随时、随地、按需提供，推动传统广播电视向互联网内容管理模式转变。同时多渠道、多来源采集各类信息，深入挖掘信息内容并进行汇聚、处理，满足节目对素材多样化的需求。采集记者站回传内容、各行业专线回传内容以及互联网传播内容、APP终端用户爆料内容等，丰富节目制作素材。

存储介质是平台建设硬件投资的重点，各种存储产品其存取速度、容量、价格差异巨大，内容的存储需要根据不同的应用场景选取不同的数据存储方式，比如可以将文本、音频、视频还有图片存储在不同类型的存储服务器中。随着科技的发展，越来越多的企业也开始使用云平台存储数据，现如今已经有非常多的企业已经开始使用混合存储，即云存储加传统本地硬盘存储。

（八）前沿技术

当融媒体平台走上正轨以后，需要一些未来的技术对平台进行加持，以此来增加平台的竞争性。

例如，随着时代的不断发展，VR产业的不断进步，未来虚拟现实录像也将走进群众的世界。虚拟现实技术是由美国VPL公司创建人拉尼尔（Jargon Lanier）在20世纪80年代初提出的，也称灵境技术或人工环境，使用者能以更直观的方式与三维世界中的对象交互。目前该项技术已被应用于航空航天、医学实习、建筑设计、体育训练、娱乐游戏、影视制作等众多领域，并且电视台的虚拟拍摄已经非常成熟。

通过虚拟现实技术构建的虚拟环境，可以改变现有视频片面不具体、效果千篇一律的现象，它所展示出的视频整体场景是全方位的、丰富多彩的，既有记者讲解，又有用户交互，既有实景拍摄，又有动画模拟，它可以为观众提供一个更加真实的观看环境，观众也能成为虚拟环境的参与者。现如今VR摄像机已经层出不穷，如要加入VR视频，可以直接从网上购买专业摄像机进行拍摄。融媒体中心应该积极建设自己的虚拟空间资源库。

随着"5G+VR技术"的不断普及，人们必然会拥有另一个世界：虚拟现实世界，近期火爆的"元宇宙"话题就是VR、AR（增强现实）和MR（混合现实）的商业炒作。届时，依托虚拟现实技术的融媒体平台必将大放异彩。

三、"央视频"案例

2019年11月20日，我国首个国家级5G新媒体平台——中央广播电视总台"央视频"5G新媒体平台正式上线，央视频的出现符合主流媒体的发展策略。当时中央广播电视总台也表示，将通过"台网并重、先网后台、移动优先"的战略实施，充分发挥总台作为国家级视音频媒体的优势，将"央视频"打造成主流媒体与广大用户的连接者、互联网新技术的引领者、主流价值的传播者，更好地推动主流价值实现创造性转化和创新性发展。

央视频的内容聚合做出了很大的调整，在内容上，"央视频"一举改变了过去传统电视频道、栏目的结构逻辑，聚焦泛文体、泛资讯、泛知识三大品类，以账号体系为内容聚合逻辑，连接总台长期积累沉淀的优质资源，撬动各类社会头部创作力量，以开放共建的姿态实现社会优质资源整合，共同打造总台的新媒体新平台，鼓励全台所有的频道和栏目都开设具有特色的账号，并在大屏和小屏之间做差异化的处理。与此同时，还聚合了很多社会上的账号，鼓励他们加入到央视频的大家庭里面。通过这种互联网化众筹的模式，一方面撬动了总台内容的资源，另一方面也充分聚合了社会的优质头部传播力量，共同打造总台的新媒体、新平台。在上市的短短一个月时间内，央视频创建了来自总台内外大概3000多个账号，每天生产大约5000多条融媒体内容。发布之初，央视频将现有内容品类分为一级品类和二级品类，一级品类一共30个，二级品类一共253个，有32万个内容标签和百万级的媒资库。央视频通过数据中台整合了内容资源，完成了数据的聚合，建立了完善的数据管理体系，同时也为前台、后台提供了强大的数据服务能力。

第四节 抽取与提炼

随着互联网技术和智能终端的不断发展，人人都可能成为传播者和信息制造者，人们可以通过各种渠道接收和发布信息，在这样的环境下，媒体之间的竞争越来越激烈，如何制作有足够看点的优质报道，如何有效地提升报道的内容质量来吸引受众，成为当前媒体关注的焦点。内容策划在产生"独家视角"、帮助推出高质量的报道，以及强化报道效果等方面有着明显的作用，而在整个内容策划的过程中，最为关键的步骤就是内容抽取与提炼，它直接关系到媒体的核心竞争力。

一、内容抽取

多元化、智能化、网络化的社会使得信息量急剧增加，为融媒体内容的选取提供了丰富的素材，但是由于获取的内容信息过于海量，超出了媒体渠道播发的容量，难免掺杂一些与主题内容无关的信息，甚至虚假的信息，为了保证报道内容的准确真实有效，应该对内容进行筛选，抽取真正需要的内容信息。

（一）融媒体时代内容质量所面临的问题

1. 低俗化

随着信息技术的发展，各大互联网平台进入大众，尤其是青少年的生活。网络平台是一个自由的空间，网络传播缺乏"把关人"的把关，缺乏法律的约束，人人都可以无拘无束地发言，随意的转发，导致各大平台上出现了很多低俗的内容，对三观尚未成型的青少年造成了恶劣的影响。

2. 同质化

融媒体时代，信息传播的渠道以及受众市场都有着无限延伸的空间，为受众提供了更加多样的阅读平台，但是在这种情况下出现了内容信息同质化的现象，不同媒体的报道在题材、内容以及形式等多方面出现相互模仿，甚至复制的现象，不仅造成了网络资源的过度浪费，而且还引起了大众的阅读倦怠和审美疲劳。

3. 谣言化

由于快节奏生活方式的流行，大众更倾向于通过快餐式的阅读来了解自己感兴趣的信息，使得整个网络传播呈现为碎片化的环境，这种环境让人们了解的信息十分的片面，容易产生谣言而广泛传播。

（二）融媒体时代内容质量下降的原因

1. 信息发布者目的不纯

网络上大量的意见领袖或者有影响力的大V，为了赚取粉丝经济、广告收益以及增加自身的流量，盲目地追随热点或发布虚假消息。

2. 信息传播者认知水平参差不齐

因为互联网的匿名性、便利性，全民都可以参与其中，从信息发布到信息广泛传播再到受众的反馈，融媒体时代下，人人都可以成为信息的传播者，有些是业界大牛，但更多的是普通大众，很容易因自身专业知识不足而造成对信息的片面解读，产生谣言。

3. 信息传播平台制度不健全

融媒体的发展是随着网络和智能终端的发展而发展的，每天都有无数的信息在各种平台上出现，而平台本身没有健全的制度对这些内容进行约束，如果传播的内容没有进行严格的把关，自然不能保障传播内容的质量。

（三）内容抽取原则

1. 全面性原则

在进行内容抽取时应该符合全面性原则，多角度、全方位地对内容进行抽取，有利于保证后续报道内容的全面性。

案例：2016年3月23日，媒体报道一位山东老人被玩具车撞倒，并要求索赔医药费，新闻一经爆出，众多网友指责老人疑似碰瓷，事实上老人是真的被撞伤了，媒体未把事情全面地报道出来，造成了不良的舆论影响。

2. 一致性原则

基于融媒体的发展，媒体在进行报道时可以选择不同的表现形式。例如，对于现场的快讯，可采用文字形式的报道；对于会议的全过程，可采用视频形式的报道；对于现场的典型瞬间，则可采用图片形式的报道，增强视觉化效果。对于图片和视频的素材，我们在抽取时应该精挑细选，将那些与我们策划的文字传达的信息保持高度一致性的、最具有代表性的素材抽取出来，如果图片或视频和我们的文字内容不一致，很容易造成受众误解，降低受众对媒体的信任度。

案例：2020年2月15日，中国新闻网发布微博写道：2月15日，湖北武汉迎来降雪。武汉一小区雪地里书写着巨大的"中国"字样，还画了一只紧握的拳头，武汉加油！中国加油！后网友发现其实是潍坊降雪，这幅画是潍坊市民画的，众多网友表示中国新闻网作为国家一流媒体，拥有一定的公信力，却从别处选取图片，更换标题，对网民传递的信息有很大的偏差和失误。

3. 价值观原则

在对内容进行抽取的过程中，需要充分践行社会主义核心价值观，抽取的内容应符合社会主旋律，提倡爱国爱党、敬业奉献、诚实守信、和谐友善的正面信息。互联网上的人良莠不齐，如果提取内容时一味地追求流量和爆点，而弱化社会主义正能量价值观，容易引发商业风、浮躁风、低俗风等恶俗新闻报道作风，影响受众的价值判断，使其错误化、从众化，其社会危害不容小觑。

案例：2020年8月12日，某流量明星前往四川大凉山参加"心连心"公益活动，当天众多媒体为了吸引流量、博取粉丝关注度，铺天盖地地报道关于该流量明星的穿着打扮，而只有极少数的媒体报道公益活动本身。媒体的泛娱乐化现象十分严重，对娱乐新闻过度追捧，而忽视了媒体应有的责任感，对青少年受众的价值观可能带来不良影响。

二、内容提炼

无论是传统媒体，还是现在的融媒体，优质内容始终是根本，是核心竞争力所在，提炼一篇优质的内容是内容策划的重中之重。然而，在传统媒体时代，由于媒体与受众之间缺乏沟通交流的渠道，受众只是被动地接收信息，很少有机会能够表达自己的意见和看法，媒体也无法获取到受众的反馈，不知道什么样的内容可以更加吸引大众。随着信息技术的发展，这一形式逐渐发生了变化，受众不再仅仅是单纯意义上的信息接收者，他们可以通过网络平台参与到信息的制作与传播中，媒体可以第一时间接收到受众的反馈，利用大数据分析技术，媒体可以对受众建立用户画像，分析出用户群体的心理状态，可以为内容提炼提供参考依据。另外，为保证报道最佳的传播效果，可以借助现代科学的三套基本理论来研究内容提炼的科学方法，分别为网络传播心理学、博弈论、控制论。

（一）网络传播心理学

网络传播心理学是利用传播学理论和心理学理论，来研究网络传播活动及其心理的一门正在建设中的新兴交叉学科。在进行内容提炼时，如果摸清了大众的心理活动，就可以进一步地增加传播的有效性。

1. 从传播主体分析

人作为社会性动物，通常是愿意与人进行交流的，当他们看到一些有价值、有意义的信息时，就会转发给自己身边的人。因此，在提炼内容时，做有价值、正能量的内容是比较受欢迎的。

2. 从传播受众分析

在信息传播的过程中，受众担任着不可替代的作用，如果能够摸清受众的心理活动，可以起到事半功倍的效果。根据受众接收信息这一动态行为，可以从信息接收前、信息接收中、信息接收后三个阶段来进行心理分析。

（1）信息接收前：

一是期望心理。受众在打开网络终端时，一般是有心理期待的。每个人的兴趣不一样，关注点也不一样，所以他们的心理期待也不一样。例如，网民A喜欢看一些娱乐新闻，网民B喜欢看一些政治新闻，因此A比较期望看到娱乐性的新闻事件，B比较期望看到政治性的新闻事件。

二是排序选择心理。当多条相似内容展现给受众时，这里就有个先看后看的问题，这就是典型的排序选择心理。为了增加点击率，一般编辑会在标题上下狠功夫，只有新颖的标题吸引了受众，他们才会逐层深入，从而了解新闻的全过程。另外一点是看内容和受众心理期望的契合度。一般来说，与个人期望一致的内容会吸引受众优先选择，适合受众口味的也会被优先选择。

（2）信息接收中：

一是比较心理。由于网络信息的碎片性、不确定性，网络媒体的"信誉"在受众心理比较低，受众总是抱着半信半疑的态度来接受网络信息。当受众浏览到自己感兴趣的内容信息时，总喜欢对信息的关键字进行搜索，寻找其他媒体的报道，从而获取更加详细、全面的信息，这就是受众的比较心理。

二是回复心理。区别于以前的传统媒体，受众可以随时对网络信息进行回复，发表自己的看法。通过这些回复，受众不断地修改自己的看法，为自己的思想进行定位，从中找到自己的参与感和认同感。

(3) 信息接收后

一是转发心理。当受众看到某些有意思或有价值的东西后，往往有与他人分享或者传达给某人的心理。

二是定制心理。如今网络上的信息爆炸式增长，而每个人的精力都是有限的，受众更愿意花最短的时间看到自己最感兴趣的内容。

3. 从传播信息分析

随着融媒体的发展，大众对内容的选择越来越严格，从内容视角方面进行创新，方能从激烈的市场竞争中脱颖而出，可以从内容的标题、内容的主题、内容的表达形式等方面展开：标题方面，要精准、恰当，能够真实准确地反映事实，让受众迅速抓住主旨内容，不能为了流量而断章取义、哗众取宠；主题方面，对内容事件的追踪要尽力发掘多维视角，讲好故事；表达形式方面，要针对自身的定位和事件的性质，选择合适的表达方式，形式内容要高度统一。另外注意，在某些特定情况下，还需要给材料内容进行配音。

4. 从传播平台分析

如今各大网络平台为了增强用户黏性，采用智能推荐算法有针对性地为用户推荐相关的内容，不断地提高用户的使用体验。以"抖音"为例，该APP通过推荐算法智能地向用户推荐短视频，用户浏览短视频的行为被后台记录，然后通过大数据手段分析出用户的兴趣点，对用户做出合理的推送，提高用户的使用体验，增强用户的黏性。媒体可以借助这些平台的优势，有针对性地提炼内容，并智能化推荐给相应的受众，提升传播的有效性。

(二) 博弈论

博弈论（Game Theory）又被称为对策论，是研究具有斗争或竞争性质现象的理论和方法，它既是现代数学的一个新分支，也是运筹学的一个重要学科，也是研究决策主体在给定信息结构下如何决策以最大化自己的效用，以及不同决策主体之间决策的均衡。

博弈论最经典的一个案例就是"囚徒困境"。甲、乙两个囚徒作案后被警察抓住，分别关在不同的屋子里接受审讯。警察知道两人有罪，但缺乏足够的证据，警察告诉他们：如果你们两人当中，某一个人招供而另一个人不招，招供者作为证人将不会被起诉而立即释放，另一个人将会被重判十年；如果两人都招供，则各判8年；如果两人都不招供，则各判一年。于是，每个囚徒都面临两种选择：招供或不招供。

用收益矩阵将两人面临的博弈问题表示如下：

表2-3 甲—乙囚徒收益矩阵

甲囚徒 \ 乙囚徒	招供	不招供
招供	（8年，8年）	（0年，10年）
不招供	（10年，0年）	（1年，1年）

从收益矩阵来看，甲、乙俩人应该相互合作，都不招供，这样他们都能得到最好的结果，但这种情况实际上不太容易发生，因为他们不得不考虑对方可能会采取的措施，每个囚徒都会发现，如果对方不招供，那么自己招供便可以立即获得释放，而自己不招供则会被判1年，因此招供是更好的选择；如果对方招供，那么自己招供将被判8年，而自己不招供则会被判10年，此时招供也是更好的选择。所以无论对方是否招供，自己招供始终是更好的选择。

媒体作为社会舆论的引导者，成为了舆论中各个博弈场的博弈主体，分析清楚媒体自身在各个博弈场中采取不同策略时所获得的收益，可以帮助媒体找到最优的策略，据此有针对性地提炼内容以达到信息传播的最佳效果。下面以媒体、公众组成的博弈模型进行分析。

1. 媒体—公众博弈模型

如图2-30所示，根据媒体的片面报道或全面报道，以及公众是否参与可以分成四种策略。

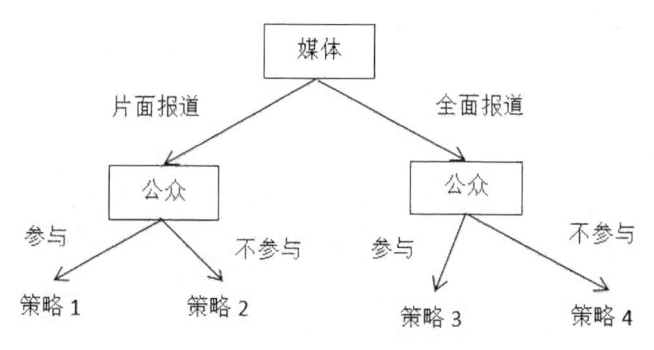

图2-30 媒体—公众博弈树

2. 参与主体

（1）媒体。在信息传播的过程中，媒体是最重要的参与者之一，由于信息的不对称性，公众所获得的信息仅限于媒体所报道的那一部分，所以媒体的报道方式将会对舆情传播的走向产生重要影响。针对某件热点事件，当媒体选择全面、客观地披露事实时，该报道的讨论度往往就比较低；当媒体选择隐瞒部分事实、片面地报道该事件时，往往具有更高的讨论度，更能够引发关注，从而给媒体带来网络流量,甚至是后期给媒体带来更高的广告收入。

(2)公众。公众是舆论博弈场最重要的参与主体,正是由于公众对网络信息的转发,舆论才可能在网络上大范围地传播,并且由于网络的匿名性、无约束性,公众可以自由地在网上发表自己的言论、意见,使得舆论更容易爆发、更难控制。

3. 参与策略集合

媒体的策略选择集合为全面报道、片面报道。

公众的策略选择集合为参与、不参与。

4. 参与主体相关参数设置

表2-4 参与主体相关参数设置表

参与主体	参数类型	参数符号	含义
媒体	成本	c_1	媒体对热点事件的跟进、调查等成本
		$\triangle c_1$	媒体全面报道带来的额外成本
	收益	h_1	媒体报道热点事件所获得的网站点击率和广告效益等
		Dh'_1	媒体片面报道带来的额外关注收益
		Dh'_1	媒体全面报道带来的信誉增加的收益
	损失	l_1	媒体片面报道事件,导致信誉降低的损失
公众	成本	c_2	公众参与热点事件讨论,需要付出的时间、搜索、精力等成本
	收益	h_2	公众参与热点事件讨论,获得的认同感、成就感以及表达的自由等收益
	损失	l_2	媒体片面报道给参与网络舆情的公众带来的心理落差等

5. 博弈过程分析

在信息传播的过程中,媒体可能因片面报道获得的巨大流量和收益而选择片面报道,也有可能因片面报道带来的信誉下降等损失而全面报道。公众也会根据自身的利益考虑,作出策略选择,随着时间的推进,舆情不断地发生变化,各个参与主体都会通过不断地试错、学习,不断地做出策略调整,使得各个参与主体的选择达到均衡。媒体、公众在博弈过程中收益矩阵如表2-5所示。

表2-5 媒体—公众收益矩阵

媒体＼公众	参与	不参与
片面报道	$(h_1+Dh'_1-c_1-l_1,\ h_2-c_2-l_2)$	$(h_1-c_1,\ O)$
全面报道	$(h_1+Dh'_1-c_1-Dc_1,\ h_2-c_2)$	$(h_1-c_1-Dc_1,\ O)$

博弈场里各个参与者在策略选择上都具有不确定性，他们相互影响，并不断地进行利益的权衡，其中任何一方的策略选择都会影响其他参与者的收益，各方的策略选择是息息相关、彼此影响的，媒体在做决策时应充分考虑到其他参与主体的策略以及对自己的影响，在博弈分析的基础上制定相应的应对策略，以获取最大化的利益，据此有针对性地提炼内容以达到最佳的传播效果。

（三）控制论

控制论最开始是由美国数学家诺伯特·维纳于1948年在著作《控制论（或关于在动物和机器中控制和通讯的科学）》中提出的，后来，控制论的思想和方法已经渗透到了几乎所有的自然科学和社会科学领域。维纳把控制论看作是一门研究机器、生命社会中控制和通信的一般规律的科学，是研究动态系统在变化的环境条件下如何保持平衡状态或稳定状态的科学。控制论作为传播学研究的一个基础流派，它将信息和反馈两个概念引入传播学，信息和反馈是指控制系统把信息输送出去，又将其作用结果返回给信息源，并对信息的再输出产生影响，起到信号放大或缩小的作用。

PID控制，是最早发展起来的控制策略之一，由于其算法简单、鲁棒性好（鲁棒是Robust的音译，也就是健壮和强壮的意思，它表示在异常和危险情况下系统生存的能力）和可靠性高，被广泛应用于工业过程控制，如图2-31所展示的是PID控制原理图。

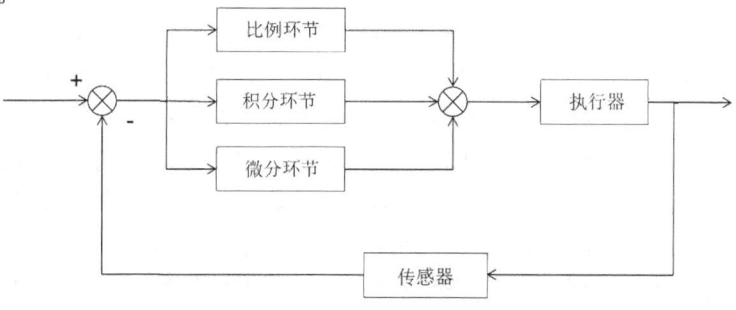

图2-31 PID控制原理图

PID控制的偏差值（目标值与实际值之差）与输出值的关系为：

$$u(t) = K_p(e(t) + \frac{1}{T_i}\int_0^t e(t)dt + T_d \frac{de(t)}{dt}) \qquad (2.3)$$

其中，K_p是比例系数。K_p越小，控制作用越小，系统响应越慢；反之，控制作用越强，则系统响应越快。但是K_p过大会增大超调量，在接近系统稳态时会增加振荡次数。

T_i是积分时间常量。T_i越小，积分速度越快，积分作用越强，积分作用太强会使系统超调加大,甚至出现振荡;积分作用太弱,则消除稳态误差的速率太慢。

T_d是微分时间常量。微分环节有助于系统减小超调,克服振荡,加快系统的响应速度,缩短调节时间。

假如有一个任务是对一个水箱里面的水进行加热,加热的目标温度为80℃,首先不参考PID控制原理,只是根据人为观察温度计的温度值来对加热器进行人工的干预,当加热到80℃以后就停止加热,虽然温度此时已经到达了80℃,但由于加热器的预热和水本身传递温度的惯性,导致水温会继续上升,使得温度超过了80℃,那么该系统就无法满足我们所预期的要求。此时大家可能会想,在温度到达80℃之前就停止加热,然后利用水的惯性和加热器的散热,让水温继续升温,使得最终温度达到80℃。这样的思路是对的,但是水温具体要加热到多少度就停止加热呢?假如经过一段时间后,温度没有达到80℃,而是小于80℃就已经达到了顶峰,该怎么处理?可能人们通过思考后进行各种操作能够使水温达到80℃,但是其中的很多环节以及很多结果都是人们无法预测和无法控制的,即便经过了一个较长的时间达到了我们对水温加热到80℃的要求,但是这个过程需要一直有人为的干预,实在是属于劳民伤财。

现在引入PID控制原理对水温进行加热控制,加热前将初始温度值输入到PID控制器中,另外在水中放入一个电子温度计,使得电子温度计测量的温度可以及时反馈给PID控制器。在刚刚通电加热的时候,水温初始值假定为室温20℃,标记为C_TEM,目标温度值80℃标记为T_TEM,通过计算得到水温差值T_TEM-C_TEM=60℃,此时给加热器通上最高的供电电压,以最快的速度对水箱里的水进行加热,随着加热的进行,某一时刻,水温达到70℃,目标温度与当前温度的差值仅为10℃,此时控制器减小加热器的供电电压,以一个适当的加热速度对水温进行加热。当水温达到了75℃时,控制器可以停止对加热器供电或者以一个更低的电压对水温进行加热,直到水温达到80℃。虽然水温不可能一直恒定在80℃,比如某时刻水温又上升到83℃,控制器知道此时温度已经超过了目标温度,那么将会在一段时间内停止加热,直到温度降低到80℃或者80℃以下后再进行进一步的控制,当水温到达80℃附近的时候,控制器将会频繁地对加热器进行控制,从而使水温永远维持在80℃左右。事实上,水温是不会正好达到80℃的,而是在80℃左右进行震荡,但是震荡幅度始终不会太大,从而达到了我们控制目标对象的要求,使得加热系统变得更加的科学、更加的可控。

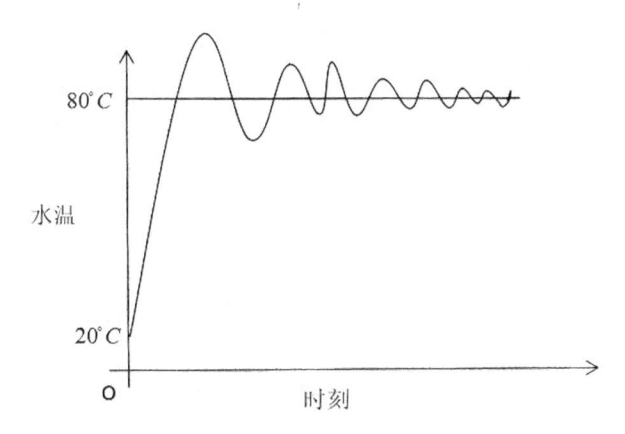

图2-32 PID控制理论下的水温变化情况

对于内容策划而言，主要就是在报道之前针对内容进行设计，保证报道方案的科学性与合理性，并具有预见性和可控性。而往往在实际的网络传播中，由于受到多种因素的干扰，使得信息传播时会偏离我们控制，如图2-33所示，参考PID控制理论，编辑需要根据受众的反馈来对内容进行调整，包括内容信息本身，内容报道的先后顺序以及媒体的运作方式，使得信息传播更加的科学，更加的可控。

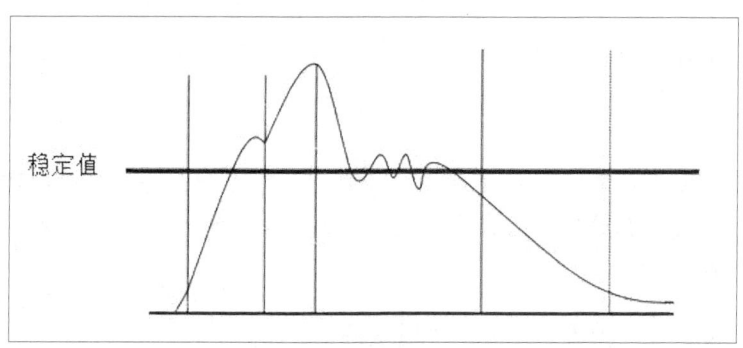

图2-33 信息传播热度曲线

媒体掌握了"第一手"资讯后，对内容进行设计，组织语言、图片、音频、视频内容上传到融媒体平台上，公众看到媒体报道后，根据自己的意愿来决定是否参与讨论或传播，参与的受众对其进行点赞、评论、转发等反馈活动，媒体根据受众的反馈意见，对接下来的报道内容进行调整（参见图2-34）。

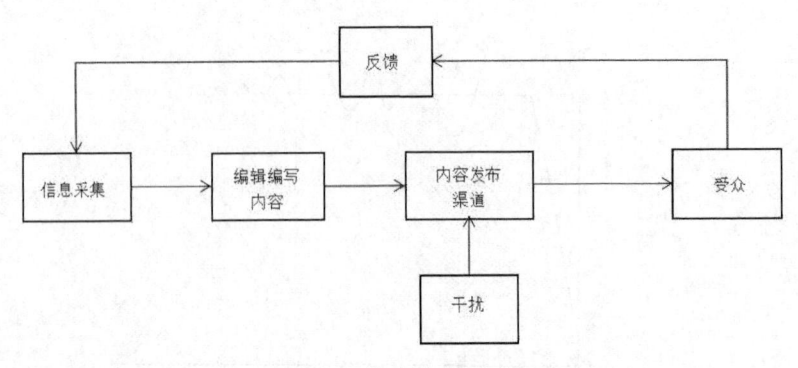

图2-34 信息传播过程

（四）信息传播过程中可能会遇到的几种干扰

1. 社会环境干扰

社会环境的干扰主要包括政府或平台管理者对网络信息传播的干扰，由于互联网的去中心化，使得舆论传播自由散漫，甚至流言、谣言混杂，干扰社会的正常秩序。政府和平台管理者为了社会的正常秩序，可能会介入到信息传播的过程中对某些信息进行屏蔽或辟谣，引导舆论朝着健康的方向发展。

2. 主观干扰

在信息爆炸的时代，受众的有限精力会让他们根据需求来接受和传播对他们有用或重要的信息，过滤掉那些对他们没影响的信息。

3. 噪声干扰

噪声干扰是指在网络信息传播的过程中，有些别有用心的利益主体利用此热点事件已经形成的舆论场，传播自己希望引起关注的新的事件，这就对原热点事件的传播造成了干扰。

三、案例："双黄连可抑制新型冠状病毒"事件

2020年1月31日22:46，在全国人民齐心协力抗疫期间，"新华视点"微博官微刊发了一则"上海药物所、武汉病毒所联合发现中成药双黄连口服液可抑制新型冠状病毒"的消息。

图2-35 2020年1月31日"新华视点"微博截图

2020年1月31日22:54，该消息被《人民日报》转载，引起公众高度关注。当夜，许多网上药房的双黄连口服液宣告基本脱销，就连兽用双黄连和双黄莲蓉月饼都被抢购，全国各地都有群众连夜在药店门口排队，准备抢购双黄连。

图2-36 2020年1月31日《人民日报》微博截图

图2-37 2020年1月31日叮当快药双黄连销售情况截图

2020年2月1日07:33，《人民日报》澄清"抑制并不等于预防和治疗！请勿抢购自行服用双黄连口服液"。

图2-38 2020年2月1日人民日报微博截图

虽然《人民日报》的辟谣让此次事件的影响慢慢消散，但并未完全消除。在随后的疫情防治过程中，出现了男子确诊前在家服用双黄连导致病情加重，以及女子疑似居家隔离期间外出抢购双黄连导致被传染的事件。

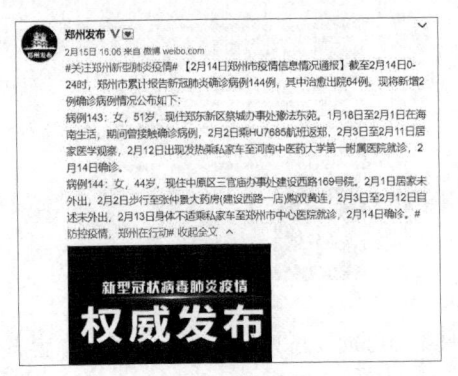

图2-39 2020年2月15日郑州发布微博截图

（一）爆料初期阶段

2020年1月31日22:46，新华视点微博官微发布一则报道："上海药物所、武汉病毒所联合发现中成药双黄连口服液可抑制新型冠状病毒。"报道指出，双黄连的抑制效果是由上海药物所、武汉病毒所联合发现的，向大众证明了该消息是由权威机构发布的，具有一定的可靠性。另外，报道还指出，上海药物所长期从事抗病毒药物研究，此前在"非典"期间，率先证实了双黄连口服液具有抗SARS冠状病毒的作用，这进一步证明了上海药物所的权威性，此消息一出，立刻引起了广大老百姓的关注。

（二）舆论爆发阶段

2020年1月31日22:54，该消息被《人民日报》转载，引起公众的高度关注，瞬间登上了微博热搜第一，截至2020年1月31日23点，该事件的热议指数达到最高值1117，截至2月1日凌晨2点半左右，微博阅读量达6.2亿。

（三）舆论拉锯阶段

有媒体半夜联系了上海药物所的相关人士，相关人士在接收采访时近乎一问三不知，随后，各大主流媒体和专家又纷纷"辟谣"。2020年2月1日07:33，《人民日报》发文："抑制并不等于预防和治疗，特别提醒用户请勿抢购自行服用双黄连口服液。"此消息一出，又引发了网友的讨论，截至2020年2月1日9时，热议指数高达996。质疑声中，上海药物所和武汉病毒研究所被推上风口浪尖，而相关的领导人员也成了人们非议的对象，新华视点、《人民日报》也受到了公众的质疑。主流媒体在初次报道时报道不全，未在第一时间说明"抑制不同于预防和治疗，没有任何证据表明双黄连对新型肺炎具有预防和治疗的作用，切勿抢购"，误导了大众。

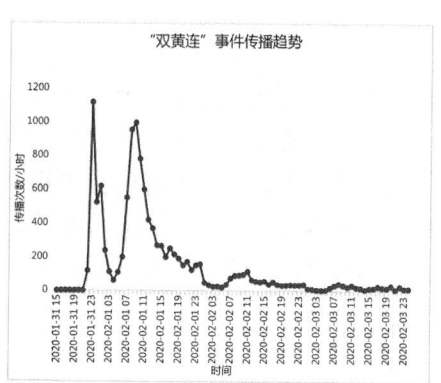

图2-40 2020年1月31日至2020年2月4日"双黄连"事件传播趋势图

（四）舆论结束阶段

经过各大主流媒体和专家纷纷辟谣之后，"双黄连"事件慢慢消散。

（在本章的编写过程中，得到了深圳大学信息中心大数据与网络空间安全专业王亚龙、雷鹏斌、万子云、刘锦鑫等几位同学的协助，在此表示诚挚的感谢。）

第三章 素材采集与内容生产

如果将内容策划比作一件产品的需求分析和设计环节，那么素材采集与内容生产环节就是这件产品的制造环节。现代的制造业一般是劳动技术密集型产业，素材采集与内容生产过程也符合这一特征，人是最主要的因素，工具是次重要的因素。

第一节 素材采集和提取

一、概述

随着互联网的发展，单一传统媒介已经无法实现信息的高速传播，时代的发展促进了媒体融合的步伐，全媒体的传播格局正在逐步扩大。融媒体平台工作者更需要与时俱进，及时掌握新的信息技术去满足内容的传播实效。其中最首要的任务，就是要学会利用移动互联网和不断推陈出新的网络工具去采集多方面、多形式的内容，再对内容进行提取并汇聚成各个值得关注、能引起大众思考的话题。

二、素材采集前的准备工作

为了使下一步的素材采集工作进行得更加高效和有条不紊，采集者需要做好以下几个方面的准备。

（一）策划选题

互联网的信息洪流持续不断地推送到眼前，带来无穷无尽的内容。迫切需要调研并策划出较为合适的主题来缩小信息加工的范围，使整个素材采集和提取工作有一个明确的目的和方向，这将大大减少后期的工作量。合理的选题是整个融媒体平台建设团队需要密切把握的核心，能够给予各项活动指导，进而更深层次地挖掘出内容的价值。

选题需要结合自身的定位，展现地方特色，最好能够引起受众的广泛议论。以人为本，从身边出发，策划一些与公众切身利益相关的选题，既可增加受众对公共事件的参与度，又提升了平台的公信力和公众影响力，有利于促进和谐社会的形成。

（二）知识储备

对于一个确定好的选题，融媒体工作者需要具备丰富的知识储备，这就对他们的专业素养提出一些要求。多领域、多视角的知识储备是一个信息采集者的基本功底，如有助于奠定文字功底的文学、历史学和新闻传播学，如有助于拓宽思维方式的社会学和心理学，又如有助于提高图片处理和文字排版能力的计算机技能。这些知识储备都可以使素材采集者在信息采集过程中有更加全面的思考，有利于深挖信息的价值。在此基础之上，还需要花费大量的时间去阅读选题相对应的报刊、论文，加深对选题的理解程度，提炼出创新点，这样采集到的内容才是足够专业且富有特色的，符合选题的深层含义，而不会流于表面。

（三）物资和人员安排

在进行正式的采集工作前，还需要做好物资和人员筹划准备的工作。例如，做外出采访，应当提前和受访对象做好对接工作，安排合适的时间和地点，确定好人员的分工（摄影、录音、灯光、采访者等），还需要做好特殊情况下的紧急预案（自然灾害等客观因素和其他主观因素），以备不时之需。

三、素材采集的方法

素材的采集方法主要包括两个大的方向，即采访和网络收集。时代在快速地发展，但是采访目前仍然是获取第一手资料、挖掘深度内容的最优方式，而网络收集的重点则在于提取已有的热点消息和洞察舆论的走向，需要对大量的网络资源进行全面的挖掘、整合以及利用，涉及多款客户端软件和手机APP，这些工具软件可以大大提高内容的采集效率。

（一）采访

采访不仅能够获得宝贵的第一手资料，还能够给读者和观众带去最为直观的感受，增强内容的真实性。根据内容主题，采访的形式多有不同，工作重心也存在很大的差异。主要有三个类型：突发新闻、纪录片和访谈。

1. 突发新闻

突发新闻强调的是突然性，即出乎意料的事件。其内容采集的目标在于尽快获取现场的信息，并通过多种平台发布。通过采访得到的内容信息，应及时地进行远程回传，及时将内容信息抽取转化成文本、图像、语音和视频等多种形式的内容素材，并通过相应的处理工具对内容素材进行适当的格式转换、剪辑和分类，以便实现对一次采集内容的多平台发布。

外出采访者一般可以通过移动电子设备实现多功能的内容远程回传，具体可实现功能如下。

（1）利用QQ、微信、邮箱、百度网盘等文件传输工具，实现手机、高清摄像机、无人机等设备采集到的文本、图像、音频和视频等多种格式的文件的远程回传功能。值得注意的是，目前微信和邮箱一般不支持超大文件的传送，QQ和网盘具备大文件的上传以及文件的批量上传能力，支持整体目录回传。

（2）素材回传时可以备注相关事件的详细信息和新闻要点以减少内容审查的工作量。

（3）素材可回传到一个共享的文件内容管理中心，同时拥有多项文件操作权限，如上传、修改、查看预览、下载和删除等。

（4）随着第五代移动通信技术（5G）的快速发展和普及，可实现高码率分辨率的视频实时回传。

（5）实现实时的直播采访和访谈，直接回传对话内容，还原事件现场，给人更加直观的感受。现在微博、微信、抖音、哔哩哔哩等软件都可以作为直播采访的平台。

2.纪录片

不同于突发新闻的"快"，纪录片所呈现的是一个慢节奏的内容形式。在快餐文化下，人们可能不愿意花上大量时间去了解一个偏远地区的人文事迹，但是一个优质的纪录片却能让人醉心于一个小小竹笋的生长历程。纪录片更加地深入群众，深入生活，更加地突出地方特色，甚至有时候能够打破时空的界限，记录今人发展，怀古人之迹，给人一种穿越时空的身临其境之感。所以，对于纪录片题材的采访工作，往往需要很长时间的精心打磨。

基于以上要求，素材的采集工作最好前期先做好文献考察、网络收集等工作，再落实实地的采访调研工作。实地采访需要在拍摄地点选取合适的人物和景物以表达和纪录片主题相关的内容，这是一项长期的工作。有时候为了使镜头更加真实，一个画面需要拍摄很长的时间。例如，在《舌尖上的中国》这档美食纪录片的录制中，在云南卓玛采集松茸的场景，卓玛一般一个小时只能采集一颗松茸，甚至更少，按照这样的采集速度，拍摄团队可能需要花上半个月的时间才能全面地呈现这个场景。有时候也可以通过"摆拍"来节省一定的时间。

纪录片可以全面地展示一个地方的风土人情，内容不局限于眼前，上下五千年都是留给素材采集工作者可去深度挖掘的文化瑰宝。当你要制作一个粤东古城潮州的纪录片，牌坊街、湘子桥周边的人和景、当地的美食都可能是你采访调研的对象，而当你追溯到唐朝韩愈被贬潮州，为当地百姓治水的历史之后，所呈现的内容便会充满传奇色彩，便会更加突出地方特色。

民族的就是世界的，讲述当地人的故事，讲好自己的故事，这样的故事是独一无二的，它的意义就在于贴近人民生活，能够以小见大，激发观众的文化认同感。互联网的信息浪潮不会淹没这样精心打造出来的文化产物，只会让它焕发出更强的生机。

3. 访谈

访谈有多种方式，一种是在某一主题下邀请多名访谈嘉宾，通过聊天的形式表达自己的看法；一种是主持人与专业领域的权威人物就某一个话题进行两人对话的访谈。访谈节目大都在室内进行，这就需要前期做好场地布置工作，营造良好的对话环境。素材采集者在访谈中作为主持人一方，占据重要的地位，他需要掌控整个访谈的进程，这就要求主持人具备应有的文化素养、新闻素养、语言素养和职业素养，能够精准地从话题中提炼出价值，深入挖掘话题的内涵，能够准确地捕获到访谈现场的细节，力求客观公正，尽量不带主观情绪。

访谈所得到的素材，同样是一手资料，它通过访谈嘉宾的成长经历、人生追求和信仰来启迪受众，宣扬真善美，在精神层面对人性进行探讨，传递出人文关怀。此外，访谈会探究多样的三观立场，这样会增加我们所采集到的内容的情绪感染能力，增加大众的思维发散能力，从而传递更加多元的价值观。

（二）网络收集

移动互联网时代获取信息的途径非常多，"两微一端"，即微博、微信、客户端等就可以满足万千人日常获取消息的需求。素材采集者如果善于利用此类工具就可以将海量的内容汇集到一个内容管理中心。但这并不意味着漫无目的地爬取各式各类的消息，这样的工作效率低，成本高。作为融媒体平台的管理者，应当在基础的信息收集手段上再提升一步，把目光聚焦在如何利用现成的工具，实现基于大数据的自动化热点和话题生成。

收集者可以综合利用多种工具，这些工具可以针对不同的领域组合使用，接下来分别从新闻、社交媒体、体育和影音书籍等领域举例介绍。

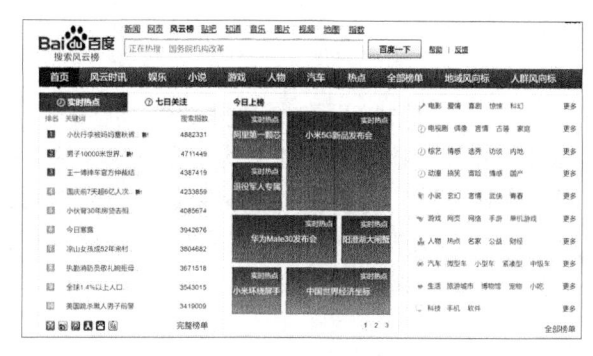

1. 新闻

（1）百度搜索风云榜。百度搜索风云榜通过统计数亿网民的自然搜索行为，并利用搜索关键词进行分类，建立基于海量搜索数据的多项排行榜单，包括"七日关注""热门搜索""实时热点"等，也包括"娱乐""人物""电影"等大的类别，这样以数字可视化的形式精准地呈现广大网民的搜索欲望，能够更快地发现和挖掘互联网上最有价值的信息。

百度搜索风云榜还可以生成不同地域、不同群体的榜单，即地域风向标和人群风向标，这两个榜单根据用户的自然搜索数据，采用数据挖掘的方法，给出热点话题在人群和地域方面的社会属性。

图3-1 百度搜索风云榜

（2）网易新闻排行榜。网易新闻排行榜涵盖了各个行业的热点新闻，是媒体工作者采集素材的常用工具之一。排行榜有基于全站的排行，也有根据行业进行分类的排行。排行可根据点击量和回复跟帖数来排名，分为"点击榜"和"跟帖榜"。

图3-2 网易新闻排行榜

（3）今日头条。今日头条的亮点在于个性化的推荐，但是头条内部还有"热点"这一产品，减弱个性化推荐的强度，达到推送大众所关注的新闻的目的，这也是一个素材采集的可取之道。"热点"所推荐的文章，发布者大都为政府机构官方人员，发布的内容审核机制严格，能够很有效地保障内容的质量，减少素材采集的时间成本。

图3-3 今日头条热点

2. 社交媒体

（1）微博热搜。微博热搜榜在一定程度上反映了当下社会的热点话题，包括热搜榜和要闻榜。话题的微博还会添加标签"热""新""沸""爆"，"沸"是"人声鼎沸"的意思，是话题被广大网友热议的表现。

一个热搜话题在微博用户广泛参与讨论后就会从"新"或"热"升级成"沸"，而"爆"则说明关注该话题的人数达到了前所未有的巅峰。

图3-4 微博热搜

(2) 知乎热搜。知乎同微博一般，也是很火的社交平台之一，热搜分为"全站""科学""数码""体育""时尚""影视"等多个类别，根据话题讨论热度形成热榜。不同于其他平台，知乎的话题都是以问答形式展开，每个人都可以成为问题的发布者和回答者，问题的形式大都是"如何……？"值得关注的问题就会有很高的搜索热度，而高质量的回答则会获得大量的点赞。

图3-5 知乎热榜

3. 体育

虎扑是主打体育类别的论坛，其中包括国内外多项体育赛事的讨论话题，如"足球"下的英超联赛、西甲、德甲等，"篮球"下的NBA和CBA等，受众大都是男性。如果是针对体育赛事类的素材搜集，虎扑能够提供海量的信息，是一个很有用的工具。虎扑也有一个社区板块，通过搜集帖子内容也可以提取到现有的热点信息。

图3-6 虎扑主页

4.影音书籍

豆瓣社区以文学、音乐、影视等文化作品为基本点，为广大网民提供较高质量的评论信息。它致力于建立一个集品味系统、表达系统和交流系统（话题广场）于一体的共享社区平台，这为以文学文化作品作为题材的素材的采集工作提供了一个优质的数据库。豆瓣年度读书榜单、影视排名榜单，都可以形成多样的话题点。与此同时，豆瓣还有一个24小时话题趋势，紧跟时事热点。

图3-7 豆瓣话题广场

四、素材提取

前面提供了素材采集的两个主要方向，并简单地介绍了一些实用的工具手段。素材采集者将内容存储在一个中心的内容管理平台，这里保存着从多方渠道搜集到的大量素材。一般来说，搜集到的内容已经过了一轮粗筛选，那么融媒体工作者下一步的行动就是做新一轮的筛选，优化组合出符合融媒体平台自身发展和利益需求的优质信息。下面介绍通常使用的四个方法步骤，即内容去重、真实性考察、价值分析和"脱水"整合。

（一）内容去重

在同一个选题背景下，来自不同渠道搜集到的素材可能存在大量的重复内容，所以需要通过设定一定的阈值来滤除掉相同的信息，这不仅可以简化后续的工作，还能够节省数据存储的空间。

（二）真实性考察

在滤除大量冗余重复内容后，严谨起见，还是需要对筛选后的内容进行评估，判断该素材的真实度，这关系到整个融媒体平台的公信力。

互联网的消息鱼龙混杂，难免会混入较为虚假的内容，这就需要对信息进行严格的溯源，可以结合知识背景并阅读相关的文献资料，考虑下面几个要点对消息源进行评估：消息发布者是谁？发布的动机是什么？是否存在切实的证据？消息的最终目的是什么？内容是主观臆断，还是基于客观的事实？消息是否有更新？

（三）价值分析

在信息洪流中，每个人都能够获取到海量的信息，但是不同于普通民众，融媒体平台建设者应当能够以自身专业素养，以媒体人的专业眼光去判断和提取出信息中存在的价值。

整个素材的采集工作都是围绕一个主题出发，脱离了主题，内容就会失去意义。在经过筛选和真实性考察之后，余下的素材就需要从选题出发，搭建一个合理的框架，将内容填充为"血肉"，这就需要评估内容自身为表达主题能够贡献多少价值。例如，在纪录片的取材中，采访人员可能已经拍摄了大量当地的人物和景色，需要从其中选出最能够传达出选题深意、最能够传递价值观和当地文化符号的镜头画面。

（四）"脱水"整合

"脱水"整合就是去粗取精，提取出一个最精炼的内容产品，继而发布到不同的平台。对于文本形式的内容，需要综合考虑互联网传播的特点，这与传统媒体的文本写作有所不同。应当考虑怎样的文本形式能够迎合受众的阅读习惯，这就需要对文本内容进行排版，好的排版能使文章阅读体验更好，不同的文章发布平台都有其排版规范，但是都存在相同的原则，即设置合适的行距和页边距，以及做页面留白，做到风格及色调统一，图片大小合适。

对于视频形式的内容，需要综合运用好文字、声音、图像等要素，做好剪辑工作。选择合适的视频时长，通过一定的视频剪辑技巧，配上转场和背景音乐，能够使受众有好的观看体验。观众不仅能够有视觉上的享受，内心也能得到启迪。

第二节　内容生产和管理（CM）

一、内容生产

融媒体时代，各种新兴技术的迅猛发展带来了技术与新媒体行业之间的有机融合，基于云架构平台搭建的融合媒体内容生产平台，实现基础节目资源汇聚后的生产及管理，能够提高工作效率，降低内容生产成本。下面分别从新闻制作、新媒体生产、广播电视综合节目制作、报刊编排、生产协同等方面具体阐述融媒体时代的新模式。

（一）新闻制作

1. 什么是新闻制作？

新闻制作是指融媒体工作者根据选题策划阶段确定的报道计划、融合稿件、串联单、视音频、图文等内容，完成统一的全媒体新闻文稿及视音频图文稿件的加工处理，融媒体稿件提供给不同的渠道进行发布播出。

2. 融媒体时代下新闻制作的创新方法

新闻制作正在从传统媒体形态转型到融媒体形态，在5G、人工智能、互联网+的大背景之下，新型的智能技术为新闻生产带来了便捷和高效率，人工智能与新闻业的结合首先能够解决生产端自动化问题，带来新闻报道和推送的新速度，通过引入机器人写稿技术，写稿机器人代替部分人工劳动，可以把新闻工作者从基础的数据新闻信息采写中解放出来，使他们有更多的时间采写鲜活灵动的内容，做有独立见解的深度分析、多角度的调研，从总体上进一步促进了新闻信息的生产能力。近年来机器人写稿软件层出不穷，一款好的写作机器人能够对新闻内容编辑工作有很大的帮助，如智搜（Giiso）、弃写、Get写作等。

（1）智搜信息自主研发的写作机器人Giiso（http://profile.giiso.com/）是可以从各个行业领域快速编辑写稿的人工智能机器人。Giiso是一款内容创作AI辅助工具，能够进行选、写、改、编、发全流程智能化，自建超算中心级智能云计算系统、数据中心级智能存储系统、千亿级AI智能搜索引擎、百万级客户并发数、毫秒级响应速度、亿级词句素材、千万级图片数据和数万个文本编辑模型，可以给你的话题提供足够素材。特别地，它提供的不仅是当下发生的事，还有与事件相关的历史信息回溯，帮助我们又快又全地了解信息，新闻内容的角度和高度更有扩展空间。对于半成品稿件，还提供查重、纠错、审核辅助等功能。

图3-8 写作机器人Giiso操作界面

（2）弈写（https://writing.yuntianyi.com/）AI辅助写作具有实时热点跟踪、文稿一键生成、自动匹配话题、文章多维分析、改稿以及保存等功能。对于新闻写作来说，很多时候最费脑子的其实是抓热点的环节，奕写会帮助写手把话题按照热点和时间排序分类好，让新闻选题变得十分简便，它还可以快速梳理事件，整理事件的来龙去脉，自动盘点话题相关的历史文章，并且进一步拓展话题，提供更多搜索补充。

图3-9 弈写AI辅助写作操作界面

（二）新媒体生产

传统媒体的内容生产形式主要包括文字、图片、音频和视频这四种，其传播形式和传播渠道相对单一。而新媒体抓住现有的互联网技术实现了媒体生产的数字化和网络化。相对于传统媒体而言，新媒体的传播内容增加了个性化的信息，传播渠道从单一渠道发展为多元渠道，传播模式也逐渐向多向互动模式靠拢。换句话说，新媒体是能够让观众深度参与的媒体组织，其通过评论、转发、投票和抽奖等多种互动形式来提升观众的参与度。作为新一代融媒体工作者，如何抓住观众的眼球，如何将普通受众转化为目标观众以及如何加深对舆论导向的控制等一系列问题值得分析与探讨。

在思考上述问题之前，我们首先来探讨一下什么是新媒体生产？新媒体生产的具体功能要求是什么？实现这些功能要求需要融媒体工作者掌握哪些必备的工作技能？

新媒体生产是利用数字技术、网络技术和移动技术，将提供给用户的信息进行加工生产，通过互联网、无线通信网、有线网络等渠道以及电脑、手机、数字电视机等移动终端，向用户提供个性化信息和娱乐的传播形态或媒体组织。

新媒体生产的具体功能要求如下：

一是支持对传统媒体的内容编辑加工，其生产形式包括文稿、图集、音频、视频、H5动画等多种内容形式，并支持对已发布的内容进行聚合与维护；

二是文稿生产应支持对多种格式的文字数据进行插入、编辑等操作以及段落格式的格式设置；

三是图集生产应支持图片编辑处理、封面图片和高清图片的采集；

四是音频生产应支持录音、配音、混音、剪辑和音频特效等加工操作；

五是视频生产应支持视频转码、视频在线拆条以及视频快编等功能；

六是支持H5页面制作；

七是支持移动客户端生产工具进行编辑制作。

面对新媒体生产的诸多要求，熟悉当下比较流行和实用的媒体生产工具对融媒体工作者显得尤为重要。

（1）WPS Office办公软件下的Word文档是一种文字处理程序，其编辑和排版等功能强大且操作简单，对融媒体工作者来说更容易上手。Word的主要功能包括：改变字体字号、文本对齐、图片插入和页面布局等，还可以添加特效字体和艺术效果。WPS的商城中拥有大量的模板，融媒体工作者可付费购买主题模板完成相应的内容制作，节省大量排版和构思时间。

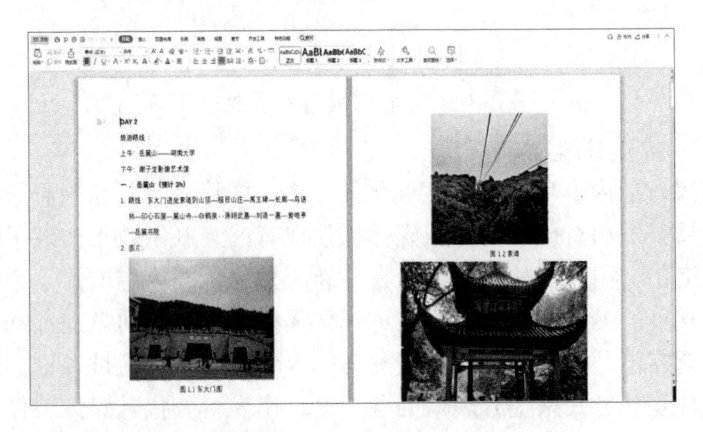

图3-10 Word文档界面

（2）PhotoShop软件是Adobe公司推出的一个优秀的图像处理软件。PhotoShop的主要功能如下：

①图像编辑：可以将图像做缩放、旋转、镜像、透视等各种需求变换，还可以修补和修饰图像，使图像排版更符合大众的审美。

②图像合成：通过图层操作将几幅编辑加工过的图像进行叠加拼接，使同类型的图像形成对比，不同类型的图像产生视觉撞击。

③校色调色：可通过调色工具栏对图像进行明暗和色彩的调整，使一张图片可以满足在网页、微信、微博等不同平台的应用。

④特效制作：最简单且最有效的是添加滤镜，完成图像的特效创意；特效字的制作也可以使图像更夺人眼球。

图3-11 PhotoShop图像处理界面

（3）Adobe Audition是一款专业的音频软件，是一个应用于Windows系统的PC机上的多音轨唱片工作室。其主要功能包括录音、编辑、混合、降噪和复原音频等，还可以和其他音频生产工具、视频生产工具协同工作，允许融媒体工作者编辑个性化的音频文件、创建单曲或列表循环等操作，同时Adobe Audition可以为视频项目提供高质量的音频。

Adobe Audition的使用教程见网址https://v.qq.com/x/page/w0193gbl4hk.html。

图3-12 Audition音频处理界面

(4) 蜜蜂剪辑（https://beecut.cn/）是由深圳市网旭科技有限公司开发的一款定位非常年轻化、功能强大又实用且操作简单的视频剪辑软件。它分为专业版即付费版视频剪辑和在线视频剪辑，界面简洁，功能模块化、单元化，支持精准分割画面节点、合并或裁剪画面、添加字幕和视频调色等功能，能够满足融媒体工作者日常简单的视频操作。

图3-13 蜜蜂剪辑网页界面

(5) 易企秀是北京中网易企秀科技有限公司推出的一个网页制作软件。易企秀提供图片、音乐、视频、涂鸦、海报等制作工具，融媒体工作者可利用H5微场景模板和相关材料制作H5页面、会议邀请函和节日贺卡等。

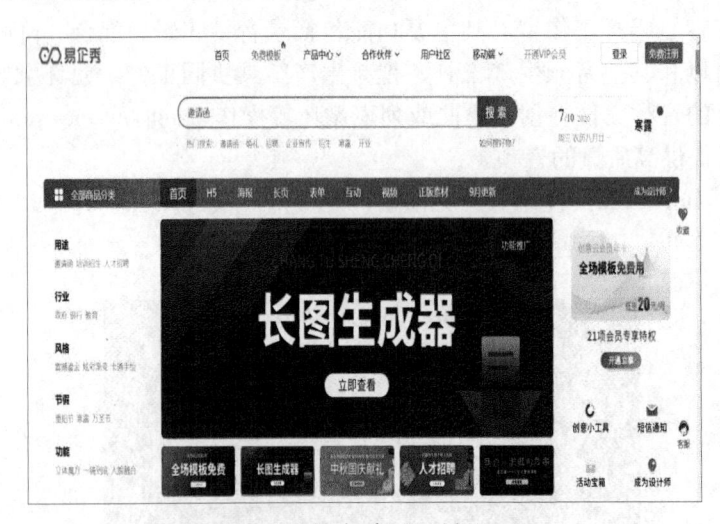

图3-14 易企秀网页界面

除了上述工具外，推荐一些当前较流行的新媒体生产工具，如快编生产工具——QuickCut快编；图片处理工具——创客贴设计、Freehand、图怪兽、图虫网、全景图、花瓣网；音视频生产工具——配音AU、讯飞、Ware Edit等。

（三）广播电视综合节目制作

广播电视节目的编辑制作主要是根据节目内容及其要求，采用有效的技术手段及制作方法，制作出具有声音、图像和艺术效果的电视节目。电视节目的制作主要有前期制作和后期制作，前期制作的主要任务是收集各种节目素材；后期制作则是制成节目成品的全部过程，包括图像与声音编辑、特技处理、字幕叠加及配乐等。关于前期制作所需的节目素材，我们可以直接在素材库提取，所以我们的重点应该放在后期制作上。

1. 后期编辑制作

广播电视综合节目的后期编辑制作主要会用到比较多的剪辑软件，譬如Edius、Premiere（简称PR）、After Effects（简称AE）、Vegas等。下面以Edius软件为例进行简单介绍。

Edius（https://www.ediuschina.com/）软件专为广播和电视后期制作环境而设计，特别针对新闻记者、无带化视频制播和存储。Edius拥有完善的基于文件工作流程，提供了实时、多轨道、多格式混编、合成、色键、字幕和时间线输出功能。除了标准的Edius系列格式，还支持Infinity JPEG 2000、DVCPRO、Canon RAW、XDCAM EX等十多种视频素材。同时支持所有DV、HDV摄像机和录像机，多机位模式支持同时编辑最多达8个机位。Edius作为一款非线性编辑软件，相比于线性编辑软件，不受时间顺序"线性"的约束，可以对素材内容长短和先后顺序进行任意编排和剪辑。

图3-15 Edius编辑软件页面图

2. 视频特效包装

在影视制作中还有另一个十分重要的部分就是渲染特效技术，利用三维立体技术能更加生动地表达情感、抓人眼球，让观众有身临其境的感受。常用的特效剪辑软件主要有万兴喵影、3DSMAX、C4D、houdini等。

万兴喵影（https://miao.wondershare.cn/）是国内自己研发的一款剪辑软件，它支持WIN、Mac、IOS/安卓、pad，可以免费下载和使用，它的特点可以用"简、便、全"三个字来概述。"简"说明操作起来直观简单，容易上手，就算是新手也可以很容易地掌握这个软件的使用技巧；"便"主要体现在喵影本身带有便捷特性，导入素材快，如果需要在几个小时内作出一个vlog视频，可以直接使用喵影里的模板；"全"是因为它可以满足融媒体工作者不同的剪辑需求，譬如基础剪辑的录屏、视频倒放、画面裁剪、多轨道剪辑、制作GIF、音频关键帧、降噪、高级色彩编辑等，高级剪辑的绿幕抠像、智能修复、录屏、丰富的特效包资源，可以让视频更具有创意，比如做克隆人、隔空移物等。

图3-16 万兴喵影页面图

（四）报刊编排

报刊编排即在有限的版面空间里，将文字、图片和线条边框等要素根据报刊的主题要求进行科学合理的组合排列，并运用各种造型要素和美学原理，将各类信息通过美的视觉形式个性化地表达出来。换句话说，报刊编排就是通过艺术手段来充分表现版面信息，这也是一种创造性的艺术活动。

报刊的一个版面包含多方面的信息内容，这要求融媒体工作者具有版面编排思想，也就是用版面语言向读者展示重点指向，达到引导读者阅读的目的。版面编排前，应提前确定宣传主题，突出宣传哪方面信息，明确重点内容和辅助内容。确定编排思想后，要考虑用何种版面形式和手段来实现它，独特的版式风格能更好地把宣传主题和信息体现出来。

一个好的版面是新闻内容、思想内容和艺术完整的结合体，也是读者和融媒体工作者之间的桥梁。一个有特征、有个性的版面包括各个有特点的版区、有灵魂的标题和有视觉冲击的照片，会使读者有读下去的冲动。

推荐一些实用的编排工具——方正飞腾排版软件、金印客DPS排版软件、秀美编辑器、新媒体排版、新榜编辑器、i排版和135编辑器，后面五个主要用于微信、微博等平台推文编辑与排版。

　　方正飞腾排版软件使用教程见网址https://www.51zxw.net/list.aspx?cid=318。

　　金印客DPS使用手册见网址http://www.kinker.cn/guide/。

图3-17 方正飞腾排版界面

图3-18 金印客DPS排版界面

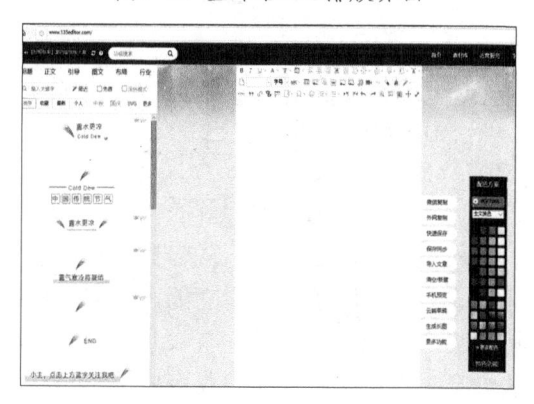

图3-19 135编辑器界面

(五)生产协同

生产协同是一种敏捷、高效的生产模式,它打破时间、空间的约束,通过互联网络,使整个内容生产线上的不同部门共享信息。从传统的串行工作方式转变成并行工作方式,从而在最大限度地缩短内容生产周期的同时,可以更为合理地进行资源的调配,有的放矢地安排内容生产的每一环节所需要的资源,从而大大降低生产经营的成本,提高整个融媒体内容生产的质量。由于各种媒体的传播、发展都有各自的规律,我们要保持多种媒体之间的协调一致性则需要保证各个媒体之间的有机配合,所以对于融媒体工作者而言,功能全面的协同工具必不可少,主要工具有Worktile、石墨文档等。

(1) Worktile (https://worktile.com/) 集协作、即时沟通和移动办公于一体,可以实现创建项目团队,分配任务、目标,汇报工作,传递文件,查看进度等多种功能。通过Worktile可以很清晰地让项目团队每个人的任务实现实时沟通。它的优势在于管理层在一个地方可以看到各项工作的进展;员工不需要在多个不同系统之间切换;IT管理人员不用维护多套系统及组织架构和人员信息;可视化的管理跟踪;产生的数据形成企业的沉淀资产,通过数据分析形成决策报表;全程SSL加密保证通信安全,无须担心密码和数据被第三方恶意监听和窃取。

图3-20 Worktile界面

(2) 石墨文档 (https://shimo.im/) 的云同步速度非常快,所以基本上不会有丢失文档的可能性。当然,除了云同步功能,石墨文档最出色的就是多人协作,石墨还有一点特别突出的优点,就是它有目录的分类功能,只要打开目录就可以清晰地看到它的分章。石墨文档现在不仅可以用于文档编辑,还有表格、幻灯片、思维导图等内容,可以说是一个功能非常全面的在线编辑Office合辑了。

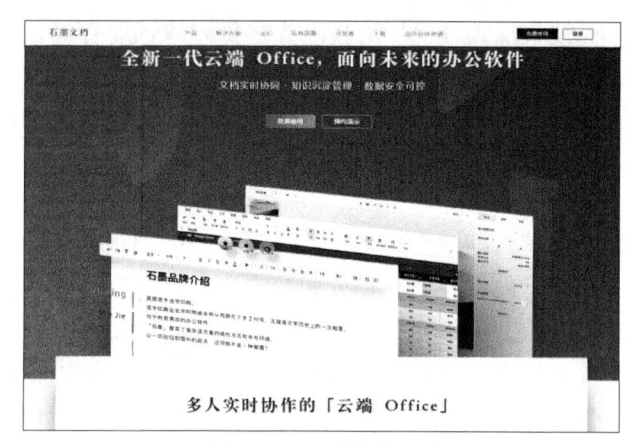

图3-21 石墨文档界面

二、内容管理

融媒体的内容管理主要指媒体资源管理，简称媒资。媒体资源管理系统主要由资源入库、资源编目、资源管理、资源检索以及资源出库等子系统组成（参见图3-22）。媒体资源管理系统利用先进的互联网技术和多媒体技术手段，将文稿、图片、音频、视频等各种媒体资源进行采集存储，目的是使媒体资源便于查找、易于管理和再次利用。

图3-22 媒体资源内容管理系统逻辑架构

（一）资源入库

融媒体工作者进行内容管理的第一步是保证数据资源上传入库，其数据资源包括前期采集的素材、节目呈现的完整内容、微信微博多平台的推送等。为后期更好地进行编目、检索和再次利用，在资源上传入库前可进行素材的分类。

素材上传至资源库前可按临时素材、归档素材和入库素材进行分类。临时素材一般是节目制作或微信微博推文编辑过程中临时调用的文字和图片信息，资源入库子系统会对这种临时调用的素材设置存储时限，一般为一个月。若这一个月中该类素材没有被再次利用，系统将定期清理释放内存。归档素材是将节目呈现的完整形式、报刊出版的文章以及微信、微博平台的推文按播出时间或出版时间进行同题材归档存储，归档素材会直接进入编目环节，且需要融媒体工作者长期的管理和维护，比如电视剧资源进行归档存储后，应利用多媒体技术不断提升音频和画质效果，确保资源的再次利用。入库素材不只是简单的存储，需要对素材中的文字、图片、音频和视频分模块上传至媒体资源数据库存储，每个模块的提交方式不同，融媒体工作者需要用不同的流程进行处理。分模块素材存储和归档素材上传存储的目的是便于后期的管理与维护以及素材的二次利用，每种素材资源都是融媒体行业所留下的宝贵财富。

（二）资源编目

编目是指在媒体资源数据库中将各方面资源，如影视资源、微信微博推文、报刊杂志等，按一定规范进行分类、划分和编录，对主要内容加以概括和描述总结，并提炼出关键字的环节。换句话说，资源编目系统就是对播出的各种各样的节目音频或视频以及其他素材进行总结性的概括和分层次的细致描述的过程，即为了将资源数据库中存储的素材和数据信息转换成文字或目录，便于融媒体工作者检索和管理的系统。

资源编目子系统采用的是分类编目的手段，将资源按项目进行编目，其编目项目包括题名（Title）、主题（Subject）、作者（Author）、描述（Describe）、来源（Source）、类型（Type）、权限（Rights）、日期（Date）等。按主编目项目进行存档命名，如"播出频道"+"节目名称"+"档次"+"播出时间"或"期刊名"+"系列名"+"期号"。将资源按分类进行编目，信息准确有效，方便快速查询，可以使新入行的融媒体工作者对同类型的节目或素材有更清晰的认识，并结合观众的反馈信息和其他分析数据总结出本季度最受欢迎的题材节目，进一步准确定位下一季度的宣传主题。

（三）资源管理

媒体资源管理子系统由客户端的会话层、中间逻辑编辑加工层以及后台数据控制管理层组成。客户端的会话层是指观众或读者通过浏览器、评论和转发等行为对节目或文章进行意见反馈；中间逻辑编辑加工层是指融媒体工作者根据受众的反馈信息，利用相关应用软件对节目的内容进行编排和调节维护，抓住受众的眼球，提高节目的收视率和推文的点击率；后台数据控制管理层主要对媒体资源数据库中的素材进行分类编目、数字化存储和管理，使资产保值增值。

海量的媒体资源是促进融媒体行业高速发展的根本动力，其数据信息具有数量大、时效性强、消息准确等特征，并且出版的文章和播出的节目数据具有专属版权。媒体资源管理系统通过互联网技术和媒体手段解决了海量媒体资源管理混乱、资源存储安全性差、检索缓慢等问题，使宝贵的媒体资源可重复利用，创造新盈利。

（四）资源检索

资源检索是指融媒体工作者在拥有大量文本文件、图表、音频资料的数据库中快速、准确、全面地按需检索到资料素材，提高效率的同时最大限度地利用媒介资源。对于图片和视频数据库的检索，基本有两种方式：基于文本的检索和基于内容的检索。

基于文本的检索是指只使用文本信息来进行检索，如关键词检索、全文检索、拼音检索等检索手段。其中关键词检索就是针对特定的词、短句等进行的检索行为，而全文检索就是针对整个页面的正文部分进行检索的一种搜索行为，拼音检索则是在统计的汉字注音技术和多音排歧技术基础上建立的可用于信息检索、搜索引擎的检索，如搜索"ldh"匹配到"刘德华"。

基于内容的检索则需要我们对图像视频内容的特征进行分类，从中提取有用或需求的特征，数据库中影像和用户提交的检索内容在经过转变后进行近似匹配，而不是对原始数据的直接比对，因此基于内容的检索方式不需要用户对待检索的图像、视频进行语言上的过多描述，而是直接将影像本身作为检索条件提交给系统，系统经过特征提取和对比后，将查询结果输出即可。

（五）资源出库

资源出库是指将资源及描述信息导出到指定存储路径，批量导出资源描述信息，以及视频、音频分段下载和导出。想要将搜索的素材下载到本地，也就是素材导出媒资系统外部时，需要用到素材下载模块。以下载视、音频素材为例，系统支持操作者修改文件的格式、对码率进行选择，这一过程主要是通过服务器自主完成数据素材的转码与迁移工作，在完成迁移后，操作者可随意运用素材。在素材下载之前，系统支持对素材进行浏览与编辑。素材下载的方式有两种：整体下载和片段下载。媒资系统支持：选择下载原因、多个任务同时下载、对下载带宽的控制。素材管理者可以根据不同的网络对下载进行设置，同时客户可以通过查看下载的进度条，监督下载进程。

三、内容生产管理过程中的注意事项

（一）内容分级管理

随着媒介融合时代的到来，数据呈现爆发式增长。数字内容产品种类急剧膨胀，媒体传播内容鱼龙混杂，反动言论、盗版、淫秽、暴力血腥与恶搞变态等不良内容充斥其间，其安全性、健康性问题亟待解决，试想如果我们相应的信息内容分级标准不能及时跟上，势必会造成内容产业无序发展的混乱局面，因此，加强对内容分级的管理需求迫切。

内容分级的工作主要是在进行资源管理时资源编目这一步骤进行，它的主要内容一般包括内容分级标准的制定、嵌入分级标识符、对标签进行监管。关于分级标识符的制定，我们可以参考PICS，它提供了对互联网上信息的内容进行标记的一个开放平台，例如，我们可以将网上的信息大致分为暴力、性、语言等三个方面，而在每个方面的信息又分为0—5级，0级表示无害，级别越高，表示危害性越大。通过对内容的分级，我们便可以更好地面向受众，提供更多针对性的服务。

（二）内容安全管理

由于媒体发布内容会影响到国家安全、社会稳定、民心导向，同时受到国家、社会和公众的普遍关注，所以作为融媒体工作者，我们必须要拿出有效的方法手段来对信息内容进行安全监管。内容安全监管是一种主动的安全技术，它是指在内容发布前，依据之前已在内容中嵌入的分级标识符，进行进一步机密等级划分，最后实施监管。这种监管技术可以对信息提供的过程（信源、信息服务和信息的中转等环节）实施主动的监管，以避免不必要的信息、不良信息的传播以及对国家机密信息的保护。

内容安全管理可以简要描述为三方面的工作：①拦截不良信息在互联网的传播，净化互联网信息空间，确保网上信息内容的健康；②保护网络传播数据的完整性、真实性和保密性（如防止黑客攻击、机密信息泄密等）；③出库媒资必须从申请方、拥有方、使用方建立全程动态监控，实行全生命周期管理，以防止资料外泄和对知识产权的侵犯。

（三）权限分级管理

媒体资源管理系统是一个多部门共用的系统，只有通过身份和密码认证的融媒体工作者才能登录系统内部网。为了使这个共用系统得到更好的管理和维护，权限分级管理显得格外重要。权限管理，一般是指根据系统设置的安全规则或者安全策略，用户可以访问而且只能访问自己被授权的资源。分级管理，一般是指系统根据各部门的工作和职责设置超级管理员、普通管理员和操作员等用户权限，每个部门最少有一名管理员，并给其部门员工分配权限，即实现多级管理员层层分配，分级管理员只能管理自己职责范围内的权限分配。除了针对融媒体工作者进行权限分级管理之外，还可以对资源内容进行权限分配，如只读、可读可操作等，便于系统管理者进行资源维护和资源调配。

（四）数据监控管理

融媒体工作者或专业的系统管理者需要对媒体资源管理数据库进行监控管理，实时记录节目或推文的点击率和数据库资源的利用率，并针对媒体数据的增长或下降量及时作出分析报告。根据观众对播放内容的转发量和评论导向，评定节目活跃程度，为制定以后的宣传主题和宣传方向以及节目播放时间和平台，提供更多的参考因素。

四、小结

县级融媒体应在内容生产中的每个环节中找到自身价值，让每个环节都成为一种产品。例如，在传播新闻信息的同时，还可以传播与老百姓生活密切相关的内容，把它变成一个功能性的渠道，成为群众生活的伴侣。近年来，县级融媒体优秀案例层出不穷。疫情防控期间，海南各地县级融媒体中心充分发挥权威发布厅、民生服务站、发展助推器、教育连心桥的重要作用同"屏"战"疫"，为海南打赢这场疫情防控的人民战争、总体战、阻击战营造充满正能量的舆论氛围。其中，文昌市融媒体中心的《再次出征！同济文昌医院十名护士驰援武汉全程图文直播》浏览量25万+，《勇敢逆行战胜疫情！同济文昌医院20名医护今日出发》浏览量18万+，成为疫情防控期间本地最为火热的图文直播，进一步发挥了融媒体中心的舆论引导作用，拉近了媒体与老百姓的距离。另一个优秀案例是江苏省徐州市邳州融媒体中心。众所周知，邳州是全国闻名的银杏之乡，邳州广电就以此为特色，塑造以银杏为主题的"银杏融媒"品牌，其"两微一端多平台"移动传播矩阵目前总用户量已突破100万，微信公众号"银杏直播"订阅粉丝量达23万。

北京大学新闻与传播学院教授陆地认为，当下虽然追求信息的碎片化传播，但县级融媒体不能因此放松对内容的审核。媒体资源管理系统应将内容审核深入到每个生产管理阶段，严格把控，层层审核。在坚持"内容为王""用户为中心"的理念下，秉持移动优先的互联网思维，推进融媒体产品节目的创新创优，不断提升融媒体传播内容的质量，进一步将县级融媒体中心建设成做群众思想政治工作的重要平台。建设好县级融媒体中心不仅可以加强和改进基层宣传思想工作，把基层百姓所需所盼与党委政府积极作为对接起来，把服务延伸到基层、问题解决在基层；而且也有助于提高基层党委政府组织用网治网水平，提升新闻舆论传播力、引导力，不断增强社会主义意识形态的凝聚力，引领基层各类组织自觉贯彻党的主张，切实强化基层治理，巩固思想共识、稳定县域社会、安定县域民心，从而以最高的效率构筑起党和人民群众信息沟通的"最后一公里"。

第三节 机器写稿与辅助

一、背 景

早在2006年，美国商业信息集团汤普森金融便使用计算机程序对财经数据进行加工处理，合成完整的新闻报道文本，可在上市公司公布业绩后的0.3秒内发布一篇盈利报道，但这并未在那个更注重质量而不是速度的报纸时代引起太大轰动。在2009年，美国西北大学智能信息实验室的学生和研究人员开发出一款名为统计猴（Stats Monkey）的软件，该软件能在12秒内自动生成完整报道，其对美国职业棒球大联盟季后赛的相关数据进行抓取和筛选并报道，而后在第二年便被运用于财经报道中。在2014年，《洛杉矶时报》记者兼程序员肯恩·施文克（Ken Schwencke）编写的"地震机器人"（Quakebot）算法程序，能将美国地震局的数据直接转化，编写成短消息，5分钟内经人工校对，率先发布了突发新闻。同年，创立于2007年的美国科技公司"自动洞察"（Automated Insights）也推出了一款名为"文字匠"（Word Smith）的软件产品，能将市场营销机构的分析性数据转换成类似于人工处理过的报道，供美联社、雅虎、三星、微软等著名品牌应用于媒体、商业、金融服务、体育娱乐等多种产业，仅在2013年就生产了3亿篇100多种形式的报告，平均每秒钟生产9.5篇。2016年，两名美国西北大学的教授和一名前网络公司主管合作成立的叙事学公司（Narrative Science）与视觉化软件供应商Qlik合作，推出了能将数据可视化产品转化为自然语言的Quill for Qlik，《福布斯》杂志在财经类写作中大量使用该产品。同年，《华盛顿邮报》成立的内部项目"Heliograf"发表了850篇报道并进行刊登。

在我国，腾讯财经开发出一款自动化新闻写作机器人（Dream writer）于2015年9月10日首次发布了《8月CPI同比上涨2%创12个月新高》的新闻报道，成为国内首个机器新闻写作的试水者。同年11月7日，新华社推出"快笔小新"智能机器人，主要供职于体育部和经济信息部。今日头条的写稿机器人"张小明"在2016年里约奥运会期间一战成名，里约奥运会开赛期间，它通过对接奥组委的数据库信息，在13天内撰写了457篇赛事报道，囊括了从小组赛到决赛的所有赛事，发稿速度之快几乎与电视直播同步，用户阅读数据惊人。同年，阿里巴巴战略入股第一财经，联合推出一款辅助财经记者快速写稿的智能写稿系统——"DT稿王"。在2017年，四川阿坝州九寨沟县发生7.0级地震，"中国地震台网"公众号发布了由机器人用时25秒自动编写的包含540字、4张配图的消息。2019年1月25日，习近平总书记在中共中央政治局第十二次集体学习时强调，要探索将人工智能运用在新闻采集、生产、分发、接收、反馈中，全面提高舆论引导能力。同年，妙笔智能成立，该公司创始人、CEO周登平介绍，妙笔的定位是"全流程智能创作AI助理"，服务于新闻写作、定制化资讯、企业传播等领域。正如北京大学计算机科学技术研究所万小军教授所说，机器写作仍属于弱人工智能，AI写作能力跟人类相比要弱不少，目前主要擅长撰写体育、财经、娱乐等领域的报道性文章，这些文章比较套路化、有规律可循。目前的技术由于缺乏归纳、推理能力而无法撰写深度报道，缺乏联想、创新能力而无法撰写故事与小说。同时，对机器写作的质量评价通常比较困难，这也制约了机器写作技术的发展。

二、内容模式

根据现有技术水平，"机器新闻写作"的工作流程主要可以分为以下四步：首先，获取和"消化"数据、信息，从已有数据库或第三方收集数据，"消化"指的是对各种形式的数据和资料进行格式转换和理解；其次，分析数据和信息，将数据进行归类、统计、横纵向对比等处理，发现其中的差异、变化、趋势、内在关系等；之后，选择新闻点，计算新闻价值，然后套用模板、优化选择，对叙事化要求较高的新闻稿件还会用"自然语言生成功能"解读数据、提炼观点、提出建议等，以达到生动叙述的目的；最后，输出文本并发布（部分会根据需要进行人工审核和修改）。

（一）内容采集

传统媒体下的新闻写作，在确定题材后，记者第一时间到达现场拍照，采访重要相关人员以了解事件的具体信息，再收集相关资料，开始初稿的撰写。

融媒体平台下的机器写稿，主要流程与传统媒体相差不大，但却重构了内容生产版图，打破传统媒体的效率边界，实现智能化精准推送。

（二）内容创作

传统媒体在内容创作阶段，编辑需要对整篇文章详略安排、提取标题、段落整理，再经过专人审核后多次调整修改最终形成定稿，最后根据各家报社、媒体排版要求编排设计后推送给用户。

与传统媒体的内容采集、创作不同，机器写稿基于大数据的信息生产系统，自动准确地筛选出相关资料，将传统记者从到现场调研、采访到整理撰写所花费的时间缩短至几秒钟，大大缩减了写作的时间成本，提高了效率。

（三）内容推送

传统媒体推送模式是统一化的，无论是报纸版面还是网站客户端，大众收到的都是“千人一面”的信息内容，且有些受众对某些新闻并不感兴趣，造成双方资源的浪费。

随着人工智能时代的到来，算法推荐技术也愈发成熟，融媒体平台的内容推送也开始基于用户喜好和阅读倾向，实现个性化内容推送。

三、实现方法

对于目前投入使用的写稿机器人来说，主要有三种实现方法：模板式、抽取式和生成式。涉及机器学习、数据挖掘、搜索技术、知识图谱和自然语言处理等多项人工智能技术，其中自然语言处理是最新一代写稿机器人的核心技术。

（一）模板式

模板式写稿机器人的基本思想是，从大量收集的语料中统计归纳出固定的模板，系统根据输入句子与模板的匹配情况，决定如何生成不同的表达形式。该方法特别适用于结构较为固定而及时性要求较高的新闻，如财经新闻。众所周知，经济、金融数据的发布对金融市场的影响大，需要第一时间报道，而且经济、金融市场信息及数据的报道可规范化、格式化的内容较多，这就为模板式写稿机器人的诞生创造了条件。南方都市报APP的T财经频道是这一类机器人的典型产品（参见图3-23），同样类型的还有腾

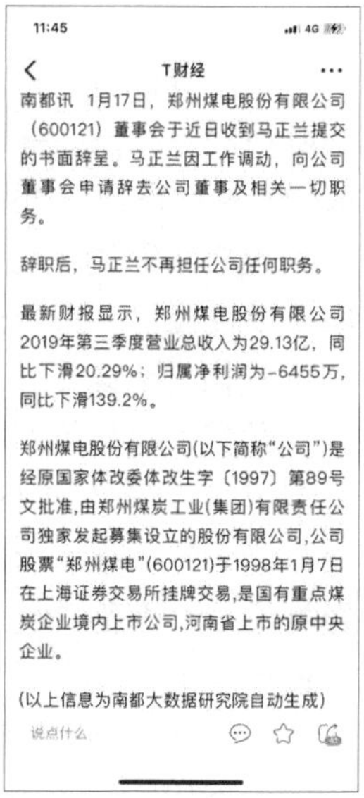
11:45

T财经

南都讯 1月17日，郑州煤电股份有限公司（600121）董事会于近日收到马正兰提交的书面辞呈。马正兰因工作调动，向公司董事会申请辞去公司董事及相关一切职务。

辞职后，马正兰不再担任公司任何职务。

最新财报显示，郑州煤电股份有限公司2019年第三季度营业总收入为29.13亿，同比下滑20.29%；归属净利润为-6455万，同比下滑139.2%。

郑州煤电股份有限公司(以下简称“公司”)是经原国家体改委体改生字〔1997〕第89号文批准,由郑州煤炭工业(集团)有限责任公司独家发起募集设立的股份有限公司,公司股票“郑州煤电”(600121)于1998年1月7日在上海证券交易所挂牌交易,是国有重点煤炭企业境内上市公司,河南省上市的原中央企业。

(以上信息为南都大数据研究院自动生成)

说点什么

图3-23 南方都市报APP的T财经频道

讯的Dreamwriter和新华社的快笔小新等。

模板式写稿机器人除了在财经领域大受欢迎外，在地震速报方面也获得了广泛的应用。早在2014年3月17日，美国洛杉矶发生4.4级地震时，洛杉矶时报就曾使用机器人Quakebot，花费3分钟写了一条地震新闻。国内也有地震机器人活跃的身影，2020年2月16日4时28分在四川自贡市荣县发生了4.0级左右地震，中国地震台网的速报机器人仅在2分钟后就自动生成并发布了一则地震新闻（参见图3-24），用时只有17秒。

图3-24 地震速报机器人自动生成并发布的新闻

从地震机器人身上，我们可以直观感受到模板式写稿机器人在快速报道上较为明显的优势，这得益于先前训练好的模板，地震机器人可以快速地将数据填充到模板中，从而得到一篇准确且及时的新闻稿，经由编辑审核后可快速地呈现给用户。

模板式写稿机器人参与内容生产与分发的流程主要包含四个步骤：构建数据库、模板检索、基于模板写稿、内容审核与分发。

1. 构建数据库

数据库包括新闻事件日志库、新闻文章模板库。

（1）建立日志库：使用爬虫技术对新闻数据进行抓取，如每日的汇率、股市收盘、天气预报、气象指数、地震信息、赛事结果、财经报表等数据类信息，对数据进行一个简单的清洗后，按照不同的业务性质将其存储在日志库中，便于后续模板套用。

（2）建立模板库：不同领域的新闻，如体育和财经，在内容表达和版面排列方面大不相同，应当在模板库中建立不同领域的模板，同一领域也需要建立多个模板，以保证新闻的灵活性和多样性。在建立模板的同时要往其中插入规则，用于模板检索。

2. 模板检索

获取到需要报道的结构化信息后，从日志库中检索相关历史数据，生成统计数据，如相较于昨日的跌幅、涨幅等，用于加深报道的内容。然后将原始信息和生成的统计信息与不同模板关联的规则进行比较，挑选出匹配值最高的模板作为最终模板。

3. 基于模板写稿

将原始信息和生成的统计信息插入模板相应位置，最终生成一篇完整的新闻报道。

4. 内容审核与分发

稿件经由编辑审核无误后，呈现给用户。

完整过程如图3-25所示。

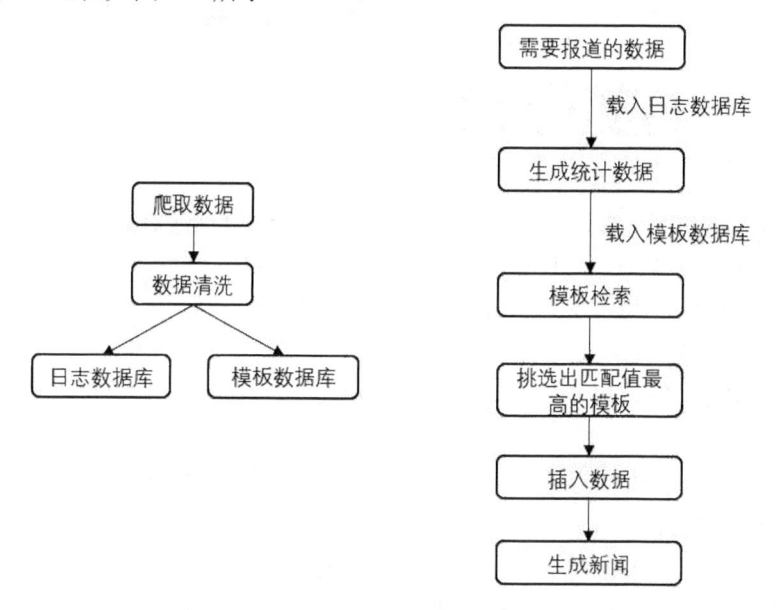

图3-25 模板式生成新闻流程图

（二）抽取式

在新闻领域，从现有长文本中抽取信息来完成二次创作，也是一种较为常见的自动写稿方式。21世纪是信息爆炸的时代，人们对大量的信息感到疲倦，短时间获取重要信息成为一种趋势，而新闻摘要需要专业性的人才投入大量的时间去阅读新闻，机器自动摘要可以帮助记者从这些基础、繁重的工作中解放出来，有更多的时间去写原创、更有深度的稿件。

印度本土的新闻APP Inshorts就是这一类型的产品（参见图3-26）。该APP用至多60个单词介绍一条新闻的来龙去脉，每条新闻都会制作成卡片状，包括新闻图片、标题以及摘要，用户可以在卡片间任意滑动，从而迅速浏览信息，若想浏览新闻的全貌可以点击下方按钮查看新闻详细报道。

图3-26 印度新闻摘要APP：Inshorts

抽取式自动摘要机器人的基本思想是：使用一系列算法对长文本中的句子的重要性进行排序，取出重要性较高的几段句子，按照原文的顺序输出，生成摘要。比较典型的算法有基于特征和基于图的排序算法。

1. 基于特征的排序算法

使用三个统计指标对句子的重要性进行评判：句子长度、句子位置和句子包含的关键词。

（1）句子长度。首先设置一个句子的理想长度，根据每个句子长度距离该理想长度的远近来打分。

（2）句子位置。根据句子在全文中的位置进行打分，一般来说，每一段的第一句是核心句的概率要远远高于其他位置的句子，所以第一句的分数应相对较高。

（3）句子包含的关键词。将新闻文本进行预处理，统计词频排名前十的关键词，根据句子中包含关键词的个数以及关键词在句子中的分布进行打分。

综合所有指标的打分情况，将句子按照得分从高到低排序，但是此时的排序结果只考虑了相似性而没有考虑新颖性，有可能出现排名靠前的几个句子要表达的意思相近的情况。因此，需要引入一个惩罚因子（每一个句子与前一句的相似性），将新颖性考虑进去，对所有的句子重新打分。最终得到的结果一般是排序后的前N个句子，为了保证语义上的连贯性，通俗的做法是将这些句子按照原文的顺序输出。完整过程如图3-27所示。

```
                    ┌─────────────┐
                    │  新闻长文本  │
                    └──────┬──────┘
                      ┌────┴────┐
                   ┌──▼──┐   ┌──▼──┐
                   │ 分句 │   │ 分词 │
                   └──┬──┘   └──┬──┘
            ┌─────────┼─────────┐  │
         ┌──▼──┐ ┌───▼───┐ ┌───▼───┐ │
         │长度 │ │ 位置  │ │关键词 │◄┤
         │打分 │ │ 打分  │ │ 打分  │ │
         └──┬──┘ └───┬───┘ └───┬───┘ │
            │        │         │    │
            └────────┼─────────┘    │
                     Σ              │
                ┌────▼─────┐        │
                │相关性排序 │◄───────┤
                │  结果    │        │
                └────┬─────┘   ┌────▼────┐
                     │         │统计词频 │
                     ▼         └─────────┘
            ┌────────────────┐
            │计算每一句与前一 │
            │句的相似性，重新 │
            │  打分并排序    │
            └────────┬───────┘
                     ▼
            ┌────────────────┐
            │  最终排序结果  │
            └────────┬───────┘
                     ▼
            ┌────────────────┐
            │前N个句子按照   │
            │ 原文顺序输出   │
            └────────────────┘
```

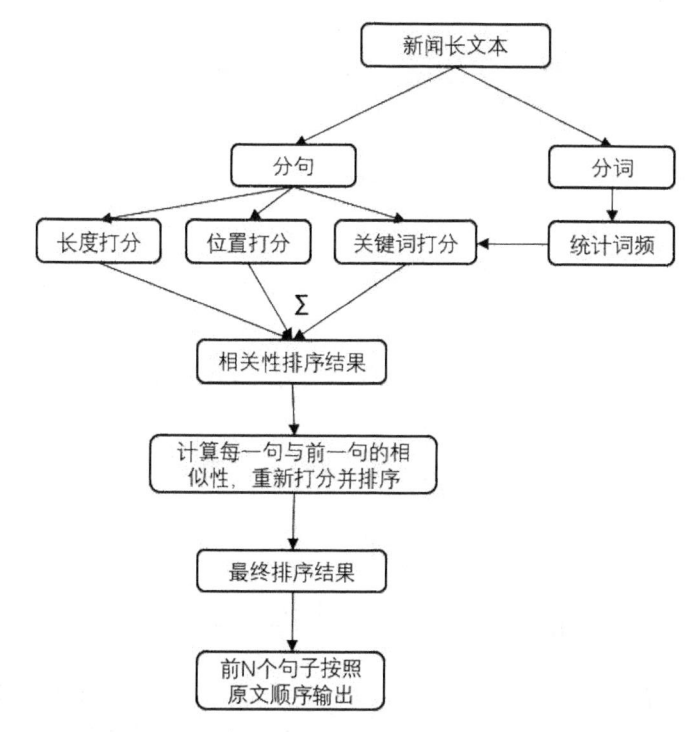

图3-27 基于特征的排序算法流程图

2.基于图的排序算法

图排序算法会构建一个图网络模型，图网络中的每一个结点都是新闻长文本中的一个句子，图网络中边的权重则是句子之间的相似度。该算法主要利用了用于网页重要性排序的PageRank算法的原理，所以我们也将其称作TextRank算法，由TextRank算法计算出的句子的重要性得分则简称为TR得分。主要步骤如下：

（1）初始阶段：每个句子结点通过相似度构建起网络图，每个结点设置相同的TR初始值，通过递归计算来更新每个结点的TR得分，直到得分稳定为止（误差小于某个阈值）。

（2）更新TR得分的计算方法：在一轮更新结点TR得分的计算中，每个结点将其当前的TR值按照一定比例分配给予本结点连通的所有结点，如当前结点i的TR值为$TR(v_i)$，结点i与j结点之间的权重为W_{ij}，与结点i连通的所有边权重之和为ΣW，那么分配给结点的TR值即为：$(W_{ij}/\Sigma W) * TR(v_i)$。而每个结点都将所有指向本结点的入链所传入的TR值求和，即可得到新的TR得分。当每个结点都更新了TR值，一轮计算就完成了，如图3-28简单展示了ΣW的计算方法。

$$\sum W = W_1 + W_2 + W_3 + W_{ij}$$

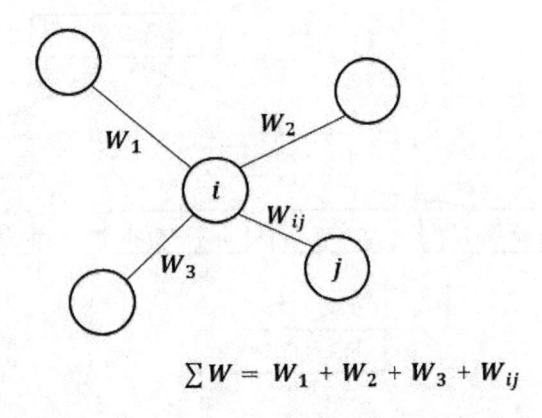

图3-28 ΣW的计算方法

其中句子与的相似度即图中权重的计算公式如下：

$$\text{Similarity}(v_i, v_j) = \frac{|\{w_k | w_k \in v_i \& w_k \in v_j\}|}{\log(|v_i|) + \log(|v_j|)} \quad (3.1)$$

表示单个单词，公式中的分子表示在两个句子都出现的单词的数量，分母中的$|v_i|$表示句子v_i拥有的单词数，$|v_j|$表示句子v_i拥有的单词数。

TR完整计算公式如下：

$$\text{TR}(v_i) = \frac{1-d}{n} + d\left(\sum_{v_j \in \text{In}(v_i)} \frac{w_{ji}}{\sum_{v_k \in \text{Out}(v_j)} w_{jk}} \text{TR}(v_j)\right), \quad i = 1, 2, \ldots n \quad (3.2)$$

其中TR(v_i)表示句子v_i的TR值，d为阻尼系数，n为句子个数，W_{ij}为句子v_i和v_j句子之间的相似度，In(v_i)表示与v_i连接的所有句子结点，Out(v_j)表示与v_j连接的所有句子结点，因为所有句子结点都连通，所以In(v_j)实际等于Out(v_j)，都表示所有句子结点的集合。

（三）生成式

前面提到的两种技术都已经相对成熟，且已经在新闻界获得了较为广泛的应用，但是也存在一定的技术瓶颈，例如，使用模板式生成的新闻模式较为单一，且只能应用在新闻结构较为固定的领域，如体育、财经新闻和天气预报等，不能适用于非结构化数据较多的新闻领域，如娱乐事件新闻等，缺乏灵活性。该缺点可以通过提升细粒度，增加不同风格的模板的数量来弥补，但是模板数量增加的同时也会延长模板检索所需要的时间，需要付出更多的时间成本。而使用抽取式生成的新闻文本虽然适用于不同新闻领域，但是由于只是直接从原文中抽取出句子进行拼凑输出，语义连贯性得不到保证，可读性差强人意。近些年来深度学习技术发展迅速，人们逐渐将目光投向了深度神经网络，借助于神经网络这一个

"黑盒子"，可以自动生成不使用任何一条原句的摘要，可以为原新闻自动生成标题，甚至可以直接从数据到长文本，无需人工制定或者预先训练模板，全由神经网络模型自动生成，这就是生成式。

如图3-29是《宁波晚报》写稿机器人甬小小在2020年10月14日发布的天气预报，可以看到，稿件不再是冷冰冰地套用、复述数据，而是更加拟人化，采用了更接近于人类日常表达的方式进行表达。这类产品主要是采用了一些深度学习模型，如Seq2Seq等，使用大量相关的新闻文本进行学习，使模型"理解"该领域新闻的写作方式，将数据输入训练好的模型即可自动生成一篇生动翔实的新闻报道。

图3-29 《宁波晚报》写稿机器人甬小小发布的天气预报

上面提到的Seq2Seq全称为Sequence-to-Sequence，它包含两个基本结构：编码器和解码器。编码器负责将输入的原文本编码成一个向量，该向量是原文本的一个表征，包含着文本的语义信息。而解码器负责从这个向量提取重要信息、加工剪辑，从而生成文本摘要或者将文本翻译成另一种语言等。其中编码器、解码器都由神经网络构成，但并不限于使用哪种神经网络，常用的神经网络有RNN、LSTM和GRU等。如图3-30展示了一种Seq2Seq结构，其中编码器和解码器都由一层单向的GRU构成。

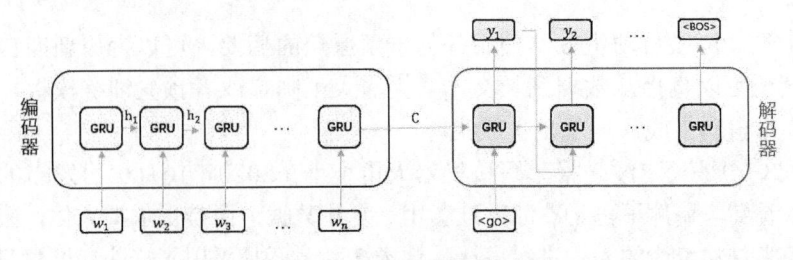

图3-30 Seq2Seq模型结构

很显然，我们不能直接将字符形式的文本输送给模型，需要将字符转换成计算机可以识别并运算的形式，自然语言处理中一般将字符用词向量进行表示，如图3-30代表的就是词向量，c则是整段文本经过编码器编码后得到的语义向量，将语义向量c以及起始符号〈go〉投入译码器中，译码器逐个解码并输出词向量，当解码出〈BOS〉符号代表的词向量时，说明摘要已生成完毕。

以下我们选择取自新浪微博的中文摘要数据集LCSTS作为语料，包含241万对的新闻短文和摘要，基于Seq2Seq模型来尝试用机器自动生成文章摘要。主要步骤如下：

（1）首先进行数据预处理，将词语转换为词向量：使用Python中的中文分词工具jieba对所有文本进行分词，然后再去掉停用词，停用词指的是对整个文档或者单个句子所表达的意思影响不大的词语。最后将每一个词用词向量表示，词向量是一个维度固定的一维向量，传统方法是使用one-hot方式初始化，但这样的词向量维度就是文档中所有词语的个数，维度太大，且数据离散。目前主流的做法是先选择一个合适的词向量维度，然后使用word2vec等词表示模型训练出来的词向量进行初始化。

（2）编码阶段：假设一篇新闻文档经过分词后产生的词向量组为$W=W_1$，$W_2,...W_n$，我们需要做的就是将词向量按照文档中的顺序逐个输入到编码器中，如图3-31所示，编码器中第一个GRU接收第一个词向量以及预设的隐状态（亦是一个一维向量），生成隐状态并将其传递给下一级。第二个GRU接收第二个词向量以及后生成第二个隐状态，如此逐步传递，直至生成最后一个隐状态。为方便起见，我们取最后一个隐状态作为整个文档的语义表征向量c，将此向量传递给解码器。

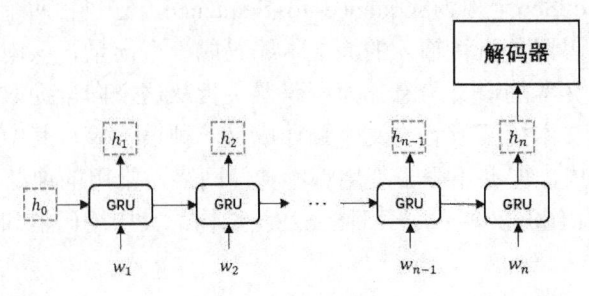

图3-31 编码阶段

（3）解码阶段：编码器将语义向量c传递给解码器中的第一个GRU，与此同时，该GRU接收句首标记〈go〉的词向量，表示开始解码。如图3-32所示，第一个GRU生成的词向量对应的就是生成摘要中的第一个词。此后，解码器中每一级接收的都是前一级的输出，当有一个GRU的输出是句末标记〈BOS〉时，则表明摘要生成完毕。

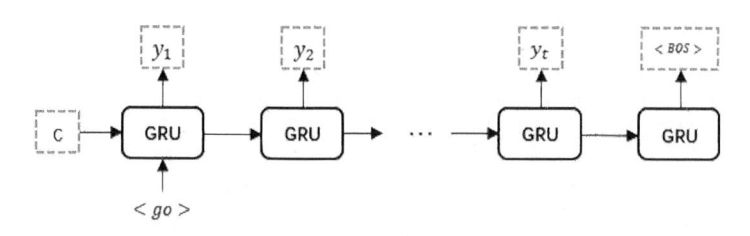

图3-32 解码阶段

（4）自动评估：将生成的词向量与词向量模型的词汇表对照，即可将词向量转换为自然语言。随后我们可以人工评价机器生成摘要的好坏，但考虑到数据量庞大，人工评价时间成本太高，我们采用自动评估的方法。最常用的评估方法为ROUGE，该算法通过统计模型自动生成的摘要与一组标准的人工摘要之间重叠的基本单元的数目得出两者的"相似度"分数，从而评估摘要的质量。

我们使用由GRU构成的Seq2Seq模型（基于字符分词、考虑上下文语境的版本）自动生成新闻摘要，并将其结果与人工新闻摘要进行对比，如表3-1所示。

人工编辑的新闻摘要与机器生成的摘要对比

原新闻	人工新闻摘要	机器新闻摘要
《虎胆龙威5》确定档期3月14日全国上映。《虎胆龙威5》正式宣布将于3月14日登陆内地院线，这一系列也走过了25年的光辉岁月，赢得了全世界影迷的喜爱。该片仅仅两周已经在海外豪取超过2亿美金票房。58岁的布鲁斯·威利斯霸气归来，将再度出手，携手儿子打击恐怖分子。	《虎胆龙威5》确定档期3月14日全国上映	《虎胆龙威5》宣布登陆内地院线
又是一年升学季，为遏制择校，北京对适龄孩子进行信息采集。但是"上有政策，下有对策"，严控之下，仍有一些中介机构或个人，号称手里有名额，可以花钱择校。重点小学名额少则十几万，多则几十万，可信吗？是真有能人，还是借机骗财？	北京幼升小进重点校要交数十万	北京：小学生"有名额"骗局？
昨天微信5.0版登陆苹果AppStore。微信5.0版内置了微信支付、游戏中心等新功能，用户可以绑定财付通或银行卡。账号上微信5.0版做了整合，公众账号将一分为二，分为服务号和订阅号。这使得一些本来将公众账号作为营销平台的企业颇受影响。	微信5.0版上线新增支付功能	微信5.0版上线啦

可以看到，基于Seq2Seq生成的新闻摘要基本能够反映新闻内容主题，但会遗失掉一些人们认为的比较重要的信息，而且有时会生成重复的句子，还无法达到人工编辑的水平。但是这种生成式的机器新闻相对于前两种模式来说，仍然是一种巨大的进步。

四、优势

（一）投入产出效率高

传统媒体形式完成一篇文章，可分为"采集—构思—表述"三个阶段，而每个阶段都需要相应人员付出较多精力和时间。例如，当最新新闻事件发生，记者便要第一时间前往现场采集最新信息，而后也要采访目击证人等收集相关信息，有时也需进行走访、调查；采集信息后，尽快梳理事件脉络，完成新闻构思，组织语言并以标准格式完成初稿，再经由其他部门审核修改才最终发布于各大媒体、报刊、网站等。然而，很多满载写稿人的辛勤付出的稿件，有时在编辑审稿时便因为这样或那样的原因被退回，即便通过审稿后成功发布，文章的浏览量也时常寥寥无几，极低的投入产出比造成资源浪费。相比之下，机器写稿与辅助便很好地解决了这个问题。机器写稿凭借快速的信息处理能力，可以在极短的时间内写出一篇符合格式要求的文章。与传统媒体人相比，机器写稿与辅助可以瞬间完成海量阅读，并根据互联网后台数据，筛选热点新闻，通过算法快速合成新闻，具有低投入高产出的特点。

（二）更具客观性

机器写稿以大数据为基础，消化所服务的客户要求，规模化地在各种数据平台中获取数据和资料，接着将涉及的各种数据进行解析以及勾勒出内在关联，基于历史性的演变背景来解读其意义，对此前分析和提炼到的观点进行故事化叙述，并按照需求生成文本。在数据库中提取整理出的文本内容不带有任何感情色彩，更具客观性。

（三）快速反应突发事件

机器写稿能够代替人类完成对信息源的实时监控，并通过文本解析和爬虫技术实现自动抽取信息，将算法技术与信息结合，快速对突发事件做出反应。2017年8月8日晚，四川九寨沟发生了7.0级地震，各家媒体争相报道，然而，最先发布该消息的是一个写稿机器人，仅用25秒就完成了关于这次地震的速报，全篇585字，并配发5张图，通过中国地震台网官方微信平台推送，全球首发。

（四）精准传播

机器写稿的另一优势就是精准传播。不仅能从有限的观察数据中推理用户兴趣，还能够预测用户的长期兴趣变化，做到人工智能精准阅读推荐，这在一定程度上更精准地满足了用户的信息获取需求，因此受到人们的极大欢迎。

五、劣 势

（一）主题狭隘

传统媒体人有着对信息的概括和总结的必备职业素养，有采访技巧以及突破线索的能力，结合理性的分析，一篇文章的品质，很大程度上依赖于写稿人的能力素养，优秀的媒体人会对任何线索都进行全面深入的挖掘，甚至由一些微小的线索延伸到另一层面，既可以运用精炼简约的语言直观传达事件内容；也可以带有浓重个人情感的主观表达，加入一点生活、加入一点感性，引起读者共鸣；也能够透过现象看本质，写出有深度、有分量的文章。我们知道，机器是没有感情的，只能客观地从数据库中将信息拼接，因此当前机器写稿与辅助还局限于服务类似体育新闻、地震预报等，写作规律显式、结构稳定、篇幅简短的类型。

（二）误导用户

机器人对文章的深度理解能力远远不能和人类相提并论，其在数据库中提取相关词后机械地合成文章，由于深度理解能力不够，便会导致自动生成的文章句式不通，前后语义不连贯，甚至会偏离主题，输出错误信息，进而误导用户。

（三）局限用户阅读面

前面我们说过其优势之一是精准传播，然而，有利也有弊，人工智能做到精准传播的同时，也给用户带来了局限，也就是"信息茧房"。在推荐算法下，其便捷的精准信息提供方式促进了用户的依赖，加剧"信息茧房"效应，用户会越来越固化思维，对世界的认知也会越来越片面，与其他人形成"数字鸿沟"，往往在不知不觉中消耗大量时间但不能获取更多信息。

六、小 结

机器写稿与辅助时代的到来，是一个不可避免的趋势，但其发展仍需一个很长阶段的时期。写稿不同于阿尔法狗，它的集成是突破每个人心理、智力等综合因素，从而扩大集成优势。而新闻是文字、音像、节律的综合推送，现场体验、当场感受无法被替代。因此，目前机器写稿与辅助仅仅是一个方向，其发展需要集成社会法制、管理机制、社会治理体系等多个方面，需要人们做到趋利避害，结合其他技术的同时，加强规范管理，在弥补传统媒体劣势基础上进行改进发展，才能更好地迈进融媒体时代。

第四节 UGC、PGC、PUGC等内容生产模式

随着全球移动互联网的不断发展以及电子移动设备的日益普及，内容生产与输出环节高度依赖于专业人士的传统媒体行业，已不再是各类新闻、资讯的唯一

生产点，UGC、PGC、PUGC等新型内容生产模式逐渐成为了Web 2.0时代中关键的网络信息资源创作与组织模式。同时，它们也成为融媒体工作者进行内容素材搜集的重要来源以及内容生产的关键途径。

融媒体工作者只有在深入了解以上几种模式的深刻内涵后，才能剖析出各个模式的优劣对比，取长补短、因地制宜，进而更好地挖掘出服务于新型融媒体工作的优质内容素材与最佳创作渠道。

一、UGC内容生产模式

UGC（User Generated Content），意为用户生产内容，即普通大众用户凭借个人意愿在互联网平台发表、展示或提供给其他用户的文字、图片、音频、视频等信息内容，以达到抒发个人感受、表达观点、分享知识等目的。UGC内容生产模式概念的提出最早源于2005年，此时互联网正由1.0时代（媒体机构发布内容）逐渐过渡到2.0时代（普通用户参与内容创作），个人博客、论坛、自媒体也自此开始逐渐流行。

（一）基于类型理论的UGC分析框架

UGC充分体现出了Web 2.0的时代精神，且赋予了每个接触互联网的人进行自我表达的话语权，它的背后紧密联系着用户群体、社会网络和传播渠道，呈现出网状辐射的架构。鉴于此，基于类型理论的UGC分析框架对于深入探讨UGC的优势、理清其中的脉络便显得尤为必要。

（二）按内容类型与属性分析

UGC的内容类型与属性存在着丰富的多样性与粒度的差异性。依照粒度的差异来看，不同的内容往往体现出了创作者在创作、传播环节中投入的精力成本、设备成本，任务的复杂程度的差异，例如，用户在线进行评论会比撰写一篇新的博客要来得更加轻松。同时，可以按照UGC内容的功能对其进行分类，大致可分为娱乐型、社交型、商业型、兴趣型以及舆论型。

举例来说，作为兴趣型UGC的成功案例，豆瓣网（https://www.douban.com/）会受到广大用户欢迎与喜爱的最大原因便是其独特的内容生成与推荐机制。豆瓣网中的全部内容、类别、排序都由注册用户所决定。在豆瓣网中，用户能够对所有感兴趣的书籍、电影、音乐等内容进行评论、分享和推荐，也可以与拥有共同喜好的用户群体进行讨论与交流。

图3-33 豆瓣的兴趣图书推荐

如图3-33所示，豆瓣凭借着出色的"协同过滤"算法，通过对海量的用户行为进行记录与分析，详细地描绘出了全体用户的用户画像，进而精准到位地为用户推荐出了系统认为其最有可能感兴趣的书籍内容，推荐的结果在准确性上得到了良好的验证。

该算法基于以下假设：若用户对某些条目的评分相似，则它们对于其他条目的评分也会相似。因此，用户i与用户j的相似度S_{ij}定义为：

$$S_{ij} = \frac{|B_i \cap B_j|}{|B_i \cup B_j|} \qquad (3.3)$$

其中，B_i、B_j分别为不同用户的收藏条目内容。通过对用户间喜爱类目的相似性对比，系统便可以向用户推荐具有共同爱好的用户的喜好清单，进而实现精准推荐的效果。

通过"标签"将共同的信息进行整合，形成了大家所喜爱的豆瓣网，这便是UGC聚合以及先进推荐算法的完美融合，也是当前融媒体工作者值得借鉴的方案。

（三）按用户生产内容的动机分析

用户在创造、分享内容的环节中往往受到不同因素的影响，且其强度和指向各不相同。因此，对用户生产内容的动机进行分类，能够帮助融媒体工作者更好地挖掘出吸引读者眼球、增进用户黏性的内容生产模式。因此，对于当前现有的UGC平台而言，可将用户生产内容的动机分为分享个人兴趣、获取社会认同感以及获取虚拟社区感等几类。

举例来说，作为最大的知识分享平台，知乎（https://www.zhihu.com/）便是利用"点赞"机制对一个问题的所有答案进行排序。通过参与用户的投票，评选出自己心目中最佳的答案，并且给出自己的赞，便能使该答案置顶的概率提高。同时，在某个领域的用户如果发表了较多的优质回答，其身份也会被提升，进而大大提高该用户回答的曝光程度，而关注该用户的粉丝也会不断增加。

图3-34 知乎的点赞与关注机制

通过这一设定，用户们回答问题的质量有了质的提升，越来越多的优质知识内容也更好地呈现在人们眼前。而这一切背后的推手，便是利用了用户生产内容时的一大动机——获取社会认同感。知乎对用户的心理动机进行深入剖析，使用户认为参与社区互动的行为具备相应的价值，这种激励模式不断促使用户创作更加优质的内容，也是当今融媒体工作者学习借鉴的又一方案。

二、UGC内容发表原则与安全策略

（一）UGC内容发表原则

用户在平台发布内容，不得逾越法律法规、社会主义制度、国家利益、公民合法权益、社会公共秩序、道德风尚和信息真实性"七条底线"；应尊重其他用户合法权益及公民个人隐私，尊重社会公序良俗，遵守国家法律法规。同时，对于广告或营销类的内容也应禁止在平台内发表。

（二）基于身份管理的UGC内容安全策略

UGC平台存在种类多样、用户众多、属性复杂的特点，这在一定程度上加大了用户身份的不可信程度。部分用户创建虚假信息，哗众取宠，违背了信息的真实性与有用性原则。同时，海量的用户所产生的内容素材将大大增加融媒体工作者对素材筛选的工作量。融媒体所采用的用户生产内容素材不但需要内容真实可靠，符合融媒体的宣传要求，同时在时效性上也有着很高的要求。

因此，基于用户管理的UGC内容安全策略便是解决上述问题的关键办法。融媒体管理者可先对UGC内容生产者的身份进行智能化验证，根据安全可信度将用户分为内部用户和外部用户。其中，内部用户涵盖了编辑、记者等融媒体平台内部内容生产者，外部用户则特指其身份与所提供内容无法完全被信任的用户，其发布的关键信息将经过一系列严格的审核验证工作。通过这一举措，融媒体内容生产平台便能够有效地吸纳优质用户的内容素材资源，极大地提升了UGC生产内容的安全性和时效性。

（三）基于用户行为管理的UGC内容安全策略

UGC内容的质量往往取决于用户创作内容时所处的环境等客观因素，同时也受到其当时的情绪状态等主观因素的影响。例如，在用户情绪低落时可能会在平台上发表缺乏理性的言论，而在情绪平复后的行为则表现得更为理性。此外，用户的历史过往行为信息也可以成为评判该用户生产内容质量的重要因素，过往行为评价较高的用户更大概率发表质量较优的内容。反之，过往行为评价较差的用户则更需要受到行为监管。因此，对用户的行为采取一个科学合理的安全管控策略，有着尤为关键的意义。

融媒体平台管理者可以利用针对所有用户过往的文章、评论、分享、点赞等数据进行深入挖掘、统计、分析的方式，将用户划分为不同的等级，进而实现精准到位的管控效果。其中，可将时常分享优质信息的用户划入高等级用户组当中，优先选择其所生产的内容素材。而对于经常散播恶意信息的用户则将其纳入低等级用户组当中，对其发表内容的权限加以限制，强化审核，从而从根本上提升融媒体平台内容素材的准确性与科学性。

三、PGC内容生产模式

PGC（Professional Generated Content），意为专业生产内容，在该模式下的内容生产者，身份都是某一垂直专业领域的专家、学者或是意见领袖等。

（一）PGC产生的原因

虽然UGC模式下的内容素材丰富，且涵盖范围较广，但其质量往往存在良莠不齐的问题，且很容易涉及知识产权的风险，内容中也存在着很多虚假信息。在这种情况下，PGC模式便应运而生。融媒体工作者便属于该模式下的内容生产用户，通过利用自身专业的知识素养，对某一事件或时政内容发表独特的见解与思想，内容极具深度，且权威性、专业性强。

（二）基于PGC模式的成功案例

丁香医生（https://dxy.com/）作为一款健康科普、在线问医的医疗类网站，正是基于PGC模式下的一项成功案例。在成立之初，丁香医生便确定了PGC的内容生产逻辑，通过签约数千名医生的方式，组建了一批具有专业医学资质的编辑团队，持续不断地向大众用户输出高质量可信赖的健康知识内容。同时，还专门设置了"科学严审"环节，专家可对输出的内容拥有一票否决的权利。这正是体现了PGC模式下极具专业性、权威性的内容特点，也是融媒体工作者应当恪守的内容创作准则。

在2020年新年伊始的疫情尚未停息之时，以医疗健康领域著称的丁香医生便开辟了疫情实时动态专栏，所有疫情波及国家的最新疫情数据、新闻资讯、防护知识，都会在"全球疫情地图"中实时更新，并且配合地图、趋势图等形式，直观展示疫情进展。同时，还配备了疫情辟谣、与患者是否同程查询、权威专家意见等板块内容。通过权威的数据和内容，为广大群众提供了及时了解疫情动态的良好途径。截至2020年10月10日，该地图已达到了共计超过40亿人次的访问量。

忠于内容，是PGC模式的一大原则。在"全球疫情地图"板块中，所有栏目均能直击用户的痛点，内容精炼，并且在疫情数据上的展示形式丰富多样，因此

图3-35 丁香医生疫情实时动态情况

受到了广大用户的好评。因此，对于融媒体工作者而言，应当结合当地的特色，抓住群众的需求，创作出具有意义且兼具科学性、权威性的内容，才能够更好地构建新型融媒体的工作机制。

四、PUGC内容生产模式

（一）PUGC的概念与现实意义

在移动互联网趋势下，个体的崛起和组织的没落已成为共识，喻国明教授认为，对于"个人"为基本社会传播单位的赋权与"激活"是互联网对于我们这个社会的最大改变。个人传播的崛起让PGC不再是媒体占有市场的法宝，谁能网罗广大用户，实现规模化的UGC，谁就能占得先机，UGC早已成为整个行业不可避免的趋势，但其不专业、无标准的内容特点也为市场带来了极大难题，无数低俗内容让用户产生反感。既然UGC不可避免，那就让UGC成为特殊的PGC，即通过一定的辅导让创作者学会如何进行专业的内容选择，指导他们专业的内容生产和创作，形成专业的新闻价值理念，让创作者们更加成熟，减少无意义的内容生产和创作，制作出更加优质的内容，从创作和编辑两轮把关中保证了内容的价值。由此慢慢形成了这种从无到有的独特理念——PUGC。PUGC是"Professional User Generated Content"的缩写，即"专业用户生产内容"或"专家生产内容"，是一种互联网术语。它是以UGC形式，产出的相对接近PGC的专业音频内容，兼具UGC的个性化特征和PGC的精良制作。PUGC代表着特殊的直播场景和特殊的直播身份，以及一些特殊的事件所造成的特定的、有价值的、不可复制的直播内容。

在为信息网路注入大量内容的同时，UGC带来的问题也成为学者的研究热潮。例如，用户生成内容引发的法律侵权问题，UGC的创作主体广泛匿名，制作质量良莠不齐等问题，UGC问题的横行主要是由于缺乏把关。在微博评论、贴吧、论坛等地方随处可见的是垃圾邮件、广告信息、水军刷帖。而PUGC模式是更加符合发展的模式，并不是说PUGC完全取代PGC或者UGC，而是新事物否定了旧事物中消极的、过时的、腐朽的东西，同时吸取、继承了旧事物中积极的、仍在适应新的历史条件的东西，并增添了一些为旧事物所不能容纳的新东西，因而它在内容上比旧事物丰富、在形态上比旧事物高级、在结构上比旧事物合理、在功能上比旧事物强大，具有旧事物所不可比拟的优越性和强大的生命力。新事物的产生和旧事物的灭亡，是不可抗拒的，新事物必然代替旧事物，PUGC的产生就是应"问题"而生。

（二）基于PUGC模式成功案例的分析

1.基于PUGC模式的短视频内容生产——梨视频

（1）短视频界的价值清流。在众多迎合市场而生的短视频APP中，梨视频一开始就独特新颖，推出和其他短视频不同的价值理念。如果用一句话评价梨视频，或许可以说：这款邱兵式"人工"智能应用，是在技术加持下最关注这个时代人的价值取向的产品。梨视频锁定的，不是传统意义上的新闻，也不是浅层面的娱乐内容，而是最好的资讯，是最好的有价值的信息。

（2）专业编辑的严格把关。传统的新闻传播领域是真正的内容为王，互联网兴起后，内容固然重要，但更重要的是承载内容的平台。在短视频领域，越来越多的好平台成为内容生产者竞相争夺的资源。当众多的内容爆炸式地出现在平台上时，互联网暴露出其致命的弱点——编辑流程的缺失。"把关人"的缺失让内容爆炸，用户完全不知道如何选择，也无法分辨真假。好平台不再是唯一的资源，好平台上拥有好内容才是读者需要的。平台与"拍客"合二为一。

其一，互利互惠的依赖关系。无论是什么样的合作，只有平等互惠才能成为长久关系的基础，梨视频与其众多拍客之间就形成了这样的关系。拍客的爆料一经上传，就可以被梨视频的编导团队选择和加工，拍客可以在后台同步看到剪辑的进度，以及发布后的播放数（在观众界面不可见）。在梨视频官网上可以看到，爆料的稿酬则以基础稿酬（50—400元）+24小时内的点击奖励来计算。在这样的关系下，拍客更有动力进行内容创作，梨视频也能为用户提供更多优质内容，二者在工作上成为互惠互利的依赖关系。

其二，互相承认的认同关系。梨视频在运作模式上更像一个传统的媒体组织，剪辑审核人员与众多拍客之间更像是一种编辑与记者的关系，他们同为这个团队的成员。正如邱兵所言，"以往，拍客只是某个平台机构商业运营的一种形式，不太会在业务上跟平台形成互动，而梨视频花了大力气来搭建拍客系统，是希望它成为我们视频拍摄和创作的骨架"。

2. PUGC模式下的互联网电台内容生产——喜马拉雅

2013年3月，喜马拉雅FM上线，其后来居上，喜马拉雅FM自身所拥有的活跃用户数量就达到了3007.84万人，市场份额在众多互联网电台中占据明显优势，达到全行业领先的34.52%，成为行业领先的电台，有众多必然性，其获得成功的最重要因素，在于创新使用PUGC模式进行内容生产。喜马拉雅FM在PUGC模式进行了有益的尝试。其将盛行于互联网时代的UGC模式与传统电台中普遍使用的PGC模式整合，形成了PUGC模式，用这种模式指导内容生产，它使喜马拉雅FM在内容生产上更加灵活多样，也更能满足融媒体时代用户的不同需求。主要表现在以下几个方面。

（1）吸引知名人士，树立平台品牌。UGC模式主要在内容的广度上做文章，用以帮助平台贡献流量和参与度；而专业用户生产内容的优势在于维持内容的深度，进而树立品牌，创造价值。喜马拉雅FM在专业用户的选择上不仅局限于有电台工作背景或播音专业出身的电视台、电台工作者，其他领域的优秀代表也成为PUGC模式中进行内容生产的专业用户。

（2）升级草根播客，打造品牌专区。在UGC模式的内容生产框架下，喜马拉雅FM依靠平台和渠道的建设，聚集起了超过400万草根主播。这些主播是平台的受众，也是内容生产者。但由于PUGC模式更强调专业性，因此草根主播的生存空间被压缩。这种情况下，喜马拉雅FM通过开设认证制度，在400万草根主播中选出8万认证主播，进入"喜马拉雅大学"进行包括播音技巧、内容生产以及传播策略等方面的全方位培训，将其打造成平台自身培养的专业用户。

（3）布局文创内容，注重IP保护。PUGC模式所强调的，一方面在于用户的专业属性，另一方面也在于保障内容的原创性和高质量。与阅文集团签订合作协议，获得其千万册网络原创小说版权资源的有声内容改编权，就热门文学IP的有声改编、文学内容衍生发展等与9家一线图书公司达成战略合作协议，使喜马拉雅FM拥有这些公司70%以上的有声书改编版权；购买韩寒、张嘉佳等知名作家作品的有声版权，实现了文创内容在上游生产领域的全面布局。

（4）依靠数据优势，智能匹配内容。融媒体时代，能否实现定制和智能匹配是衡量一个平台优劣的基本要素之一。为不同用户打造不同的产品也是移动电台制胜的途径，这些内容匹配性强，往往能够与电台中的主要用户群体相贴合，提升其对平台的满意度和忠诚度。

（在本章的编写过程中，得到了深圳大学信息中心大数据与网络空间安全专业闫宇萌、杨扬、高婕、李炎、张俊鹏、陈泓宇、周俊亮、林泽钦等几位同学的协助，在此表示诚挚的感谢。）

第四章 融媒体制作

关于融媒体制作的技术问题、策采编评播的全流程内容本书其他章节已经涉及，本章主要针对融媒体作品制作流程进行剖析，尤其是对各个环节的创意实现及其内含的创意思维形成进行深度解读。

融媒体作品类型是随着媒体技术的发展不断增加的，对于普通受众而言，媒介技术的快速发展会为自己提供什么样的表达方式和接收平台还是有着很强的神秘感和诱惑力的，因为每一种新的信息传播平台都是热潮次第来、流量竞相"开"，显然，新媒体技术的研发是追着人们的需求特点、牵着人们的信息欲求而推进的。短视频、直播都是如此。

更值得一提的是，在2018年8月召开的全国宣传思想工作会议上，习近平总书记明确提出，要扎实抓好县级融媒体中心建设，更好引导群众、服务群众。县级融媒体中心建设是时代发展的必然要求，是新时代治国理政的重大举措，更是加速乡村振兴战略进程、加快农村脱贫步伐、加强农村精神文明建设的重要抓手，所以，县级融媒中心推出的短视频作品、直播内容也需要实现相应的传播价值。

第一节 短视频

用拇指滑动一方屏幕、让屏幕"滚"出一个完全场景的世界，这就是融媒体时代的短视频功能，当前，短视频以其体量轻、节奏快的优势成为融媒体传播的流量担当。"短视频（英语：short video）又叫短片，是指长度为15分钟以内的视频，主要是在移动智能终端上进行拍摄、美化编辑或加特效，并可以在网络社交平台上进行实时分享的一种新型视频形式"，通常，短视频在5分钟左右甚至更短，给受众的收视体验是"已然知道但意犹未尽且不断刷新"，所以能够形成"收视依恋""接受快感"，所谓"抖音5分钟，人间一小时"就是这个原因。事实上，未必所有的短视频都会达到这样的传播效果。想要取得预期传播效果，就需要传播者在视频内容定位、表达技巧选择、受众画像分析等诸多方面深挖资源，"精耕细作"。

一、传播内容依然是影响短视频传播力的根本要素

在短视频制作技术不断推陈出新、新媒体平台日益丰富的今天，于万变中不变的是传播内容的打造，形成短视频账号的内容吸附力是传播平台持续发展的根本。不同的短视频平台在内容打造方面有着不同的发展路径，从平台所有制类型来看，可以分为商业型短视频平台和体制内短视频平台，比如传统媒体开通的抖音、快手、微信视频账号等。本章主要针对传统媒体和县级融媒体的短视频制作进行剖析，以期发现"不变"的规律来应对不断变化的技术支持。

对于承担着新闻宣传任务、舆论引导功能的体制内新闻媒体而言，无论是报纸、广播、电视，还是机构设置覆盖面更广的县级融媒体，都非常重视传播内容的倾力打造，中央级媒体常出爆款产品，省级媒体也会有影响力很大的短视频产品被广为转发，这些都是给传播者提供规律认知的案例。

（一）激起受众思想活力，实现短视频高质量

分析传统媒体所发布的10万+浏览量的短视频作品，可以发现，容易获得深度认可甚至让受众自觉形成浏览的路径习惯的作品，往往在内容上都能够让受众在作品中找到"自己参与创作"的感觉，从制作理念的角度来说，给受众"预留空间"就显得特别重要了。如何给受众"预留空间"并能够"悦享"这样的空间，剖析《准备好纸巾了吗？240秒回顾2019催泪瞬间，看到最后红眼眶》（以下简称《催泪瞬间》）可以找到答案。

图4-1 《催泪瞬间》封面

创办于2017年的《中国青年报》新闻短视频品牌"青蜂侠"原创爆款作品《催泪瞬间》并没有酷炫的技术，也不是独家的素材，只是用自己的创意戳中了无数人的"痛点+泪点"，让无数人的"温度+力度"都清晰了，这样的创意无论是对县级融媒体还是对中央级媒体都有着非常可行的借鉴性。作品以"2019年，你可能经历过加班、生病、离别，或许曾大哭过，对成年人的崩溃感同身受。2019年，你的身边也有很多时刻，让你感慨生活的温暖，更有人一直为你保驾护航。240秒回顾2019催泪瞬间，哭过笑过，继续出发"为主线，贯之以"曾经成为

热点"的19个新闻场景，分成4个小单元构成4分钟的短视频，总有一个场景会击中"快时代"的年轻人。从短视频创作的角度可以做出如下总结。

1. 以画面集纳形成心理冲击

丰富短视频选题一个很好的思路就是"集纳"的思维方式，也就是将同类的或有一定程度共性的视频素材进行重新编辑，因为这样的"集纳"往往情感更浓、思想更丰富，或者视觉冲击力更强，这就让作品具备了与受众之间的"接触优势"。《催泪瞬间》的接触优势就在于封面设计就是"以哭为中心、以笑为两翼"一反人们认知常态的一组画面，身着标志性救援服装男子的哭、耄耋老人孩童般的笑、消防员蹲墙根大口大口的吃相都已经暗示了背后是"有看点"的。点开视频的画面导视就是毫无掩饰地哭、声嘶力竭地喊、满是艰辛的笑，这足以吸引受众继续看下去。

2. 以"他者瞬间"唤醒"自我经历"产生共情

在进行集纳性短视频创作时，需要注意的是所选素材的"动员力量"，让观者能够由"他"及"我"。《催泪瞬间》中"我已经尽力了，可是……""我已经连续两星期加班，今天好不容易正常下班……""此生，无怨无悔……""我从内心感恩培育我的祖国……"都是很多人亲身经历，有相应的语境、相同的心态。"说出观者想说的"就需要在创作的时候先想到"受众需要的"，也就是做好受众需求分析，更容易做出具有共情力的好作品。

以上从短视频创作角度的剖析，可以看到《中国青年报》所坚持的短视频要原创的要求和创作理念："我选择的内容、我核实的事实、我完善的要素、我构建的逻辑、我表达的态度"（《短视频的创新发展与演进之路》——《中国报业》2021年第三期）尤其是"我建构的逻辑"可以成为一种原创短视频的典型思维方式。

短视频创作的逻辑构建能力是形成作品水平区别度很重要的因素。在融媒体时代，并非所有的短视频账号都定位于"全国爆款推出平台"，特别是很难有条件推出影响全国甚至更大范围的爆款作品，尤其是越来越重视短视频传播的县级融媒体，就不妨提升作品的逻辑建构能力，作出具有区域性影响力的作品，这是很好地实现短视频传播价值的表现，更是县级融媒体的整体功能定位所在。抖音账号Huhhotnews推出《再见，草原列》短视频，画面简单，文字情深，就很好地把握了情感逻辑起点，逻辑起点找准了，对受众的情感动员、思想力动员也就自然形成，当然也就能够引起众多强烈共鸣。1980年5月1日呼和浩特至海拉尔的列车开通，其间起点终点稍作调整，横跨内蒙古自治区的这趟"草原列"于2021年1月21日停运，这趟列车途经的省、市、自治区为内蒙古—河北—北京—河北—内蒙古—吉林—黑龙江—内蒙古一路停靠29个站点，内蒙古的很多高校都在呼和浩特，而在内蒙古就读的大学生、研究生，只要是跨盟市大多都会乘坐这趟列车，几代大学生的青春记忆都跟这趟列车有关,所以这个短视频的逻辑起点主打"情感",就是"青春记忆"。

图4-2 抖音账号Huhhotnews《再见,草原列》截图

图4-3 抖音账号Huhhotnews《再见,草原列》跟帖截图

回忆处越深,情感越浓,触及浓到化不开的集体记忆就是短视频效果可以抵达的最优状态。每个地理区域生活着、生活过的人们都会如此,以此类推,把握好短视频制作的逻辑起点就很有可能抵达内容传播的效果终点。

(二)精心设计表达要素,让每一个符号都"各尽其职"

短视频的表达要素主要是文字、动态画面、声音元素(同期声、配音或配乐)等。方寸之间的手机屏幕上,短视频呈现出的每一个元素都需要实现其传播价值,对于创作者而言,"布屏敏感能力"就显得很重要了,如何精心设计文字、形成音效，且所有元素融合在一起没有违和感形成最佳效果，从而让受众获得最佳的观屏体验。

视频配文字首先需要说的是标题，《催泪瞬间》的文字小标题分别是《2019年，成年人的崩溃或许你深有体会》《但不要忽视身边的温暖》《也别忘了他们在为你保驾护航》《其实，所有人都在为你的幸福努力》，这组标题拟定都有很强的个体对应感，这就是在跟"你"说，"如晤"的体验让观者很快沉浸于此，而"崩溃""温暖""保护"以及"幸福"这些词语都点中了当前年轻人的"情感穴位"，或为内心压抑的常态、或是内心无比的渴望等等，都可以实现从共鸣、共情到认同，短视频的传播价值也就生成了。

当然，对于短视频而言，"话题""描述"的文字也同样重要。如《湖北日报》在2020年1月28日开始至同年7月1日湖北最后一例无症状感染者解除医学观察，共推出1366集《众志成城共克疫情》短视频，总播放量达到135.2亿，收藏量达到19.6万，其标题文字高度概括内容要点，既有不同级别之间的区别度，又有系列短视频合集的节奏感、牵动力，话题文字也是精准描述，对画面内容形成适度的信息补充作用。从操作层面来看，这就需要在话题文字拟定的时候，用实题强调其"提示内容"的功能，不适合使用虚题，在文字表述方面，适合视频"短"的特征，用最少的字说最多的"话"——说事则来龙去脉清晰，说理则直抵要害明白透彻，用情则浓淡适度引人入境。在《众志成城共克疫情》系列的第一集中，屏幕用字属于"事""情"兼具，如图："哭泣的医生：同事倒下了 病人还要继续救"，这是职业理念，是工作态度，是情感价值取向，而屏幕下方的文字为这样的情感、情怀夯实事实基础，方寸屏幕让二者迅速在受众的视力范围内合二为一，瞬间击中受众的泪点。

图4-4 湖北日报《众志成城共克疫情》截图

"精彩配文"这一效果目标达成，在创作的时候需要把握的另一个要点就是：语感、语态符合新媒体调性，将真诚、庄重等质感偏沉的情感特质喻于漫不经心甚至看似随意之中，措辞上善于使用"举重若轻"的表达思维。rmrbxmt抖音号上推出的一条短视频《日本一市长求助中国：能否返还之前捐赠剩余口罩》就是语言表达"举重若轻"思维的"范本"。新冠肺炎疫情初期，我国接收到的来自其他国家的防疫物资很多，其中日本丰川市捐赠了4500个口罩，但其后这里也受到了疫情威胁，在面对记者时，该市市长诚恳但有些羞涩地说："如果你们还有剩下的，能不能还给我们"，短视频画面转为待发的多箱口罩，配文字为"中国：十倍回赠（另行）友好城市无锡新吴捐赠5万只口罩""You滴答滴答Me I哗啦哗啦You"，也就是将"滴水之恩当涌泉相报"进行了"网络化翻译"，且很体贴地顾及语言文化差异可能导致对中国俗语的理解、接受的偏差，所以形象又生动、幽默又不失庄重、彼此尊重且诚心诚意的内心跃然屏上，语言表达效果也是分量很重的帮助却不愿给对方带去受助的压力，这样的表达就是符合互联网时代短视频调性的语言。"You滴答滴答Me I哗啦哗啦You"也很快成为网络流行语、生活常用词，因为这样的表达无论在网上还是线下，都会减轻语境中双方彼此的心理负担，拉近心理距离。

图4-5 rmrbxmt抖音号
《日本一市长求助中国：能否返还之前捐赠剩余口罩》截屏

短视频画面可以新到无可替代，更可以旧到随心"填补"，无论新旧，都是意在"扩展受众的视觉联想或场景想象"。短视频大多都是以感知性信息而非单纯感受性信息为主要承载内容的，在碎片化传播、碎片化接受的时代，通常都会比较"实"，所以短视频画面不只是讲究内容鲜明清晰，并不强调必须是画面酷炫或意境丰富等视觉效果，而是考虑引起受众共鸣要素可以有哪些方面的角度进行创作切入，画面的哪一帧可以成为"唤醒剂"唤醒受众产生更多的视觉联想并进而产生"非同寻常"的认知。比如武汉封城期间，有人在自己的短视频平台随手发了一条邻居家窗帘在大风中肆意飞舞的动态，很快引发大量关注。hubeidaily抖音号、rmrbxmt抖音号、央视新闻抖音号等取材于这个个人账号，推出关于"武汉'连续剧'窗帘"的短视频作品，"牵动了"全国人民的心。网友们从一开始觉得好笑，到后来因为疫情之中的不测之事较多，脑补各种令人忧心的场景、画面，内心由好笑变成了对这家人深深的担忧，直至知道这家人平安归来。最后这条见证了武汉人民共同经历寒风飘雪到春暖花开的窗帘，被武汉市博物馆收藏。而"共同经历寒风飘雪到春暖花开"的心路历程就是在不约而同地因为飘荡的窗帘打开各种心理场景。

图4-6 央视新闻抖音号截图

图4-7 rmrbxmt抖音号截图

音效元素：背景性声音元素往往能够稳控内容节奏，营造相应氛围，填补信息留白。比如"武汉窗帘系列"，音效就从最初的偏娱乐甚至有点搞笑到后来的比较容易助推受众产生深情、期待等情感的背景音乐，充分将网民对窗帘主人的担忧体现了出来。短视频制作中，背景音乐不是必需元素，却完全可以成为锦上添花的一笔，可以成为成就作品独特性的要素。短视频制作者，需要不断进行音乐或其他声音的素材库建设，当然还要避免产生侵犯知识产权的情况发生。短视频乱用音效的情况也较为普遍，比如"群笑声音"，不能恰到好处地使用往往容易弱化内容传播效果的。

二、提升表达能力是撑起短视频影响力建设的重要支柱

制作短视频，在确定了"做什么"之后，就是"怎么做"的问题，也就是如何建构短视频作品的表达力量。而"表达力量"的形成也得从讲究"四力"说起，就是脚力、眼力、脑力、笔力。脚力，讲究的是深入社会现实生活，获得第一手素材，尽力追究"独家首发"；眼力，则是强调能够在繁杂的素材中透过现象看本质、通过一般找到规律，这就需要敏于思考，善于探究，乐于思维上"以大观小"继而在作品中"以小见大"；脑力，就是历练强大的思维加工能力，或者说建立思维高架桥的能力，让思维四通八达又很有秩序，活跃的思维就是脑力强的一种表现；笔力，则是脚力、眼力、脑力的落实和最终体现，对短视频作品而言，就是所有的表达元素是否都呈现了其本该具有的力量，而这又是以脚力为基础、以眼力为关键、以脑力为核心的。在短视频创作过程中能够做到敏于取材、精于创作、善于传播。表达力是实现传播力的前提，也就是让作品产生传播价值的前提。在具体进行短视频创作的过程中，表达力的提升在"四力"俱提的基础上，还可以在以下几方面着力。

（一）建立故事感，形成利于视频收看的沉浸场景

短视频由于时长的限制很难讲述完整的故事，但这并不影响成功建立故事感来吸引受众。

曾有刷屏不到一分钟的短视频《看哭了，护士妈妈坚守抗疫一线，6岁哥哥开导4岁弟弟》，显然"原创"是这对小主人公的家人，但被多家媒体制作成短视频推出，画面中哥哥一直是喊着跟找妈妈的弟弟说话："哭是解决不了问题的""世上不是妈妈最辛苦！所有人都辛苦！""弟弟的哭+哥哥的话"就是故事感，而背后的"抗疫家庭的故事"的主角妈妈、照顾两个孩子的爸爸都不用出场，就足以让熟悉柴米油盐家庭生活的每一个人进行"脑补"了，特别是家有幼儿的人也是能够感同身受的。还有中新微博短视频《内蒙古12岁男孩拉面手艺娴熟》也是如此，视频是男孩做拉面的场景，他爸爸讲述"何以如此"的画外音，"12岁""拉面技术娴熟""劳动不易""珍惜学习机会"就是建立故事感的关键词，受众会将个人体验、家庭经历融入这个12岁男孩的行为之中，比如教育孩子"好好学习"，比如培养孩子建立劳动习惯，等等。短视频建立故事感形成的"收视魅力"，很多时候就在于能够建立观看代入感，受众容易沉浸于此。

图4-9 中新微博短视频
《内蒙古12岁男孩拉面手艺娴熟》

图4-10 "今日关注"抖音截图

而像"夜晚被三男子尾随"这样的新闻，更容易引发观者产生场景沉浸，然后会在自我假设的场景产生应对意识甚至想出应对办法——短视频传播的价值也就在这个"沉浸"过程中很大程度地实现了。

这类非原创短视频素材成为新闻媒体推出的热度产品，可以给更多诸如县级融媒体这类有明显地域定位的短视频平台以增强"四力"角度的启发，很多优质素材就在自己的身边，需要提升"脚力"去发现，提升"笔力"来表达。

（二）做好服务，打造本地受众的信息依赖路径

在县级融媒体发展过程中，新闻推送只是其中的一个部分，综合服务性应该越来越强，但"有服务"和"做好服务"是两回事儿。做好信息服务是很多县级融媒体形成本地受众黏附力的基础要素，比如更具体的气象信息服务、就医信息服务、农业信息服务等，有黏附力的信息服务并不是简单地告知，而是需要在进行受众需求调研的基础上，丰富传播内容及传播形式，让收视习惯成为自觉自愿的选择。

发掘自身表达优势，将服务信息做出自己的个性、独具魅力的特色，用"与众不同、独树一帜"的信息表达风格来赢得互联网时代的受众选择。可以作为借鉴的是央视新闻微博小视频中朱广权播天气预报，尽管朱广权独具"押韵风格"的播报有着各平台的普适性，但对于短视频制作来说也有着较强的制作思路参考价值。以"朱广权教你气象界的土味情话"和"当朱广权遇上降温"两段播报短视频为例，如图所示无论是播放量还是点赞量、留言数量，都能看出这个作为电视直播一个小单元的短视频是非常受欢迎的，其受欢迎的风格特点值得短视频制作者剖析、借鉴。

【"朱广权教你气象界的土味情话"口播】坚守一线的气象工作人员可能会错过今年的鲜花与约会，不过他们的情话却不能轻易浪费，你看这张云图，台风眼又大又圆，就像你的眼忽闪忽闪，今夜到明早想你，预计下午转为很想你，受此情绪影响，傍晚将转为暴想，此类天气将会持续到见你为止，因为有你风霜雨雪都不怕，跟你在一起时，心就像这两天的气温，忽上忽下。

【"当朱广权遇上降温"口播】接下来关注天气，最近的天气是"冻力"十足啊，你是不是很怀念温暖的日子？你想劝天气重抖擞，天气却对你大声吼，这样的要求休出口！风雪来了，我也抖，昨天受冷空气和阴雨雪天气的共同影响，我国西北黄淮江淮华南等地都出现了不同程度的降温，降幅多在一到四摄氏度之间，随着冷空气东移南下，今天到11号，北方大部分地区将迎来较大范围的雨雪天气，局地有大雪或暴雪，气温普遍下降四到六摄氏度，局地可达8到12摄氏度。

"气象播报"属于"命题作文"，必须进行播报的，如何把常规的气象播报做成热点视频，就需要在"笔力"上下功夫，朱广权的独特之处在于语言风格，播报表情似笑非笑的正经，措辞用句一本正经的幽默，再加上通俗易懂的押韵和极接地气的通感或比喻，将气象信息人格化、生活化。剖析其背后的思维方式，就是推翻习以为常——从台风咆哮到温柔情话，极尽生活化联想——从天气变化到恋人相处，全力戳中生活"痛点"——恋人"小脾气"挺大，把握住这样的思维方式，因素材施策，在制作团队的通力合作下就可以打造"色彩鲜明"引人关注的短视频。春种秋收、开学放假、五一、十一，都会有"半命题作文"或"命题作文"，制作团队从策划、拍摄、收音、灯光、音乐到后期剪辑，都需要尽力沟通，用创新思维做细每个环节。

图4-11 央视新闻抖音号截屏

图4-12 央视新闻微博视频号截屏

图4-13 央视新闻微博视频号截屏

还有一种信息服务的短视频是可以淡化"艺术性"强调"实用性"的。短视频的影响力首先看影响了"多少人",再分析"影响了谁",所以"流量"就显得很重要了。想要获得流量就需要调研分析"流量主们"的需求。县级融媒体"自选动作"可以做的选题非常多,比如法律信息服务、旅游信息服务等,只要根据平台的用户习惯去把握,增加流量曝光度,就能够满足当前受众的信息需求,也就构建了自己的影响力。如呼和浩特广播电视台心融媒体制作传播中心推出的《民法典》解读系列,不需要太多表达技巧,只需结合案例将内容说清楚就好,这类信息服务必须敏于社会需求,及时推出。

再如,2021年全国"两会"期间,央视新闻在抖音账号推出短视频系列《一禹道两会》,也是属于解读两会的内容,主要推送用户为"年轻人",所以每集都清楚地从年轻人需求的角度进行两会精神解读。从屏幕上的受众反馈看,也是比较成功的。这样的短视频从策划开始到制作完成,都是对"脑力"的极大考验,如何通过一条短视频看到时代的纹路和眼前的门路,编导以及整个制作团队对社会的把脉、对文件的钻研、对受众心理需求的判断,都需要一次又一次集体的思想碰撞,或者对本地专家资源的充分动员。

图4-14 呼和浩特广播电视台视频号截屏

图4-15 央视新闻视频号截屏   图4-16 央视新闻视频号截屏

三、更新传播理念是短视频发展的前提和基础

当前，我国不同地区信息传播理念的差距还是非常大的，有些地方宣传主管部门、主流媒体以及县级融媒体在传播观念上还有较大提升空间，如何从大众传播时代的传授关系理解转变为互联网时代传授关系的建立，也需要强化。短视频传播越来越受网民认可，大街小巷咖啡厅、商场超市奶茶店，刷抖音、快手、视频号的情景似乎都已经构成了生活场景、消费环境的一部分，主流声音、主流价值观需要在短视频时代拥有强大的传播竞争力，传播主体就需要即时更新传播理念，做更多的有效传播。

（一）受众参与也构成传播内容

在短视频平台，每条短视频信息传播的内容不止于短视频本身，还包括弹幕、留言。如2021年3月18日至19日在安克雷奇举行的中美高层战略对话，王毅部长跟杨洁篪主任关于吃方便面的对话。

图4-17 国际旅游岛商报视频号截屏

这段视频被非常多的短视频平台所转发，这并不是一个爆款频出的账号，但依然受到广泛关注，点赞量超过了10万+，留言将近6000条，这样的传播现象呈现了当前的一种传播规律：有内容可看、有平台可说，接收信息的同时也被赋予表达的权力。这是互联网时代传播格局的体现，虽然并不意味着传者要迎合受众，但却提醒不能忽略受众的表达欲望和表达权，否则会出现更多的"指尖拒绝"，传播平台的价值也就会难以建立或受到损失。这一点，对于县级融媒体的主管部门尤其重要，如何给县级融媒体平台松紧适度的传播环境、发挥空间是值得深思的，对于短视频制作者来说，需要在结构安排、内容选择、配文配乐等方面给受众留有"话口"，让受众乐于参与平台推出的短视频的"再创作"，形成更丰富的传播内容，这样即使账号没有首发优势，但因为有属于自己的留言区，有留言互动黏附粉丝，也能够更好地建构账号影响力。

（二）"讲故事"是传播理念而非单纯的表达技巧

综观县级融媒体推出的短视频，很多偏重于政务类，表达模式化，可看性弱，甚至还有睡眠账号的存在。激活县级融媒体平台的生存活力，短视频可以起到很重要的作用。

发挥短视频作用，激活县级融媒体传播平台的创造力，建立影响力，需要"讲好故事"。将讲故事作为传播理念而非单纯的表达技巧，二者的区别在于，作为表达技巧的讲故事是让别人喜欢听，而作为传播理念的讲故事是用这样的方式黏附粉丝，打造自己的传播影响空间，建立自己的传播格局。

图4-18 县级融媒体中心的短视频活动

图4-18是由新媒体中心、新闻信息中心联合主办，中国电视艺术家协会、腾讯发展研究院腾讯为村协办的活动，具体要求：

用影像记录青年驻村干部、返乡创业青年、青年志愿者鲜活感人的故事，号召广大青年人投身农业生产经营、农村二三产业发展、乡村公共服务、乡村治理和农业农村科技。

征集作品总时长要求2分30秒之内；画幅比例16:9、横版拍摄；视频像素1920×1080；视频大小2G以内；视频格式MP4；码率不低于10；片中不带字幕和logo，不能插入广告；每则视频作品需附100字左右简介和封面图一张。

征集截止时间：4月15日

作品投稿邮箱：xhdspzj@163.com

展示平台：优秀作品在新华社客户端青春版和县闻荟萃频道、新媒体专线、县融专线、腾讯为村客户端等，在第九届全国市县电视台、融媒体中心推优展播活动中作为专项单元推优评比。

这就是基于"讲故事"传播理念而组织的活动，而作为对县级融媒体优秀领导力的表现之一，也体现在这一传播理念的落实。诸如重视编辑、记者的"脚力"——寻找故事，培养短视频制作团队每一个环节上的"故事敏感"；下力气培养讲故事的能力——提升"脑力"，让编导、记者善于深入挖掘新时代身边故事，用小切口的短视频形式反映大主题大时代，让摄像捕捉更多的细节以打动读者，剪辑读懂每一个摄像的画面并传达出更深的内涵和更强的感染力，使镜头实现"1+1>2"的效果。

如2018年春节期间《人民日报》推出的短视频《全网暖心互动：牵妈妈的手》，以普通人最真实的生活故事为主线，将亲情温暖、家国情怀、奋斗历程串联起来，挖掘精神的共同点、思想的共享点和情感的共鸣点，上线一天微博话题"牵妈妈的手"阅读量就达5.2亿次，讨论达34.4万次。

短视频的快节奏、轻体量、紧贴生活、易于互动的特点，适合受众在移动状态下、短时休闲、比较疲劳或者处于时间碎片中的情境中观看，这决定了其在融媒体时代的视觉争夺能力还是比较强的，特别是新闻短视频——在新媒体平台上播放时长较短的新闻视频——正在成为一种主流的新闻传播形式，它不像电视新闻栏目时间偏长、体量偏大会有收视不变，也不像十几秒的微视频"断章"频出，短视频可以是独立的作品，也可以是长视频中一个相对完整的段落或单元。短视频的特点和当前的信息传播环境都说明需要重视短视频创作，对于县级融媒体而言，也是建立自身影响力的契机。

第二节　H5融媒新闻

HTML的英文全称是 Hyper Text Markup Language，即超文本标记语言，用HTML编写的超文本文档称为HTML文档，它能独立于各种操作系统平台，通过标记式的指令（Tag），将影像、声音、图片、文字动画、影视等内容显示出来。HTML5是指HTML的第5个版本，简称H5，它极大地提升了融媒体应用中的表达力。互动H5，就是指用H5语言制作的数字产品，并特指运用在手机移动端上的基于HTML5技术的动态交互页面，通常情况下，H5页面经由微信公众号推送进入受传者的视野，其将文字、图片、音频、视频、调查和互动等各种表现手法融为一体，是代入感、互动性极强的一种媒介表达方式。

2018年8月21日，习近平总书记在全国宣传思想工作会议上指出："要扎实抓好县级融媒体中心建设，更好引导群众、服务群众。"对县级融媒体中心重要的信息发布平台——微信公众号或APP平台，核心受众还是在相应地理范围生活着的人们，在县域传播中，公众对本土特色媒体平台推出的颇有创新的内容，还是有很强接受意愿的，比如互动性很强的H5作品，优质作品还是有较强吸引力的。但县级融媒体平台推出的H5作品，整体而言从创意到表达，还有很大的提升空间。把握H5作品的"创作"规律，可以很好地利用"技术"赋予的表达权，实现传播力、引导力。

融媒体H5新闻作品关键是创新性编辑。H5作品通常都是对既有素材的再加工、再创作，是媒体编辑利用相应编辑器或编辑软件对新闻素材进行富有创意的剪辑、编排、层次设计等操作，最终形成的新闻作品。作品中的表达符号可以有文字、图片（含手绘图片、长图、3D图片等）音频、视频等，通常情况下这些符号被安置在作品中的时间点、位置层级都会因传播需要而做特别设计，且受众参与互动的指示符号也会成为制作者的编辑创新点。

对于县级融媒体来说,新闻H5作品是更容易体现传播亲和力的一种选择,比如在互动过程中本地符号性信息、标志性物件的使用都会成为极具吸引力的传播元素。创新性在H5作品中是首先要具备的编辑能力要素。

一、熟悉场景陌生化的编辑创新,为受众提供更丰富的视觉体验

2017年8月6日在《内蒙古日报》微信公众号推出H5作品《阳光洒满内蒙古》,当日就出现了刷屏效果,该作品在亲和力形成、熟悉场景规模化传递形成震撼视觉效果等方面可圈可点。内蒙古的森林、石林、草原、沙漠、湖泊、胡杨太多人心向往之、足叩问之,作为相对独立的自然风光,其特色虽常看常新但也耳熟能详。在《阳光洒满内蒙古》这一H5作品中,编辑将这些风光突破时空限制集于一方屏幕之中,映在内蒙古行政区域图之上,即点即看,燃情效果顿出,受众视线被牢牢把握在"内蒙古"——"草原漫漫天地间、林海茫茫云雾里"的呼伦贝尔、"日出红山后、龙腾潢水源"的赤峰、厚重历史于无边旷野相融的锡林郭勒、古老传说与现代"神话"并行的鄂尔多斯、"凡间圣境、心灵净土"的阿拉善等。H5界面上阳光洒过,内蒙古从东到西,特有的自然盛景次第打开,以往熟悉的"景点"汇聚成了有震撼力的内蒙古风光"排面",辅以特色鲜明的草原音乐弥合其中,这就是熟悉场景陌生化之后形成的传播效果。

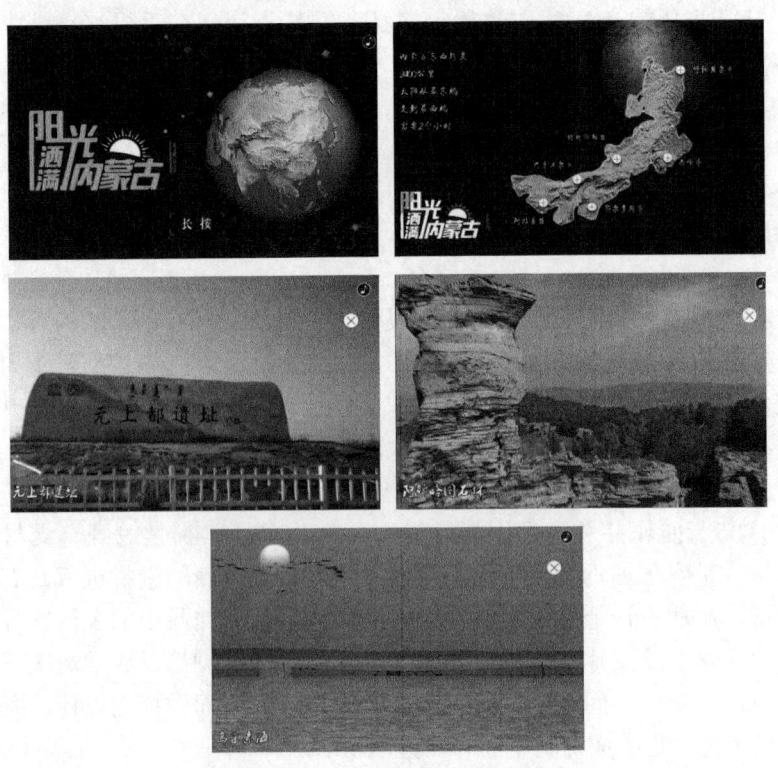

图4-19 《内蒙古日报》微信公众号

图4-20 《阳光洒满内蒙古》二维码

二、场景化编辑及创作，为受众提供形成沉浸式体验

2018年10月24日，全长55公里的港珠澳大桥正式通车，网易新闻出品名为《1分钟漫游港珠澳大桥》的H5也同步上线，随后在短短24小时之内破千万流量。截至10月26日14:00，这支H5的参与用户数已经突破4000万，且这个数字还在不断攀升。之所以受众参与度极高，可以说是编辑把握了受众"乐于参与"的心理。港珠澳大桥位于中国广东省珠江口伶仃洋海域内——《过零丁洋》所赋予伶仃洋慷慨激昂的爱国诗感本身就有着诗性的魅力，近十年的修建工期也让港珠澳大桥充满了神秘感，再加上直抵香港的现代化气息，都是令受众有着强烈"跨桥"欲望的原因，所以这款H5新闻作品所形成的"体验空间"恰恰与受众的需求对接上了，沉浸式体验的H5新闻作品首先需要把握的就是受众的心理需求。其次是参与情景的设计符合新闻报道对象的特征，同时也最大限度满足受众的心理代偿。"海底"的场景音效、字幕的场景描述、"拍照"的场景带入、生成明信片进行分享的场景满足，都是"游客"需求在现实旅行中的投射，现在因为绘本似的新闻作品让需求得以满足，尽管是虚拟的，但却是与付出的"成本"相符的。最后，县级融媒体推出H5新闻作品还需要注意时机的把握，应该密切关注所属县域热点问题，容易引起关注的与民生息息相关与百姓利益关系密切的政策制定或者施行等，做好预判，精心策划，充分利用H5制作技术所支持的表达权及时推出作品，做到"与热点同步"而非"与热点相跟"。

图4-21 《一分钟漫游港珠澳大桥》截屏

三、与主题相适的节奏编辑，形成"走心"的舆论引导力

县级融媒体在定位上有着重要的功能，就是它需要契合国家治理体系与治理能力现代化这个改革总目标，站在县域治理的高度来运行中心的各个平台，落实在内容传播方面，就是要在政策方针宣传、主流价值观引导等方面实现应有的作用。而这样的功能与作用的实现，通常体现在"大主题"的内容呈现上。H5作品是承担这样使命的一种载体。在县级融媒体H5新闻制作方面，形成较强的传播力进而实现引导力是需要在编辑细节上下足功夫的，但带入接收情境的节奏问题常常被忽略。所谓H5作品节奏的编辑，就是强调表达元素在带入受传者进入内容时，既不因为信息急于输出而超前，也不因为信息呈现过慢而显得拖沓，恰当的节奏是能够跟受传者接受心理的"进度条"同步的，并因此而产生共鸣，如此"走心"才是形成舆论引导力并形成行动指导力的"技术关键"。

2020年《人民日报》出品的脱贫攻坚H5新闻作品《一起冲刺》，表达的是广大扶贫干部以身作则，成为脱贫攻坚路上中坚力量的故事。"向上滑动，开始奔跑，有一条漫长的路，我们已经跑了几千年，便是中国人最朴素的心愿'丰衣足食'，为了让老百姓过上好日子，一代代中国共产党人不忘初心，艰苦奋斗，前赴后继……"每个页面都是"手绘+文字"的方式，讲述为了实现中国人丰衣足食的愿望，中国共产党和无数人前赴后继努力前行。种桐树抗沙的焦裕禄、绝壁凿天渠的黄大发、将荒山变金山银山的李保国、脱贫战场上的黄文秀，还有很多人，我们可能还不知道他们的名字，为孩子们架起安全钢梯，建起新校舍，打开新销路，为山区通电、开路，等等。节奏的编辑体现在画面风格上，也体现在背景音乐的选择上——背景音乐舒缓而有力，与坚苦卓绝的奋斗历史一起夯实在受传者的内心，最终落点是"2020年，是脱贫攻坚决战决胜的一年，中华民族千百年来的贫困问题历史性地得到解决"。这个H5作品所期待的用户体验就是"脱贫攻坚冲锋号已经吹响，我们要万众一心加油干，越是艰险越向前！""在摆脱贫困的征程上,中华民族已越过层层峰峦,再进一步就能迎来梦想成真的高光时刻,让我们一起致敬每一个脱贫攻坚路上的英雄,加入他们。"态度上的认同,行为上的动员,都因为"走心"而更加"结实"。

图4-22 《人民日报》H5新闻作品《一起冲刺》

图4-23 H5《一起冲刺》二维码

四、善于借势舆论环境,为受众提供直抵内心的仪式感

在中国记协网第二十八届中国新闻奖获奖作品公示中,关于"军装照"H5的"社会效果"及"推荐理由"表述为:

2017年7月29日晚发布后,立即呈现"裂变式"传播,不同年龄、区域、行业的网友都踊跃生成、分享自己的"军装照"。建军节前后,通过"军装照"H5晒自己的"军装照"在网络上形成刷屏效应,营造了浓烈的爱国爱军氛围。截至

2017年8月7日，H5的浏览次数（PV）超过10亿，独立访客（UV）累计1.55亿。其中，仅8月1日建军节当天的浏览次数（PV）就达到3.94亿，独立访客（UV）超过5700万。业界人士评价，这个传播数量级创下业界单个H5产品访问量新高。众多媒体发表评论对该H5予以积极肯定，认为这一H5既是一次把爱国主义植入现象级融媒体产品的创新力作，也是融合报道的经典成功案例。

"军装照"H5在立意上，借助建军节契机，采用普通人喜闻乐见的方式，展示了广大网友对党和国家、人民军队的拥护和热爱。在制作上严谨细致，向军史专家认真请教，保证了页面素材和"军装照"模板的正确性。在设计上，页面庄重大方，流程方便简单，互动性强。在技术上，借助先进互联网企业的最新技术，实现了技术与创意的结合。在效果上实现了"沉浸式传播"，同步达到海量传播和广泛好评双重效果，在互联网上奏响主旋律，形成爱军拥军的热潮，社会效益极佳。(http://www.pingjiang.zgjx.cn/NewsAwardingSys/CreativeHdAction/todetails.do?id=8a89901064fd69090164fd69b0e7000f)

为纪念建军90周年，人民日报客户端借助人脸识别、融合成像等技术，制作互动H5《快看呐！这是我的军装照》（简称"军装照"H5），帮助网友生成自己的虚拟"军装照"，参与互动的网友一旦看到自己的军装照，通常情况下就已经在内心生成了不同程度的"从军仪式感"，热爱、勇气、责任便油然而生，这就是申请自述中所谓"广大网友对党和国家、人民军队的拥护和热爱"的体现。同样，在抗击新冠肺炎疫情防控期间的《我承诺》H5也是如此，无需复杂的技术支持，只是界面通过极具视觉冲击力的中国红，凝聚公众的注意力，加上画面感极强的"我承诺"，集体性庄重严肃的"宣誓"氛围形成，简单的红底白字形成鲜明的对比效果，引起更多的视觉注意，从而形成受传者的自我提醒和自我约束。

图4-24 军装照H5中国新闻奖申报表

图4-25 《我承诺》H5截屏

五、媒体新闻形态的演变与HTML5技术

（一）媒体新闻形态的演变

传统媒体主要分纸质媒体（报刊杂志）、广播和电视三种，纸质媒体的新闻形态是文字加图文，广播的新闻形态是声音，电视的新闻形态是视频。随着互联网的普及出现了新闻网站，新闻网站的媒介转换为浏览器，但新闻形态与传统媒体没有太多差别，也是以文字、图片、音频和视频为主。在互动模式上传统媒体与用户的互动是通过信件和电话等通信方式，新闻内容都是单向传播，无法与用户互动。新闻网站则可在新闻页面直接提供评论、表单、调查等用户互动方式。

移动互联网时代，新闻形态却出现了巨大的变化，出现了竖屏视频、全景等新的内容形式，移动直播和人工智能等新技术也应用到了内容生产中，各种创新的新闻内容层出不穷。出现这种变化的根本原因有2个，一是移动端的特性，二是HTML5技术的出现。

（二）移动端的特性

从媒体介质看，纸媒的介质是纸张，广播是收音机，电视是电视机，新闻网站是PC。手机与之前的介质相比，有以下四个特点。

1. 通讯功能

手机的基础应用是通讯，移动互联网的出现让手机具备了上网功能，从功能机演进到大屏智能手机则极大地改善了阅读体验，加上手机同时具有随身携带、随时联网的功能，从而让手机逐渐成为用户获取信息的第一渠道。

2. 屏幕小

手机是已有的各种媒体介质中可视面积最小的，可呈现的内容少，反过来对内容的要求就是要聚焦主要内容。在PC端的新闻页面通常是两栏结构，左侧是新闻内容主体，右侧是各种栏目和内容推荐。而在移动的新闻页面通常就只有新闻内容主体。

3. 竖屏

由于人眼的视野是"横屏"模式，所以无论是报纸、电视和PC都是横屏设计。手机由于需要握持，只能采取竖屏设计。传统的照片和视频在竖屏上的呈现方式和体验都是不太好的，因此才出现了以抖音为代表的竖屏视频。

4. 新硬件新功能

手机上出现了很多传统PC上没有的新型硬件，如触摸屏、陀螺仪、GPS、相机等，这些新型的硬件带来了新功能和新用户互动方式。

媒介的形态加上配套的技术将决定新闻内容形态，HTML5技术加移动端为新闻内容的创新提供了底层的技术和硬件支撑，才能产生融媒新闻这种新的内容形态。

（三）HTML5技术

HTML的英文全称是 Hyper Text Markup Language，即超文本标记语言，是国际中立性技术标准机构万维网联盟（W3C）制定的web规范。网页的本质就是超级文本标记语言，通过对文字、图形、图片、表格、链接等元素的说明和规范，在网页上将这些元素正确地显示出来。所有的浏览器都遵循HTML进行开发并显示符合HTML规范的网页，无论是PC的新闻还是移动端的新闻都是通过浏览器展示，因此从技术本质上看，一条网络新闻就是一个HTML文件。

自1993年6月HTML1.0发布以来，HTML经过了多次更新，1999发布的HTML4.01是当时最成熟稳定的版本，也是网站得以迅猛发展的基础。但是随着网络各种应用的深入，HTML过于简单的缺陷很快凸显出来，比如HTML4.01及以前的版本只能设置文字和图片的显示方式，音频和视频都不支持，需要靠浏览器第三方插件来支持，这也是为什么PC网站的新闻形态与传统媒体相比没有多大变化的根本原因。

为满足新的网络应用的需求及支持移动端的新功能，W3C于2012年正式推出了稳定的HTML5，给web带来的革命性的重大变化。HTML5带来的新特性非常多，对新闻这种内容行业来说，HTML5对内容带来的变化主要体现在支持了更多的内容形态和更多的交互方式。

HTML5支持新的媒体形态如下。

1. 音频和视频

很多人不知道的是，HTML5出现之前，网页上是没有音频和视频播放标准的，大多数音频和视频是通过Flash插件来播放的。然而，并非所有浏览器都拥有同样的插件，也造成了体验的差异。HTML5中规定了一种通过audio元素来包含音频和video元素来包含视频的标准方法，让网页可以直接播放音频和视频而不需要任何第三方插件的支持。媒体客户端里所有的视频都是基于最新的HTML5格式生产的视频。

2. SVG

SVG 指可伸缩矢量图形（Scalable Vector Graphics），与jpg等传统用像素

点描述图形不同，SVG使用XML描述2D图形，因此SVG图像可被搜索、索引、脚本化，SVG图像可以无限放大缩小并保持质量。由于SVG可以添加脚本，因此SVG可以实现交互或动画效果。

3. 绘制的图形

HTML5新增了一个canvas元素，结合JavaScript脚本语言，可以在网页制定的一个矩形区域绘制图像。Canvas支持绘制路径、矩形、圆形、字符以及添加图像，有很多潜在的应用场景。

4. 动画

在HTML5出现之前，网页上只能通过脚本去实现跑马灯等非常简单的文字和动画效果。HTML5引入了对JavaScript的全面支持，结合HTML5的新特性，可以实现非常丰富的动画效果。HTML5提供了三种实现动画的方式。

（1）SVG动画：SVG可以为某个元素附加JavaScript事件处理器，如果SVG对象的属性发生变化，那么浏览器能够自动重现图形，从而实现图片的动画。

（2）CSS3动画：CSS3是CSS（层叠样式表）技术的升级版本，由于CSS3可以对文字或图像进行旋转、缩放、倾斜、移动等处理，可以实现文字和图片的动画效果。

（3）Canvas动画：Canvas可以绘制图形，如果通过添加脚本，可以将绘制的图形擦掉，在另一个位置重新绘制，可以实现图片的动画效果。

5. 全景照片和视频

全景照片通常是指以拍摄点为中心覆盖360度完整场景范围拍摄的照片。全景视频是一种用3D摄像机进行全方位360度进行拍摄的视频，用户在观看视频的时候，可以随意调节视频上下左右进行观看。

全景照片和全景视频在HTML5出现之前通常需要专用的播放器查看，或者基于Flash插件来观看。由于HTML5引入了对JavaScript的全面的支持，现在可以在网页中直接观看全景图片和全景视频，并且可以与用户进行交互。

2019年第29届中国新闻奖网页设计特等奖"伟大的变革"是人民网利用全景图片和交互创建的一个网络展览的案例。后面列举的所有案例都可以通过扫描二维码查看。

图4-26 中国新闻奖网页设计特等奖"伟大的变革"

2019年第29届中国新闻奖融合创新一等奖"海拔四千米之上"是澎湃融合了视频和全景视频创建的案例。

图4-27 中国新闻奖融合创新一等奖"海拔四千米之上"

6. 3D图形

HTML5引入了3D绘图协议WebGL，可以在网页中显示3D图形。由于现阶段WebGL技术在不同浏览器版本中的支持不一，而且对技术要求比较高，造成体验不好，因此除了在一些营销广告中有少量应用，在新闻中还没有类似的案例。但是3D化是一个大趋势，随着制作工具的成熟和浏览器的升级，预计可以逐渐看到3D在新闻中的应用案例。

传统媒体缺乏通过内容直接与用户互动的渠道，因此内容都是单向传播，无法与用户直接互动。新闻网站基于PC互联网，可通过鼠标进行简单的互动。手机由于新增了触屏、陀螺仪等很多新硬件，HTML5可以很好地支持这些新硬件并带来新的互动方式。

（1）触屏的多点触控。鼠标的交互方式比较简单，点击、悬浮和拖动。触屏无法实现悬浮，除了点击和拖动外，新增了多点触控的交互方式。鼠标只有一个点与屏幕交互，触屏可提供多达10个点的交互方式。多点触控这种交互方式也为内容创新提供了新的思路。

2014年电影《北回归线》上映前推出了一个营销作品，案例中的互动要求用户亲吻屏幕完成互动，常规的用一根手指点击屏幕无法完成，用嘴唇或用两个手指去触碰屏幕才能进入到下一步。这个交互方式的核心就是两点触控。

图4-28 多点触控的营销作品

（2）陀螺仪。陀螺仪是一种姿态传感器，在手机上的作用主要是用来检测手机姿态的，比如手机的握持方式和角度，是否在运动。我们常见的微信摇一摇就是基于陀螺仪实现的互动。摇一摇是比较简单的陀螺仪互动方式，我们可以看一个更能体现陀螺仪特点的交互案例。此案例是在手机上显示一个平底锅，平底锅上有一个生鸡蛋，用手机的姿态模拟平底锅的姿态，鸡蛋的形状会根据随着平底锅的倾斜角度和方向进行变化。

图4-29 陀螺仪案例

（3）定位地图。手机中都内置了GPS定位芯片，而HTML5提供了一个Geolocation的API，可以通过GPS获得用户的经纬度从而确定用户的物理位置，配合地图应用即可实现定位。定位在移动互联网时代已成为基本服务，我们熟知的滴滴都依赖定位来为用户提供基于位置的精准服务。在内容创作中，可以利用此功能提供实时路线指引。

（4）绘图。由于HTML5提供的Canvas允许用户在浏览器内直接绘画，因此可以利用此交互实现用户在内容中手绘一个图形。《人民日报》客户端在猪年春节推出过一个案例，利用了绘图实现让用户给猪画鼻子的有趣交互。

图4-30 《人民日报》画猪鼻子案例

（5）录音。手机都内置了麦克风，HTML5可通过JavaScript调用手机内置的麦克风录制声音并播放。中国教育电视台推出过一个案例用到了录音互动，案例中让用户选择一首诗，朗诵录制后发送给自己的朋友。

（6）拍照（相册）。HTML5可以通过调用摄像头拍照或者从手机相册中选择照片等方式获得照片并显示在内容中。人民日报的《军装照》就是一个典型案例。

（7）交互SVG图片。由于SVG可通过脚本控制元素，除了动画效果外，也带来了一类新型的可交互图片的互动效果。人民日报推出的公众号推文《今天，发条微信一起点亮武汉》，巧妙地利用了交互SVG的交互方式，用户点击一张黑白的照片，会慢慢变成彩色，出乎意料的图片交互取得了很好的传播效果。

图4-31 人民日报交互SVG案例

由于HTML5支持了更多的内容形态和互动方式，两者结合，就给内容的创新提供了广阔的空间和技术支撑，因此在移动端才出现了融媒新闻这种创新的内容形态。

（四）H5新闻与融媒新闻

H5这个词是一个有中国特色的专有词汇，并没有一个明确的定义，最初是HTML5的缩写，目前特指在微信中传播的包含动画的内容形式，但具体是什么内容形式也比较模糊。虽然媒体都在使用H5新闻这个词，中国新闻奖的奖项中并没有H5新闻这个奖项，符合所谓H5新闻特征的新闻分散在新媒体创意互动、新媒体报道界面、融合创新等不同的类别中。

从前面的描述可以知道，实际上目前所有的浏览器都已经是遵循HTML5标准的浏览器，也就是说每一条新闻理论上都是HTML5新闻。比如客户端里一条包含视频的新闻，只有符合HTML5规范才能正常地播放视频，包含交互SVG效果的公众号推文，只有在HTML5技术的支持下才能实现。这两类新闻又都不属于大家概念中的H5新闻。

在这里我们引入两个排版概念：流式排版和版式排版。

（1）流式排版：是指一个内容页面中元素可以根据屏幕的宽度调整相对位置以适应单页的视野范围，常见的图文新闻就属于典型的流式排版，比如一条新闻中的一个文字段落，在PC上显示如果是3行，在手机上显示可能就是6行。

（2）版式排版：相对于流式排版，最大的区别则是其内容页面中元素的相对位置是固定的，阅读过程中始终以原始编辑版式显示，屏幕宽度的调整只会进行相应的缩放而不会自动根据页宽进行重新排版而改变元素间的相对位置。典型的版式排版内容就是图片和书籍。

目前常见的新闻形态包括文字或图文类新闻、多张图片形成的图集新闻、单视频新闻。因此从技术上来讲，在当前的技术环境下，已知的常见新闻形态的技术本质是：

①视频是符合HTML5规范的视频；

②图集类新闻是版式排版的HTML5页面；

③图文新闻和公众号推文这类新闻是流式排版的HTML5页面；

④所谓H5新闻就是版式排版的HTML5页面。

因此，融媒新闻相对于H5新闻，可以更准确地区分新闻形态。融媒新闻主要有以下三个特点。

1. 融合不同的内容素材

融媒新闻中融合了文字、图片、音频、视频、全景图片、全景视频、动画等更丰富的内容素材，在一条新闻中的形式可以更丰富，比如在传统的图集新闻中加入声音和视频。

2. 交互

融媒新闻中通常都有不同的交互方式，交互主要有三个作用，一是因为包含多种内容素材，需要用交互把不同的素材连贯起来形成一个完整的故事；二是通过交互实现新闻的非线性叙事，用户可以自主选择阅读顺序和故事进度；三是通过交互实现用户的参与，比如录入文字、上传图片、录制声音等。

3. 动画

动画在融媒新闻中也有三个作用：一是引导阅读顺序，这点在手机上非常重要，因为手机屏幕小，同时显示的内容少，动画可以帮助内容分时段在同一位置显示；二是引导用户关注内容重点，人的视觉对运动的东西总是会优先看到；三是提升作品的视觉效果。

正是由于以上特点，融媒新闻给传统媒体带来了新闻创新的巨大空间，正越来越受到媒体的重视，全媒体时代的编辑有必要了解和掌握融媒新闻的形态和制作方法。

第三节 融媒直播

在媒介技术赋权的新媒体时代，"直播"也有了更为多样化的操作，其所指范围也发生了很大的变化。传统媒体时代，直播主要指广播电视不进行事先录制，在新闻现场或者直播间将信息直接发布给受众，而进入互联网时代之后，尤其是有了诸如抖音、快手、微视频等各种直播平台提供给用户入驻之后，"直播"不再非新闻媒体专属而变得大众化，目前国内提供直播平台已逾300家。本书其他章节做了直播概述及直播平台、直播技术阐述，本章探讨的主要是内容传播层面的县级融媒体直播。

县级融媒体中心在所属如微信视频账号、抖音账号、快手账号等直播平台上，较为常见的直播主要有多平台直播、新闻发布会、活动直播、直播带货等，不同类型的直播在内容呈现方面有着不同的画面选择重点、资料配置特色、播出风格特点等。

一、多平台直播

对于县级融媒体而言，较为常态的即融媒体条件下的多平台直播，也就是传统优势的广播、电视栏目突破原有的单一的频率或者屏幕直播，增加网络直播平台，这种类型的直播最大的优势就是可以充分发挥互联网尤其是移动终端传播特性，受众可以在直播过程中实时参与、表达意见。从媒体传播内容构成的角度来说，因为多平台直播，使得栏目传播的内容得到了延伸、扩展，受众反馈直接构成了新的传播内容，而且从时间流的角度来说，受众反馈的意见信息与栏目内容织就成新的信息板块。在同样的时间长度里，传播内容的厚度增加了，维度也增加了。以四川江油融媒体中心的《民生直通车》栏目为例，2018年8月31日，该栏目融媒体直播版开通，并在短短的11个月中，创造了节目点击量从起初1万+到30万+、40万+，最高达52万+的浏览量，网友尤其是本地网友跟帖留言非常踊跃。

图4-32 四川江油融媒体中心的《民生直通车》截屏

图4-33 四川江油融媒体中心的《民生直通车》截屏

多平台直播虽然是传统媒体时代直播的延伸，但显然已经有了融媒体直播的鲜明特征——"传""受"实时互动，"每场直播都会根据话题、人物、事件的需要安排新闻现场4G连线。通过4G连线，让观众能够更直观地了解到主持人与新闻当事人的'场景互动'，直接观察到更多的新闻现场，画面更有立体感，观众有身临其境的感觉。演播室里设置的大屏幕上，线上线下的观众都可以用微信、短信随时表达自己的观点，现场主持人随时在屏幕上选取观众留言进行点评、答问和抽奖。现场直播拉近了场内场外、线上线下、电视观众与'两微一端'受众的距离，拉近了电视主持人、记者编辑同粉丝们的距离。同时，节目的火爆也引发商家们的热情，每期节目都有商家事前'慷慨解囊'提供单份价格在几十、几百乃至上千元的礼品馈赠观众，更让观众'火上浇油'、热情更高。受众在网上预约，争先恐后报名，每场数以万计的粉丝想作为现场观众到演播厅参加直播体验，积极性之高、人气之旺盛，超过了该栏目设计之初的想象"（陈爱民《〈民生直通车〉融媒体直播的启示》《中国广播电视学刊》2019-09）。同时，答疑帮忙、融"引导+服务"于节目之中使得平台有了更强的黏附性，因为受众基于直播内容所进行的表达直接构成了对栏目来说充满不确定性的传播内容，受众在传播平台有了自己的"位置"，这种话语权的实现增加了他们对栏目的忠实度，甚至是在建立信息接收依赖路径。

二、会议直播

会议直播虽然不是常态化的融媒体直播，但却是为更多网友所熟悉的融媒体直播，因为公众对需要直播的会议通常都有较高的关注度，比如每年的全国和地方"两会"，融媒体平台都会有相应的直播内容。通常情况下会议直播都是传播目的比较鲜明的——增加会议内容、会议精神的知晓度，而较少有参与性，这类参与性不强的会议直播按照预案安全播出就可以。但有些比较特殊的会议直播则需要直播预案清晰细致，落实严格有序，这类直播也有值得注意的规律性内容。

2021年开启之后的第一个工作日——1月4—6日，"包头市政府部门向市民述职评议报告会"以直播的方式请市民评议公开述职活动。述职评议会设主会场和分会场，主会场设在市党政办公大楼，每场邀请市民代表100人，分会场设在10个旗县区，每场就邀请市民代表1900名，政府部门向市民报告，听取市民意见。其中分会场市民代表就是通过包头广播电视台电视直播信号来收听收看部门述职情况，每一场述职结束后就可以扫二维码进入部门民主评议平台，完成对部门的评议，同步在平台上对会场纪律作出评价，评议结果由第三方进行统计。整个过程人民网、新华社现场云、新华网、今日头条、包头广播电视台、包头新闻网等媒体全程直播。

图4-34 包头市政府部门向市民述职评议报告会直播现场

图4-35 包头市政府部门向市民述职评议报告会直播——扫二维码评议

会议直播对于县级融媒体平台而言，往往是形成其权威性及深度影响力的重要方式，尤其是越来越务实的行政环境中，会议内容与民生贴合度越来越高的会议，直播接收信息往往比会后传达精神更容易让受众找到被重视的内心感受。并且，这样的会议总会有"分秒段落"被个人账号直播，可以说是"助攻"了主流媒体的实现传播效果，而这样的传播效果是有利于形成社会沟通、达成社会共识的。

三、活动直播

对于县级融媒而言，活动直播的策划及实施在日益增多，这是地方信息传播的需要，也是县级融媒体所承担的宣传、服务功能的体现。活动直播的内容主要是县域内组织或者承办的规模较大或独具特色的活动，这些活动以直播的方式突破空间限制，比较充分地传播自己的地方形象、文化特色、资源特点等，总结诸多县级融媒体中心的活动直播，从操作技术层面来说有以下几个方面值得注意：

首先是活动直播需要完备的方案及应急预案，在总调度协调下直播团队成立分工明确、责任清晰的不同小组，导播、摄像、主持人、技术、应急保障等不同小组各负其责，并且在直播前就充分准备好衔接适配性较强的备播、垫播内容，做好开播保障工作。其次，如果直播活动除了主场地之外还有几路现场，通常是每个现场都会有若干个实景演示环节，如果达到流畅的高质量直播，就需要在所有的实景演示融入直播画面之中的细节，而这个融入的过程无论是文案还是过渡画面，都需要找准相恰的点实现无缝对接，这也是直播水平的细节体现。第三，在县级融媒体中心活动直播越来越常态化的背景下，做好直播总结、研讨及传播效果评价分析也就越来越重要了，而这往往是被忽略的环节。传播效果评价是形成直播水平自我评估、探索提升空间的重要依据，也是下一次活动直播策划的重要参考。

从县级融媒体中心传播理念建设的角度来说，活动直播显然是立足本地的，但需要站在本省（市、自治区）甚至国家、国际的高度进行内容设计，因为在这个交流融通不断强化的时代，融媒体的传播可能带来的是拉动经济发展、推动文化进步、助力社会治理等方面的力量，所以，融媒体中心的传播理念一定是要建立在大格局之上的。诸如内蒙古阿拉善盟阿拉善右旗融媒体中心在直播巴丹吉林沙漠的各种赛事活动时，如果局限于本旗就是对传播资源的浪费了，因为这里是国内甚至一些国际沙漠赛车爱好者都向往的去处，所以直播脚本设计时就需要有更宽的视野和更高的视角。

县级融媒体中心建设的一项重要任务也可以说是"初心"所在，就包括了"引导群众、服务群众"，带货直播已经成为"服务群众"很重要的一种方式了，尤其是新冠肺炎疫情暴发以来，特别是在脱贫攻坚关键时期，带货直播对促进乡村发展、助农脱贫致富起到了比较重要的作用，也可以说带货直播让县级融媒体平台实现了价值重塑。

当互联网铺进乡村，物流企业触角抵达农村、牧区、山里的时候，就是乡村百姓共享改革开放成果获得感建立的时候，当带货直播帮助乡村百姓将劳动成果兑换成财富或者任何生活所需的时候，县级融媒体中心建设和乡村直播产业发展两者之间就有了共同成长的肥沃土壤，带货直播这种具体的现象也就在这土壤中茁壮成长起来了。其最终实现的功能就是助推当地农户增收致富。

县级融媒体中心播出平台的带货直播，相比较而言有着较强的公信力，因为这一平台的党委政府背书所形成的信用优势是无法替代的，尤其是当地一些主要的行政领导进入直播间成为带货主播，让受众产生购买行为的动因除了自己需要之外，还会有对领导干部工作肯定、支持的因素影响，所以县级融媒体中心的带货直播往往容易成为"新闻"。

从操作层面来说，带货直播最核心的是对货品的介绍和展示，这就需要文案必须有较强的劝服力，形成有劝服力的直播文案，首先是对货品的地域优势充分掌握，包括成长过程、加工过程等方面的地域特色，其次是对货品的生态解读更需要到位。在表述语气上，需要避免商业直播带货时的"嘶吼式"叫卖，应该有"官方"的诚恳和负责态度。

县级融媒体中心的融媒直播，可能很快会受到一定的技术约束，因为媒介技术与媒介形态的更新迭代较快，这必然会影响到融媒体中心运作机制、传播模式以及传播效果，随之而来的会是面临县级融媒体中心建设的资源融合、流程再造、机制创新、技术升级和传播网络重塑等多个问题，但无论怎样，县级融媒体中心建设的一项重大任务，就是强调服务群众，突出服务事项，那就需要不断开发适应群众日常生活需求的服务功能，提升多方位、多领域、多终端、多样化服务群众、服务社会的能力。

第四节　融媒体新闻的制作

一、制作方法

目前融媒新闻的制作方法主要有两种：一是通过程序员用HTML5+JavaScript用编程的方式制作，二是用成熟的可视化HTML5制作工具制作。

（一）通过编程制作

由于HTML5实现对JavaScript的良好支持，因此各种媒体和交互的处理都可以通过JavaScript来实现。通过编程制作融媒新闻的优点是完成后文件尺寸比较小，经过优化运行效率高，还可以实现很多特殊的功能，比如引入AI程序制作内容等。缺点是需要专业程序员参与制作，用程序实现动画效果没有工具效率高，时间成本和经济成本都比较高，因此通常像腾讯、网易、百度这样程序员资源丰富的互联网公司都会采用编程的方法，由于媒体普遍技术力量薄弱，而且通常内容制作时间都比较短，只有澎湃、中国青年报等少数媒体采用编程的方法制作融媒新闻，大部分媒体都会采用利用工具制作融媒新闻。

（二）通过工具制作

由于可视化HTML5制作工具采用所见即所得的方式生产内容，并将复杂的交互逻辑封装为可视化组件，通常都无需代码知识，对人员技术要求低，生产效率高，因此被媒体广泛采用。从媒体发布的相关作品和中国新闻奖获奖作品分析，目前国内媒体行业主流的可视化HTML5制作工具主要包括以下几种。

1. 木疙瘩

官网https://www.mugeda.com，一共有8个编辑器，其中包括专业版、简约版和模板专用编辑器等3个可视化HTML5制作工具，复杂程度从高到低，适用人群比较广。木疙瘩以媒体为主要业务方向，主要客户都是媒体，有媒体专用模板。典型客户包括人民日报、新华社、浙江日报、新华日报等。

2. iH5

官网https://www.ih5.cn，提供一个专业级HTML5编辑器，功能多，适合设计类专业人士。主要业务方向为营销、电商、小游戏等领域，模板类型以营销类为主。典型媒体客户有华龙网、长江日报。

3. Epub360

官网https://www.epub360.com，提供了一个专业级HTML5编辑器和一个网页编辑器，适合设计类和开发类专业人士。主要业务方向为营销、小游戏、网站制作，模板类型以营销类为主，典型媒体客户为解放日报。

4. 易企秀

官网https://www.eqxiu.com，工具类型包括H5、海报、表单、长页面等，编辑器功能简单易用，主要基于模板创建内容，适用人群广。业务方向以营销为主，模板最丰富，以营销、招聘类为主。

5. 凡科微传单

官网：https://cd.fkw.com，工具类型为H5、长页面和表单，编辑器功能简单易用，主要基于模板创建内容，互动功能强于易企秀。业务方向以营销为主，模板也以营销类为主。

二、制作流程

一般来说，融媒新闻的制作通常会有以下流程：

（1）确定选题：和其他传统新闻一样，首先需要确定融媒新闻的选题；

（2）确定内容形式：根据新闻的选题类型决定内容的形式，与传统新闻的形式单一不同，融媒新闻的表现形式非常丰富，可选择空间大，根据选题的类型和创意去确定最终的融媒新闻呈现形式；

（3）采集素材：根据内容形式的需要去采集素材，如文字、照片、音频、视频、全景等；

（4）视觉设计：融媒新闻是可视化的内容，需要进行视觉设计（如手绘）和素材的处理；

（5）动画与交互制作：根据创意制作动画和交互，可采用制作工具或编程；

（6）审核与发布：内容审核通过后发布融媒作品；

（7）数据采集与分析：采集作品传播过程中的流量数据、反馈数据、行为数据等并加以分析，为传播效果评估和改进作品提供数据支撑。

三、建设融媒新闻模板库

由于媒体每天要生产大量新闻，为了快速生成内容，媒体很大程度上都是基于各种内容模板在快速生成内容。比如常见的图集新闻，编辑只需要上传图片和说明文字，就能生成一个可翻页的图集新闻，这是因为媒体的信息系统中提供了一个图集模板的原因。

媒体普遍反映制作融媒新闻周期长成本高，因此产量很低，通常只在重大事件时使用，这是一个很大的误区。简单归纳一下，大部分的新闻从时效性看都可以划分为日常新闻、专栏类新闻和重大选题新闻三类，日常新闻属于每天都要大量发布的新闻，专栏类新闻是就某一个主题进行的系列新闻报道，通常是隔一段时间更新一次，而重大选题类新闻则是需要提前很久进行策划，同时采编和制作都需要比较长时间的新闻。融媒新闻也可以按照这种类别进行规划并制作。

由于H5融媒新闻对媒体来说是一种新形式，媒体没有相应的模板和制作流程，因此很多媒体都将融媒新闻产品化，有一个专门的小组生产，并没有纳入日常新闻生产流程。另外媒体还容易出现追求形式，希望每个融媒新闻的表现形式都有创新，这是不现实的，媒体不是广告公司，不能要求每个内容的形式都不同，这是一条不归路。所有的内容生产单位的生产模式都有不同的内容形态分类，每个类别的形式基本相同，不同的只是内容。以电视为例，每个电视栏目的结构和视觉形式都是一样的，每期内容都是在同一个内容框架下去更新内容，只有在栏目改版的时候才会改变形式。

前面列举了很多图集类、音频类、视频类的融媒新闻案例，大部分案例形式都可以制作为融媒新闻模板，将形式固定下来，编辑每天更换模板中的文字、图片、视频等元素即可，这样可以有效将融媒新闻的生产常态化，简化生产过程，批量生产内容。

闪电新闻客户端有一个《闪电视界》的模板，技术上看是一个视频集模板，只要是视频合集都可以采用这个模板进行生产。

图4-36 《闪电视界》模板

新湖南推出了一个《法庭薇日志》的融媒新闻模板，主要是报道一些庭审案例进行法制宣传，每个内容的视觉形式、内容模块都是一样的，定期推出。

图4-37 《法庭薇日志》模板

重大选题类的新闻才是需要单独设计和制作的融媒新闻，耗时会比较长，这也是正常的，即使是文字稿件，重要稿件的耗时也远大于常态新闻。媒体应该做好融媒新闻规划，将其纳入新闻生产流程中，根据媒体自身特点设计出日常类和专栏类的融媒新闻模板，普及融媒新闻的生产。

四、常见问题及解决方法

融媒新闻本质上还是新闻，准确有效地传达新闻事件和媒体观点仍是其首要考虑的因素，同时应保留完整的新闻要素。

（一）媒体品牌和制作人员信息

媒体在生产传统新闻时都会按照新闻规范执行，比如写新闻稿件，一定会有报道方、记者、编辑、责任编辑、时间等信息，但目前不少媒体在制作融媒新闻时，有的找不到媒体的标志，有的没有制作人员信息，融媒新闻也是新闻的一种，也应当包含必要的新闻元素。如下图所示：

图4-38 红网时刻新闻出品的融媒新闻

由于融媒新闻通常会有一个加载页，建议媒体设计统一的融媒新闻加载页，将媒体的标志放在加载页面，让用户一打开就知道这个作品是哪个媒体出品的。

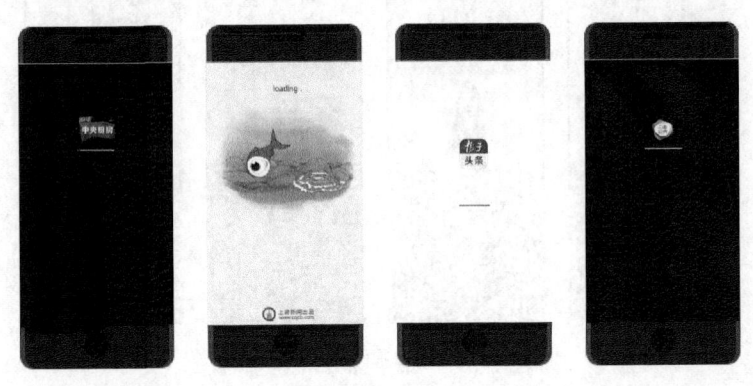

图4-39 融媒新闻加载页

（二）作品的网址为第三方

由于很多媒体使用第三方工具制作融媒新闻，第三方工具通常会提供作品存储空间和发布链接方便用户，有媒体单位出于方便就直接使用，这是不安全的。人民日报客户端的《军装照》在刚发布的时候，使用的就是第三方公司的域名，由于需要上传用户照片这种敏感隐私信息，因此南京市公安局去核查了域名所有者和ip地址，发现不是人民日报所有，因此在自己的官方微博上发布信息认为有可能是诈骗信息，提醒用户注意隐私安全，造成了不小的风波。媒体应该使用自己的官方域名来发布融媒作品，标示作品的所有权，同时利用媒体的公信力让用户放心。

（三）作品保存在第三方服务器上

跟作品网址一样，很多媒体出于方便，也会将融媒作品直接存放在第三方工具的网站上，这也会有很多潜在的问题，比如第三方工具因某些原因停止服务造成新闻无法访问，或者在新闻内容上被投放第三方广告，这些意外情况都曾发生过。融媒信息属于新闻作品，需要存档保留供今后查询，因此媒体应当将融媒新闻的文件从第三方工具平台上下载下来，存放到自己的服务器上保存并基于自己的服务器提供对外浏览服务，才是符合安全规范的做法。各媒体单位应借助采编信息化项目的建设，将第三方工具与采编系统进行深度集成，实现账号、存储、数据等敏感信息的私有化和可管可控，打造属于自己的融媒新闻存储中心。

（四）形式大于内容

很多媒体在制作融媒新闻时，常常过于重视动画和交互形式，忽略了新闻最重要的本质是传达信息和观点，造成形式大于内容。最常见的问题有以下三点。

1. 过多的动画

动画的好处是可以成为视觉焦点，吸引用户关注，但是坏处是动画需要一定的时间来完成，延长用户的阅读时间。很多媒体制作的融媒作品中都有大量的文字和图片动画，文字和图片在屏幕上飞来飞去。移动互联网时代的信息爆炸，造成了移动用户快阅读浅的习惯，如果动画设计不够精巧，不能给作品加分，很容易造成用户因为不耐烦而快速放弃阅读。建议动画要符合元素的情节需求，或者设计成不影响阅读信息的背景动画。

2. 不合理的交互设计

新媒体普遍重视与用户的交互，因此在融媒新闻中都会设计一定的交互场景。由于需要等待用户的交互，新闻故事会暂停，也会造成阅读时间变长，这也要求交互设计需要合理。典型的例子是长图类融媒新闻，一般有两种交互方式，一是拖动屏幕，二是长按屏幕滚动。从用户体验来说，拖动要明显好于长按，因为拖动的内容控制权完全在用户，不感兴趣的可以拖快点，感兴趣的可以拖慢点。而长按则一般都是匀速滚动屏幕，用户无法自主控制信息浏览速度。

3. 过度游戏化

在融媒新闻出现初期，有很多游戏类的作品，用户由于感到比较新颖，没有见过类似的新闻，因此流量都不错，这也鼓励了很多媒体不断地探索游戏化的融媒新闻，越来越复杂。游戏是一个很专业的内容领域，有很多复杂的设计去满足用户的某些欲望。但是新闻的核心永远是传递信息和理念，新闻内容永远不可能满足用户的游戏需求，因此融媒新闻制作时一定要控制过度游戏化的倾向，设计的游戏环节一定要简单，步骤少，目的是锦上添花，而不是喧宾夺主。

优秀的融媒新闻作品永远是内容和形式统一且以优质内容为核心的。澎湃新闻制作的《海拔四千米之上》获得了29届新闻奖"融合创新"类一等奖，该作品没有复杂的动画和交互，就是将全景视频和视频合理地组织在一起，配上优秀的视觉设计，获奖核心原因还是选题和内容。

图4-40 澎湃新闻制作地《海拔四千米之上》

新湖南客户端制作的《苗寨"十八"变》获得了29届新闻奖"新媒体报道界面"二等奖，该作品从技术上看就是一个视频集，利用地图的可视化形式将视频组合起来，也没有采用复杂的动画和交互。

图4-41 新湖南客户端制作的《苗寨"十八"变》

《人民日报》推出的《点亮武汉》公众号文章，采用了交互SVG图片，文章中有一组武汉的黑白风景照片，用户一点图片，就会慢慢地变成彩色，被用户"点亮"，成为又一个现象级的作品。

图4-42 《人民日报》推出的《点亮武汉》

交互SVG图片其实并不是一个新鲜的技术，该技术在2017年左右在广告行业有大量案例，视觉效果更炫，互动更复杂。腾讯在2018年5月曾在官方公众号发布过一个《千万别点这个动图，它会跑》，其中的交互SVG是一个长图，点击图中的小人可以在长图中行走，并配以各种动作，无论是技术和效果都比《点亮》要复杂和酷炫得多，但是我相信很多人并不知道这个作品。

图4-43 腾讯的SVG案例

"点亮武汉"这个作品最成功的就是选题、文案和与内容统一的交互形式，首先武汉解封是全国人民关注的大事，然后用户点击图片让黑白变彩色，与"点亮"这个关键词吻合，也符合用户的心理预期，内容与形式统一，造就了一个爆款。因此媒体在制作融媒新闻时，还是要坚持内容为王，形式服务于技术，不要过于追求效果，画蛇添足。

五、创意来源

很多媒体在生产融媒新闻时都很重视创意，媒体是新闻机构，不是专业的创意机构，媒体的工作性质决定了不会有大量的预算和时间花在创意上，因此对媒体来说，最好的方式是从广告行业的案例中发现创意，学习其形式，在内容上创新。

HTML5技术在广告行业的应用是从2014年开始的，广告主的内容预算都比较高，通常要求创意新颖。经过几年的发展，累积了大量的优秀创意形式。媒体人可以借鉴广告行业的形式创意，发挥媒体本身选题、文案和渠道的优势，也能做出非常优秀的爆款融媒作品。

麦当劳在2017年高考前推出了一个"你的高考准考证"融媒广告，让用户输入自己性别和高考年份，再上传一张照片，会利用脸部融合技术生成一张当年的高考准考证照片，该广告获得了超过1亿的浏览量。《人民日报》在当年建军节推出的著名的"军装照"明显借鉴了这个创意，将高考准考证换为军装，最终获得了超过10亿的流量，创造了记录。从新闻热点分析，高考这个热点的关注度明显强于建军节，而且"军装照"属于后发布的作品，但是《人民日报》的编辑充分发挥了其选题切入点精准、文案功底深厚、自带大量渠道流量的优势，虽然创意是参考的，但是最终作品的流量是原作品的10倍。

图4-44 《人民日报》的"军装照"

六、升级融媒生产系统

我们知道媒体的网站和客户端的内容产生都是基于自己的内容管理系统（CMS），CMS中提供了媒体的主要生产工具，并设置了内容管理和发布的流程。目前媒体CMS普遍没有融媒新闻的生产工具、模板和流程，特别是针对移动端，基本都提供了移动端小屏幕内容显示的适配功能，但是没有提供能生产支持移动端新特性融媒新闻的工具。如果说之前的CMS是基于HTML4的系统，我们可以把这种系统叫HTML4.5的系统，没有充分开发HTML5的功能。打个比喻，就是我们给智能手机安装了一个功能机的操作系统，只能打电话发短信，浪费了很多智能手机的优势，在系统上限制了新闻创新。因此媒体都在CMS之外寻找第三方工具生产融媒内容，但不能融入CMS的工作流程中。

建议媒体都检视一下自己的CMS中的生产功能和生产流程，针对HTML5的功能特点和融媒新闻的生产需求进行相应的升级，集成HTML5融媒新闻生产工具，建立融媒新闻模板库，方便编辑快速生产内容，同时建立融媒新闻的发布审核流程，让融媒新闻生产成为日常新闻生产规划的一部分。

七、了解技术，培养融媒意识

新媒体从业人员大部分是传统媒体培养出的人才，有良好的新闻素养和专业的传统新闻制作知识，更习惯传统媒体的内容生产方式，比如你和纸媒沟通，一篇稿子默认是一篇文章，跟电视媒体沟通，一篇新闻默认是一条视频。写文章和拍视频经过几十年的发展，已经形成一套成熟的新闻叙事理论和规范。融媒新闻则不然，一篇稿件可能包含文字、图片、音频、视频多种元素，可能还有之前不熟悉的全景视频、全景图片、动画等新素材，再加上各种交互，如何在这种条件下进行新闻叙事和创新，这是媒体不熟悉和需要学习的。

移动互联网时代，新闻创作前所未有的紧密关联技术，各种新技术层出不穷，大数据、AI、无人机等都用到了新闻生产中，内容呈现方式因为HTML5技术的出现也带来了革命性的变化，媒体从业人员对如何依托各种新技术进行内容创作缺乏足够的了解，技术的边界又常常是策划的边界，在这种形势下，媒体工作者有必要去了解各种技术的应用场景，才能更好地结合内容和形式，制作出优秀的融媒体新闻。

举个典型的例子，《人民日报》的"军装照"，采用了图像识别与融合AI，"点亮武汉"则采用了交互SVG技术，如果不知道有这个AI技术和交互SVG可以实现的效果，人民日报的编辑是不可能设计出这样的作品的。其实技术永远是最容易解决的问题，比如BAT提供了很多可直接使用的AI技术，像木疙瘩这样的专业HTML5融媒新闻生产工具也不需要会编程，就可以很简单地制作出融媒新闻。了解技术和应用场景，了解融媒新闻的形态革新，提高融媒意识是做好融媒体新闻的基础。

第五节　融媒体新闻案例分析

与传统媒体和网络新闻比较固定的新闻形式不同，融媒体新闻的形式很多，而且不断有新的形式出现。在本节内容中将根据内容的种类展示不同的融媒新闻案例，案例的挑选原则重点是体现素材的不同组织方式和互动模式，新闻性和视觉设计的好坏不是考量的重点，主要是给融媒编辑开拓思路，观察和学习融媒体新闻的不同呈现方式，为今后的融媒体新闻创作打下基础。

一、图文新闻嵌入交互SVG

在前文中提到了人民日报的"点亮武汉"案例，呈现了点击图片从黑白变彩色的互动效果。新华社在2020两会期间也推出了一个包含交互SVG的公众号推文"你关心的那些事儿，总书记这样说"，推文将问题和答案都制作成图片，初始显示的是问题图片，点击图片后问题图片会变成答案图片。

图4-45 新华社的交互SVG案例

人民网在2020两会期间制作的公众号推文"本次推送长度210厘米",通过点击一个收起的卷轴图片展开长图的方式,呈现了交互SVG的另一种互动模式。

图4-46 人民网的交互SVG案例

二、图文新闻中嵌入第三方页面

除了在图文新闻中嵌入交互SVG外,图文新闻中还可以通过嵌入第三方页面带来更丰富的视觉和互动。长城网推出的一篇新闻,在内容中插入了一个数据化图表HTML5页面,用户长按图表可以看到曲线上的数据,点击右下角的图标还可以查看原始数据表格。这种类型的新闻无法通过公众号进行推送,但可以在微信中传播,也

图4-47 长城网的数据化图表案例

可以发表在自有的新闻客户端上。

由于HTML5页面可实现的内容效果非常丰富，在图文类新闻的创新中潜力巨大，下面关于垃圾分类的一篇新闻中，直接嵌入了一个完整的垃圾分类小游戏，HTML5页面不是一个独立的新闻，而是像视频和图片一样，成为这条新闻中的一个素材。

图4-48 垃圾分类小游戏

三、融合类图集新闻

图集新闻是新闻网站和新闻客户端的常见新闻类型，图集新闻的形态一直以来都很固定，都是每页一张照片加一段说明文字，像幻灯片一样切换浏览。在HTML5技术的支持下，图集新闻可以有更丰富的呈现形式，让编辑更灵活地展现照片，形成融合类图集新闻。下面挑选了一些典型的案例来说明不同的应用场景。

此案例为重庆日报的抗疫报道，编辑在每张照片切换时模拟了相机取景框拍摄过程和拍摄时的快门声音，给用户一种临场感。

图4-49 重庆时报抗疫报道案例

此案例为龙虎网的一场活动报道，将原照片中部分元素抽离出来单独制作了动画，比如让螺旋桨旋转，让无人机在画面中飞翔，让相册变得像视频一样生动。

图4-50 龙虎网动画案例

下面这个山东广播电视台融媒资讯中心的案例为常见的会议报道，在传统的人物照片加说明文字的基础上，为每张照片添加了人物的讲话录音，形成了类似视频报道的效果，但文件尺寸比视频要小得多，浏览快。

图4-51 山东广播电视台资讯案例

《现代快报》在疫情防控期间推出的一个报道医护人员的作品，是图集的形式，但是在图集中加入了视频，不是单纯的照片，让内容形态更丰富。

图4-52 《现代快报》疫情报道案例

《宁夏日报》在修改宪法后推出了一个作品，将宪法修改前的文本和修改后的文本分段落做成图片，像图集一样，每个页面有两张图叠加在一起，中间设计了一个滑杆，右滑显示修改前的内容，左滑显示修改后的内容，非常直观。

图4-53 《宁夏日报》宪法呈现案例

璧山县融媒中心推出的抗疫医护人员报道，则是在图集的基础上引入点赞、发弹幕的互动，模仿了抖音的界面布局，还可链接到医护人员的日记上，极大地拓展了图集类新闻的信息量。

图4-54 璧山县抗疫报道案例

从以上的案例可以看出，融媒图集有效弥补了现有图集报道形态的短板，在原有以照片为主题的形式之上，编辑可自由设定图片数量和文字位置，引入音频、视频、动画等媒体元素，增加点赞、弹幕等互动形式，丰富了图集类新闻的表达方法，提升了新闻报道的视觉效果，更有助于新闻的传播。

四、音频可视化包装

音频是媒体单位在采访中经常获得的素材，但媒体的网络新闻形式中很少有音频类新闻，很重要的一个原因是音频不是一个可视化的元素，早期的HTML版本又不支持音频，因此媒体在从传统媒体到新闻网站的第一次转型中，就没有音频类新闻，几十年一直沿袭下来形成了一定的定式和习惯，也造成媒体已有的新闻形态中没有适合音频的表达方式。

HTML5技术增加了对音频的支持，同时也提供了更多的可视化元素，因此媒体在融媒新闻实践中也出现了大量的以音频为新闻主体的新闻形式。

下面的案例是新湖南与湖南统战部合作推出的系列报道"听小谢聊统战"中的一期，此新闻视觉上在中间部分是一个表示音频的动态图和音频播放的控制按钮，新闻主体内容是记者播报的音频内容。

图4-55 新湖南"听小谢聊统战"案例

国务院新闻办在每次新闻发布后会推出一个融媒新闻，用音频报道发布会的主要内容，画面内容模仿唱片的形式。

图4-56 国务院音频报道案例

中国政府网在2020年两会推出了一个总理记者会的融媒新闻，所有记者的提问以弹幕的形式显示，用户点击一个问题，就会播放总理回答这个问题的录音音频。

图4-57 中国政府网总理记者会案例

从上面的案例可以看出，融媒新闻可以将音频素材嵌入一个可视化的环境中，把听觉和视觉结合起来，给用户更好的新闻阅读体验。

五、短视频可视化包装

随着抖音、快手等短视频平台的迅速崛起，媒体越来越重视短视频这种媒体形式。传统的视频呈现方式是单一视频的播放，HTML5技术架构下可以对短视频进行可视化包装，同时让视频和其他媒体内容整合形成新的内容形态。

（一）单个视频的可视化包装

四川观察与优酷合作推出的"十年瞬间"系列视频报道，在每个视频前面增加了一个封面，封面上有视频截图、文字介绍和一个动态播放按钮，点击后可以直接播放视频。用户在播放视频前可以了解视频的大致内容。

图4-58 四川观察"十年瞬间"报道案例

下面的案例作者单位未知，此作品在视频前面增加了封面，播放视频后，用户点击屏幕，可以给内容点赞，页面顶部会记录你的点赞次数和总计点赞次数，在视频内容上引入了简单的互动，让用户可以表达自己的感情，取得了非常好的传播效果。

图4-59 视频互动案例

（二）多个视频的可视化包装

目前媒体的视频播放都是以单个视频播放的形态出现，对于有相关性的多个视频的集合呈现没有很好的形式。利用HTML5技术的融媒新闻可以有效地解决这个问题，让有关联性的视频更好地组合在一起呈现给用户。

下面的案例是闪电新闻客户端里的"闪电视界"系列报道中的一个案例，此作品将有关联的视频像图集新闻一样组合起来，每页一个视频和一段文字介绍，用户像浏览幻灯片一样翻页浏览不同的视频。

图4-60 "闪电视界"报道案例

上面的案例视频是横屏的，下面的案例是闪电新闻在2018年两会期间推出的"竖说两会"系列报道，同样是幻灯片一样浏览不同的视频，但是每页的视频都是竖屏全屏播放，在手机端阅读体验更好。

图4-61 闪电新闻"竖说两会"报道

2020年疫情防控期间，闪电新闻推出的下面的竖屏视频集融媒新闻作品，进一步优化了视觉效果，在每页增加了一个gif动图作为视频的封面，就像视频内容的快速预览。

图4-62 闪电新闻竖屏视频集

下面的案例则是在视频集前面增加一个基于地图图像的导航页，用户点击不同地区上的热点，就可以播放对应地区的视频。这种导航模式更为直观，视觉体验也更好。

图4-63 基于地图的导航页

新湖南制作的"苗寨十八变"融媒新闻作品，则是采用了实景地图照片加上手绘路线的方式，给不同人家的视频做导航，此作品在29届中国新闻奖上获得了三等奖。

图4-64 新湖南制作的"苗寨十八变"

《三峡日报》推出的这个视频集作品则采用了更为灵活的视频组织方式，内容为习近平总书记视察宜昌一年后的回顾和总结，此作品中每页有三个视频，顶部横屏是习近平总书记视察时的视频片段,下面2个视频是与上面视频内容相关的不同行业的群众的采访视频,体现了3个视频内容的关联关系。

图4-65 《三峡日报》视频集

《大众日报》制作的人民海军成立70周年海上阅兵活动的融媒新闻作品,将视频放在一个类似展厅的长轴画面上,每个视频就像挂在墙上的大屏,点击即可播放。用户浏览此作品有逛展览的情景化体验。

图4-66 《大众日报》融媒新闻作品

《杭州日报》的《街听:你的声音》这个融媒新闻作品,则是将视频放在一个影院的可视化环境中,用户点击视频缩略图,视频在一个舞台背景下进行播放。

图4-67 《杭州日报》融媒新闻作品

新湖南则是采用了类似微信朋友圈的视觉样式将多个视频组织起来。

图4-68 新湖南视频作品

从上面这些多个视频的融媒新闻案例看，HTML5技术可以有效地对视频的组织和呈现方式进行各种有创意的可视化包装，观看体验更佳，还能体现视频间的关联性，更好地讲述一个完整的新闻故事。同时将多个视频包装在一个作品中，也给了用户更多的选择，同时可提高视频的播放率。

（三）创意类视频作品

前面列出的视频相关融媒新闻作品，视频都是整个作品的主体，视频也只是点击播放的传统模式。下面的案例则给出了视频在融媒新闻中呈现的更多可能。

新湖南客户端在2020年湖南两会推出了一个"两会碰词儿"作品，作品将两会的要点总结出多个两两配对的关键词，用户拖动一个词去"碰词"另一个，会播放原创的政策演绎视频和文字总结。将视频、互动和图文展示融合在一起。

图4-69 新湖南"两会碰词儿"作品

大众报业在2020年全国两会的报道，针对为小微企业减税降负原创了情景对话视频，在提出问题后会弹出选择题让用户选择，用户选择后会有政策说明视频。

图4-70 大众报业的报道案例

中国义乌网在疫情防控期间推出了"你动起来真好看"作品，挑选了各行各业的代表性场景，先展示静态图片，让用户通过点击、滑动、摇一摇等不同形式的互动，让图片变为视频，展现疫情初步控制后城市恢复活力的情景。

图4-71 中国义乌网的作品

人民日报媒体技术公司为天津滨海新区制作的"说唱大滨海"作品，挑选了两个学生录制视频，一个中国风说快板，一个国际范儿说RAP，两个视频同时播放，通过一个按钮即时切换。

图4-72 《人民日报》"说唱大滨海"

从上面的案例可以看出，视频本身可以是新闻主体，也可以作为新闻的一个素材，和其他形式的新闻素材组合在一起，用更有创意的方式去讲述新闻。

六、信息图

信息图可以将数据、信息或者知识集中展现在一张图上进行可视化展示，目前也是新闻常见的一种形态。传统的信息图都是静态图片格式，一般都很长。充分的HTML5技术可以让信息图容纳更多的媒体形式，表现方式更灵活，应用场景更广。

下面的作品是一个关于移民政策的信息图，作者巧妙地通过信息折叠的方式大大减少了信息图的长度，结构更清晰，有助于用户更快找到感兴趣的部分。

图4-73 移民政策信息图

闪电新闻在2017年推出的"图解党代会报告"作品，在信息图中引入了音频，在关键信息点上加入了现场录音可点击播放，丰富了信息图的形式。

图4-74 闪电新闻"图解党代会报告"

澎湃新闻出品"天渠：一位村支书的36年引水修渠路"的融媒体信息图，按时间顺序手绘了信息长卷，同时在信息图中添加了动画、音频、视频和互动，在用户纵向滑动时依次呈现和播放，从而增强用户阅读兴趣。

图4-75 澎湃新闻出品的融媒体信息图

闪电新闻推出的"燕子说,这里的春天最美丽"则是采用了横向滚动展示信息图的方式,通过一只燕子在画面上飞翔串联起不同的场景,特定场景还有缩放动效。

图4-76 闪电新闻播出的横向滚动展示信息图

除了纵向和横向滚动两种模式外,《沈阳日报》推出的"时光穿梭的红色记忆"则采用了多向滚动的方式,不同场景的信息滚动方式和方向不同,形式更灵活。

图4-77 《沈阳日报》的"时光穿梭的红色记忆"

信息图从原来的静态图片发展为融媒化的信息图,跳出了原始的框架,通过增加音频、视频、动画等更生动的媒体形式和各种交互,让信息图的呈现更有故事性和代入感,也拓展了信息图的应用场景。

七、数据新闻

数据新闻是基于对数据的抓取、统计、分析后进行可视化呈现的新型新闻报道方式，是随着数据时代的到来出现的一种新型报道形态，越来越受到主流媒体的重视。数据是枯燥的，数据新闻的要点之一是可视化呈现，各种可视化图表是主要表现形式。融媒化的数据新闻可进一步提升了数据新闻的表现力。

人民日报媒体技术公司推出的《世界500强企业中国企业入榜趋势》数据新闻，收集了自1996年至2018年在世界500强中的数量和规模，一个企业用一个红色圆形图像代表，该企业营业额则用红色圆形图像的大小来表示，画面上同时有当年营业额排行前十的中国公司的名字。这些信息都随着时间的变化动态改变，非常直观地表现了中国企业的成长。时间会自动增加，用户也可以滑动时间滑杆快速查看变化。

图4-78 《人民日报》推出的数据新闻

中国政府网推出的《"我向总理说句话"建言征集活动数据报告》呈现了2015年至2019年中国不同省份的网民在中国政府网上留言的情况，从留言总量、网民年龄、性别、地域、留言类别等方面进行了分析，同时给出了用户所在省份的数据。

图4-79 中国政府网推出的数据新闻

山东电视台推出的"总书记视察山东一周年数字答卷",用了数字长卷的形式,动态呈现了总书记视察山东一年后山东在各领域取得的成绩,同时还配有解说。

图4-80 山东电视台的数字长卷

《杭州日报》推出的"新型冠状病毒肺炎疫情"则是采用了地图的形式,将数据直观地标示在杭州各区地图位置上,同时配有大数据分析。

图4-81 《杭州日报》的疫情地图

数据新闻属于深度报道,同时有一定的专业性,可视化的呈现方式既可更好的表达数据分析结果,也可让用户更容易理解,融媒化则能让数据新闻更生动更有趣。

八、新闻专题

新闻专题是同一个新闻事件的多个新闻的组合。传统的新闻专题页面经过新闻网站长时间的发展已基本定型,一般由头图、菜单、新闻分类列表、广告等部分构成。但这种形式其实并不太适合手机端,PC页面呈现面积大,可以容纳很多信息,手机屏幕小,信息过多显得杂乱,而且用户已经被培养出了阅读可视化、精简化信息的习惯,因此媒体也逐渐开始基于HTML5技术对新闻专题进行融媒化创新。

《钱江晚报》推出的《比利时布鲁塞尔恐怖袭击特别报道》是一个典型的案例，该专题页面摒弃了传统的专题形式，界面非常简洁，只有一张布鲁塞尔地图，上面有火车站和飞机场两个动态热点，用户点击热点会弹出新闻类别图标，如文字报道、图片报道、视频报道等，点击分类图标即可进入滚动报道页面。这种专题形式视觉效果好，界面简洁，很适合移动端阅读。

图4-82 《钱江晚报》推出的新闻专题

《资阳日报》推出的《春在资阳美丽资阳》专题，采用了相册模式呈现资阳市在春天的各种美景，每个类别的相册视觉布局和动效都不相同。

图4-83 《资阳日报》推出的专题

CCTV在2019年两会推出的《一起看两会》专题报道则借鉴了用户很熟悉的朋友圈形态设计专题，每个记者就是朋友圈的一个好友，只包含图片和视频两种新闻素材，完全放弃了文字。从两会第一天到最后一天滚动更新，就像一个人的朋友圈一样。

图4-84 CCTV推出的《一起看两会》

闪电新闻在2019年两会推出的《奋斗的春天》专题则聚焦两会代表委员通道，用了很多虚拟的手绘人像，将采访到的代表委员的头部照片与手绘人像结合在一起，点击人像则可出现采访的文字摘要和代表委员的采访录音。整个报道按时间顺序共采访报道了近百位代表委员。

图4-85 闪电新闻《奋斗的春天》专题

长城新媒体在2019年推出了一个传统的网页专题《丰收冀》，采用了传统的头图、菜单、新闻分类列表的专题形式，后来重新用HTML5技术制作了融媒化的《丰收冀》专题，开篇是一个全屏的视频，跳过后通过互动撕开封条呈现出丰收场景，菜单收缩在右侧，点击才展开，用户看到的所有信息都是全屏呈现，视觉效果更好。

图4-86 长城新媒体专题《丰收冀》

《浙江日报》推出的《一片叶子的扶贫故事》专题则是采用了一个巨幅图画的设计，初始画面聚焦在完整图像的局部，点击画面上的叶子，叶子会飘到图像的不同局部去呈现不同的内容，把文字、图片、视频等新闻素材融合在图像的不同位置。

图4-87 《浙江日报》推出的《一片叶子的扶贫故事》专题

九、测试题

测试题是媒体在移动时代非常常见的一种用户互动形态，传统的测试题都是文字类的，题目和答案都是文字。融媒化的测试题会突破这种传统形式，带来很多的创新。

上海黄浦区推出的《上海黄浦人代会选举有奖问答》，将测试题设计为政务常见的卷宗形式，每做一道题会在顶部实时给出分数，即时反馈信息，用户更有紧迫感。

图4-88 上海黄浦区的测试题

上游新闻推出的《英雄之城记忆拼图》则把整个测试题完全可视化融媒化，把文字、图片、音频和视频都融入到了测试的问题当中，甚至加入了翻牌猜地名的互动，极大地增加了测试的趣味性。

图4-89 上游新闻推出的测试题

人民日报客户端推出的"你的记忆深处是什么"测试,则是把所有的答案选项都用了物体图片来表示,而且在问题和文字之间设计了很炫的转场动画。

图4-90 人民日报推出的测试

从上面的案例可以看出,融媒化的测试题可以让用户的互动更有趣,更能吸引用户完成测试和转发测试。

十、创意类新闻

以上所列举融媒新闻案例都能归属于常见新闻类别,利用融媒化可视化互动化进行创新的表达。媒体在近几年的新闻创新实践中,还推出了很多创意类新闻,充分利用HTML5技术的融媒体+交互+动画的特性,对新闻的表现形式进行脑洞大开的创意和制作,此类新闻需要更多制作成本,主要用于重大选题制作。

天山网制作的"2020年新疆民生建设重点"以立体书的形式,以2.5D图像风格,一页一页翻开立体书,配以画外音的解说,介绍2020年两会新疆制定的民生建设重点。

图4-91 天山网制作立体书

多彩贵州网在2019年全国两会推出的"贵州发展计算器"则用了计算器的形式，把不同的关键词"+"起来，展现对应的发展政策。

图4-92 多彩贵州网推出的"贵州发展计算器"

《杭州日报》在2017年推出的"2017年杭州市两会亮点盘点"，利用绿幕抠像制作了记者的一系列透明背景的gif图，和新闻画面整合在一起，让用户去点击记者切换不同的场景，交互新颖，画面冲击感强。

图4-93 《杭州日报》推出的"2017年杭州市两会亮点盘点"

《广州日报》推出的"我造传奇",完整地介绍了一条汽车"智造"生产线,用动画的形式去呈现冲压车间、焊装车间、涂装车间、总装车间的工作内容,用户可通过选择制作部件、给车身喷上不同颜色虚拟参与制作过程,并且配有车间的视频介绍。

图4-94 《广州日报》推出的"我造传奇"

人民视频推出的"深圳改革开放40周年"采用了流行的2.5D设计风格,每个画面通过一个关键字和场景来呈现深圳改革开放的一个成就,场景之间通过巧妙的交互和精美的动画切换。

图4-95 人民视频推出的"深圳改革开放40周年"

《解放军报》推出的"你收到的是1927年8月1号发来的包裹"则采用了快闪的形式,完整地呈现了从1927年8月1日到2017年8月1日中国人民解放军建军90年来的所有大事。

图4-96 《解放军报》推出的快闪专题

创意类新闻无法归类到常规的新闻形态，更依赖创意，也给媒体的新闻创新提供了更多的想象空间。

十一、小 结

从上面的融媒新闻案例中可以发现，相比传统的图文、图集和视频等新闻形态，融媒体新闻通常是文字、图片、音频、视频、全景、动画等多种新闻素材的融合，通过各种互动形式将素材串联起来完成一个完整的新闻叙事。融媒体新闻以视觉化元素为主，表现力更强，新闻创新的空间更大。

第五章 融媒体的美术编辑

美术编辑简称美编，既是一种编辑行为，也是一种职业身份。作为编辑行为，美术编辑是采用美术技法，根据视觉规律，对信息元素进行选择、组织、加工、记录并优化传播的编辑过程。美术编辑具有艺术性、技术性、记录性。作为职业身份，美术编辑是从事此项工作的专业人员，是视觉的编辑者、创造者、管理者、培训者。

美术编辑上承采访编辑、下接出版发布，是连接媒体内容与技术的中间环节。融媒体时代，美术编辑的作用是运用美术技法，针对不同发布载体的特点，以大众阅读观看的规律，突出主次分明的信息等级，以全方位的视觉感受吸引注意力，使融媒体易读且悦读，为观众读者提高接收信息的效率，达到精准传播的目的。

融媒体美术编辑面对内容有两重层次，一重是根据不同媒体属性，如报纸的头版视觉、杂志的封面视觉、图书的封皮视觉、电视的活动视觉、网络的链式视觉、手机的单屏滚动视觉等不同视觉特点，保障融媒体出版发布时，针对不同观看阅读的形态，保持各媒体的视觉连贯与风格统一；另一重是从视觉的角度出发，运用美术技巧，使版面与画面更具冲击力，多元化、全方位地表现编辑主题。

融媒体美术编辑工作主要包括视觉元素的提炼、版面画面的呈现、创意设计的深化和制定科学的工作流程，根据各媒体的出版发布周期发布。元素的提炼是融媒体美术编辑的基础，排版与剪辑是美术编辑的呈现，创意与设计是美术编辑的技巧，流程与职能是融媒体出版发布的保障。排版剪辑和创意设计是融媒体美术编辑工作的核心，排版剪辑是将已有内容整理组织成结构清晰、具有美感、带来愉悦的形态，创意设计是通过创意思维将抽象的内容与思想以具象化的方式表现。前者侧重内容，后者强调视觉。

本章通过了解文字、图像、数据、色彩等不同视觉元素，掌握如何根据媒体特性，以排版剪辑组织视觉元素使信息等级分明、主题突出，如何运用创意设计技巧突出编辑主题吸引观众读者，并阐述了融媒体美术编辑的职能及工作流程。

第一节 元素的提炼

融媒体美术编辑工作首先是根据编辑主题提炼相关的视觉元素，为后续编辑工作进行初步准备。因此，掌握文字、图像、数据、色彩等基本视觉元素的特点，思考视觉元素相互配合的作用，理解图文组合规范使信息多元化，了解色彩配置原理打造全彩视觉感受，针对不同载体增强互动效果，才能提升融媒体的传播力。

一、视觉元素

根据视觉效果和承载内容的性质，视觉元素主要分为文字、数据、图像与色彩。文字是字义与字形的结合，数据是客观的科学规则的形象化，图像体现形象思维对内容的表现，色彩是心理联想产生的美感反应。

（一）文字

文字是人类记录文化、交流思想的语言书写符号，既具有意义，又具有形态，是融媒体交流的主要元素，也是美术编辑的首要元素。

1. 字体

字体是文字的呈现样式，包括适应批量复制要求的印刷体、手写风格的书写体、设计创造的艺术体。

与字体相应的常用概念是字库，即电子文字字体合集，字库中的每套字体都包含同一样式的文字和标点符号，同类字体在不同字库可能笔画细节有细微差别。常见字库中，主要有需注意版权的方正字库、汉仪字库、微软字库等，另外有开源的思源系列字体。

（1）印刷体。印刷体是适应批量复制要求而生的字体。中文印刷体主要分为宋体和黑体系列，对应英文的衬线体和无衬线体。

宋体——衬线体，在文字笔画及起始有变化，笔画随横竖转折走势而粗细变化，笔画起笔、转角、末端会形成刻刀收尾的笔画衬线，体现了笔画的走势以及开始与结束的前后联系，在印刷媒体适合引导视觉对长篇文字的阅读。但也正因为强调横竖笔画对比的特点，远处观看时横线弱化，可能导致识别性下降。另外，由于早期电子屏幕的分辨率有限，笔画末端的点缀影响阅读的清晰度，因此宋体—衬线体在网络手机等电子屏媒体中较少用于正文等长内容。

黑体——无衬线体，笔画粗细均匀一致，能形成醒目的视觉效果，在印刷媒体适合强调标题等短文字，同时也适合电子屏显示，因此融媒体中采用电子屏显示的媒体多采用黑体——无衬线体。

| 宋体 ，。；""abc | 黑体 ，。；""abc |
| Times ，．；""abc | Arial ，．；""abc |

图5-1

（2）手写体。手写体也可称书写体，是在文字手写记录的过程中，为快速记录与保存，共同约定或认可形成的字体风格。

中文传统书法体包含正（即楷体）、草、隶、篆、行，英文书写体常见意大利斜体、花体、圆体等。

书写体既具有书写者个人的特殊风格，也可体现不同书写工具的书写特点，如楷体既可根据书写者的风格细分为颜体、欧体、柳体和赵体等，也可分为以毛笔为代表的软笔楷体和以钢笔为代表的硬笔楷体等。

楷体 楷体 楷体 楷体
田氏颜体大字库　博洋欧体　博洋柳体　方正硬笔楷书简体

图5-2

（3）艺术体。艺术体也可称为美术字，是进行加工、美化、装饰设计过的字体。

相对于印刷体和书写体的普适性，美术字是针对特定的需求进行专门设计的字体，强调文字使用的场合、意义与视觉效果的和谐，增加文字的装饰性，强调字形的个性与识别率，往往只对需要使用的文字所面对的特定场合进行设计，有时不会形成完整的一套字体。

根据文字使用的场合和本身所具备的意义和文化底蕴，进行文字的创意，将在第三节中详述。

万圣节体 藏意汉体 海报体 板报体
汉仪万圣节体　方正藏意汉体　华康海报体　新蒂黑板报体

图5-3

2. 字号

字号是用文字的度量单位指代文字的大小规格。定义文字大小有绝对度量单位和相对度量单位，分别适应印刷媒体和采用电子屏幕显示的电子媒体。

（1）绝对单位。绝对度量单位主要为字号和磅值，即号数制和点数制。字号源自活字的字腹到字背的距离，也可理解为活字的宽度，号数越大，文字越小；

磅值源自打印文字的高度，磅值越大，文字越大。字号和磅值可查询到相互对应关系。绝对单位适用于印刷环境，只要设定数值单位，在任何材料上印刷出来的文字大小都是确定一致的。

（2）相对单位。相对单位为px、em、ex等，px即像素，设定好的数值单位会随着电子显示屏的分辨率的变大而变小，em是相对字母m或其他指定字符宽度的倍数，ex是相对于字母x或其他指定字符的高度，调整该字符会成比例地改变其他字符的大小。

图5-4

字号的选择与文字量、意义等级以及观看阅读的对象相关。一般而言，同样的视觉面积，字号越小，容纳的信息量越大；同等字体下，更大的文字更吸引注意力。因此，文字量大的字典字号相对较小，意义等级高的标题字号相对较大，针对老人儿童文字字号相对较大。

关于单个文字的创意设计详见第三节"文字创意"，多个文字组合的长篇内容的编排详见本节"图文编排"。

（二）图　像

图像是对事物进行具象的记录与描述，作为人类最早使用的记录方式存在于人类文化的源头，如世界各地发现的岩画、中国《易·系辞上》提到的河图洛书两幅图案。图像元素是融媒体美术编辑体现美术技能、实现视觉效果的首选资源。

1. 图像类型

根据所记录内容与时间的关系以及图像呈现的形态，图像类型可分为静态图片、动态图片与活动影像。

（1）静态图片。静态图片是用单张图片记录某个时间点一瞬间的事物形态，包括照片、图画、拓片等形式，通用于融媒体。多张静态图片组合的图片报道，可以讲述一段时间的内容。

数字化的静态图片包含点阵图和矢量图，点阵图由像素点构成，每个像素包含颜色信息，像素越多、色彩越丰富，图像越清晰，文件越大，放大点阵图到一定程度会呈现出马赛克效果。矢量图用几何形状和填充形状的特定颜色来记录图像，缩放中保持形状和颜色不变，但难以还原现实中色彩层次丰富细腻的图像，更适合用于标志、图案等人工设计的图形。

点阵图　　　　局部放大后　　　　矢量图

图5-5

（2）动态图片。动态图片是利用GIF文件格式等新媒体技术，将多个图像组合在单个图片文件中，记录多个时间点或者一个时间段的多个事物形态。动态图片不适用于印刷媒体。

（3）活动影像。活动影像是根据视觉暂留原则以一定的速率播放画面形成平滑连续具有动态效果的视频，适用于电视、电影、网络、手机等可以播放视频的载体。

静态图片　　　　动态图片　　　　活动影像

图5-6

2.图像表现方式

根据形成图像的方式，图像表现方式包括客观记录反映现实的实景图像、运用计算机技术创作的合成图像、手工绘制的图像、抽象简洁的符号与线条等。

（1）实景拍摄。实景拍摄是以摄影摄像的方式再现现实中客观存在的真实图像，具有现实性、客观性、真实性的视觉特点，适合搭配表现事实的新闻、客观事物的形象等。采用实景拍摄的思维可通过拍摄角度、光线的运用、拍摄内容的选取等表现。

（2）计算机合成。计算机合成是根据真实性原则，围绕人的主观意愿，主要以电脑合成的方式将各种图像元素组合，塑造特定的形象表现，具有思想性、构造性、主观性、强调美感与质感的特点，适合搭配表现意境、内涵、联想、创见等信息，通过色彩或图像表现暗示、隐喻、意境等。

（3）手工绘画。手工绘画是根据客观现实再现或人的主观意愿，以手工绘制的方式再现或创造形象的图像，具有人文色彩和个性特征，通过绘制的笔触、内容、选择的色彩、绘制方式等直观表现个性化、人文化、评论性的信息。

（4）抽象图标。抽象图标是具有指代意义的图形符号，通过对客观形象的抽象与还原，高度浓缩、概括特征并快捷传达信息，具有简洁明了、便于记忆的特性，图形面积小，从古代图腾到计算机图标都有应用。

|第五章|融媒体的美术编辑|　203

实景图　　　　　合成图　　　　　手绘图　　　　　图标

图5-7

关于单个图像的编辑处理详见本节"图文组合"中的"图片编排",图文配合参见"图文组合"中"图文排版",图像的创意详见第三节"图像创意"。

（三）数　据

数据是记录了客观事物某种属性或关系的可识别的符号,是伴随着精确新闻、大数据、社会统计等兴起的重要视觉元素。数据即可有准确的意义,结构化组织后具有形象的效果,兼具内容的准确性与传播的有效性,是特别需要关注的元素。实践中,融媒体美术编辑面对数据主要体现在单个的数字和以数据形成的信息图表两方面。

1.数字

数字由于便于输入计算机处理,因此是记录数据最常用的方式。单一数字的使用往往要对应标题、短资讯或某个短语,在突出数字强调内容的准确性的同时,明确数字的意义。

同一个数在不同的数字系统形态不同,常用的有阿拉伯数字、罗马数字、中文数字。数字在人类文化的使用中常被赋予特定的象征意义,比如古代中国以九为大数,"九"字形状源于龙形图腾,因此代表权力的高端,最受尊重,用此形容帝王的地位为"九五之尊"。

大写中文数字 → 壹 贰 叁 肆 伍 陆 柒 捌 玖 拾
小写中文数字 → 一 二 三 四 五 六 七 八 九 十
罗马数字　　 → Ⅰ Ⅱ Ⅲ Ⅳ Ⅴ Ⅵ Ⅶ Ⅷ Ⅸ Ⅹ
阿拉伯数字　 → 0 1 2 3 4 5 6 7 8 9

图5-8

2.计时数字

计时数字用来描述事物发展变化的过程,世界各地在各个时期有不同的计时数字,常用的计时数字为罗马数字、阿拉伯数字等。

中国传统计时数字为天干地支,十干和十二支按固定的顺序依次相配,形成六十个基本单位,即六十甲子,组成了干支纪法。

生肖是用动物形象来代表年份的计时方式，又称兽历，广泛流行于亚洲诸民族及东欧和北非的某些国家，生肖的构成和顺序各民族不尽相同，中国十二生肖可与干支纪年对应计时。

天干	甲	乙	丙	丁	戊	己	庚	辛	壬	癸
地支	子时 23:00-1:00	丑时 1:00-3:00	寅时 3:00-5:00	卯时 5:00-7:00	辰时 7:00-9:00	巳时 9:00-11:00	午时 11:00-13:00	未时 13:00-15:00	申时 15:00-17:00	酉时 17:00-19:00	戌时 19:00-21:00	亥时 21:00-23:00
生肖	鼠	牛	虎	兔	龙	蛇	马	羊	猴	鸡	犬	猪

图5-9

不同系统的数字书写方式、数字与内容的对应及其与文化的联系是进行创意设计的灵感来源，单个数字的创意、数据的图表参见第三节。

（四）色彩

色彩和以上三种元素不同，它本身不具备明确具体的意义，通常与其他元素共同出现，但是在所有视觉元素中，它是第一个被视觉注意的元素，也就是读者观众会先注意到色彩，再注意到色彩所依附的形状，并且色彩会影响人们对形状的感知印象。营造全彩观看阅读效果是融媒体美术编辑的重要表现形式。

1. 色彩属性

色彩是光进入人眼后在人的大脑中形成的视觉效应，人类对色彩的真正认识是从物理光学的发展开始的，17世纪牛顿让太阳光射进玻璃三棱镜出现多色组成的光带展示了色光关系，其后心理学的发展解决了视觉机制对光的反映问题，并不是所有的光都具有色彩，只有人眼可感知的可见光才能产生色彩的视觉反应。

（1）色相、明度、纯度。色彩分为彩色和无彩色（黑、白、灰）。色相、明度和纯度，构成色彩的三属性。

色相是色彩基本的特征，根据色相来称呼特定的颜色为红色、黄色、绿色等，有色相的色彩称为彩色，无色相的色彩如金银黑白灰等被称为无彩色，无彩色不包含在光谱之中，但在颜料中具有重要的作用。明度是色彩的明暗（深浅）的程度，纯度是色彩的鲜艳程度、纯净程度，明度和纯度共称为色调。色彩中没有加入黑、白、灰的颜色纯度高，加入黑、白、灰越多，纯度越低。

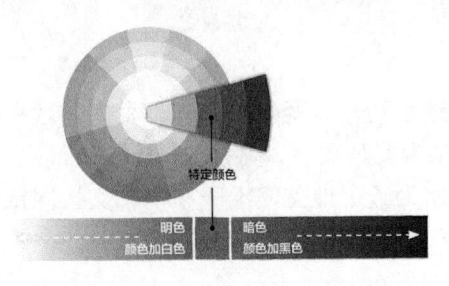

图5-10

（2）色环。色环是表现三原色混合生成新色的圆形图。无法再分解的基本色称为原色。三原色以等比例混合而形成的二次色为间色，三间色为橙、绿、紫。不同的间色混合产生三次色，称为复色。色环可以帮助形成色彩的搭配，以24色环为例，互补色是色环中彼此相隔12个数位或相距180度的两个色相，对比色是色相环中相距135度或彼此相隔八九个数位的两色，邻近色是色相环中相距90度或相隔五六个数位的两色，同类色是色相环中相距45度或彼此相隔二三个数位的两色。

图5-11

2. 色彩类型

融媒体使用的色彩有两种成色模式，一是适应印刷媒体的颜料减法成色，另一是适应电子媒体的色光加法成色，因此有印刷色和显示色的区分。

由于色彩在电子屏幕与纸张印刷上的成色原理、材料质地等方面的区别，电子显示的色彩与印刷效果总是存在一定差异，性能优良的显示屏目前也难以完全消除这种差异，因此屏幕显示色彩与印刷色彩之间不能完全等同。

（1）印刷色。印刷色即使用印刷油墨颜色印制在纸张等载体上呈现的颜色。美术编辑在计算机操作中设置为CMYK色彩模式。

印刷色遵循的是颜料三原色混合成色的方式，即减法原则，由于人们并不是直接看到色光中的色彩，而是色光照到颜料上，颜料吸收了部分色光后再反射出来的剩余光进入眼睛感知到的色彩。例如，黄色颜料和青色颜料混合后，因为黄色颜料吸收蓝光，青色颜料吸收红光，只有绿光反射出来，因此黄色颜料混合青色颜料后形成绿色。

②显示色。显示色即色彩在电子屏幕终端，如液晶显示器、电视机等最终呈现的效果。美术编辑在计算机操作中设置为RGB色彩模式。

显示色遵循的是色光三原色混合成色的方式，即加法原则，是红、绿、蓝三种光以不同比例叠加混合进入眼睛后感知到的色彩。例如，当三种光以相同比例混合，且达到一定的强度，则呈现白色；三种光的强度均为零，则为黑色。

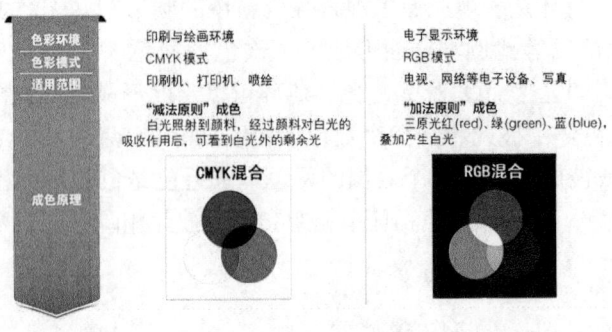

图5-12

二、图文组合

图文组合是根据观众读者的视觉移动和观看阅读规律和编辑思想，对内容图文进行组织提炼，形成逻辑清晰、信息等级明确的编排组合，使融媒体观看阅读多元化。

（一）文字编排

文字编排针对的是文字的集合，即文字组合而成的长短文、标题等，文字的编排立足于文字所包含的内容意义，目的是让文字结构清晰、层次分明、主题突出，调节阅读的节奏，提高阅读的效率。

1. 编排原则

文字不仅是具有外形的符号，更是包含意义的载体，编排组织文字的原则是根据文字的内容意义进行视觉等级的划分。划分方法包括选择字体，调整字号、间距、段落间距、行距等，通常同等级的文字保持同样的字体、字号、间距等属性，不同等级的文字至少对一个属性进行变更，形成意义内容在视觉区域与外观上集合，体现信息的等级差异。

文字从内容意义以及作用来区分，主要有包含媒体所想传达的新闻资讯内容的内容性信息，体现媒体自身信息的出版性信息，便于读者观众等受众接收信息甚至可以进一步反馈的结构性信息。内容性文字体现融媒体采写的内容及围绕采写的相关信息，包括正文、附文（常位于正文后，又称辅文、资料、延伸阅读等）、标题、作者或编者、引文（多位于正文前，又称导语、编者按、提要等）、文中摘要；出版性文字体现的媒体自身的出身、名称等版权相关信息，包括出品发行、编辑、广告运营等团队人员的名称、出版发布时间、条码、二维码、媒体名称、主办方等；结构性文字是方便受众接收内容同时定位或反馈的文字，如页码、点赞、当前内容所在的栏目名称等。

（1）字体、字号与字距。

①字体中除了提到的宋体——衬线系列更适合印刷媒体的长文、黑体——无

衬线系列更适合电子媒体的长文外，印刷体系列更适合新闻中客观报道，其中笔画较粗的字体适合文字少的标题，较细的适合文字少的正文；规范的手写体系列适合主观评论性长文，笔画个性特征强的适合较短的标题、广告语等。

②字号是文字的大小，信息等级越高，字号越大；信息等级越小，字号越小。

③字距是字与字之间的距离，也称字间距，影响文字的疏密程度，可以在不改变字体字号的情况下，改变文字占据的长度与面积。

（2）行距与段距。行与段是对文字集合的切割，行的划分依据视觉空间，段的区别根据语义逻辑，一段至少包含一行以上。

行距是相邻行文字间的距离，段距是相邻段之间的距离。行距形成的空白有助于引导阅读视线移动的方向。行距与字号的大小相关，字号越大需要的行距越大，行距至少要达到字号的1.2倍以上，以避免视觉串行。

为了形成段与行的区分，提示段落开始，可采取首字下沉或段落首行缩进两个字符的方式，还可以采用段前距、段后距进行区分。

每行的长度也要注意眼球横向运动的范围，一行文字过长则降低眼球移动速度，过短则易打断阅读。

（3）对齐与缩进。汉字正方形的外观集合在一起时很容易形成工整的形状，但是引入标点符号以及文化交流带来的中外文混排，需要引入缩进、断词、标点挤压、调整字距等方式，实现标点符号的避开头尾单独出现，并实现文字两端的对齐。

2. 纯文字编排

内容性文字是融媒体主要传播的内容，信息类型多，这里主要以视觉重点的正文、标题、引言与摘要为例，正文的图文编排以及与版面的配合将在"图文编排""版面规划"中介绍。

（1）标题的编排。标题是用简洁的文字对正文内容进行重点概括或提示的文字，文中小标题有助于帮助读者视觉定位，提高阅读效率，调节阅读节奏。标题的字体字号通常大于正文，多层标题可设置网线、框线、斜体、下划线等进行区分。

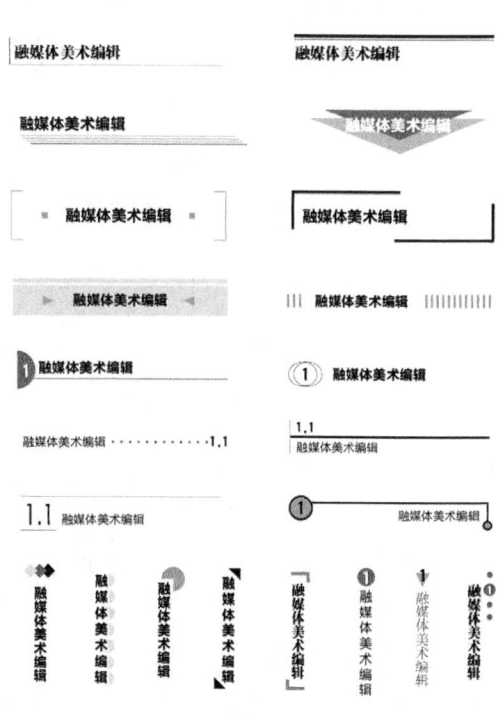

图5-13

（2）正文的编排。正文要综合使用编排原则，根据信息等级，配合文中小标题、栏目属性等，确定字体、字号、行长、行距、段距、对齐、缩进等众多属性。这里简略地介绍首行首字和结束符的处理。首行首字下沉，即正文开始第一段第一个字，字号增大，位置低于第一行，起导读作用。结束符提示文章的结束，在文章结束位置出现。结束符的设计为色块、图形或标志说明的重点文字等。

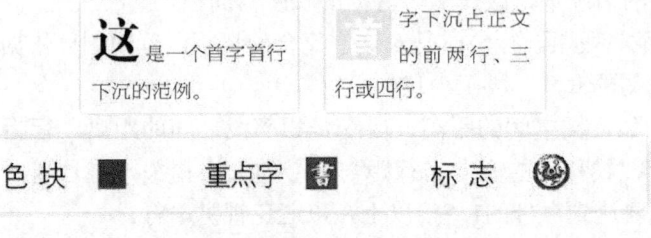

图5-14

（3）引言与摘要的编排。引言指文前引言，是正文开始前的一段话，用于说明编辑意图、文章主旨等，以吸引阅读。摘要指文中摘要，是位于正文中间，从正文提取的重要的一段文字、一组数据或者其他信息内容，用来突出文章亮点，调节阅读节奏，活跃版面。通常以文本框、线条或者符号将引言和摘要划出单独的视觉区域，与正文相区别。

图5-15

（二）图片编排

图片编排主要是针对融媒体采用的图像，特别是拍摄形成的图像进行处理，使图像传递的信息内容清晰、视觉突出。

1. 采裁合修

采裁合修是图片编辑首要的四个步骤，即采集、裁切、合成、精修。采集即通过多种图片来源获取丰富的图片资源，图片来源主要是拍摄和图库，配合绘画或扫描转换的图片；裁切是最主要的图片编辑手段，在不改变图像所需要表达的主要信息的基础上，重新确定视觉范围，去除冗余的内容；合成是将来自不同图像的内容拼合在一起，形成新的视觉关系；精修是在尊重图像真实意图的基础上，进行修改一些小瑕疵或者抠出图像主体等操作，常见的如对人物皮肤的精修。

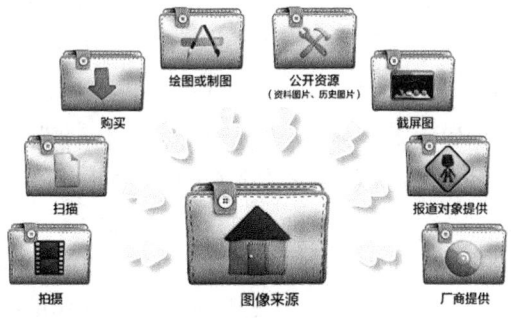

图5-16

2. 走势校正

走势校正是根据图像的显示效果与内容关系，进行方位走向、黑白效果、方向校正等处理，还可对图片进行做旧处理，呈现龟裂等特殊效果。走向处理针对多张照片，走向是指图片在视觉上产生的方向感，如人物视线的朝向形成视觉的方向，当不同人物头像的朝向不同时，应将同一朝向的照片作为一组，保持视觉的一致；黑白处理相对于彩色照片对现实的还原性，将已故人物照片处理为黑白效果，提示人物状态，或对较为血腥的事故等场面进行黑白处理，形成肃穆的心理感觉。校正处理是对图片拍摄形态与拍摄对象实际状态产生的差异，进行水平垂直方向的改正与调整。

走向处理，以开篇图片人物视线走势为标准，小图片摆放位置与走势结合

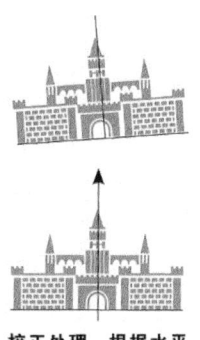

校正处理，根据水平线调整原始图片

图5-17

3. 图片说明

图片说明简称图说，是用文字补充完善图像难以明确表达的信息。

图5-18

（三）图文排版

图文编排是将图像与文字两种主要的承载内容的元素相互配合，有序、有效地组合在一起，方便受众快速完整地接收到信息。

1. 以文为主

以文为主是占据信息传播主流的传统方式，因为文字能快速准确的传达意义，且成本低、范围广。以文为主，主要出现于平面媒体的报刊图书、广告宣传册、办公文件等适合长时间阅读的版面上。

图文并茂是以文为主的版面发展的趋势，随着信息的大量传播，图像直观的形态有助于调节阅读心理、提高阅读效率，而数字化、网络化降低了图像产生的成本，提高了图像传播的速度，因此图文并茂成为趋势。

图文混排通常有两种方式，一是图随文走，将内容相关的图片与文字组合在位置相近的区域，图片随时补充解释文字，便于及时帮助读者阅读理解文字内容；一是模块编排，将版面分割为上下或左右区域，分别摆放图与文，易于编辑与修改，版面结构清晰。

图5-19

2. 以图为主

以图为主的版面主要出现于平面媒体中的图片报道、电视媒体的画面、办公的PPT幻灯片、商业广告等。由于图像占据版面的主要位置，通常要考虑的是文字与图像的前后位置关系，文字在图像中摆放时的位置。对于电视媒体、PPT幻灯片这样的动态形式，图像编排体现的图文关系还可以通过出现时间上的前后顺序来实现。

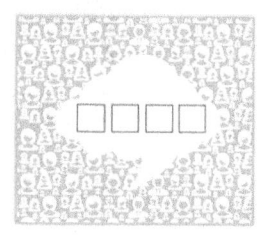

图5-20

3. 阅读走势

阅读走势是期刊内容文字引导读者视线移动形成的轨迹。为保证阅读顺畅，文字走势须以连贯的轨迹呈现。超过或少于版面容量的内容，可通过删减、跳页或扩大，调整文字间距、字号与图片尺寸、文字量或版面量以相互适应。

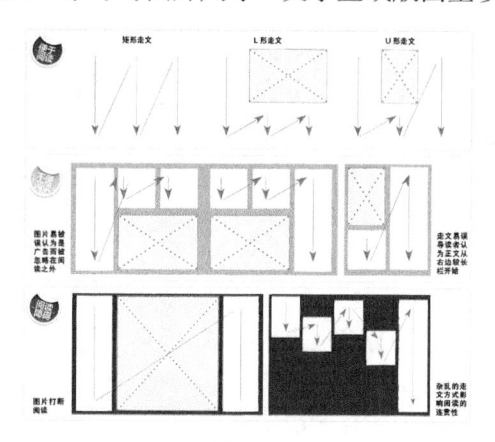

图5-21

（四）图案装饰

图形装饰是抽象化、概念化、符号化的图像，通常为图案、图标、线条阴影等，这些图像本身包含的意义很少，通常与正文、图片等其他内容组合编排，具有依附性，很少独立作为主体使用，编排在版面中起到装饰、点缀等增加视觉效果的作用。

1. 图案、图标、符号

图案、图标、符号具有装饰作用，与内容和其他元素组合，发挥补充版面空白、提示视觉起止或突出重点的作用。纹饰图案包括花边、花纹，如植物、风景、建筑、几何图形等。图标可以帮助视觉聚焦，引导视线快速定位，可与指示牌等实物结合，也可与色块结合并增加翻转效果，或者单独使用。符号通常用于引导文字、提示信息。

图5-22

2.线条、底纹

线条是以线性的形象表现的图像；底纹是铺垫在内容底部的纹理，底纹可以一组线条组成一个面积区域，也可以模拟现实中的凹凸效果或皮质、金属等肌理效果。线条和底纹可用于组织或区隔版面、提示信息、装饰美化等。

图5-23

3.阴影

阴影是灰色的暗区，与线条、底纹、色块、文字、图像等其他视觉物体组合，形成立体效果，加强视觉层次感。

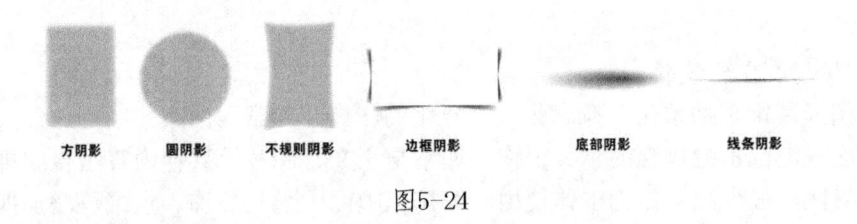

图5-24

三、色彩配置

色彩应结合不同的元素、层级、区域对色彩的种类、级别、更换规律等进行规范设置，形成主色、辅色、强调色。配色技巧针对主次内容，根据不同色彩的视觉效果进行色相、灰度和面积等方面的配置。

（一）色彩的对比

色彩的对比源于人眼对色彩的平衡作用，使多种色彩组合出现时出现不同的视觉效果，形成对特定内容与整体风格的印象。

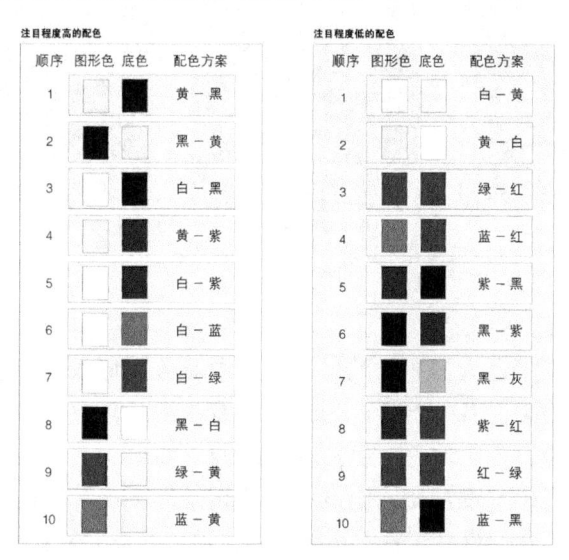

图5-25

（二）色彩的分辨能力

由于人眼对彩色细节的分辨能力远比亮度细节分辨能力低，即"彩色细节失明"，因此在画面色彩上，视觉对彩色图像大面积变化的部分有较高的分辨能力。

细节色别	黑白	黑绿	黑红	黑蓝	绿红	红蓝	绿蓝
分辨率/%	100	94	90	26	40	23	19

图5-26

（三）主色与辅色

主色是主题色或主体色，应用在报头、刊头、商标等主要形象上，或占据版面、画面的主要位置并贯穿始终。主色所应用的对象为标志这类固定的形象时，主色是唯一的且固定不变的，应用在栏目等内容对象时，主色可以随栏目数量指定多个，遇到重大事件可统一为同一色调。

辅助色是配合主色的色彩，主要用于衬托突出主色，辅助色大面积使用在背景上时为背景色，辅助色用于调和、缓冲视觉空间。通常主色为纯度高、效果鲜明的色彩，应用于主导地位的内容，进行强调突出；辅助色特别是背景色为纯度低、效果柔和的色彩，应用于阐释说明的正文、附文等篇幅较大的内容，保持视觉的区隔与连贯。

图5-27

中共北京市委主办《北京工作》建党90周年专刊章节页，以红色为主色调

（四）色彩的心理感觉

色彩的冷暖感觉来自人们在长期生活实践中对色相形成的印象，红、橙、黄色常与阳光、火焰相关，联想温暖，为暖色；蓝色常与高空、冰雪相关，联想寒冷，为冷色；绿、紫等为中性色。色彩轻重感源于明度与纯度，明度高的色彩感觉轻，明度低的色彩感觉重，在同明度、同色相条件下，纯度高的轻，纯度低的重。凡感觉轻的色彩给人的感觉多为软，凡是感觉重的色彩感觉为硬。

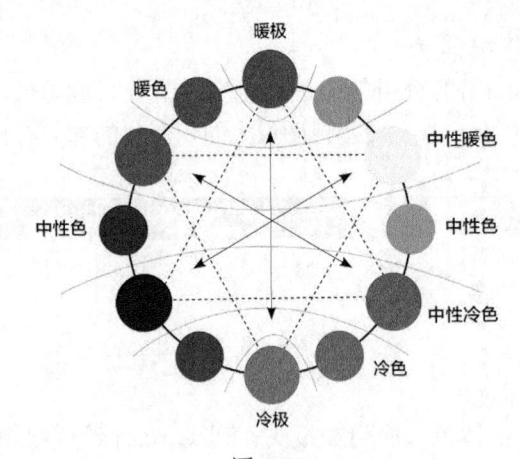

图5-28

5. 色彩的社会内涵

色彩不仅影响人们的认知，同时也受人的影响，附加了社会文化内涵，表达了地域、民族、宗教、等级、方位等观念，具有识别与区分、体现个性与流行等作用。例如，希腊神殿用红色象征火，青色象征大地，绿色象征水，紫色象征空气；唐朝以来，黄色为皇室专属色，皇宫寺院可用黄、红色调，王府官宦为绿、青、蓝等，民舍只限于黑、灰、白等色彩，宋代受儒家的理性主义和禅宗哲理的影响，以清淡的色调为主流。

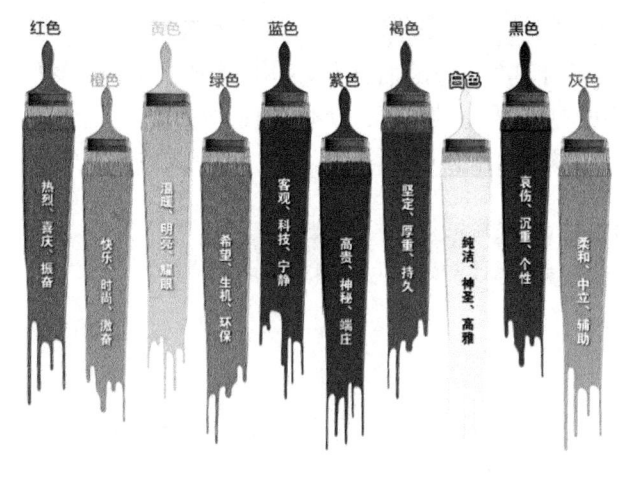

图5-29

四、互动效果

互动效果是融媒体中的网络和手机等新媒体所特有的形态，可以接收受众的反馈，让受众能够参与内容，表达观点，实现双向交流。

互动效果主要是通过控件即可操作的部件实现。控件显示的信息内容可以根据用户的操作改变。控件的功能不在于信息的呈现，而在于通过控件的操作改变信息的呈现形式、输入信息、获得反馈等。

互动效果形成了信息阅读跳转的节奏感，弥补了多媒体界面所缺乏的物理实体的翻阅感、移动感和整体感，体现了双向交流、即时反馈的特点等。

（一）内容互动

内容互动是为受众提供自身需求或言论的发布空间，常见的是搜索区、评论区、留言区等，提供一个文本框，让浏览内容或使用页面的受众可以输入内容，并提交给内容的发布者，让发布者有可能即时或延时了解到受众的需求并自动或人工选择是否反馈。内容互动的设计主要围绕文本输入框和提交按钮的形态与色彩展开，还可按照内容类型设置分类的格局。

图5-30

（二）状态互动

状态互动是引导受众通过行为上的触动进行界面的变化，常见的是通过按钮形态的符号提示受众进行触发。为了明确互动操作及其将引发的变化，体现状态互动的符号通常要与图标、文本结合，标注准确的意义。

按钮的形态需要和其他元素进行区分，比如增加边框、改变色彩、强调立体效果等，让受众意识到元素性质的不同。不仅要提示按钮的操作，还要区分按钮的状态，对按钮不同的状态如正常、停用、按下等，以视觉效果的变化进行表现。

图5-31

第二节　排版与剪辑

版面与画面是承载美术编辑视觉元素的基本视觉单元，是融媒体视觉效果的呈现载体。排版与剪辑根据已有的内容进行结构上的组织，注重信息内容的规范，突出主次分明的信息等级，根据各媒体的视觉结构，将稿件分类与组织，通过版面规划与画面剪辑，有效地表达编辑主题与内容意义。

一、稿件分类与组织

面对稿件，美术编辑的作用一是使内容的呈现适应不同的媒体特性，保持内容的视觉连贯性，二是根据不同的媒体特性，最大程度、不同角度地将内容的不同层次在视觉效果上的优势发挥出来。

（一）稿件分类与视觉表达

稿件可分为消息、通讯、评论、调查，并衍生出标题新闻、专题、特写、连续报道、分析性报道、解释性报道、编读往来、花絮、现场报道等其他形式，不同形式的新闻报道在文风、报道量方面各有差异。

美术编辑视觉表达主要采用拍摄影像、编辑影像、漫画（插图）、数据图表等形式。美术编辑类型使不同形式的新闻报道更突出、更直观、更鲜明。

1. 消息与拍摄影像

消息是以简短的文字、语言和图像等迅速传播一切新近变动的事实的报道形式。消息是新闻领域最基本的报道形式。消息中常见的写作方式之一是倒金字塔结构，即将新闻中最具时效性、最重要的部分写在前面，其他事实按重要性依次写下去，只陈述事实，不发表议论。

美术编辑视觉表达可采用拍摄影像，捕捉新闻动态，再现新闻现场或新闻事件，客观真实地还原新闻事件。

2. 通讯与编辑影像

通讯是运用叙述、描写、抒情、议论等多种手法，具体、生动、形象地反映新闻事物或典型人物的报道形式。通讯在提供表层的事实之外可以深入事件深层，联系背景，剖析原因、本质和深远影响等，由于使用多种手法，通讯对写作技巧要求较高，要表现多个新闻事实或一个新闻事实的多方面，在组织表达的过程中，可以融入角度与立场。

美术编辑视觉表达可采用编辑影像，即多影像的组合，通过新闻现场影像与历史资料影像、场景影像与人物影像、全景影像与特写影像等进行多方面的表现，影像角度的选择也体现了编辑思维与立场。

3. 评论与漫画

评论是对新闻事物或人们关心的问题的论述、分析、说理，用以表明作者、编辑、新闻机构的意见及主张的新闻形式。相对于新闻表现的事实，评论更多地体现一种观点，立场鲜明，可直接表现编辑思想和新闻立场。

美术编辑视觉表达可采用漫画的形式，配合评论的观点性、个性化的特点，运用变形、比拟、象征、暗示、影射的方法，构成幽默诙谐的单一画面或画面组，讽刺、批评或表彰典型人物与事件，具有强烈的社会性，强化了人文色彩和个性表达。

4. 调查与数据图表

调查是就新闻事件、社会问题和对当前新问题进行调查研究的报道形式。调查首先需要从新闻线索中寻找和确定问题，列举调查事实，形成最终的调查结果。对于复杂的社会现象，当用写作的自然语言难以叙述清楚时，往往采用客观、科学、量化的数字语言。

美术编辑视觉表达可采用数据图表的形式，以直观的数据图表，将数据按内在的科学规律分类组合，以饼图、折线图、步骤图等形式表现事件间的各种关系、发展趋势等。

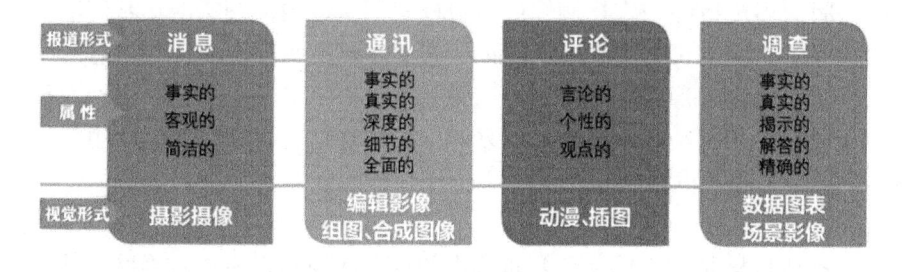

报道形式	消息	通讯	评论	调查
属性	事实的 客观的 简洁的	事实的 真实的 深度的 细节的 全面的	言论的 个性的 观点的	事实的 真实的 揭示的 解答的 精确的
视觉形式	摄影摄像	编辑影像 组图、合成图像	动漫、插图	数据图表 场景影像

图5-32

（二）稿件的组织

稿件的组织是指根据内容逻辑与不同类型信息特点，在编辑主题指导下，选择不同字体、字号，以符号、数字、图像、图表，有条理地划分信息层次，适应版面形态，丰富阅读形式。

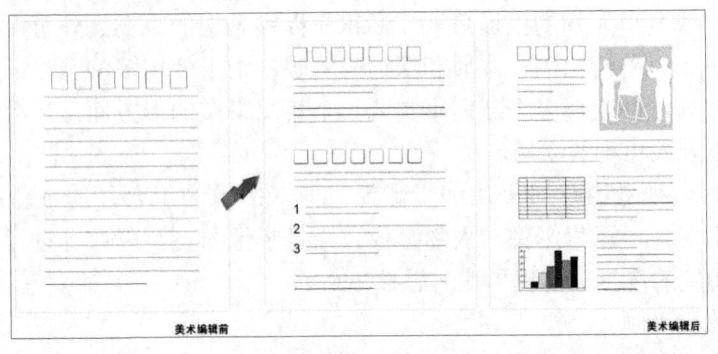

图5-33

稿件的组织风格根据媒体类型与编辑主题确定，可分为限制严格的古典型、科学风格的网格型、艺术风格的自由型。

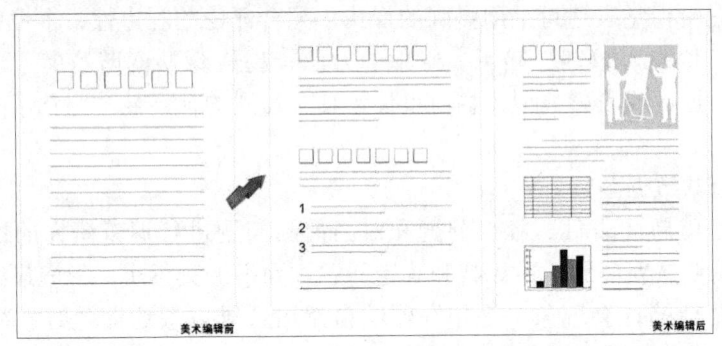

图5-34

（1）古典装饰

古典装饰风格的版式编排始于古登堡金属活字印刷机的要求，文字部分采用金属活字印刷，图像部分采用木版，将图文拼合组成为版面整体，并形成以订口为轴心，版面周边按照一定比例组成白边框架，保证内部图文的正常印刷，引导视线向版面中心的文字集中。为了保证金属活字印刷清晰，文字多带有衬线，笔画末端具有金属收缩形成的喇叭形。同时为了克服工业革命的批量生产对设计的忽视，版式设计中延续手工制作的繁复，强调装饰性，用花卉和藤蔓组成细密的图案装饰首字母和边框。

（2）网格构成

网格构成风格是注重图文色彩点线面的秩序和逻辑，引入二维网格使内容结构化，理性简单且易于掌握，适应现代机械生产。摄影图片开始在版面中大量运用，同时对文字形态进行重新设计，强调文字功能性，注重字体与几何形状的组合，并发展出字体图形，将文字作为图形处理，实现形式和内容的高度统一，引导版式设计向功能化兼具形式感的方向发展，为注重传播速度的网络版面所借鉴发展出扁平化风格。

（3）自由风格

随着印刷术、照相排版术和计算机的进步，文字可以任意放大缩小、加宽变长、倾斜扭曲，图片的处理效果更多样，版面编排从铅字与网格排版的限制中解放出来，打破以往技术限制下对版面空间的诸多制约，获得更广阔自由的编排空间，更多地考虑视觉效果对阅读观看心理的影响，以视觉流动习惯和接收方式为前提，将图文色彩按照视觉美感和内容上的逻辑统一起来，注重拼贴的作用，与网格构成的理性秩序相比，自由风格更具有人文特点。

二、媒体的视觉结构

媒体的视觉一般都是由第一眼的首视觉（如报纸的头版视觉、杂志的封面视觉、图书的封皮视觉、网络的首页视觉、手机的首屏视觉等）和内部的内容视觉（正文、二级页面等）组成。

媒体的视觉结构是指以单个视觉单位的版面或画面的组织结构，包括报纸的单版结构、杂志的多版栏目、图书的连续版面、电视的线性活动版面、网络的多级链式版面以及户外室内的立体空间版面等。

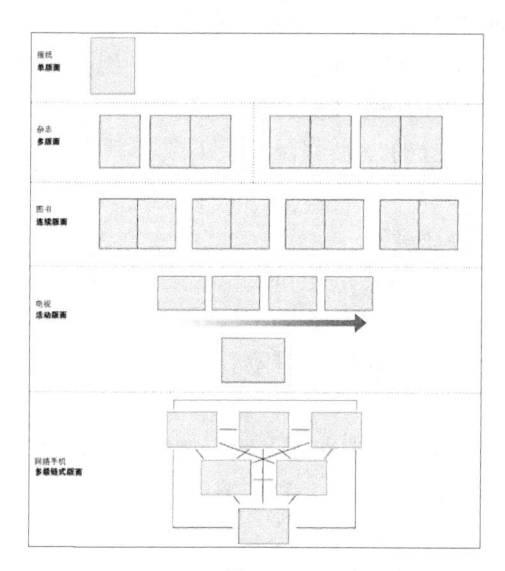

图5-35

（一）版面类型

版面是承载文字、图像、数据、色彩等美术编辑元素的呈现载体，合理设置版面结构，调整各元素的位置和形态，可以完整有效地表达内容。

1. 静态版面

静态版面是在平面的版面上静止呈现的视觉形式。静态版面有一定的外形规格，版面呈现的视觉是平面、静止、固定的，包括印刷的静态版面，如报纸、杂志、图书、名片、传单，打印的公文、公示、各类文档，喷绘的海报、招贴；电子的静态版面，如幻灯片演示、静态网页、用户界面等，版面材质主要为纸张、电子屏、用于喷绘的塑料或布料、铭牌所用的金属等，版面的外形规格多为规则的矩形或其他便于生产、裁切、展示、保存的几何体。

静态版面是所有版面的基础，其他版面形式在静态版面的形式上增加不同的维度变化而成，比如静态版面之间可以通过裁切、拼接、叠加、装订等组合方式，统一版面规格，增加版面数量，扩充内容，形成报刊图书等不同媒体形式；静态版面上增加具有交互特性的按钮、链接等，可形成具有扩展性的网站；静态版面增加时间维度，将多个静态版面按照时间的先后顺序逐一展示，可形成视频、幻灯片等活动画面；多个静态版面增加空间维度，可拼接成大型户外立体广告版面；单个静态版面通过切割、镂空、折叠可形成在平面与立体形式间转换的折叠版面。

2. 活动版面

活动版面是平面版面在时间维度上的组合，是具有时间维度的版面，可以随时间移动形成活动的画面。活动画面主要有视频和动态图两种形式。

视频是利用人眼视觉暂留，即人眼看到物体后，由于视神经的反应速度，即使物体移去，感受到的影像仍存留在脑中，因此当一组静态画面以一定的速率记录播放时，人眼观看时可以形成活动影像的效果。

视频的图像可以是拍摄的，也可以是手工或计算机绘制的动画，呈现于电视、电影、网络或手机等媒体。网络、手机等播放的视频采取边传送边播放的流式传输技术时，也被称为流媒体。

视频还可以利用人双眼的视角差和会聚功能制作可产生立体效果的活动画面，拍摄时用两个镜头拍摄双视点图像，放映时再通过两台放映机同步放映，通过佩戴眼镜等方式让左眼看左图、右眼看右图，在人脑中形成三维立体效果的画面。

动态图就是在一个图像文件中保存多幅图像数据并且是在平面的版面上按照先后顺序将若干静态内容逐一呈现，实现形成动态显示的形式。

3. 立体版面

立体版面是平面版面在空间维度上的组合，是具有三维立体空间的画面。立体版面的画面形式是多面固定的，视觉内容包含静止、活动等多种形态，常见于包装、户外广告装置等。

立体装置是为了竖立在公共空间，适应公众场所视觉开放性与流动性的要求形成醒目的视觉效果，通常依附在墙面或自行制作承载的装置，版面视觉空间大，包括由单面视觉内容构成的路牌广告、招贴广告、壁墙广告、海报、条幅等，以及由多面视觉或者多种形式的视觉内容构成的霓虹灯、广告柱、广告塔、灯箱、液晶、飞艇广告等。

户外广告装置可以进行三维立体空间的拓展，突破平面矩形的限制，形成圆柱形、三棱形和四面形等形态，利用翻面、灯光、电子屏形成动态效果。户外广告的视觉内容可以对平面版面内容的移植与放大，也可以是多个平面版面的组合与连接，要根据距离、视角、环境和户外装置的形态来确定视觉内容的位置与大小，针对户外广告装置本身的形态特点，针对视觉主题相应进行设计与调整，另外还要考虑到户外广告与所在环境的融合与协调。

（4）折叠版面

折叠版面是将平面版面通过折叠、切割、镂空、粘贴等方式形成翻开为立体版面、叠合为平面版面的形态。与其他版面更注重视觉内容相比，折叠版面更注重版面形态的变化。

折叠形式是将纸张折叠成多版面来承载内容，经过折叠的版面形成视觉的分割与顺序，随着折页的展开，逐一呈现。折页根据折叠方法不同，形成的版面格局与数量不同，版面呈现的顺序不同，具有不同的视觉效果，需注意逻辑的一致性。常见的折页形式有普通折、对门折、平行折、风琴折、海报折、地图折、卷轴折、特殊折等。

折页的设计根据翻开的方式，分为封面的设计、打开版面的设计（包含单版和跨版）、背部版面的设计等，内容随版面的展开逐步呈现。

三维折叠形态的代表形式是立体书，立体书又被称为弹出式图书、可动书、翻翻书，即翻开书页，平面的版面就会伸展出三维立体的形态。立体书考验对版面的空间构建能力，制作较为复杂，阅读时内容与版面形态的联系紧密，不仅具有信息量，而且娱乐性强，常用于儿童读物。

（二）风格统一

风格统一是规范同一类型的版面元素，形成整体的视觉风格，保证稳定的视觉印象，体现视觉形式的特征。风格统一主要通过一些固定的视觉元素重复出现在版面固定位置来加强印象。

1. 线条贯穿

线条贯穿以线条和栏目名组合于栏头形成统一视觉，通常采用直线的单线、文武双线等，线条和栏目名的色彩与正文配色相同或接近，直线单一维度的形态配合版面水平结构平行的视觉方向，简洁地划分了版心外空间的栏头区域；形态与色彩的单一性，配合静态的文字，形成了简洁单一、无主观指向的冷静客观的视觉态度，体现了信息紧凑、态度严肃的心理效果。

图5-36

2. 色彩贯穿

色彩贯穿是不同色相的色彩以同样的形状贯穿栏头形成视觉统一。由于色彩形成的心理效应，不同的色彩形成了与特定内容的联系，比如时政红、经济蓝、人文黄、时尚橙等提示内容属性。色彩贯穿以心理联系为依托，将不同类型的栏目冠以不同色彩的栏头，以色相的变化提示栏目内容的变化。不同栏目的色彩选择的色相不同，同一栏目内部的栏头色彩可以通过同色系的渐变产生动态感，但不同栏头不宜采用同色系，以避免色彩接近导致视觉混乱。

图5-37

3. 图形贯穿

图形贯穿将栏目名、线条、几何形状等作为图形元素贯穿栏头。图形贯穿中，栏目名称的文字可作为图形处理，既是装饰图形，又是栏目名，形成标志视觉，不仅意义明确，体现栏目内容与特点，而且整体外观统一。图形作为贯穿栏头的主体，通常选择所贯穿版面中最具典型意义、特征最明显的局部细节，作为版面整体视觉的代表。图形可形象、生动地作为阅读内容的浓缩，反复提示同一视觉元素，增强读者对版面内容的认识。

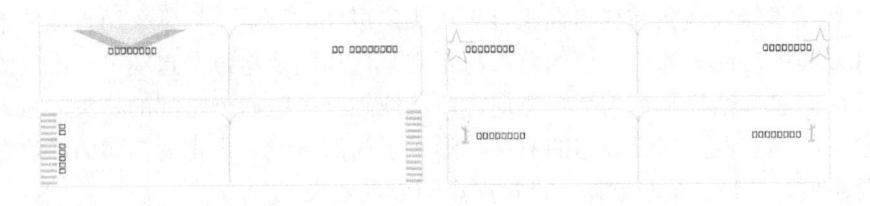

图5-38

三、版面规划

版面是内容最终呈现在读者视觉的形状，版面规划是相对静止的平面进行规划组织，适应不同的出版形式或发布载体所具有特定的版面组织形式。

（一）版　心

版心是位于版面中，但与版面边缘有一定距离的区域，用于放置主要内容。版心的设定要遵循统一原则，即版心与四边的距离要固定，保持视觉的连贯性。

版心的存在，保证了内容区域的完整，版心外的空间为版面在不同环境呈现留出了空间，在纸质印刷中适应装订裁切，在电子显示中适应不同的浏览器和电子屏幕。

版心的设定影响版面所承载的内容容量和阅读感受，同样规格尺寸的版面，版心越大，容纳的内容越多，视觉接收信息的压力越大；版心越小，容纳内容越少，视觉接收信息的压力越小。

1. 印刷版心

印刷版心与版面四个边缘的距离，根据上下和装订裁切位置可称为天头、地脚、订口、切口或直接称为上边距、下边距、左边距（现代横排印刷品通常左边装订）、右边距。

上下边距与切口所在的右边距的空间通常留给书名/篇章/栏目名、页码、出版日期等提示性信息，对于图书而言，切口的右边距还要考虑留出读者批注、笔记的空间；订口所在的左边距要考虑装订厚度对阅读的影响，以免版心内容被夹在翻开时弯曲的版面空间里难以阅读。

内容特别是文字内容最好控制在版心中以完整有效呈现，但设计元素由于现代制版印刷技术的进步已经可以突破版心的限制，在不影响内容完整性的前提下，图片、色块等视觉元素可以溢出版心直达边距（为了保证裁切时不留白边这些元素的位置需要扩大3mm到出血线），也可以将左右两格对版的版心打通，让视觉面积更广阔，冲击力更强，在展示大照片、突出版面内容的重要性上，更有优势。

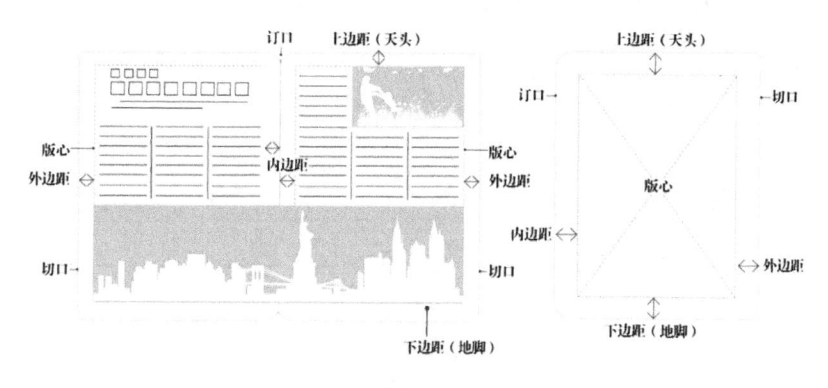

图5-39

2. 电子版心

电子版面与印刷版面的不同在于，首先电子版面通常满屏显示，以体现视觉的整体性；其次不同于印刷版面提前确定，但电子版面需要适应不同的电子设备以及各类不同的浏览器在屏幕大小与分辨率等方面的差异，其中电视屏幕比例较为固定，多为16:9或4:3，网络、手机等电子设备则屏幕规格多样，并且包括横屏与竖屏的变化。

因此，电子版面的版心通常居中以保证内容适应不同形态的屏幕显示，并利用色块或图片铺满屏幕，由于网络等电子阅读上下滑动的特点，通常版面左右留有内容空白的视觉缓冲区。

图5-40

（二）分栏/栅格

分栏/栅格是将版心分为若干部分，引导阅读视线移动和换行，加快阅读节奏，避免视线跳行。栏间距是栏与栏之间的距离，用线条或空白分隔，前者为栏线，后者为栏间。栏线有实线、虚线和曲线等。

1. 基本栏

基本栏为等分栏，即平均地分为相同栏宽的若干栏。分栏数量可体现信息类型与等级，分栏方式与数量可以在形式上提示阅读内容的类型与风格。

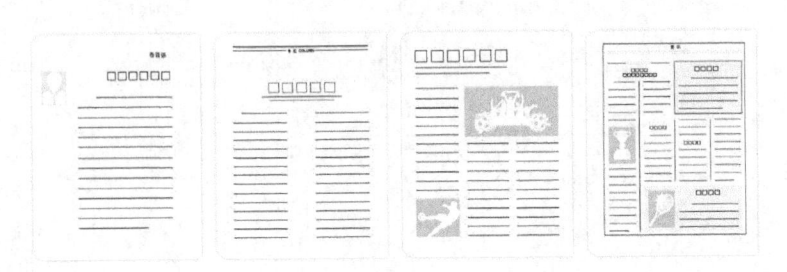

图5-41

2. 变栏

变栏即一篇文章或同一版面应用栏宽或栏数不同，以不规则的变栏体现信息重点、编辑元素类型的变化，活跃版面形式，形成视觉的变化，调节阅读心理的运动。

图5-42

3. 无栏

无栏将图文结合根据不同主题划分区域，各个区域之间不以直线或直线型空白区分，适合以图片说明为主的内容。

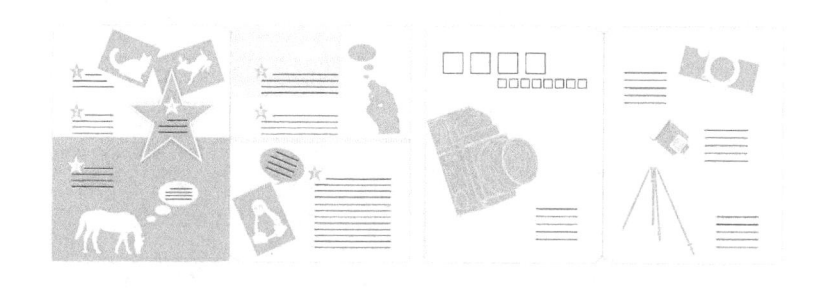

图5-43

（三）格 局

版面格局是根据信息与视觉的逻辑关系，对信息等级的设置与规划。版面格局的划分以编辑主题为中心，以等级相近的原则组织、整理与归纳信息。格局设置分为横向格局与纵向格局。

1. 横向格局

横向格局将版面从上至下划分为不同区域，引导视觉从左至右移动。横向格局的信息呈水平化分布，适合人眼横向视野开阔的特点，便于横向图片的展示。

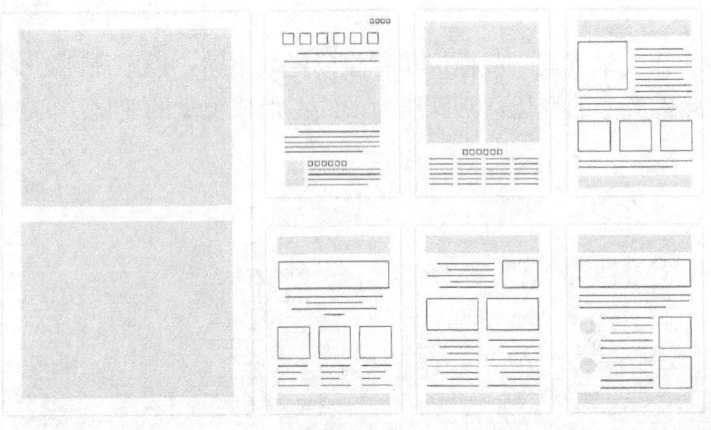

图5-44

2. 纵向格局

纵向格局将版面从左至右划分为不同的区域，引导视觉从上至下移动，信息呈垂直性分布，适应特定的纵向运动形式，便于竖直图片的展示。

图5-45

3. 响应式格局

响应式格局针对的是网络手机等数字媒体的布局，其理念在于页面的设计可根据用户行为以及设备环境（系统平台、屏幕尺寸、屏幕定向等）进行相应的响应和调整，可支持不同的网络运行环境，可用于移动通信等低宽带的传输，同时适应于大屏幕和小屏幕，可在不同的电子设备上提供统一的视觉印象和操作体验。

响应式格局的页面又被称为流态页面、弹性页面、自适应页面，比喻网络格局与内容就像液体一样具有弹性，可以流入不同屏幕的"容器"后，自动适应容器形状。

响应式页面依靠各种插件、新的网页标记语言、样式表等技术手段视线，响应式设计主要考虑页面变化后的视觉效果与应用一致性，既要保证在不同尺寸与效果的屏幕上显示，又要保证用户能够有效地获得网络信息，主要从网页宽度、文字大小、各区块位置、图片的排列与尺寸等着手，使网页形态得到成比例的显示、结构有序分割和组合。

响应式设计的弊端在于设计耗时长，成本高，改变后的网页不一定能完全保留所有的使用效果，因此响应式设计更适合较为依赖图片的网页内容，对于以文本为主的网站而言，由于大多数移动设备可纵向显示或放大显示，布局合理的非响应式设计可以应对大多数上网设备。

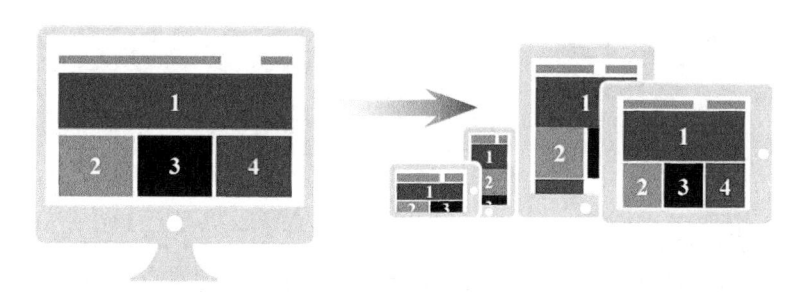

图5-46

（四）版面重点

版面重点的作用是吸引视觉注意，形成关注点。版面的重点可突出编辑主题，协调版面整体与局部的关系，调动人们的视觉兴趣。版面的重点包括设计元素形成的视觉重点与版面留白形成的视觉重点。

1. 设计重点

设计重点是以图像、色彩、线条等设计元素，通过反差、面积、明暗度和动态变化吸引读者的关注。设计重点是美术编辑根据版面主题和内容，以具象可观的形象化方式，遵循视觉规律主动创造出来的关注点。

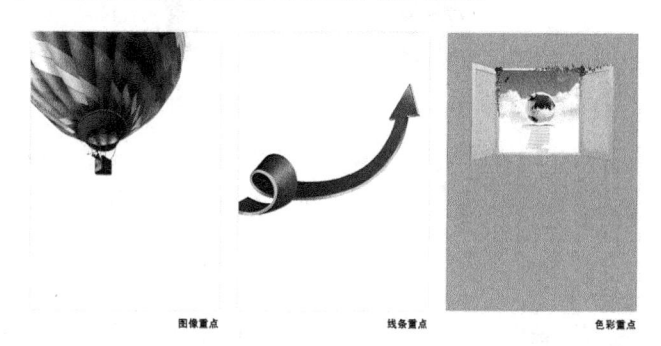

图5-47

2. 留白重点

利用版面固有形态的留白也可以帮助内容成为视觉主体。留白相对于版面的内容和设计元素而言，是有意识地在版面上留出一些空间，将视线集中在留白包围的区域，形成视觉重点。留白让版面有重点强弱的区分，让视线有停留、有流动，保持视线的持续阅读观看。

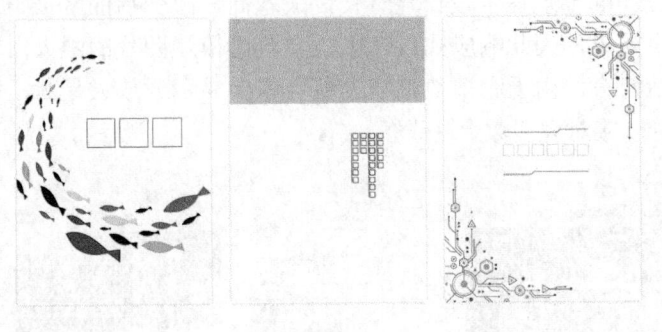

图5-48

（五）版面平衡

版面平衡是版面信息规划形成的视觉相对平衡的状态，是版面中一个或多个元素的视觉得到了均匀或成比例的分布，版面平衡不是固定不变，而是动态的、相对的。版面的平衡由视觉效果所占据的面积及空间位置决定。版面平衡主要是关于文字、图像以及版面空间之间关系的合理配置，使版面达到视觉的对称与均衡。

1. 物理平衡

物理平衡即左右两边完全对称，结构一致，包括左右对称、上下对称或中心对称等，在版面上两边字体、字号及所占版面位置、大小完全相同，由于两部分的结构形状相同，给人以对称平衡的感觉，形成庄重大方的视觉效果。

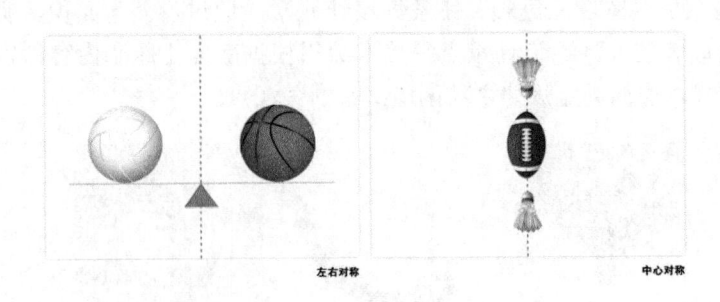

左右对称　　　　　　　　中心对称

图5-49

2. 视觉平衡

视觉平衡即左右距离不相等、结构迥异、风格不同，但给人以视觉上的平衡感觉，形成层次分明、重点突出的视觉效果。比例平衡的不对称设计通过彼此冲突的元素相对放置来获取平衡，这样的构图允许视线自由移动，同时又具有整体上的稳定性。

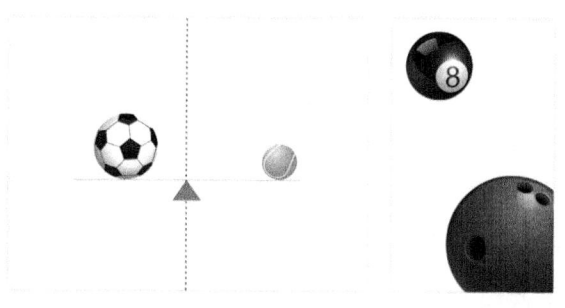

图5-50

（六）视线引导

视线引导是版面编排引导观众读者的视线注意到主要内容，并按照一定的顺序，持续、完整、流畅地阅读观看版面上的内容。视线引导来自阅读习惯带来的版面强势与设计元素。

1. 版面强势

版面强势源自阅读中眼球移动轨迹的定式，是人的视线移动固有的习惯赋予的属性。人们观看各类版面，包括网页、报纸等，一般受文字的书写方向影响，横写时从上一行换到下一行，竖写时从上往下移动，因此视线多是自上而下的，一般先看顶部，然后看左上，接着沿着左边的边缘向下移动，因此产生从上而下、从左而右的观看阅读顺序，这样就形成版面对阅读的吸引力具有上左>上右>下右>下左的顺序。

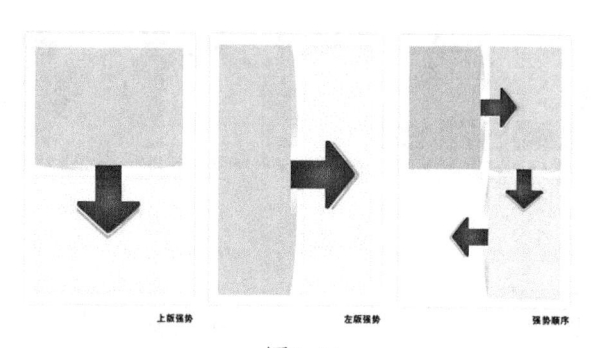

图5-51

2. 视线引导

视线通常会先注意到面积大的物体，特别是当物体颜色或材质相同的时候，视线往往会集中在面积大的物体上，因此图片比文字吸引视线，大标题比正文吸引视线。视线总是关注相近的物体，引导视线移动时常采取同形移动、同色移动，如使用形状相同的项目符号、色彩相同的文字、图案等；也可以根据习惯采用具有先后顺序的编号、箭头等，提示视觉移动的方向。

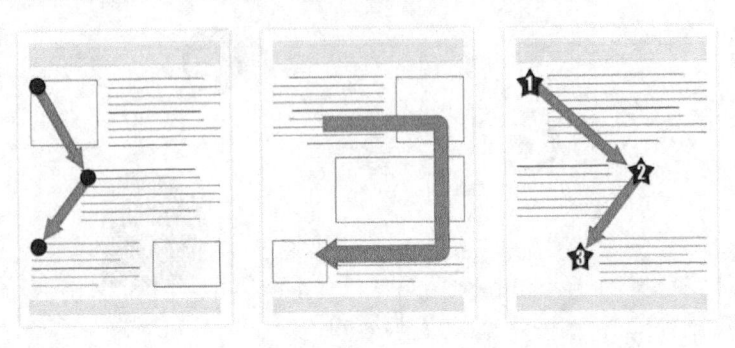

图5-52

四、画面剪辑

画面是活动的版面，在时间的维度上线性移动，画面剪辑针对电视、小视频等活动画面进行的组接切换。

（一）景别

画面景别是被摄体在画面中呈现的视觉空间，不同景别的画面使人产生不同的感受。运用多种镜头调度，交替使用不同的景别，可使编辑内容的叙述、思想感情的表达、事物关系的处理更具有表现力，并产生视觉的节奏感。

图5-53

（二）视角

画面视角根据拍摄高度与方向变化，高度指镜头与被摄主体的高度位置，分为平角、俯角、仰角；拍摄方向指镜头与被摄主体在水平平面上360°的相对位置，即正面、背面、侧面。画面运动按被摄体与摄像机的运动方式，可分为：固定画面，即摄像机镜头焦距固定不变拍摄的画面；运动画面，即焦距变化拍摄的画面。

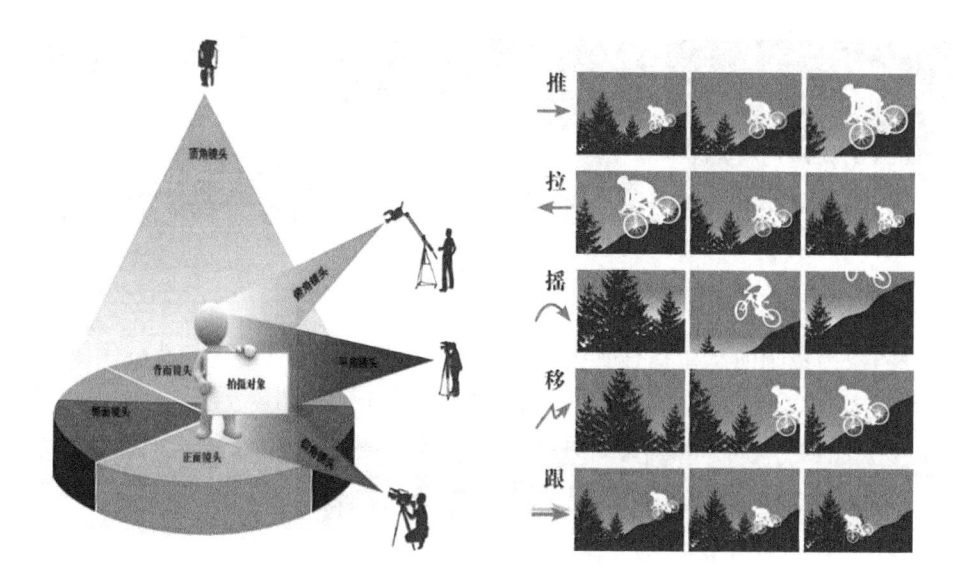

图5-54

（三）组接切换

组接切换是通过景别的交替、角度的变化与画面的组接产生的连续动态视觉，适应电子媒体，提供了多角度的叙述与声画合一的综合感受。视频的组接是不同画面的切换方式，需保持视觉主体的位置与运动方向一致，注意光线、色调的过渡等，避免同景别组接。画面的组接包括切换、叠化、淡入淡出和划变等。

1. 切换

切换即无技巧性组接，镜头之间画面迅速转换，用于动作、剧情相连的镜头之间，是电视常用的组接形式。

图5-55

2. 叠化

叠化又称X淡变，即在前一个画面逐渐隐没的同时，后一个画面逐渐显现。对连续出现的同一主体或构图相似的画面，采用叠化可起到视觉缓冲作用，避免镜头切换造成视觉跳动。

图5-56

（3）淡入淡出

淡入淡出是画面从无到有或从有到无的缓慢变换。即在一个镜头的图像逐渐隐没之后，另一个镜头的图像逐渐显现，有承上启下的作用。

图5-57

（4）划变

划变又称为扫换，当一个画面代替另一个画面时，后一画面以一定的轮廓出现在前一画面的某部分，然后逐渐扩大以致完全代替前一画面。

图5-58

第三节 创意与设计

创意与设计是美术编辑的技巧，将编辑主题视觉化，形成视觉风格，突出融媒体特点。图像创意将信息以创意思维转换为直观的图形，以视觉冲击吸引观看阅读。配图思路使信息以图文并茂的形式便于观看阅读。图表制作将信息转换为逻辑清晰的数据，简练易读。插图绘画针对信息进行绘画，使视觉形式多元。

一、图像创意

图像创意是将编辑主题指代的自然形象、特征、思想逻辑、象征意义、情感联想等以视觉形象体现，是从创意的思想提炼向实际视觉的转换，包括图像化再现，即用图像创建形象的思维，将文字转化为图像，表现文字形态、意义、整体状况、局部特征、外在环境等具体形象；符号化抽象，将具体的图像简化为简洁的象征符号，以符号说明语言文字，体现概念、思想、典型特征等；异变化创造，对编辑主题通过视觉化演变，产生新的意义；构造化组合，创意思维以视觉形象的组合对编辑主题的各种元素或逻辑关系进行表现与阐释。

图5-59

（一）文字创意

文字不仅具有意义，还具有形态，文字创意就是对字体形态的调整与重构，建立新的视觉效果，由于汉字的数量庞大，美术编辑的字体设计并不是设计一整套汉字字库，而通常只针对少量的标志性文字特别是媒体名称进行。

1. 框架结构

文字框架结构等外观属性体现在字面率、字面、中宫、重心等方面。字面是文字实际尺寸的范围，字面率是字面与文字外框内尺寸的比值，不同字体的同等字号具有相同的外框尺寸，字面率大的文字，尺寸更大，字形感觉更平衡饱满，更容易形成连贯阅读和吸引注意力，也适于低分辨率的电子显示屏和远视距。例如，电脑字库的楷体比宋体和黑体的字面小，应用相对少。

中宫是汉字主要结构的大小，类似于英文字体的x高度，可以用来评判字体的松紧程度。重心是字体的视觉中心点，重心高的文字比较纤瘦、高挑，更具文艺气息，重心低的文字较扁平，更沉稳庄重。

图5-60

2. 笔画线条

文字的设计主要考虑的是文字的用途与使用环境，表现为大众视觉形式、美术视觉形式、个性视觉形式，原则是保证视觉识别率。

笔画粗细、线条曲直、末端装饰的设计可形成简约现代、华丽复古、随性活泼等不同特征的字体形态。文字的设计可以是对品牌标志等设计，也可以针对所有文字建立一套完整的字体。由于汉字数量庞大，字库的设计需要将大量的单字按照设定的结构重新书写，并进行抗锯齿渲染等技术处理，美术编辑通常只对少量标志性文字进行。

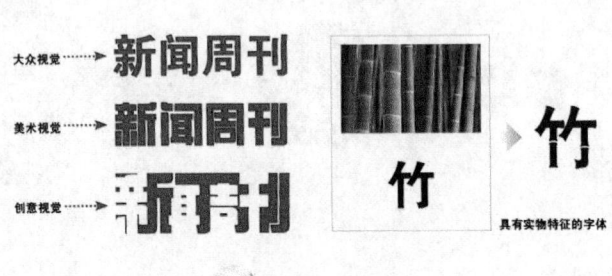

图5-61

（二）图片创意

图像创意是对图形、图片、图像的具象创意，是创意思想针对不同编辑主题的视觉应用，科学的分类提供了具体的创意元素，明确了创意方向。美术编辑创意类型包括表现主体的人物创意、表现特征与趋势的数据创意、表现思维的思想创意、表现状态的事件创意。

1. 人物创意

人物创意围绕期刊报道涉及的人物，表现人物的典型特征，反映人物与事件、背景环境的关系。人物创意包含个体创意与群体创意。

（1）个体创意。个体是单独存在的个人或群体中数量单一的特定主体，强调人的独立性。个体创意针对具有突出价值和典型意义的个人，关注人物性格、行为习惯及在事件中的核心作用和推动力，发掘人物与事件之间各要素的互动关系，体现个体人物形象的同时，凸显人物的社会价值。

图5-62

（2）群体创意。群体是两个以上的个体通过特定的社会联系组合在一起的人群，组成群体的个体遵守共同的群体规范，具有归属感和认同感，拥有共同的社会价值观、目标和行为方式。群体创意挖掘群体最具典型的意义与象征符号，体现时代背景、地域文化、共同特征。

图5-63

2. 思想创意

思想创意是将思想转换为形象，通过视觉引导人的心理感知和情景联想，认识、判断、理解、体悟编辑主题的主旨、背景与意义。思想经过思维活动而产生。在理性与感性的角度有理性化的理念与感性化的意境，理念是对事物的普遍概念和内在本质的抽象与总结，意境是对事物的审美和形象的体验与感知。

思想创意包括理念创意与意境创意。理念创意是对抽象思维的视觉创造，以大众普遍认知的符号象征意义引发判断、警示与思考；意境创意是对感性审美的视觉再现，以大众的审美心理与联想引发愉悦、联想、共鸣。

（1）理念创意。理念是人的主观思维从客观事物中抽象的普遍概念和内在本质的总结。理念创意挖掘人与事件的特点，还原理念的有形现实来源，提炼切合人文、地域、文化背景的视觉形态，选择大众认知或约定俗成的象征符号，建立创意形象与理念的联系。

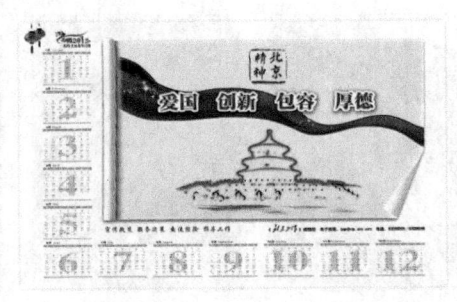

图5-64

（2）意境创意。意境是主观思维与客观存在的结合，是人的审美思维和精神境界在客观形象上的反映，既是客观事物的艺术再现，也是主观精神的表现。意境创意选择代表事物形象与关系的物体与场景，挖掘情境联想，结合大众审美与文化背景，激发情感与心理共鸣，表现编辑主题。

图5-65

3.事件创意

事件创意以创意视觉突出事件的核心与意义，还原事件真相。事件是人在自然环境和社会生活中的现象与活动，是人的行为与外界事物互动的结果。事件是时间和空间所指定的时空的一点，以发生时间区分，事件包括突发事件和常规事件。突发事件是偶发的、不为人控制的，常见于天灾人祸；常规事件是常规的、已知的状态，常见于编辑策划。

事件创意包括突发事件创意和常规事件创意。突发事件创意强调事件的时效性与动态性，围绕事件已有状态，突出具体典型的形象；常规事件创意注重事件的完整性与重要性，围绕事件整体背景与社会意义，体现最具影响力的形象。

（1）突发事件创意。突发事件是不可预料的，因不可抗力毫无预兆发生的意外的、不为人控制的，反映现实偶发并急剧变化的状态。突发事件创意集中突出时效性、动态性的形象叙述，视觉注重事件场景与人物心理的客观再现，体现对社会发展的影响，具有凝聚共识，传递主流价值观的作用。

图5-66

（2）常规事件创意。常规事件是事先知道时间、地点、内容或人物等要素的事件，是常态的反映，具有规律性、纪念性、人为策划性。常规事件创意围绕已知的事件要素和编辑方向展开，描述事件发生的背景，体现事件的完整性，突出最具社会影响力的特征，以事件发展中的典型行为体现事件最具影响力的形象。

图5-67

二、配图思路

配图技巧针对特定内容难以通过摄影照片直接表现的情况，拓展配图思路，围绕新闻元素、事件场景、背景资料等不同内容，采用客观摄影、主观绘画、合成制作、科学图表等多种图像类型，在直观展现之外，以隐喻暗示、艺术加工等方式，通过多角度、多层次、多形式的图片，加深读者对内容的认知、理解与联想，丰富版面的视觉效果。配图方式根据报道内容配置图片的编辑思维，主要有综合配图、隐喻配图和策划配图。

（一）综合配图

综合配图是以报道内容为基础，利用摄影照片、插图、图表等，表现时间、地点、人物、事件、数据等多类信息，形成多层次综合阅读。

综合配图是常规配图方式，适合大部分的客观报道，使用图片影像等具象信息重现和补充文字内容，图片来源可以是随行记者或摄影记者的同步拍摄、图片库或者美术编辑根据文字内容提炼组织的图表，可以说是换一种方式，即以图像的方式报道内容。

图5-68

（二）隐喻配图

隐喻配图是运用插图、场景图、概念图等，以图片的意境或联想，表现抽象的理论、复杂的社会现象。

隐喻配图适合客观现实中存在但难以或不适合用于拍摄的图片影像表达的内容，也适合评论等主观色彩较强的文字内容。隐喻配图需要深入理解内容包含的意义，避免曲解或歪曲真实信息的情况，主要以手工插画、摄影记者摆拍的创意图等实现，图片表现的内容个性风格较为突出，可体现媒体自身的编辑偏好。

图5-69

（三）策划配图

策划配图是根据版面要求和报道内容，由媒体主导，根据编辑主题与重点，提前策划图片角度、内容和数量的配图形式。

策划配图适合重大的人为策划的事件，如重大活动的庆典、重要地点的探访、人物采访等。策划配图主要由媒体自备或统筹摄影记者，提前划定拍摄主题、内容、角度，并有一定的报道容量的规划。策划配图要了解媒体的视觉风格、编辑版面安排、拍摄人物事件的相关信息等，提高采访拍摄的针对性和采用率。

图5-70

三、图表制作

图表既是内容的补充，也可作为独立的报道形式——图表报道，是美术编辑的重要视觉表达形式。图表制作从简单的数据处理发展到可视化设计，源自大数据处理、社交媒体发达对图表传播与制作的需求。图表制作让数据可视化，将多个数据组织在一起，通过信息图表的结构化、图形化方式，直观方式传达抽象信息让数据包含的信息更清晰形象，让观众读者发现其中的规律，预测未来的趋势。例如，达·芬奇1487年的素描维特鲁威人根据《建筑十书》中的描述，形象地展示了人体的比例关系；1854年斯诺医生根据发现病人时间与地点制成霍乱地图，成功锁定了传染源，引发欧洲对公共卫生和地下水设施的改善；1869年门捷列夫根据已知化学元素制成元素周期表，可预测新元素的特性。

维特鲁威人　　1854年伦敦霍乱地图　　1869年门捷列夫制作发表的第一张元素周期表

图5-71

融媒体美术编辑所制作的信息图表，主要是面对观众读者，根据数据属于定性数据还是定量数据，主要有示意图表和统计图表两类。

（一）统计图表

统计图表针对可量算的数据，以形象的视觉，配合具体数值，通过数值的变化，表现事物的特征、关系与变化，包括简表、柱状图、线状图、饼状图等。

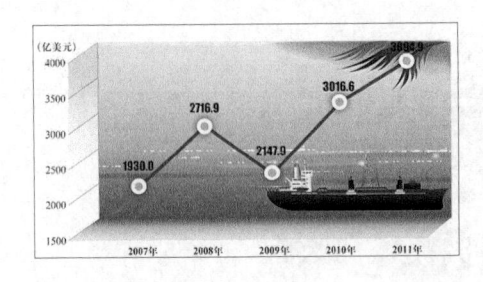

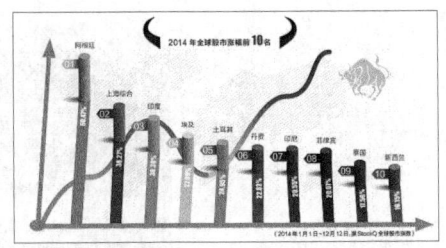

图5-72

（二）信息图表

信息图表主要针对难以量化的定性数据，反映事物的性质、发展阶段、时空关系等，体现直观、具象的视觉，包括时间轴、指示图、地图等。

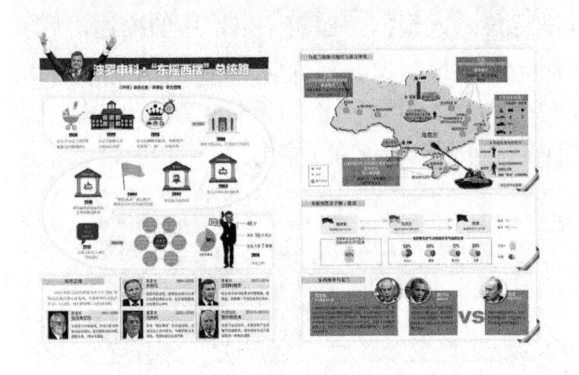

图5-73

四、插图绘画

手绘插图是传统又富有人文气息的图像形式，能突破现场实时等对摄影摄像的时空限制，发挥人的创造性，是美术编辑的艺术视角对内容与观点的体现，现代手绘插图可以通过手工绘画工具或数码设备绘制而成。

（一）单色与彩色

色彩是影响人的心理情绪的重要方式。单色绘画降低色彩对情绪的影响，以明暗关系突出形体造型，易形成客观、冷静、肃穆的心理感受，可独立出现，也可用于着色前的底稿。彩色绘画采用彩色颜料或在单色插图的基础上着色形成，呈现油画、丙烯、水彩等效果。

素描效果　　　油画效果　　　丙烯效果

图5-74

（二）绘画风格

绘画风格可分为客观再现的写实风格、形象活泼的卡通风格、强调典型特征或表达观点的写意风格。写实风格对主要特征与细节局部等遵从绘画对象在现实中的表现，形成客观、严谨的印象。卡通风格放大突出某些特征，达到形象活泼、阅读轻松的效果。写意风格的造型与色彩融入了变形、暗示等艺术变化，以视觉体现对客观现实的思考，表现立场与观点。

写实　　　卡通　　　写意

图5-75

（三）绘画重现

新闻绘画来自真实的新闻报道，新闻照片也是新闻绘画的重要来源。绘画重现以照片为原型，表现新闻照片中的特定元素，如人物、事件、场景等，直观地以绘画的笔触表现光影记录的形象。绘画重现在保留照片真实客观性的同时，融入艺术效果，增加人文气息。

图片来自
The New York Times Magazine
"刀锋战士"皮斯托瑞斯

图5-76

（四）绘画加工

绘画加工是对原照片保留基本信息与特征，增加艺术想象与加工，在不影响真实性的原则上，创造新的视觉形象。绘画加工的图片在保持图像对现实的客观反映之外，体现对绘画对象的认识，表达客观摄影未展示的延伸信息。

图5-77

第四节 流程与发布

针对融媒体的出版发布周期，制定科学合理的工作流程是融媒体按编审程序出版发布的保障。印刷与屏幕是融媒体的主要发布载体，了解两者的技术特点有助于完成美术编辑的视觉效果；明确层级职能使美术编辑根据业务标准，规范化操作，高效完成工作。提高素质要求，加强协同工作能力，能有效地体现融媒体的融合特点。掌握软硬件的应用，科学的配置，可达到融媒体出版发布最佳视觉效果。

一、工作流程

美术编辑工作流程受编辑流程、发行发布周期、广告周期的影响。具体到面对内容，传统的美术编辑理念是先采后编、先稿后版。文字采编在前，美术设计在后，这也是目前美术编辑的主要工作方式。

现代编辑理念则可以先版后稿，即美术设计在前，文字采编在后，在确定选题形成文字前，在版面上明确各设计元素的位置与呈现方式，将文字和图片的版面位置及空间大小预留出来，针对选题内容，根据版面要求，确定文字量，确定图片拍摄内容与角度、制作相关图表，适用于策划性选题以及固定版面的设计。先版后稿，增加了版面的视觉制作时间，可以更精细全面地对版面进行规划。

（一）美术编辑步骤

美术编辑步骤从选题到最终视觉创作的落实，具有一套相通的步骤。首先，了解编辑主题、信息内容，通过采编选题会，了解编辑策划意图，理解主题、背景、影响、相关人物与事件，与记者编辑充分沟通，挖掘视觉点。其次，提炼视觉点，从新闻的5W1H，即When（什么时间）、Where（什么地点）、Who（什么人）、What（发生了什么）、Why（为什么），How（怎么办）出发，提炼为人物、主体事件、事件发生的时间与地点及背景等相关视觉内容。再次，确定表现形式，通过理解选题的背景及目的，选择出能表现主题的视觉元素，进行图片、创意、图片与创意组合、绘图等思路的组合。最后，实现最终效果的呈现，围绕报道内容进行的主题创作，将主题内容用具象的视觉及其引发的联想、共情等进行表达。

图5-78

（二）内容编排步骤

信息内容的规范是美术编辑的基本工作，以下以报纸、杂志、图书、视频等常见的媒体形态，分别阐述美术编辑针对各媒体视觉结构的特点进行的内容编排步骤。

1. 报纸版序

报纸排列版次有三种不同的方式。一是单独折叠，独立排列版次；二是重合折叠，连续排列版次；三是自然版序，即由纸张折叠方式决定。

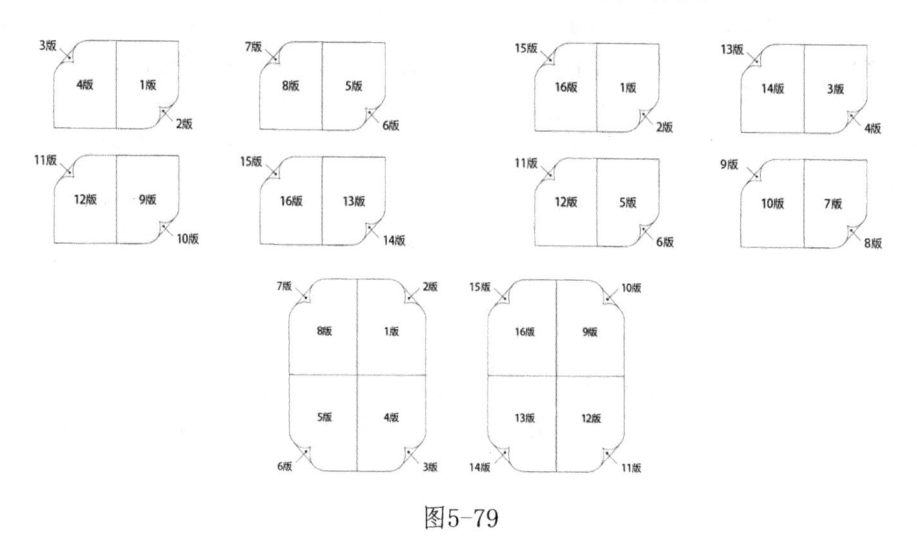

图5-79

2. 杂志版位

版位图是标注杂志各栏目与广告的版面位置的图示。通过版位图可以形成版面衔接、页面节奏、编辑页与广告页的位置等信息的整体结构概念。在印刷出版阶段，版位图可核实校正电子文件的各栏目版面的内容和位置与实际印刷的最终需要是否对应。

图5-80

3. 图书封皮

书籍的编排除了内页，主要针对书籍封皮、承载编辑信息的正文页、辑页、插页和承载出版信息的环衬、书名页（包括主书名页中的扉页、版权记录页、附书名页）、书签带等。

书籍封皮包括封面、封底、书脊、勒口、护封、腰封、函套等，封皮不仅是书籍的第一视觉，也是对书籍的保护。书名的设计包括对书名字体、视觉走势及版面格局的设置等。护封是套在书籍封皮外的包封纸。长度能包裹住封皮的封面、书脊和封底，采用前后勒口向里折进护封超出的宽度，将书籍包裹在护封内。腰封，也称书腰，一般不超过书籍高度的1/3。腰封源于书籍印刷出版后，发生了重要事件，及时加以补充。函套是可装载书籍的硬质盒式包装。"函"是中国传统书籍护装物，有四合套和六合套两种。"套"是装载多本书籍的盒、匣等外包装物。

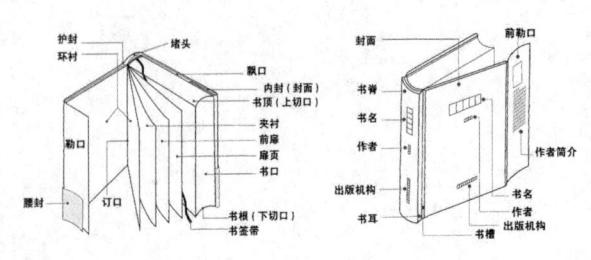

图5-81

4. 视频故事板

故事板，也称为分镜头脚本，用连续的场景描绘说明影像的构成，分解连续画面，标注运镜方式、时间长度、对白、特效等，相当于可视化的剧本，既可将前期创意理念以具象化的图像形式呈现，又可将后期的视觉概念贯穿于画面拍摄与采集过程。

故事板的编排包括文字的分镜头脚本的设计和图示故事板的绘制，要简洁勾勒各分镜头画面形象的基本意图、各场景的视觉元素，规避过多细节影响对总体故事的认知；明确标注分镜头画面的连接方式，注明分镜头序号和切换方式；明确分镜头画面的对话、音效等标志。

图5-82

二、层级职能

美术编辑专业层级与业务职能的划分提供了明确的职业进阶与具体的工作范围，有助于美术编辑高效有序地完成本职工作；素质要求对美术编辑夯实自身基础素质，提出了具体要求。

（一）专业层级

美术编辑的专业层级围绕编辑主题，以视觉元素的整理提炼、视觉规范、创意设计为评判标准，分为初、中、高三个层级。

1. 初阶｜信息组织

将文字、图片、数据等元素输入专业软件（Indesign、After effect等），与后期发布制作等输出环节对接。要求对稿件的结构与组成具备初步的视觉认识。

2. 中阶｜视觉规范

对视觉元素规范的组织加工，构造逻辑清晰的视觉形式，整理制作数据图表，插图绘画等，突出版面信息等级，强调画面重点等，以美术技法达到整体视觉规范与大众审美标准。

3. 高阶｜创意设计

提炼编辑元素的典型特征，挖掘编辑主题的逻辑联系，能深入理解编辑意图，拥有创造性思维，创造形象化视觉，对编辑思想进行视觉体现。

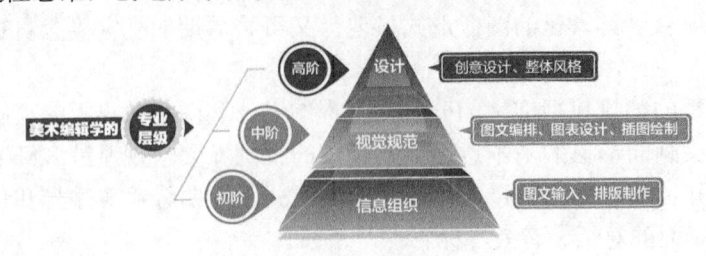

图5-83

（二）业务职能

美术编辑的业务职能体现在编辑逻辑视觉化，视觉形式规范化，制作流程科学化，可应对商业营销的需求，根据发布载体，针对报纸、杂志、图书的静止画面，影视、网络的活动画面，户外广告的立体画面，综合信息内容，进行视觉编辑与创造、对视觉工作管理与培训。

1. 视觉编辑者

作为视觉编辑者，美术编辑对信息内容进行视觉整理与发布呈现，了解整体信息层次，编辑提炼视觉元素，转换为相应的视觉形式。

2. 视觉创造者

作为视觉创造者，美术编辑为相关组织机构及广告营销、会议培训等活动建立视觉品牌形象，对广告宣传进行创意设计等。

3. 视觉管理者

作为视觉管理者，美术编辑统筹视觉元素的来源，因此美术编辑需要对摄影师、插图师、图片编辑等岗位进行业务指导。

4. 视觉培训者

作为视觉培训者，美术编辑对专业人员与相关人员进行培训，提高视觉素养，在前期增加相应的美术编辑思维，提高后期视觉成效。

图5-84

（三）素质要求

美术编辑作为一种编辑行为，是采用美术技法，根据视觉规律，对信息元素进行选择、组织、加工、记录并优化传播的编辑过程；作为一种职业身份，是从事此项工作的专业人员。处于不同媒体、不同专业层次的美术编辑有不同的称呼，如排版人员、后期制作人员、视觉总监、美术顾问、艺术指导等。美术编辑必须具备"美"即艺术的专业修养、"术"即技术的实用操作与"编辑"即记录内容的功能。

美术编辑 = 美 + 术 + 编辑

图5-85

美术编辑职业素养包括美术功底与编辑意识，计算机、印刷、影像等技术应用，沟通与法律意识、商业与成本意识等。

1. 美术功底与编辑意识

美术功底体现在平面、色彩、立体等构成理念、插画、图案等美术技法的应用。编辑意识涉及对内容的收集、筛选、整理、组织能力及文化理解力。

2. 技术与设备应用

技术与设备应用是指掌握影像技术、电子照排、印刷出版和电子显示技术，选择材质等。

3. 沟通与法律意识、商业与成本意识

沟通与法律意识是指了解版权等相关法律条款，遵守行业规范。商业与成本意识是指针对读者、消费市场、商业品牌有一定的认识，具备计划工期与成本预算的能力。

图5-86

（四）评判标准

评判标准是确定美术编辑视觉效果的标准，综合信息类型、发布形式、展示环境、观看阅读对象等因素而制定，分为内容标准、审美标准、展示标准、技术标准等。评判标准的确立，有助于更准确地实现内容的表达与传播，形成规范有序的视觉效果。

1. 内容标准

内容标准是判断美术编辑是否针对信息内容进行视觉上的修改、修饰与优化，并在遵从真实的基础上进行视觉形式的重构，是否具有表达内容等实用目的。

2. 审美标准

审美标准是判断美术编辑是否符合人的视觉习惯，形成有效阅读，满足愉悦感，提升人在认知后对信息内容理解与记忆的效果，强化内容的影响力。

3. 展示标准

展示标准是判断美术编辑的成果是否符合信息内容所针对的人群，并能在特定的空间传递，视觉效果是否适应内容、针对人群以及受阅读展示环境，引导购买或阅读。

4. 技术标准

技术标准是判断美术编辑是否将构想转换为实体并传播出去，是否考虑到技术与物质材料的特性对视觉效果的影响，并规避转化过程中的损失与变形。

图5-87

三、印刷与显示

印刷与显示是融媒体发布形式依附的两大途径，美术编辑将效果转换为成品视觉的过程，促进了信息内容广泛传播。印刷技术是将文字、图像、色彩等设计原稿转移到纸张、织品、皮革等材料表面上，批量复制原稿内容的方式；屏幕是通过光电转换将图像特别是活动影像呈现出来。

（一）印刷

印刷以纸质载体呈现视觉，是传统的出版形式，要考虑纸张选择、开本设定、印刷方式和装订包装等因素。

1. 纸张开本

纸张开本是美术编辑成品的物理载体，呈现设计预期在印刷后的实际效果，是可观可触、具有尺寸规格和真实质感的实体。

（1）纸张。纸张由于制作工艺，在纸张本身的硬度、柔韧性、色相、纹理与油墨的吸附与表现形态上具有不同的表现效果，适应不同的印版印刷、包装制作等，常用的印刷用纸型包括新闻纸、轻涂纸、铜版纸、蒙垦纸、胶版纸等，包装制作的常用纸型包括瓦楞纸、牛皮纸、白卡纸、黄纸板、不干胶纸、玻璃卡纸、铝箔衬纸等。

不同类型纸张质地	
新闻纸	两面平滑，吸墨性能好，两面印迹清晰饱满，适合高速轮转机印刷，价格低廉，不宜长期存放
轻涂纸	介乎铜版纸和胶版纸之间，重量轻，耐久性较差
铜版纸	涂料纸，网点光洁，白度较高，再现性好，图像清晰、色彩鲜艳
蒙垦纸	纸厚质轻，白度适中，能保护读者视力，是国际流行的环保纸
胶版纸	伸缩性小，油墨的吸收均匀、平滑度好，质地紧密不透明，白度好，抗水性能强，主要用于平版（胶印）印刷机或印刷较高级彩色印刷品
牛皮纸	质地坚韧、强度大、纸面呈黄褐色的高强度包装纸，从外观上可分成单面光、双面光、有条纹、无条纹等品种，主要用于制作小型纸袋、文件袋和工业品、纺织品、日用百货的内包装
玻璃纸	质地透明不带静电、防尘，有白色、彩色等。表面涂塑具有防潮、不透水，不透气，热封等性能，具有良好保护作用
复合纸	用黏合剂将纸、纸板与其他塑料、铝箔、布等层合起来，具有防水、防潮、耐油，气密保香、阻光性、耐热性等

图5-88

（2）开本。未经裁切的纸称为全开纸，将全开纸对折裁切后的幅面称为对开或半开，对开纸再对折裁切后的幅面称为四开，四开纸再对折裁切后的幅面称为八开。常规开本是纸张按长边对折而成，除此之外为异形开本。幅面为787mm×1092mm的全开纸称为正度纸，幅面为850mm×1168mm称为大度纸。成品尺寸为纸张尺寸减去修边尺寸，修边包括裁切线与出血。裁切线是印在纸张周边用于指示裁切部位的线条。出血是指加大图像等位于印刷品外的尺寸，印刷品的尺寸比成品尺寸大3mm（出血），以避免裁切后的成品露白边或裁到内容。

常见开本的尺寸		
开本	正度纸	大度纸
对开	736 x 520(mm)	570 x 840(mm)
4开	520 x 368(mm)	420 x 570(mm)
8开	368 x 260(mm)	285 x 420(mm)
16开	262 x 184(mm)	210 x 285(mm)
32开	184 x 130(mm)	203 x 140(mm)

图5-89

2. 印刷

印刷的雏形可以追溯到印章，印章作为记号或标记的证明，包含了复制的凸版与凹版原理。制版相当于制作印章，将原稿复制成印版，印版的形式包括凸版、平版、凹版等，印版类型将影响印刷的显示效果。

随着数字化技术的应用升级，传统制版工艺逐渐被CTP（Computer-to-plate，计算机直接制版）取代，可以将编辑的数字或页面直接转移到印版，彻底摆脱激光和感光材料的使用，利用喷墨设备直接在胶片、纸张、PS版面上打印出所需的图文部分，减少了图像转移的次数，真正实现100%转印，无内容损失，直接输出大幅面，无需拼版、修版。

图5-90

根据承载付诸印刷的材质、印刷成本和最终效果，可选择不同的印版和油墨色彩组合。油墨色彩分为单色、套色、四色和专色。

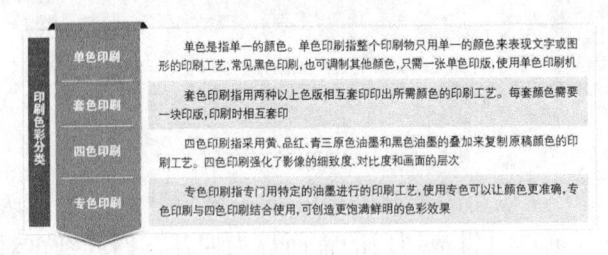

图5-91

3. 装订

装订是将印好的散页加工成册或整理配套、订成册本等印后加工。常见的装订方式为胶装、平订装、骑马订、锁线胶装等，装订方式的选择根据出版物的特性而定。

图5-92

（二）屏幕

显示屏幕是最终呈现美术编辑的屏幕。显示器的设置使画面呈现不同效果，主要体现显示器尺寸与长宽比、分辨率与清晰度等。美术编辑应考虑显示屏对不同环境的适应性，调整对画面格局、活动画面的运动方式、特效、色彩以及声音等设置，适应多元化的显示应用。

1. 屏幕种类

常见的显示屏幕有电视、计算机、手机、PDA等数字移动设备显示屏。画面最终尺寸数量级激变，画面出现的环境从固定在相对安静的家庭环境，拓展到了移动的、声音相对嘈杂的公交车、出租车等公共环境；新的播放终端，从单向传播转为视频点播、互动操作的双向传播。

户外电视　　　　　　手机电视　　　　　　地铁电视

图5-93

2. 尺寸与长宽比

常见的显示屏长宽比为4∶3和16∶9，显示屏的差异影响版面元素的空间设置，应保持版面内容的完整，避免图像变形或显示内容不完整，提高信息的视觉利用率。

CRT 显示屏　　　　　　LED 显示器　　　　　　户外 LED 显示器

图5-94

3. 分辨率与清晰度

分辨率是指屏幕图像的精密度，指显示器所能显示的像素的多少。由于屏幕上的点、线和面都是由像素组成的，显示器可显示的像素越多，画面越精细，同样的屏幕区域内能显示的信息越多，意味着包含的信息量更大，对素材清晰度要求越高，制作花费的时间越长。

图5-95

四、软硬件配置

硬件与软件的应用是美术编辑过程的技术支持。软件是实现设计的程序，硬件是运行与实现的物质技术设备，软件的选用需与硬件配合。

（一）硬　件

主机与操作系统常为苹果（Apple）电脑的Mac OS系统和PC电脑的Windows系统，由于苹果电脑早期在图形图像处理领域的优势——曾参与过平面设计行业标准的制定、Photoshop等图形图像软件最初只能应用于苹果电脑、苹果电脑色彩管理与屏幕显示，加上苹果电脑本身的工业设计与内部软件整合等方面的优势等，苹果电脑在视觉应用领域具有领先性。

显示器主要分为平面的液晶显示屏和尾部较大的CRT阴极射线显像管显示屏两类，由于存储和携带上的优势，液晶显示屏的应用普及，CRT显示屏更多地用于专业的监视器等。

外围硬件包括电子手绘板、存储器、扫描仪、打印机等设备。

（二）软　件

软件主要分为处理图形图像的图像软件（如Photoshop、Illustrator、Painter等）、渲染立体效果、建立虚拟场景的三维软件（如3Dmax、AutoCAD等），将图文编排于版面的平面排版软件（如InDesign、方正飞腾等），将音视频合成在画面中的视频软件（如After Effects、Premier等），用于网站设计前期实现布局、连接、跳转的交互原型的制作软件（如Axure、Visio等），办公应用的演示软件（如Keynote、PowerPoint等）等。目前同类软件实现的基本功能相差不大，在复杂功能或使用上有所差距，大多同时具有适应苹果和PC的Mac和Win双版本，但也有部分软件只适应特定电脑系统，如方正系列软件在PC系统使用，CorelDRAW在OS系统中使用。

图5-96

(三) 网络素材库

图像素材是美术编辑实现视觉化的重要资源，网络平台以巨大的存储空间、强大的检索功能以及快速的传输速度加快了查找图片的速度，扩大了图像素材的来源，提高了图像素材的使用效率，降低了使用资源的成本，为美术编辑更快、更高效地获得广泛的设计资源提供了便利。

网络素材库包括图片、视频、图标、笔刷、滤镜、字库、样机、配乐、图表等多种资源。网络图片库根据内容和营销模式分为创意图片库、新闻编辑类图片库、专题图片库等。创意图片库以非新闻性和非纪实性的图片为主；新闻编辑类图片库以新闻摄影图片为主，包括体育类图片；专题图片库针对相应市场经营特定图片，如特定的旅游照片、动物和自然类的图片。

图5-97

第六章 审 读

新闻出版管理中的审读，主要是指对出版内容是否符合国家的法律、法规及方针、政策，是否存在反对宪法确定的基本原则，是否危害国家统一、主权和领土完整，危害国家安全，泄露国家机密，破坏民族团结，宣扬邪教迷信和色情暴力等方面进行审读。

本章分三节进行审读中典型案例的归纳和分析。受篇幅限制，不同章节各有侧重，但整体上涵盖了审读的工作要点。希望通过本章的阅读，能够了解编校的基本知识和要求，掌握一定的编校处理方法。

第一节 音频作品的内容审校

一、音频作品的分类标准

目前市场中常见的音频作品大致可以分为有声读物作品和音频节目作品两类，具体情况如下。

（一）有声读物作品

有声读物泛指以文字作品为内容依托，经过适当改编加工，保留51%以上的原文字作品内容，并用声音形式演绎、演播、录制而成的，通过磁带、光盘或数字文件等形式存储并销售的任何录音产品。

有声读物以音频形式存在和传播，内容极为丰富，进入到中国市场后，与传统曲艺及其他语言类艺术形式相结合，形成更为丰富的分类，但就整体而言，以核心内容来源为依据，有声读物大体包含录制成音频形式的评书、章回小说、新体小说、文学、诗歌、散文、纪实传奇、儿童文学、童话故事等。

（二）音频节目作品

音频节目泛指通过广播、网络传播，可以付费或免费、即时或点播收听的所有由节目制作人、编辑、主持人等自主创作并通过声音形式演绎、演播、直播或录制而成的音频产品。

区别于有声读物，音频节目作品的内容由该节目负责人等自行统筹创作，具有完全的独创性，而非一个简单的录制、改编的转换过程。音频节目作品的内容跨度很大，包括文化、生活、科技、时尚、财经等。音频节目作品的来源也多种多样，除了由各大有声平台节目内容创作人策划、制作、发表，也包括由个人播主自行创作上传，或一部分来源于影视节目、广播节目的翻录及将此类节目二度加工创作的音频作品。

二、有声读物作品的审校标准

有声读物作品的审校需要高度关注国家有关法律法规，同时在人工审核流程以及具体的内容审校上也有不少要点、难点，本文将从上述三个方面介绍有声读物作品的审校标准。

（一）国家有关法律法规

1. 关于录音制品内容的规定

根据《音像制品管理条例》规定，录有内容的录音带、录像带、唱片、激光唱盘和激光视盘等音像制品禁止载有下列内容：

（一）反对宪法确定的基本原则的；

（二）危害国家统一、主权和领土完整的；

（三）泄露国家秘密、危害国家安全或者损害国家荣誉和利益的；

（四）煽动民族仇恨、民族歧视，破坏民族团结，或者侵害民族风俗、习惯的；

（五）宣扬邪教、迷信的；

（六）扰乱社会秩序，破坏社会稳定的；

（七）宣扬淫秽、赌博、暴力或者教唆犯罪的；

（八）侮辱或者诽谤他人，侵害他人合法权益的；

（九）危害社会公德或者民族优秀文化传统的；

（十）有法律、行政法规和国家规定禁止的其他内容的。

2. 关于国家推广全国通用的普通话的规定

《中华人民共和国宪法》（2019年修订）第十九条规定：国家推广全国通用的普通话。

《中华人民共和国国家通用语言文字法》（2001年实施）第二条规定：本法所称的国家通用语言文字是普通话和规范汉字。第三条规定：国家推广普通话，推行规范汉字。

《出版物汉字使用管理规定》第五条规定：音像制品等出版物必须使用规范汉字，禁止使用不规范汉字。

在《关于进一步规范出版物文字使用的通知》中也要求出版媒体和出版单位严格执行"《出版物汉字使用管理规定》第五条"及有关条款的规定，促进汉语语言文字的规范化和健康发展发挥示范带头作用。

（二）人工审校规范流程

1. 原始文字文本编校确认

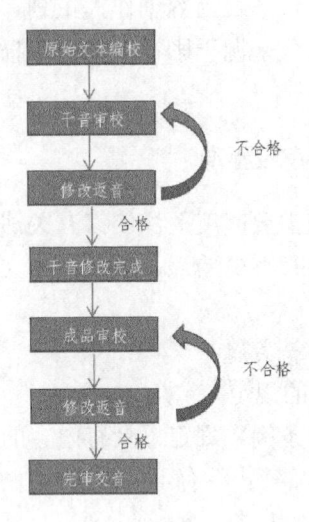

```
原始文本编校
     ↓
   干音审校 ←─┐
     ↓       │ 不合格
   修改返音 ─┘
     ↓ 合格
  干音修改完成
     ↓
   成品审校 ←─┐
     ↓       │ 不合格
   修改返音 ─┘
     ↓ 合格
   完审交音
```

2. 音频审校报告示例

【XXXX】（音频名称）审听报告

审听人员：			审听日期：			审听总时长：	
序号	集数	角色	起始时间	原文位置	错误原因	修改意见	备注
1	01	旁白	1:35:00—1:40:00	不外是车、船、马、轿，还有可以代步的牛、驴等，所以在京剧里面，也只有车、船、马、轿	错读，qiao2	正确，jiao4	

（三）内容审校细则

1. 基础要求

语速适中（200—240字/分钟）；普通话标准（方言版除外）；吐字清晰；10分钟内的文字和重音错误在5次以下；录制过程未出现噪音、回音、杂音及其他与录音无关的背景音。

2. 技术要求

（1）格式：MP3。

（2）码率：320kbps。

（3）声道：双声道立体声。

（4）采样频率：48khz。

（5）采样位数：24-bit。

（6）最大电平：-10dBFS左右。

（7）音频编辑修改处的语调和音量应与上下文平滑过渡，避免突兀感。

3. 播讲要求

（1）播讲语言为普通话；播讲流畅，无破音、吃字、迟缓、拖调等情况。

（2）张弛有度，能够根据情节变化准确把握播讲节奏。

（3）能够通过音色、音调、音量等区别人物对话和旁白，角色演绎到位。

（4）情绪饱满，声情并茂，具备一定的感染力。

（5）讲述感良好，画面感强。

4. 后期制作要求

（1）人声美化处理：切除低音处理（例：男声80Hz，女声100Hz以下，可根据需要规定质量要素，下同）；降低唇齿声处理；消除共鸣声处理。

（2）实时真峰值电平（True Peak）不超过-2dBTP。

（3）人声长时响度（Long Term）控制在-20 LUFS。

（4）能够配符合故事情节的背景音乐音效，杜绝以下情况出现：背景音乐中带人声；重复播放一段背景音乐；背景音量大于人声音量，影响收听；长时间无音效音乐；音乐音效与情绪不符。

（5）能够根据特定场景适时添加环境音效，实现杜比声或DTS，X全景环绕，杜绝以下情况出现：音效音量大于语音音量，影响收听；音效音质极差，影响收听；音效与情节不符；从头到尾重复播放一个环境声；典型环境场景音效缺失。

（6）能够根据特定场景适时添加动作音效，杜绝以下情况出现：音效音量大于语音音量，影响收听；音效音质极差，影响收听；音效与情节不符；典型动作场景音效缺失；录制作品根据内容题材不同，有长篇小说、短篇小说、诗歌、传记、随笔等，因而相应的制作标准也不尽相同。

三、音频节目作品的审校标准

音频节目作品的审校标准同样从国家有关法律法规、人工审校规范流程、内容审核细则三个方面进行介绍。

（一）国家有关法律法规

1. 法律法规禁止的节目

根据《广播电视管理条例》规定，广播电台、电视台和采编、制作、播放、传输广播电视节目禁止制作、播放载有下列内容的节目：

（一）危害国家的统一、主权和领土完整的；

（二）危害国家的安全、荣誉和利益的；

（三）煽动民族分裂，破坏民族团结的；

（四）泄露国家秘密的；

（五）诽谤、侮辱他人的；

（六）宣扬淫秽、迷信或者渲染暴力的；

（七）法律、行政法规规定禁止的其他内容。

2.关于网络视听节目的内容审核标准具体规定

根据《网络视听节目内容审核通则》规定，网络视听节目包括：网络剧、微电影、网络电影、影视类动画片、纪录片；文艺、娱乐、科技、财经、体育、教育等专业类网络视听节目；其他网络原创视听节目。其中关于音频节目内容审核的有：

第七条 互联网视听节目服务相关单位要坚持正确的政治导向、价值导向和审美导向，禁止制作、播放含有下列内容的网络视听节目：

（一）违反宪法确定的基本原则，煽动抗拒或者破坏宪法、法律、行政法规实施的；

（二）危害国家统一、主权和领土完整，泄露国家秘密，危害国家安全，损害国家尊严、荣誉和利益，宣扬恐怖主义、极端主义的；

（三）诋毁民族优秀文化传统，煽动民族仇恨、民族歧视，侵害民族风俗习惯，歪曲民族历史和民族历史人物，伤害民族感情，破坏民族团结的；

（四）煽动破坏国家宗教政策，宣扬宗教狂热，危害宗教和睦，伤害信教公民宗教感情，破坏信教公民和不信教公民团结，宣扬邪教、迷信的；

（五）危害社会公德，扰乱社会秩序，破坏社会稳定，宣扬淫秽、赌博、吸毒，渲染暴力、恐怖，教唆犯罪或者传授犯罪方法的；

（六）侵害未成年人合法权益或者损害未成年人身心健康的；

（七）侮辱、诽谤他人或者散布他人隐私，侵害他人合法权益的；

（八）法律、行政法规禁止的其他内容。

第八条 网络视听节目中含有下列内容或情节的，应予以剪裁、删除后播出；问题严重的，整个节目不得播出：

（一）不符合国情和社会制度，有损国家形象，危害国家统一和社会稳定：贬损国家形象、国家制度和方针政策；贬损、恶搞、损害革命领袖、英雄人物的形象、名誉；损害人民军队、武装警察、国安、公安、司法人员等特定职业、群体，以及社会组织、团体的公众形象；宣扬消极、颓废的人生观、世界观和价值观，渲染、夸大社会问题，过分表现、展示社会阴暗面；贬低人民群众推动历史发展的作用；以反面角色为主要表现对象，或为反动的、落后的、邪恶的、非法的社会势力、社会组织和人物立传、歌功颂德，着重表现其积极的一面；宣扬中国历史上封建王朝对外的武力征服；宣扬带有殖民主义色彩的台词、称谓、画面等；脱离国情，缺乏基本的现实生活依据，宣扬奢华生活等。

（二）有损民族团结：含有伤害民族感情的情节、台词、称谓、人物形象、画面、音效等；对独特的民族习俗和宗教信仰猎奇渲染，甚至丑化侮辱；表现伤害民族感情的民族战争、历史事件；将历史上民族间的征伐表现成国与国之间的战争等。

（三）违背国家宗教政策：宣扬宗教极端主义和邪教；不恰当地比较不同宗教、教派的优劣，可能引发宗教、教派之间矛盾和冲突；过多展示和宣扬宗教教义、教规、仪式等内容；歪曲、诋毁或歧视宗教观念、宗教信仰和宗教称谓；对宗教内容戏说和调侃等。

（四）宣扬封建迷信，违背科学精神：宣扬灵魂附体、转世轮回、巫术作法等封建迷信思想；宣扬愚昧、邪恶、怪诞等封建文化糟粕。

（五）渲染恐怖暴力，展示丑恶行为，甚至可能诱发犯罪：渲染暴力、凶杀，表现黑恶势力的猖狂；细致展现凶暴、残酷的犯罪过程，及肉体、精神虐待；暴露侦查手段、侦破细节，可诱导罪犯掌握反侦查手段；表现离奇、怪诞的犯罪案件；对真假、善恶、美丑的价值判断模糊不清，混淆正义与非正义的基本界限；详细展示吸毒、酗酒、赌博等不良行为；展现过度的惊悚恐怖、生理痛苦、歇斯底里，造成强烈感官、精神刺激并可致人身心不适的画面、台词、音乐及音效等；为宣扬以暴制暴，宣扬极端的复仇心理和行为。

（六）渲染淫秽色情和庸俗低级趣味：具体展现卖淫、嫖娼、淫乱、强奸、自慰等情节；表现和展示非正常的性关系、性行为，如乱伦、同性恋、性变态、性侵犯、性虐待及性暴力等；展示和宣扬不健康的婚恋观和婚恋状态，如婚外恋、一夜情、性自由、换妻等；较长时间或较多给人以感官刺激的床上镜头、接吻、爱抚、淋浴，及类似的与性行为有关的间接表现或暗示；有明显的性挑逗、性骚扰、性侮辱或类似效果的画面、台词、音乐及音效等；展示男女性器官，或仅用肢体掩盖或用很小的遮盖物掩盖人体等隐秘部位及衣着过分暴露等；含有未成年人不宜接受的涉性画面、台词、音乐、音效等；使用粗俗语言等；以成人电影、情色电影、三级片、偷拍、走光、露点及各种挑逗性文字或图片作为视频节目标题、分类或宣传推广。

（七）侮辱或者诽谤他人：损害重要历史人物及其他真实人物的形象、名誉，造成不良社会影响；贬损他人的职业身份、社会地位或身体特征。

（八）歪曲贬低民族优秀文化传统：渲染、夸大或集中展示民族愚昧或社会落后方面；违背基本史实，为已有定论的历史人物、历史事件"翻案"，或为尚存争议的历史人物、历史事件"正名"；篡改名著，歪曲原著的精神实质；违背基本的历史常识，缺乏基本的历史依据，任意曲解历史，不尊重人类文明、他国文明和风俗习惯等；对历史尤其是革命历史进行过度娱乐和游戏式表现。

（九）危害社会公德，对未成年人造成不良影响的：以恶搞方式描绘重大自然灾害、意外事故、恐怖事件、战争等灾难场面；以肯定、赞许的基调或引入模仿的方式表现打架斗殴、羞辱他人、污言秽语等；表现未成年人早恋、抽烟酗酒、打架斗殴、滥用毒品等不良行为；违反国务院广播影视行政部门有关规定的吸烟镜头和吸烟场景；人物造型过分夸张怪异，对未成年人有不良影响；展示未成年人或者未成年人形象的动画、动漫人物的性行为等；含有其他有违社会公德的不文明行为。

（十）法律、法规和国家规定禁止的其他内容：违反国家有关规定，公开展示某专项工作的内部制度、程序；可能引发国际纠纷或造成不良国际影响；违反国家有关规定，滥用、错用特定标识、呼号、称谓、用语；节目中的产品和服务信息植入违反国务院广播影视行政部门有关规定；破坏生态环境，虐待动物，捕杀、食用国家保护类动物的内容；侵犯个人隐私内容；以抄袭、剽窃或未经许可翻拍等方式侵犯他人知识产权的节目；从事损害我国国家尊严、荣誉和利益，危害社会稳定，伤害民族感情等活动的组织和个人制作或参与制作的节目；其他有违法律、法规和国家规定的内容。

第九条 专业类网络视听节目应坚持正确的政治导向、价值导向、审美导向，体现高雅健康的审美情趣和文化品位，引导人们树立正确的世界观、人生观、价值观。

（一）坚决抵制是非不分、善恶不辨、以丑为美、颠倒黑白的错误倾向；坚决抵制各种诋毁主流思想和主流价值的内容；坚决反对歪曲历史、美化反动、调侃崇高、否定英模的错误倾向；坚决抵制厚黑学、潜规则、圈子山头等封建文化糟粕和腐朽思想遗毒；坚决抵制拜金主义、享乐主义、极端个人主义等不良风气和过度商业化、过度娱乐化的倾向；坚决摒弃廉价的笑声、无底线的娱乐和无节操的垃圾；坚决抵制低俗、庸俗、媚俗的低级趣味；坚决反对天价追星、无聊游戏、奢华盛宴等不良风气。

（二）不得宣扬不良的家庭观、婚恋观、金钱观。在涉及真实人物生活讲述与调解等节目中，坚持真实原则，不得为了追求轰动效应人为设置虚假、离奇故事情节，摆拍经过事先设计的对话，制造假故事、假新闻，愚弄受众。

（三）对节目中涉及的主持人、嘉宾、评委、选手等人物进行筛选把关，不得选用有丑闻劣迹、有吸毒嫖娼等违法犯罪行为的人物，慎重选用有争议或存在边缘化观点的人物。节目中的人物语言、行为、着装、服饰、发型、台风等应当符合大众审美观念。

（四）节目主持人应对嘉宾、评委、选手等人物的言行举止正确引导，防止语言和行为低俗，对错误观点和言论要及时批驳。主持人之间不得互相挖苦、吹捧、调情。嘉宾、评委要加强点评的专业性和针对性，避免夸张作秀、互相恶搞以及不文明言谈举止，不能喧宾夺主、故意制造噱头和看点，使节目成为明星宣扬自我的舞台。选手不得为博眼球而煽情作秀、夸张搞怪或渲染悲切情绪。

（五）加强未成年人保护，尽量减少未成年人参与，对少数有未成年人参与的节目要坚决杜绝商业化、成人化和过度娱乐化的不良倾向以及侵犯未成年人权益的现象。

（六）真人秀类节目要减少明星参与人数，提高普通群众的参与比重，让群众成为节目的主角。不得追星逐利、媚俗捧场，杜绝展示明星炫富享乐、炒作节目片酬成本。不得借真人秀节目炒作包装明星子女。

第十条 专业类网络视听节目除符合前款网络视听节目的总体要求外，还不得含有以下内容：

（一）以道听途说的信息为话题，进行主观臆测的讨论、评论的；
（二）以调侃严肃话题为主要内容的；
（三）围绕易引发争议的负面话题进行讨论、评论的；
（四）以宣扬明星炫富享乐为主要话题的；
（五）以炒作绯闻丑闻隐私劣迹为主要内容的；
（六）展示危险程度高、恶意整人、易被青少年模仿的游戏项目的；
（七）诱导未成年人谈论名利、情爱等话题，诱导未成年人现场拉票、盘问未成年人失败退出感受的；
（八）就家庭纠纷采访未成年人和未成年人参与家庭纠纷和现场调解的；
（九）为吸引眼球，制造低俗噱头，展示丑行恶态，或作假作秀、故意激化矛盾，突出放大不良现象和非理性情绪，以"考验""测试"的名义人为制造和展示"人性恶"事件的；
（十）故意刺激、为难嘉宾娱乐观众的；
（十一）讽刺他人、相互吹捧或进行粗俗反串的；
（十二）使用粗俗恶搞字幕和夸张怪异音效的；
（十三）以采访、讨论性爱、性生活细节为话题的；
（十四）展示群众参与的各类整容变性细节的；
（十五）其他违背社会主义核心价值观和公序良俗的内容。

（二）人工审校规范流程

1. 直播/录播节目审校

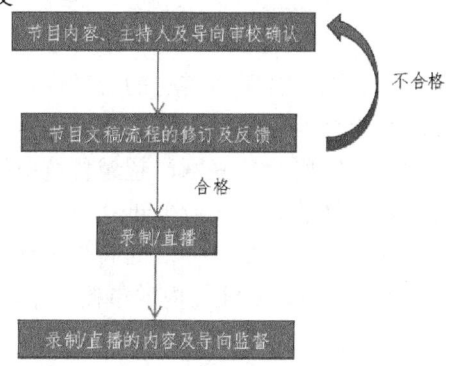

2. 二次创作作品审校

同有声读物审校流程。

（三）内容审校细则

一是播出的节目内容在贯彻执行党的有关宣传方针、政策及把握宣传口径等方面有无导向性问题或差错（具体参见以上法律法规细则）。

二是播出的节目是否符合频率/平台定位、节目方针和质量要素（具体要素各有不同，当遵守频率/平台规定）。

三是有无事实差错或人名、地名、单位名、数字、日期等差错。

四是有无录音质量等问题。

四、小　结

中国的有声读物/作品发展起步于20世纪90年代，近些年发展较为迅速，目前已初具产业规模，但是市场机制、配套制度还不够成熟。当下有声读物/作品的制作及审核标准比较混乱，对此，可以通过实名制、内容备案、后续抽查等方式加以约束。

行业内及社会大环境中良好审美和健康的文化风尚没有形成。只有有了切实可行的法律依据，才能有效遏制低俗不良有声读物/作品的传播，同时对于有声读物/作品的版权问题，建立、健全网络版权的相关法律、法规势在必行。

为保证有声读物/作品网络传播的合规性，网站平台在传播有声读物/作品的同时也应对上传的有声读物/作品进行严格的检查，对出现问题的网站予以严厉处罚。

可以肯定，有声读物/作品的网络传播是一个具有无限潜力的产业，但由于种种因素的影响，其发展壮大过程中同样会遇到挑战，这就需要我们在符合国家法律、法规和大众审美的前提下，充分考虑不同听众的需求，以确定适合自身长期健康发展的道路。

第二节　视频审读

音像制品、电视节目、网络视听节目中的视频内容信息，都具有画面直观易懂、形象生动、通过视听综合手段再现外部世界等特点，深受大众的喜爱。随着传统媒体和新兴媒体的融合发展，互联网已超越传统电视台成为主流的视频传播平台，并使得新媒体和自媒体的短视频业务迅猛发展。但无论是注重权威性、公信力的主流媒体，还是注重灵活和亲民便民的新兴媒体，视频内容都要严格遵守国家相关的法律法规，通过规范、专业的内容审校工作，把好内容质量关。

一、不得含有国家法律法规禁止的内容

关于音像制品、电视节目、网络视听节目等新兴媒体中禁止内容的要求主要依据《出版管理条例》第二十五条、第二十六条的规定。其中，对网络视听节目等新兴媒体的规定更为细致。

（一）音像制品

根据《音像制品管理条例》规定，录有内容的录音带、录像带、唱片、激光唱盘和激光视盘等音像制品禁止载有的内容参见第三节"有声读物作品的审校标准→国家有关法律法规第（1）条"。

（二）电视节目

根据《广播电视管理条例》规定，广播电台、电视台和采编、制作、播放、传输广播电视节目禁止制作、播放载有下列内容的节目：……（参见第三节"音频节目作品的审校标准→国家有关法律法规第（1）条"）

（三）网络视听节目

根据《网络视听节目内容审核通则》规定，网络视听节目包括：网络剧、微电影、网络电影、影视类动画片、纪录片；文艺、娱乐、科技、财经、体育、教育等专业类网络视听节目；其他网络原创视听节目。具体规定参见第三节"音频节目作品的审校标准→国家有关法律法规第（2）条"。

（四）网络短视频

根据《网络短视频内容审核基本标准》，网络播放的短视频节目，及其标题、名称、评论、弹幕、表情包等，其语言、表演、字幕、背景中不得出现以下具体内容：

一、攻击我国政治制度、法律制度的内容：

（一）调侃、讽刺、反对、谩骂中国特色社会主义道路、理论、制度和文化以及国家既定重大方针政策的；

（二）对宪法等国家重大法律法规的制定、修订进行曲解、否定、攻击、谩骂，或对其中具体条款进行调侃、讽刺、反对、谩骂的；

（三）削弱、背离、攻击、诋毁中国共产党领导的；

（四）对改革开放以来国家所实行的重大方针政策进行调侃、否定、攻击的；

（五）篡改、娱乐化解读我国政治制度和法律制度中的特定名词称谓的。

二、分裂国家的内容：

（一）反对、攻击、曲解"一个中国""一国两制"的；

（二）反映台独、港独、藏独、疆独等的言行、活动、标识的，包括影像资料、作品、语音、言论、图片、文字、反动旗帜、标语口号等各种形式（转播中央新闻单位新闻报道除外）；

（三）持有台独、港独、藏独、疆独等分裂国家立场的艺人及组织团体制作或参与制作的节目、娱乐报道、作品宣传的；

（四）对涉及领土和历史事件的描写不符合国家定论的。

三、损害国家形象的内容：

（一）贬损、玷污、恶搞中国国家和民族的形象、精神和气质的；

（二）以焚烧、毁损、涂划、玷污、践踏、恶搞等方式侮辱国旗、国徽的；在不适宜的娱乐商业活动等场合使用国旗、国徽的；

（三）篡改、恶搞国歌的；在不适宜的商业和娱乐活动中使用国歌，或在不恰当的情境唱奏国歌，有损国歌尊严的；

（四）截取党和国家领导人讲话片段可能使原意扭曲或使人产生歧义，或通过截取视频片段、专门制作拼凑动图等方式，歪曲放大展示党和国家领导人语气语意语态的；

（五）未经国家授权或批准，特型演员和普通群众通过装扮、模仿党和国家领导人形象，参加包括主持、表演、演讲、摆拍等活动，谋取利益或哗众取宠产生不良影响的（依法批准的影视作品或文艺表演等除外）；

（六）节目中人物穿着印有党和国家领导人头像的服装鞋帽，通过抖动、折叠印有头像的服装鞋帽形成怪异表情的。

四、损害革命领袖、英雄烈士形象的内容：

（一）歪曲、丑化、亵渎、否定革命领袖、英雄烈士事迹和精神的；

（二）不当使用及恶搞革命领袖、英雄烈士姓名、肖像的。

五、泄露国家秘密的内容：

（一）泄露国家各级党政机关未公开的文件、讲话的；

（二）泄露国家各级党政机关未公开的专项工作内容、程序与工作部署的；

（三）泄露国防、科技、军工等国家秘密的；

（四）私自发布有关党和国家领导人的个人工作与生活信息、党和国家领导人家庭成员信息的。

六、破坏社会稳定的内容：

（一）影响公共秩序与公共安全的群体性事件的；

（二）传播非省级以上新闻单位发布的灾难事故信息的；

（三）非新闻单位制作的关于灾难事故的影响、后果的节目的。

七、损害民族与地域团结的内容：

（一）通过语言、称呼、装扮、图片、音乐等方式嘲笑、调侃、伤害民族和地域感情、破坏安定团结的；

（二）将正常的安全保卫措施渲染成民族偏见与对立的；

（三）传播可能引发误解的内容的；

（四）对独特的民族习俗和宗教信仰猎奇渲染，甚至丑化侮辱的；

（五）以赞同、歌颂的态度表现历史上民族间征伐的残酷血腥战事的。

八、违背国家宗教政策的内容：

（一）展示宗教极端主义和邪教组织及其主要成员的活动，以及他们的"教义"与思想的；

（二）不恰当地比较不同宗教、教派的优劣，可能引发宗教、教派之间矛盾和冲突的；

（三）过度展示和宣扬宗教教义、教规、仪式内容的；

（四）将宗教极端主义与合法宗教活动混为一谈，将正常的宗教信仰与宗教活动渲染成极端思想与行动，或将极端思想与行动解释成正常的宗教信仰与宗教活动的；

（五）戏说和调侃宗教内容，以及各类恶意伤害民族宗教感情言论的。

九、传播恐怖主义的内容：

（一）表现境内外恐怖主义组织的；

（二）详细展示恐怖主义行为的；

（三）传播恐怖主义及其主张的；

（四）传播有目的、有计划、有组织通过自焚、人体炸弹、打砸抢烧等手段发动的暴力恐怖袭击活动视频（中央新闻媒体公开报道的除外），或转发对这些活动进行歪曲事实真相的片面报道和视频片段的。

十、歪曲贬低民族优秀文化传统的内容：

（一）篡改名著、歪曲原著精神实质的；

（二）颠覆经典名著中重要人物人设的；

（三）违背基本历史定论，任意曲解历史的；

（四）对历史尤其是革命历史进行恶搞或过度娱乐化表现的。

十一、恶意中伤或损害人民军队、国安、警察、行政、司法等国家公务人员形象和共产党党员形象的内容：

（一）恶意截取执法人员执法工作过程片段，将执法人员正常执法营造成暴力执法效果的；

（二）传播未经证实的穿着军装人员打架斗殴、集会、游行、抗议、上访的；

（三）正面展现解放军形象时用语过度夸张的。

十二、美化反面和负面人物形象的内容：

（一）为包括吸毒嫖娼在内的各类违法犯罪人员及黑恶势力人物提供宣传平台，着重展示其积极一面的；

（二）对已定性的负面人物歌功颂德的。

十三、宣扬封建迷信，违背科学精神的内容：
（一）开设跳大神、破太岁、巫蛊术、扎小人、道场作法频道、版块、个人主页，宣扬巫术作法等封建迷信思想的；
（二）鼓吹通过法术改变人的命运的；
（三）借民间经典传说宣扬封建迷信思想的。

十四、宣扬不良、消极颓废的人生观、世界观和价值观的内容：
（一）宣扬拜金主义和享乐主义的；
（二）展示违背伦理道德的糜烂生活的；
（三）宣传和宣扬丧文化、自杀游戏的；
（四）展现同情、支持婚外情、一夜情的。

十五、渲染暴力血腥、展示丑恶行为和惊悚情景的内容：
（一）表现黑恶势力群殴械斗、凶杀、暴力催债、招募打手、雇凶杀人等猖狂行为的；
（二）细致展示凶暴、残酷的犯罪过程及肉体、精神虐待的；
（三）细致展示吸毒后极度亢奋的生理状态、扭曲的表情，展示容易引发模仿的各类吸毒工具与吸毒方式的；
（四）细致展示酗酒后失控状态的；
（五）细致展示老虎机、推币机、打鱼机、上分器、作弊器等赌博器具，以及千术、反千术等赌博技巧与行为的；
（六）展现过度的生理痛苦、精神歇斯底里，对普通观看者可能造成强烈感官和精神刺激，从而引发身心惊恐、焦虑、厌恶、恶心等不适感的画面、台词、音乐及音效的；
（七）宣扬以暴制暴，宣扬极端的复仇心理和行为的。

十六、展示淫秽色情，渲染庸俗低级趣味，宣扬不健康和非主流的婚恋观的内容：
（一）具体展示卖淫、嫖娼、淫乱、强奸等情节的；
（二）直接展示性行为的；
（三）视频中出现色情推广的；
（四）展示呻吟、叫床等声音、特效的；
（五）以猎奇宣扬的方式对境外"红灯区"进行拍摄的；
（六）展现有性交易内容的夜店、洗浴按摩场所的；
（七）表现和展示非正常的性关系、性行为的；
（八）展示和宣扬不健康的婚恋观和婚恋状态的；
（九）宣扬和炒作非主流婚恋观的；
（十）以单纯感官刺激为目的，集中细致展现接吻、爱抚、淋浴及类似的与性行为有关的间接表现或暗示的，包括裸露或长时间聚焦胸部、臀部等部位，聚焦走光、偷拍、凸点、渲染恋足、原味丝袜等性癖好；

（十一）有明显的性挑逗、性骚扰、性侮辱或类似效果的画面、台词、音乐及音效的；

（十二）展示男女性器官，或仅用肢体掩盖或用很小的遮盖物掩盖人体隐秘部位及衣着过分暴露的；

（十三）使用粗俗语言，展示恶俗行为的；

（十四）以隐晦、低俗的语言表达使人产生性行为和性器官联想的内容的；

（十五）以成人电影、情色电影、三级片被审核删减内容的影视剧的"完整版""未删减版""未删节版""被删片段""汇集版"作为视频节目标题、分类或宣传推广的；

（十六）以偷拍、走光、露点及各种挑逗性文字或图片作为视频节目标题、分类或宣传推广的；

（十七）使用易引发性联想的文字作为标题的。

十七、侮辱、诽谤、贬损、恶搞他人的内容：

（一）侮辱、诽谤、贬损、恶搞历史人物及其他真实人物的形象、名誉的；

（二）贬损、恶搞他国国家领导人，可能引发国际纠纷或造成不良国际影响的；

（三）侮辱、贬损他人的职业身份、社会地位、身体特征、健康状况的。

十八、有悖于社会公德的内容：

（一）以恶搞方式描绘重大自然灾害、意外事故、恐怖事件、战争等灾难场面的；

（二）以肯定、赞许的基调或引入模仿的方式表现打架斗殴、羞辱他人、污言秽语的；

（三）为违背公序良俗或游走在社会道德边缘的行为提供展示空间的。

十九、不利于未成年人健康成长的内容：

（一）表现未成年人早恋的，以及抽烟酗酒、打架斗殴、滥用毒品等不良行为的；

（二）人物造型过分夸张怪异，对未成年人有不良影响的；

（三）展示未成年人或者未成年人形象的动画、动漫人物的性行为，或让人产生性妄想的；

（四）侵害未成年人合法权益或者损害未成年人身心健康的。

二十、宣扬、美化历史上侵略战争和殖民史的内容：

（一）宣扬法西斯主义、极端民族主义、种族主义的；

（二）是非不分，立场错位，无视或忽略侵略战争中非正义一方的侵略行为，反而突出表现正义一方的某些错误的；

（三）使用带有殖民主义色彩的词汇、称谓、画面的。

二十一、其他违反国家有关规定、社会道德规范的内容：

（一）将政治内容、经典文化、严肃历史文化进行过度娱乐化展示解读，消解主流价值的；

（二）从事反华、反党、分裂、恐怖活动的特定组织或个人制作或参与制作的节目，及其开设的频道、版块、主页、账号的；

（三）违法犯罪、丑闻劣迹者制作或参与制作的节目的；

（四）侵犯个人隐私，恶意曝光他人身体与疾病、私人住宅、婚姻关系、私人空间、私人活动的；

（五）对国家有关规定已明确的标识、呼号、称谓、用语进行滥用、错用的；

（六）破坏生态环境，虐待动物，捕杀、食用国家保护类动物的；

（七）展示个人持有具有杀伤力的危险管制物品的；

（八）在节目中植入非法、违规产品和服务信息的；

（九）其他有违法律、法规和社会公序良俗的。

二、国家通用语言文字的规范要求

（一）关于国家推广普通话和推行规范汉字的总体要求

《中华人民共和国宪法》（2019年修订）第十九条规定：国家推广全国通用的普通话。

《中华人民共和国国家通用语言文字法》（2001年实施）第二条规定：本法所称的国家通用语言文字是普通话和规范汉字。第三条规定：国家推广普通话，推行规范汉字。

（二）关于不同媒介推广普通话和推行规范汉字的要求

1. 音像制品

《出版物汉字使用管理规定》第五条规定：音像制品等出版物必须使用规范汉字，禁止使用不规范汉字。

在《关于进一步规范出版物文字使用的通知》中也要求出版媒体和出版单位严格执行"《出版物汉字使用管理规定》第五条"及有关条款的规定，促进汉语语言文字的规范化和健康发展发挥示范带头作用。

2. 电视节目

《中华人民共和国国家通用语言文字法》第十二条规定：广播电台、电视台以普通话为基本的播音用语。第十四条规定：有下列情形，应当以国家通用语言文字为基本的用语用字：

（一）广播、电影、电视用语用字；
（二）公共场所的设施用字；
（三）招牌、广告用字；
（四）企业事业组织名称；
（五）在境内销售的商品的包装、说明。

同时，对可以使用方言、繁体字、异体字的情形在第十六条、第十七条也作出了规定。

《关于广播、电影、电视正确使用语言文字的若干规定》中的第四条要求："电影、电视剧的片名，电影、电视剧片头的制作单位名、字幕、演职员表，以及电影、电视广告，使用文字要求合乎规范。除对外发行的电影、电视片以外，不应使用已经简化了的繁体字、被淘汰了的异体字和不规范的简化字。应当消灭错别字。"

3. 网络视听节目

《网络视听节目内容审核通则》第十二条规定：

（一）网络视听节目中文字幕除书法题写的片名及相关文字外，应为规范汉字。作品有歌词的歌曲，外语标题、台词、有特定含义的词汇及标识等，应加中文字幕；

（二）网络视听节目名称、台词、字幕等语言文字应遵守国家通用语言文字有关法律法规，尊重、礼敬中华优秀传统文化，严格按照规范写法和标准使用国家通用语言文字的字、词、短语、成语等，不得滥用谐音、生造滥造词义、肆意曲解内涵，不得使用不规范的网络语言和错词别字。遣词造句要坚持正确导向，符合语法规范，自觉摒弃低俗、庸俗、媚俗的低级趣味，严禁使用挑逗、污秽、恶毒、侮辱、谩骂等极端言辞。

互联网视听节目服务单位要加强网络视听节目名称、台词、字幕、配音等使用语言文字的管理，加强对演职人员、主持人、嘉宾及其他节目参与人员规范使用通用语言文字的提示指导，防止不规范使用国家通用语言文字的节目上线播出。

可见，作为主流媒体的电视、网络视听节目，不仅承担着党和政府的舆论宣传、反映社情民意的任务，还担负着推广国家通用语言文字的职责。国家语言文字工作委员会在给国务院《关于当前语言文字工作的请示》中也提到：广播、电视、电影、话剧以及音像制品等在语言使用上具有很强的示范作用，必须使用标准的普通话。一些使用方言的电台、电视台，要随着普通话的推广和普及有计划地逐步减少方言播音的时间和节目。

三、国家通用语言文字审读重点

（一）不得含有读音差错

1. 漏读或多读

"把腐败作为今年的一项重要工作"漏读了"反"字；"特斯拉今年5月在中国卖出了11005万辆的Model 3型电动汽车"多读了"万"字。

漏读或多读有时会使传递的信息出现错误，甚至是一般性政治问题。应根据句子的语义和基本常识进行辨析，必要时应查阅资料核实。

2. 异读词读音错误

异读词是指一个词有两个或两个以上读音，而不同的读音表示的意义相同。

（1）音调读错

例如：

神舟十一号飞船在完成一系列载人飞行任务后，顺利返航着陆。某些媒体报道相关新闻时，把"载人飞行"的"载"读作了"zǎi"，应读作"zài"。（摘自《咬文嚼字》"2016年十大语文差错"）

（2）声母读错

例如：

"钓鱼岛争端再次发酵""韩日岛争连续发酵"。某些媒体报道相关新闻时，把"发酵"的"酵"读作了"xiào"，统应读"jiào"。（摘自《咬文嚼字》"2012年十大语文差错"）

（3）韵母读错

例如：

中国矿业大学发生学生"铊中毒"事件，某些电视主持人在播报有关新闻时，把"铊中毒"读作了"tuó中毒"，应读作"tā"。（摘自《咬文嚼字》"2011年十大语文差错"）

（4）音调、声母、韵母都读错

例如：

电视剧《女儿行》中，演员把"馋涎欲滴"的"涎"读作"yàn"，而普通话应为"xián"。（摘自《咬文嚼字》）

异读词主要受方言的影响而产生差异，也有一些是对形声字的声部进行读音类推造成的错误。为了规范一个读音为标准读音，国家语言文字工作委员会等部门发布了《普通话异读词审音表》（1985年的修订版），随着当前语言生活发展的需要，《普通话异读词审音表》还在不断修订中。

3. 多音读错

多音字也叫多音多义字，指一个汉字具有两个或两个以上的读音，而不同的读音有不同的意义。

例如：

2018年，重庆万州公交车坠江案件中，某些媒体播报了该事故是乘客与司机发生口角与肢体冲突所致的调查结果。其中，将"口角"的"角"读为"jiǎo"，应读"jué"。（摘自《咬文嚼字》"2018年十大语文差错"）

读jiǎo时，是指牛羊等动物头顶上长出的尖长的骨状突起物，也指物体两个边沿相接的地方。读jué时，有较量、比试、竞争之意，根据词义可以确定读音为jué。

还可以根据词性确定读音。"真没想到，你养了这么多家畜"中，误将"畜"读为xù，应读作chù。畜：它与其他的词组成名词时，应读chù，如家畜、畜生；组成动词时，应读xù，如畜牧、畜养。

还可以根据一些字在口语里和书面语里意思并无不同，但读音都不一样来判别。血：用于合成词、成语等书面语时，应读xuè，如血债；用于口语时，应读xiě，如淌血。薄：用于书面语时，应读bó，如单薄、薄弱；用于口语时，应读báo，如薄饼、薄地。而作为中药专用名词"薄荷"时，则应读bò，如薄荷味、薄荷糖。

还可以根据构词后该字所在位置的前后来辨别。部分多音字构成了一定的词语后，这个字所处的前后位置不同。位置不同，读音也不同。载：组成词后，如果"载"字的位置在前，应读zài，如载歌载舞、载重、载货；如果"载"的位置在后，应读zǎi，如三年五载、记载。吓："吓"的位置在前，应读xià，如吓人、吓唬；位置在后时，应读hè，如恐吓、恫吓、威吓。

还可以根据是否为姓氏来辨别。有些多音字，其中一个读音仅作姓氏或地名用字。记住这个特殊用法，就可辨别这类多音字的姓氏读音和一般词语的读音。仇：用作姓氏时，应读qiú，其余都读chóu。

4. 轻声字读错

在汉语中，有些字词在连起来读的时候，因受词性、词义、语言环境的影响和制约失去了原有的声调，读得既轻又短，这就是平时所说的轻声字。

"一朵可爱的玫瑰花""体型中等尖下巴"中的"瑰"应读轻声gui（播音员错读去声guì），"巴"应读轻声ba（播音员错读去声bà）。

5. 儿化音读错

儿化音是我国现代汉语普通话和多数官话方言中，一些字的末尾韵母因卷舌动作而发生的音变现象。通常在韵母后面加上r，来表明读音可以儿化。

广播语言中尤其是政治类、科学类、学术类的节目中，对语言的严谨程度要求较高，要尽量少用儿化；在书面语言或比较正式的语言环境中也不宜多用儿化。

6. 外文译名、古地名、古族名读错

例如：

"大月氏"应读为"dá yuè zhī"，而误读为"dà yuè shì"（"月"字一般字典上读作"ròu"，根据古音反切，应当读作"yuè"）；"龟兹"应读为"qiū cí"，是汉代的县名，不应误读为"guī zī"。青海黄南藏族自治州有一个节日，当地称作"於菟节"，其中"於菟"，应读为"wū tù"，不应读为"yù tù"。

外文译名、古地名、古族名也应出台《地名人名用字表》等规范的文本文件，减少和规范相应的字音、字形。

（二）不得含有字幕差错

字幕在《广播电视简明辞典》中称为屏幕文字，它是指电视画面上叠印的一切文字。它对通过视频画面传递信息起到了补充和强调的作用，同时也肩负着影响大众语言表达习惯的职能。字幕的规范与否，既影响着视频传播的质量和效果，也影响着社会语言生活的规范。

1. 字幕文字差错

借鉴图书、期刊等的出版物中的文字编校质量的要求进行字幕的语言文字规范。其审读重点包括：语法、逻辑、知识性、图表等要借鉴文字审读的要求。

2. 滥用网络词语差错

现在，网络在现实生活中的应用越来越广泛，随着网络的快速普及和网络社交媒体的快速发展，大量的网络词汇被网民创造出来，将这些词语过多地引入大众传播媒介，会误导受众曲解该词汇的本来含义。

例如：

"稀饭"一词的意思是指一种食物，而在网络社交中，"稀饭"一词被网民赋予了"喜欢"的意思。"沙发"一词，在汉语中表示装有弹簧或厚泡沫塑料等的坐具。而在网络中，沙发是指在论坛中第一个回帖的人。又如，2011年8月浙江卫视《我爱记歌词》的滚动字幕中，就出现了"以hold住全场为名言，雷倒众生"的字样。

在网络中，使用"稀饭""沙发""hold住"都有它特定的含义，但是一旦将它引入电视节目中，一些不明其意的观众不免对其产生疑惑，影响观众对影视节目的理解。同时，对现代汉语的语言文字规范也会带来严重的负面影响。

3. 滥用外来词及缩略词汇差错

例如：

某综艺节目中，有一条字幕显示"宋朝小姐们如何上街shopping"。"shopping"一词在英文中表达的意思对应汉语中的"购物"一词，为了迎合年轻受众，节目组用英文"shopping"代替了汉语"购物"一词。实际上，让一些未接触过英语的观众不解其意，反而会使观众反感。

某节目中，曾有一条字幕是"不愧是MIT的"。"MIT"是"麻省理工学院"的英文缩写，节目组使用英文缩略词语可能是为了体现节目的国际性，但是作为一档中文知识类节目，其观众大部分还是中国人，这样的安排且不说令不懂英文的人不知所云，就是一般的大学生一时也很难明白字幕所表现的内容。

外语及其缩略词的正确使用可以起到简洁明了的表达效果，但是，在一些电视节目中，节目组为了迎合观众，出现了外语及其缩略词滥用的不规范现象。从汉语认知的角度来看，那些没接触过外语的观众在看到这种夹杂在汉语中的外语词汇时，由于其无法有效地将其转化为对应的汉语词汇，会严重影响其对节目内容的理解。同时，也在一定程度上破坏了汉民族语言的纯洁性。

4. 标点符号、公式等的差错

字幕中只有书名号以及书名号中的标点、间隔号、连接号、具有特殊含义的词语的引号可以出现在字幕中，在每屏字幕中用空格代表标点表示语气停顿，所有标点及空格均使用全角。

字幕中的数学公式、化学分子式、物理量和单位，尽量以文本文字呈现，如二氧化碳不可用CO_2表示。不宜用文本文字呈现的且在视频画面中已经通过PPT、板书等方式显示清楚的，可以不加该行字幕。

字幕中须统一度量衡的读法和写法，不能使用英文字母代替。例如，长度单位以公里、米、厘米、毫米标出；面积单位以公顷、亩、平方米标出；温度单位以摄氏度标出（字幕使用℃表示，读音须读为摄氏××度）等。

5. 演职人员字幕

国家广播电影电视总局关于规范电视剧演职人员字幕的通知提出：为规范电视剧演职人员字幕，防止引起歧义，造成不良影响，现特就电视剧字幕如何准确标注境外演职人员国籍或地区问题，作出如下规定：演职人员为外国人，则标明其国家，如安某某（韩国）；演职人员为外籍华人，则标注其国籍，如张某某（英国籍），斯某某（瑞士籍）；演职人员来自台湾或香港、澳门，则标注其地区，如刘某某（中国台湾），刘某某（中国香港）。

6. 不能含有字幕遮挡差错

不同频道针对电视字幕的制作形成了一定规范，但由于没有统一的标准，如语音字幕、滚动字幕等的位置，来自不同制作领域的字幕就会出现相互之间的遮挡现象。另一方面，当前的电视字幕制作都是在数字环境下完成，而电视信号的传输与接收却还是模拟，这就会带来一定的信号损失；再加上栏目名称、电视剧名称等角标字幕的添加，一些电视频道的语音字幕为避免被遮挡，在设计位置时忽略了信号损失的因素，从而会造成字幕出屏的现象。

7. 字幕字符容量

为有利于字幕信息的有效传达，保证字幕的醒目与可视，应用在电视荧屏上的字体以及大小都应有一定的要求。一般字幕文件为一句话一行的文档，一行字数不超过15个左右。不简单按照字数断句，以内容为断句依据。

8. 字幕的停留时间

时间过短，观众难以看清字幕；时间过长，观众会产生厌烦的心理，影响对正常节目的观看，字幕停留时间应该符合观众的视觉感知规律。

9. 其他

字幕必须与音频内容一致，若有音频口误的地方可以用括号标明。

四、视频直播的审读

网络视频直播是指基于互联网，以视频、音频、图文等形式向公众持续发布实时信息的活动，是通过各类直播平台与观众进行实时线上交流的一种新型传媒方式，具有实时性、互动性、多样性等特点。

（一）直播内容低俗甚至违法

人气和关注度是网络直播的生命，不少直播就以低俗甚至违法的内容来吸引大众关注。网络直播平台的各种乱象令人瞠目结舌，内容暴力、低俗、充满恶趣味，严重违反了法律法规，将网络直播推向了舆论高点。根据相关报道，不少直播平台都曾因直播内容违法违规而被有关部门查处。

（二）侵犯公民的个人权利

网络直播的实时性使得主播可以和观众进行更好的交流，但同时也使得侵权行为不易受控制。近几年来，网络直播中主播侵犯公民个人权利的现象比比皆是。但是，由于网络侵权是一种新型违法行为，目前对于究竟何种方式构成法律侵权以及是否构成侵权并无具体界限。

（三）对未成年人产生消极影响

网络直播的受众极为广泛，未成年人也是其受众的重要组成部分，未成年人尚处在身心发育的重要阶段，人生观、世界观、价值观尚未成型。良莠不齐的直播内容难免会对其健康成长产生消极影响。

《网络信息内容生态治理规定》重点规制了内容的生产者、内容的服务平台和内容服务的使用者三大行政管理相对人。网络信息内容生产者，是制作、复制、发布网络信息内容的组织或者个人，应在遵守法律法规的前提下，还要遵循公序良俗，不得制作、复制、发布《网络信息内容生态治理规定》禁止的违法信息内容。网络信息内容服务平台，是提供网络信息内容传播服务的网络信息服务提供者，应当重点建立网络信息内容生态治理机制，一是制定本平台网络信息内容生态治理细则；二是健全平台管理制度，建立和完善用户注册、账号管理、信息发布审核、跟帖评论审核、版面页面生态管理、实时巡查、应急处置和网络谣言、黑色产业链信息处置等制度。网络信息内容服务使用者，是使用网络信息内容服务的组织或者个人，在以发帖、回复、留言、弹幕等形式参与网络活动时，不得发布违法信息，防范和抵制《网络信息内容生态治理规定》明确的不良信息。同时，对网上的违法和不良信息内容有义务以投诉、举报等方式行使监督权。

总之，网络视频直播的发展壮大已成为现实，如何规范网络直播行业，取其精华去其糟粕才是我们应关注的大事。今时今日，随着网络直播的飞速发展，网络直播中隐藏着的不利影响也日益浮出水面。造成网络直播不利影响的原因是多方面的，因此对于其存在问题的法律规制也应该是多角度的，需要国家立法和执法、直播平台的审核、网络主播的自律以及网友的理性选择相结合。只有多方协力，才能整治目前网络直播行业中存在的乱象，走上积极健康的可持续发展之路。

第三节　地图审读

2015年，《地图管理条例》在国务院常务会议上通过，并于2016年1月1日起施行。它对我国公开地图的编制、审核、出版和互联网地图服务以及监督检查活动进行了规范。《地图管理条例》第十五条规定国家实行地图审核制度；第十七条和第十八条分别规定了国务院测绘地理信息行政主管部门和省级测绘地理信息行政主管部门的地图审核范围。

根据《地图管理条例》和近年相关文献，地图审读发现的问题不少，易出现的问题如涉密问题、漏绘问题、错绘界线等，本节主要讲述在地图审读中如何发现这些易错问题，如何合理使用地图和地图类插图，遇到问题如何送审等。

一、地图插图常见问题

《公开地图内容表示补充规定（试行）》规定绘制中国地图（含示意性中国地图）应完整表示中国领土，不得随意压盖中国地图图形范围。使用绘制地图，应当执行国家有关地图编制标准，遵守国家有关地图内容表示的规定。

（一）涉密问题

地图涉密问题以《公开地图内容表示若干规定》"第三条　公开地图和地图产品上不得表示下列内容"中的规定为准。

《地图管理条例》第八条规定地图上不得表示下列内容：（一）危害国家统一、主权和领土完整的；（二）危害国家安全、损害国家荣誉和利益的；（三）属于国家秘密的；（四）影响民族团结、侵害民族风俗习惯的；（五）法律、法规规定不得表示的其他内容。

《基础地理信息公开表示内容的规定（试行）》中的其他限制条件：①比例尺等于或大于1:50万时不可公开内图廓线和坐标网线；②等高距小于50米时不可公开等高线；③未正式公布的高程点不可公开。

对于专题地图集中表示的内容，编制单位必须对专题内容进行保密审查，并出具保密审查证明。

（二）漏绘问题

在地图类插图使用中，地图要素的漏绘现象时有发生。如作者及编辑版图意识不够，对中国地图绘制标准不熟悉，对不合理使用导致的严重后果不了解等，都可能导致出现漏绘错绘等问题。如中国全图漏绘台湾，看似一个低级的漏绘错误，却是一个严重的政治问题。漏绘问题主要如下。

1. 漏绘重要岛屿问题

中国地图全图容易漏绘的重要岛屿有"台湾岛""钓鱼岛及其附属岛屿"和"南海诸岛"等。

分省市图容易漏绘的岛屿情况有：台湾省地图漏绘"澎湖列岛""钓鱼岛和赤尾屿"等部分或全部岛屿；广西壮族自治区地图漏绘"涠洲岛""斜阳岛"；广东省地图漏绘"东沙群岛"；海南省地图漏绘"南海诸岛"等。需要说明的是南海诸岛中西沙群岛、中沙群岛和南沙群岛归海南省管辖，但在绘制中国全图和海南省地图时，均应绘出南海诸岛全部。

2. 漏绘界线

中国地图全图（限于海岸线与陆地界符号区分时）容易漏绘南海断续线、中日海上岛屿归属范围线。

分省区图容易漏绘广东省与海南省之间的海部省界、四川与重庆之间的省界；比例尺大于1:4000万时容易漏绘香港特别行政区界线等。

（三）错绘问题

错绘问题主要集中在陆地国界、南海断续线表示错误和政区地图中区域设色错误等问题。

1. 中国国界线中的问题

中国国界线易将中国与塔吉克斯坦之间的未定国界错绘为已定国界；我国与吉尔吉斯斯坦之间国界线绘制错误；易错绘南海断续线及中日海上岛屿归属范围线的位置；我国藏南地区的国界绘制错误；易错绘界湖（如兴凯湖、贝尔湖）处及界河鸭绿江处的国界；中蒙边界东端，此处国界线应绘制在东经120°以西；黑龙江与乌苏里江交汇处，此处国界线应绘制在东经135°以东；易错绘与周边未签订边界条约国家的界线，如中国与印度边界东段错沿"麦克马洪线"绘制，中印边界西段错沿阿克赛钦地区绘制。易错绘三国交接处界线，如中国、缅甸、老挝三国交接处界线等。

南海诸岛绘制"岛清""界明"。"岛清"：4个群岛（东沙、西沙、中沙、南沙）和零星岛礁，包括200多个岛屿、沙洲、暗礁、暗沙、暗滩等。"界明"：南海断续线的分段及位置应严格按照规定绘制。（共9段，台湾岛东面一段不属于

南海断续线）

中国全图（包括中国示意图）必须表示钓鱼岛、赤尾屿等岛屿。小比例尺地图一般以点状表示岛屿的正确位置。根据地图比例尺，尽量应标注钓鱼岛、赤尾屿名称，不能标注为"尖阁群岛"。

2. 省级行政区域的问题

省级界线应以国务院批准发布的省、自治区、直辖市行政区域界线标准画法图绘制，我国目前的未定省界包括内蒙古自治区和甘肃省1处、内蒙古自治区和吉林省2处，山东省和江苏省1处，易将这4处未定省界错绘为已定省界（限比例尺大于1:400万时）。

在省级界线的表示中，容易出错的有以下几方面。

（1）甘肃与青海、新疆之间的省级界线绘制错误。

（2）青海与四川之间的省级界线绘制错误。

（3）漏绘北京市与天津市之间河北省飞地。

（4）山东与江苏之间的省级界线绘制错误。

（5）广东省、海南省、香港和澳门特别行政区、台湾省详细解释如下。

台湾省：图幅范围必须包括钓鱼岛、赤尾屿，必须反映出与大陆的联系；台湾按省表示，不得用国名字体、首都符号；在分省设色中国地图上，台湾要按省设色；台北按省级行政中心表示，高雄、新北、桃园、台中、台南按地级表示；两岸同色：在世界地图、分国设色的地图上，台湾与大陆设为同色；在专题地图上，应表示台湾省专题内容。资料缺少时，注明"台湾省资料暂缺"字样。

香港、澳门特别行政区：表示省级行政中心时，香港、澳门与省级行政中心相同；在专题地图上，香港、澳门资料不具备时，需在地图适当位置加注"香港、澳门特别行政区资料暂缺"的字样；香港特别行政区界是以长短虚线的固定符号形式表示的，与其他的省级界线表示符号要有区分；任何情况下，澳门都不画界。

海南省：海南省地图必须包括南海诸岛（可以用附图形式表现海南省全图）。

广东省：广东省地图必须表示东沙群岛。

3. 错绘底色

政区设色是地图常见的表现形式。分国、分省设色的政区地图中同一国家、省区底色应当相同，岛屿设色也应当与其国家或省区底色相同。容易出现的底色错误包括以下这些。

（1）岛屿底色错误。如中国地图全图中台湾岛的底色与中国大陆底色不一致；分省设色政区图中钓鱼岛、赤尾屿底色与台湾省底色不一致，东沙群岛底色与广东省底色不一致等。另外，对于归属不明的岛屿，应按规定采取设置水色、留白或岛屿不予表示的原则，防止随意设色错误导致归属上的争议。

（2）飞地底色错误。飞地指隶属于某一行政区管理但不与本区毗连的土地。目前我国各省、区、县之间存在多处飞地，最大的是河北省廊坊市所辖的一块。这些飞地在底色的设置中常存在与归属地不一致的错误。

4. 错绘符号

在进行地图符号标注时应注意：同一级别的行政中心的字体、字号应当统一；首都可以用专门的符号表示，其他省级行政中心符号应与首都符号区分表示；香港、澳门特别行政区及台湾省字体、字号及符号应与我国省级行政中心一致。错将台北、香港、澳门城市符号按照首都符号表示的，都是违反"一个中国原则"的严重政治问题。

（四）名称注记问题

目前容易出现的注记问题主要集中在行政区域及行政中心名称的表示，重要岛屿、山峰、水域等重要地理信息名称的表示上。

1. 行政区域及行政中心名称注记的表示问题

中国的行政区划分23个省、4个直辖市、5个自治区、2个特别行政区，在标注了其他省级行政区域名称的中国行政区域图中易出现如下问题：

（1）漏注"香港特别行政区""澳门特别行政区""台湾省"注记。

（2）"香港特别行政区""澳门特别行政区""台湾省"注记所用字体及字色与其他省级行政区域名称注记不相同。

（3）错将"香港特别行政区""澳门特别行政区""台湾省"注记表示为国名注记字体等问题。

2. 重要岛屿名称注记的表示问题

（1）钓鱼岛及其附属岛屿的名称应以国家公布为准，错注为"尖阁群岛""尖阁列岛"的问题是极其严重的政治问题。

（2）台湾岛、南海诸岛的四大群岛的名称标注必须符合国家规定，错按西方名称称谓的表示都是不符合国家规定的。

3. 重要山脉山峰名称注记的表示问题

①部分沿界山脉名称的表示没有跨国界标注，如"阿尔泰山脉""喜马拉雅山脉"等。

②著名的山峰高程注记未按照国家新公布的数据表示，如我国陆地最高点珠穆朗玛峰的高程以及最低点艾丁湖洼地的高程应分别为"8844.43米"和"-154.31米"，还有其他山峰高程，这些数据均应当以国家公布数据为准，不得四舍五入表示。

4. 水域名称注记的表示问题

（1）未将我国东部的"渤海""黄海""东海""南海"四大海域名称注记在其正确的地理区域内的问题。

（2）错将界河"黑龙江""鸭绿江"等名称标注在国外等问题。

（五）地图要素问题

使用地图相关插图在注重政治性和科学性的同时，不能忽视地图的基本要素，要规范使用地图，必须确保比例尺、方向和图例的规范使用。

1. 方向问题

地图的经线（指示南北方向）和指北针都具有指示方向的作用，部分作者由于疏忽导致两者有同时存在的情况，两者部分指示功能重叠：指北针一般默认指向正北方向，而经线延伸后所指示的方向并不一定为正北方向，反而表达了错误信息。

2. 比例尺和图例问题

（1）比例尺容易出现的问题主要有：①漏绘比例尺；②在插图已经生成比例尺的情况下对图片进行缩放，却没有相应的对比例尺进行缩放，从而导致比例尺表达的长度与实际不符；③同一文章中同一地区比例尺不统一。

（2）图例是地图符号和注记的简要说明，是读图的"钥匙"。图例容易出现的问题主要有：①图例与文中插图不匹配；②图例不完整，无数据区、空白区无相关图例；③图例表征事物与插图要素区分度不高，如等值线与行政区划边界混用等。

3. 随意变形

不合理地对图片进行拉伸变化导致地图变形，改变了经纬度的正常表达，使国土扭曲和失真。地图随意变形比例尺就失去了意义，也就无法准确判断图上要素的长度。

4. 主图与附图内容不一致

地图附图中的要素要与主图中的保持一致，如把南海诸岛作为附图时，附图中必须与主图一样表示有关的专题要素内容。遇到此类插图，必须要认真核实主图和附图的底色、政区界线是否一致，是否同时表示经纬网，是否同时具有专题要素，专题要素是否一致等。

5. 图名与地图内容不符

如图名与制图区域不符，错将"长江三角洲地区"命名为"珠江三角洲地区"；图名与图中的专题内容表示不符，错将表示交通专题内容的"中国交通"命名为"中国水系"等问题。

6. 图中各要素关系处理问题

地图中各类要素应表示完整，相互关系处理应恰当，图中的文字与文字之间以及文字与地图的线段符号之间不得压盖等。《公开地图内容表示补充规定（试行）》第十条规定，绘制中国地图（含示意性中国地图）应完整表示中国领土，不得随意压盖中国地图图形范围。

二、世界地图和国外地图常见问题

世界地图上敏感争议区域、界线虽有很多，易出问题主要集中在界线、国家变化以及争议地区的表示等方面。

（一）界线表示问题

世界地图国界线画法必须以测绘地理信息行政主管部门发布的《世界各国国界线标准画法》为准。易出现的问题如下。

1. 未定国界的表示问题

目前世界地图上共有9处国界绘制为未定国界，相关的国家分别是：中国和塔吉克斯坦、埃及和苏丹、苏丹与南苏丹、摩洛哥和阿尔及利亚、沙特阿拉伯和也门、沙特阿拉伯和阿曼、也门和阿曼、阿联酋和阿曼以及阿联酋和沙特阿拉伯。世界地图中易出现以上未定国界表示错误问题。

2. 地区界的表示问题

世界地图中克什米尔是印度和巴基斯坦的争议区域，易出现将克什米尔地区界错绘为国界的问题。

3. 军事分界线的表示问题

"朝鲜"与"韩国"两国之间的界线应绘制军事分界线（也可同停火线符号一致），易出现将军事分界线错绘为国界的问题。在邻国套色带时，军事分界线不套国界色带，按地区界套色带。在分国设色时，朝鲜西南海域的白翎岛，大、小青岛，大、小延平岛等岛屿设韩国色。

（二）国家变化表示问题

世界地图中各国家名称和首都的表示应按照外交部的相关规定为准，近几年来随着世界国家的相继变化，有关国家名称和首都在地图上的表示易出现如下问题。

1. 首都名称错误

例如，韩国首都由原"汉城"改为今"首尔"，缅甸首都由原"仰光"改为今"内比都"等；锡金之前为锡金王国，现已经表示为印度的一个邦，原首都"甘托克"作为一般城市表示。以上变化应及时在图中得到正确表示，以避免出现错误。

2. 国家名称错误

例如，前南斯拉夫区域国家，1945年至1992年为1个国家（南斯拉夫联邦人民共和国），1992年至2006年分为5个国家，2006至今分为6个国家。因此，在目前的世界地图中极易出现以上国名错误问题，应引起重视。

（三）争议地区问题

对于世界争议地区各国立场和观点不同，在地图上的表示也各有差异，我国公开出版的地图必须符合国家的相关规定。易出现问题的争议地区为克什米尔地区、巴勒斯坦地区。

与中国接壤的克什米尔地区为印度与巴基斯坦争议地区，在表示国外界线的地图上，必须画出克什米尔地区界范围线和停火线，并注明"印巴停火线"字样。该地区在地图上作为单独的地区处理，分国设色时，克什米尔地区不着色。

巴勒斯坦地区为原犹太国和阿拉伯国的争议地区，内部界线应绘出1947年联合国安理会决议规定的"犹太国"（以色列）疆域和1949年阿以停战界线，跨整个地区注"巴勒斯坦"地区注记。小比例尺地图上巴勒斯坦地区内的"犹太国"（以色列）疆域线、阿以停战线可以不表示。

外边函（2013）360号规定，耶路撒冷注记改为一般大城市，不再标注为首都。需加注"根据1947年联合国通过的巴勒斯坦分治决议，耶路撒冷应由联合国托管，目前耶路撒冷由以色列控制"字样。

另外，其他争议区，如阿根廷与英国争议的马尔维纳斯群岛，日本与俄罗斯争议的北方四岛等在世界图表示中都应按照有关规定绘制，避免错误。

（四）"一带一路"问题

2013年，我国先后提出共建"丝绸之路经济带"和"21世纪海上丝绸之路"（以下简称"一带一路"）的重大倡议，得到国际社会高度关注。相关"一带一路"的地图应以国家倡议的路线画法为准。建议参考中国一带一路网（https://www.yidaiyilu.gov.cn）及国家测绘地理信息局提供的标准地图服务（http://bzdt.nasg.gov.cn/index.jsp）。

三、地图相关插图使用建议及处理

为确保国家版图的严肃性和完整性，作者、编者应该充分重视有地图的插图，尤其是涉及中国全图、国界境界、南海相关等容易出现错漏问题的地图，做到与国务院测绘地理信息主管部门官方权威网站提供的标准地图服务（http://bzdt.nasg.gov.cn/index.jsp）一致，或中国地图出版社等专业机构登载、出版、提供的电子或纸质地图一致。标准地图有JPG、EPS两种数据格式，地图幅面分为64开、32开、16开、8开等。

正确使用地图插图的关键是从源头上解决问题。撰稿完成后，应尽量减少地图插图的使用，如果必须用图，首先考虑从相关官网下载或使用已通过审核的地图为底图，并在完稿后仔细核查地图插图的内容是否符合规范要求，以保证地图的正确使用。若完全依靠作者，很难保证使用或绘制中国地图的正确性，所以编辑也要严格把关。编辑加工稿件时要有中国版图意识，对含中国地图的插图要格外注意，应按标准地图比对、审查，核对好地图插图，使地图插图的内容和表达形式符合标准及规范的要求，确保地图正确无误。

若使用黑白素色地图插图，应主要关注界线和注记问题；若使用彩色地图插图，要特别注意地图中的设色问题，尤其要注意港澳台地区的颜色是否与大陆一致。为防患于未然，编辑部可以在投稿须知中详细列出使用地图插图的基本要求和注意事项，尽可能地减少原稿中地图插图出问题的可能性。对于难以确定是否有误的地图插图，可要求作者将图片提交地图审查机构进行审核。

如果确实必须使用地图类插图时，要注意以下三点。

第一，使用涉及中国版图全图、南海区域和未签约国界（如中印边界）等地区的插图，应正确表示版图的四至范围和有关界线的画法，防止出现危害国界主权及安全利益的问题。中国地图图幅的四至范围：北边至漠河以北黑龙江主航道；南边至曾母暗沙（南海诸岛作附图时：海南岛最南端）；西边在帕米尔高原中塔吉交界西南25km；东边至黑龙江与乌苏里江交汇处。中国全图必须表示南海诸岛、钓鱼岛、赤尾屿等重要岛屿，并用相应的符号绘出南海断续线。

第二，使用地图类插图，必须采用由测绘地理信息行政主管部门网站（网址：http://bzdt.nasg.gov.cn/）上发布的相关标准地图，且下载后不能对地图内容作任何形式的编辑。下列地图不需要审核：直接使用测绘地理信息主管部门提供的具有审图号的公益性地图；景区地图、街区地图、公共交通线路图等内容简单的地图；法律法规明确应予公开且不涉及国界、边界、历史疆界、行政区域界线或者范围的地图。

第三，绘制和使用地图类插图，地图应该由具有编制资质的单位绘制，然后送至测绘地理信息行政主管部门审查。具体流程如下：

①前往国家测绘地理信息局行政许可受理窗口（或通过网络）提交申请；

②如果符合受理条件会出具相关书面凭证，然后送国家测绘地理信息局地图技术审查中心进行地图内容审查；

③地图技术审查中心出具是否符合国家规定或是需外交部审查的地图内容审查意见书；

④国家测绘地理信息局依据有关规定进行审核，符合法定条件的，编发审图号，出具地图审核批准书。

四、小　结

目前，直观明了的地图类插图已经成为融媒体表达科学思想、学术观点和技术创新的重要方法之一，作用也越来越大。本节总结了融媒体编辑中常见地图插图的有关问题，并给出此类问题的处理建议，避免发生政治性和科学性错误，保证融媒体编辑中地图使用的正确性和科学性。为了更好地保证编辑出版质量，避免出现错误，建议相关行业管理部门加大对地图正确使用的宣传、审查及出现违规行为的惩罚力度，提高融媒体工作者等相关人员对问题的重视程度，做到确保融媒体中地图插图的合理使用。

第七章 内容播发与运营

在信息化浪潮席卷人类社会的近三十年里，近乎饱和的信息传播吸引着人们将目光投入媒介形态的变迁。网络、传媒、高科技的交叉融合持续得到社会各方面的高度关注并获得快速发展，移动互联网时代的到来，更是将信息传播模式的变革推得如火如荼。近年来，媒体融合和建设数字中国、智慧社会、网络强国都被提升到国家战略层面，媒介融合正从深层次上改变社会现实。由此推动的融媒体传播，其形态不仅包含了传统媒体与新媒体的结构性发展与演变，也包括了非媒体在新媒体技术赋能下的媒体化过程。眼下，5G带来的泛在化网络连接、云计算/云服务和人工智能、大数据已经毫无争议地成为当今信息社会的基础构架，相应地，智慧媒体是融媒体的必然发展方向。

第一节 智媒分发平台

不可忽视的是，分发与运营是广义的新闻生产概念中的重要组成部分，直接关系到媒体舆情引导的价值与效用。在智媒化过程中，掌握技术优势和网络外部性控制权的内容分发平台和以专业性为核心的媒体之间的利益纠葛在中国传媒环境下一直存在，网络分发平台将传统媒体生产的专业内容作为其除了社交价值之外吸纳用户注意力的重要因素。长此以往，传统媒体难以获得理想的价值回报，也不利于其在新媒体环境下的影响力和竞争力的拓展与提升。

自党的十八大以来，习近平总书记一直强调运用新技术新应用创新媒体传播方式，推动传统媒体和新兴媒体在内容、渠道、平台、经营和管理等方面的深度融合，希冀运用信息革命成果推动媒体融合向纵深发展，做大做强主流媒体。智媒分发平台的建设应当成为媒体行业高度重视的IT平台建设任务，构建更加开放、统一、智能的服务平台，实现精准智能分发、内容智能运营、开放服务平台。这是国家创新驱动战略、信息化发展战略在文化传媒领域的重要体现，也是贯彻总书记主流媒体"牢牢占据舆论引导、思想引领、文化传承、服务人民的传播制高点"的指示精神的重要举措之一。

一、智媒分发平台的背景

（一）平台化的兴起

遵循"传统媒体—Web 1.0—Web 2.0—移动互联"的媒介发展，新闻分发的逻辑不断重构，从传统媒体到门户网站再到交互式互联网信息平台，互联网的平台属性深刻影响着媒体经济的发展方向，"平台思维"为适应数字化发展的新闻分发提供了新的思考途径和解决方案。

1. 起源与现状

早在20世纪90年代，尼古拉斯·尼葛洛庞帝就直接将数字化生存概念与平台联系，认为数字化就是为生存和活动于现实社会的人提供信息传播和交流的平台，但平台这一概念并不清晰明确，虽是虚拟，又真实能感受到而非想象，是一种"真实的"虚拟空间。现在更多的人将平台理解为一种数字化基础设施，能够支持设计和使用特殊的应用（Applications），包括计算机硬件、操作系统、游戏设施、移动装置等。这个概念逐渐成为世界各国与信息相关产业的专业术语，如技术平台、应用平台等。

平台的运行通过系统性的搜集、算法推进、传播运转，把用户的数据货币化。数字技术与互联网技术引发世界范围内的产业组织形式的变革，通过这些具体的运作机制，平台在社会中迅速扩张，成为信息社会中"基础设施"般的存在。平台型企业成为关注焦点，"平台化逻辑"在学术界和业界均引起重视。谷虹以中国的"三网融合"产业实践为背景，提出了"信息平台"的概念，系统全面解释了各类信息平台的结构特征、功能属性、运营规律、竞争模式以及规制方法，试图从平台建构、平台运营、平台竞争和平台规制四大方面建立平台系统理论。

2. 类型与表征

在技术变革和产业变革的双重驱动下，平台化的逻辑被运用到各行各业，成为一种新型的商业经济模式，具有强流动性、多元化、高弹性等特征。平台可主要分为战略型、市场型、技术型、核心型四种平台类型，即面向国家需要、具有重大战略意义的战略能力型平台；用户数量多、市场份额大的市场引领型平台；技术先进、主导标准的技术先进型平台；产品先进、竞争强的核心能力型平台。不论哪一类型，都具有三种明显表征：

其中最为突出的是作为社会资源而具有公共产品属性，通过提供服务聚焦庞大的数据，不仅可以支持优化信息匹配的效率和质量，也可以通过大数据归集和人工智能挖掘，丰富数据的使用场景、放大数据的整体价值，以更好地发挥服务社会的功能。第二点是平台利益相关方及用户、市场、资金、技术等各类要素资源通过平台内部的相互作用和联系，逐渐生长形成稳定运行的生态系统，兼具组织者、建设者和使用者多重身份，通过规则、机制的建立，确保资源优化、利益共享和价值共创。最后，平台遵循梅特卡夫定律，即一个网络的价值等于该网络内各节点数的平方，平台通过用户聚合，整合各方资源创造自身价值、生态价值和社会价值，发挥价值溢出效应，比如华为多元化的分发平台，可识别1500个智慧场景，帮助开发者将优质内容提供给华为手机、平板、手表等终端用户，有效触及全球市场，开发者可触达全球170+国家和地区。

（二）平台化的逻辑

本节界定的"平台化"所指的是互联网时代媒体经济发展下的"平台化"，用"平台"的概念解释信息传播产业的改变，核心作用是用户、内容、生产者、平台架构者等多边之间的互联互通，从根本上改变传统的线性传播形态。

1.动力逻辑

信息传播平台化的动力逻辑分为技术、资本和文化。根据媒介技术主义的基本观点，新的技术必然催生新的媒体，这一命题早已被每一次的技术革命历史发展的经验所证明——印刷技术和平面媒体，电子技术和广播电视，数字技术、网络技术和数字媒体、网络媒体。技术革新日新月异，要求传媒行业快速跟进吸收并升级技术平台。云计算作为新一代ICT（Information and Communication Technology）技术基本架构，推动了应用模式的变革；大数据/AI驱动是应用平台智能化的主要动力；智能终端、HTML5、H.265/AVS、VR/AR/MR、IoT等技术大大降低了应用创新的门槛。

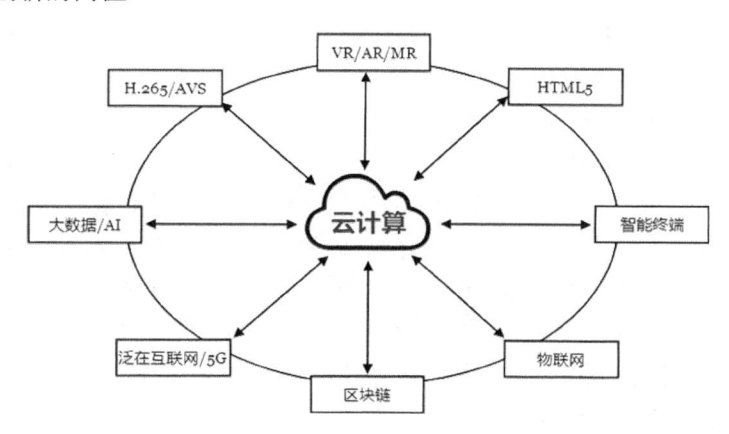

图7-1 云计算技术体系

但除了技术外，新兴媒体的发展同样需要机遇和理由，使其能够刺激社会、政治和市场的需求，资本逻辑便被引入进来。伴随着以物质充裕为标志的现代社会的到来，消费在经济活动中的比重日益上升，资本原则的统摄力以变换的形式贯彻到个体生活中，消费文化便在人们的日常生活中铺展开来。根据让·鲍德里亚的观点，消费文化伴随着消费者的消费过程和市场的供需交互过程而发生，它是经济发展的产物，是物质生产和精神需求的外在表现。现代消费社会已然走进符号的世界，所有物质均可是符号，尤其是网络信息这一符号的消费更是渗透进人们生活的点点滴滴中。

2. 功能逻辑

在过去的十年间，实践平台模式的企业，平台化带来的资源集聚、信息要素整合和能力培养的功能帮助其在企业规模和运营规模上急速成长，国内的如百度搜索引擎、今日头条，国外的如BuzzFeed，通过用户与信息资源高效匹配以及平台生态系统治理达到产品和服务所需技术互补的效果。首先能够完成对海量信息新闻资讯的聚合，实现移动化传播；对多种社会信息要素进行整合，使平台可作为综合信息服务系统；使用技术完成用户画像、用户分群、模型建构，同时协同过滤内容平台，打通内容、用户资源之间的通道，引导用户实现内容消费和价值创新，进而促进对内容分发主体和用户的能力培养。

二、智媒分发平台的构想

（一）平台化逻辑下的新闻分发

在智能技术的驱动下，新闻分发模式随着平台化逻辑的运用而呈现出从单一到多维发展的态势。传统的单一式新闻分发机制的特点是"人找信息"，即新闻全部发送给受众，让受众自行寻找感兴趣的内容。变革后的多维新闻发布模式有三种——编辑主导的信息匹配、搜索引擎主导的信息匹配和社交关系主导的信息匹配，特点是"信息找人"，通过多元化的分发渠道将新闻内容传递给受众，更注重受众体验。随着智能技术的快速发展以及相关智能基础设施的落地，相信未来的新闻分发模式还会做出进一步改变。

1. 传统媒体的平台化分发

传统分发模式中，新闻分发与新闻生产一起，一直牢牢控制在专业新闻媒体手中。传统媒体平台诸如报纸、广播、电视为媒体机构垄断，成为受众获取新闻信息的唯一来源，受众始终无法摆脱"木偶"这一角色。相对新闻分发，传统新闻生产更重视新闻内容的生产，因为内容的发布在固定的传播渠道中实现，路径单一，由受众寻找自己需要的信息。在这种情况下，传播机构会按照自己的价值意愿完成内容生产，并投入分发。

无论是报纸版面还是网站新闻，其推送模式都是统一化的，受众最终收到的都是"千人一面"的信息内容。最为典型的单一型传统新闻分发模式是纸媒发行，据中国产业信息网关于纸媒行业发展报告统计，报纸减版或者停刊已是很普遍的事实，报纸发行种类从2011年开始连续下降，2014年报纸总印数开始连续下滑，全国报纸整体平均销量连续多年下滑，纸媒发行量萎缩。这也说明，单一型的新闻分发模式无法支撑其自身经营，也无法再满足被互联网深刻改变着新闻信息获取习惯的用户需求。

订阅和广告的双重盈利模式让媒体意识到对分发平台的把控是保证媒体长盛不衰的关键所在。利用互联网的工具属性，传统媒体纷纷转战平台。从Web1.0时媒体开通的官方网站，如1997年开通的《人民日报》的网络版"人民网"，Web2.0时代传统媒体以"手机报"的方式发布自己的内容信息产品，视为传统媒体向移动互联网延伸的最初尝试。但从严格意义上来说，这些行为并不具备"网络—平台"的演进特征，是传统媒体的在线化，多了一个信息发布渠道。现实也得到验证，即使拥有了无限容纳空间的网络加持，内容失效、效率低下、无法与提供综合信息的门户网站尤其是搜索引擎兴起后的智能分发相抵衡等诸多原因，造成了实际效果依旧不甚理想的结果。

2.网络媒体的平台化发展

Web 1.0时期的网络媒体平台化以第一家互联网商业门户网站搜狐上线为开端。随着互联网的发展，搜索引擎的媒体化趋势逐渐凸显，最具代表性的网络媒体莫过于2000年成立的百度。百度分发的内容产品来源于基于核心技术的创造与基于合作机制的创造，前者又可分为两类：社会化信息产品和数据深度分析信息产品。百度搜索引擎以工具属性产生强烈的聚焦效果，具有对信息流控制的天然优势，让互联网的"交互性"终于得以显露，用户依赖将网络效应发挥到极致，实现了互联网真正意义上的平台效应。

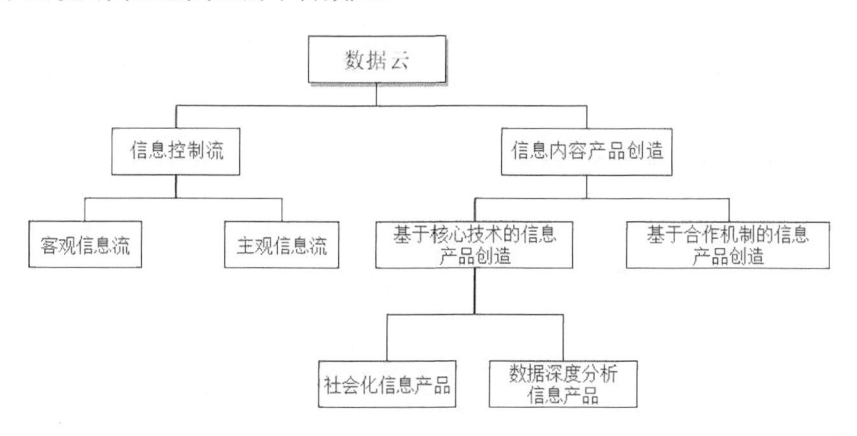

图7-2 百度网络媒体平台信息运作分析图

Web 2.0时期以腾讯、阿里巴巴、新浪等为代表的庞大根系平台实现了无限延展性多边平台化发展，规模巨大且混杂的网络关系通过平台实现了高效的交互。基于移动互联网的网络媒体平台化发展可以中国移动互联网元年——2010年为起始，中国通信领域实现了3G技术的商用，解决了"三网融合"最后一个技术瓶颈。在这一时期，平台通过重新聚合从信息生产、传输等环节分裂出来的碎片进行"再中心化"，即媒体信息平台不仅控制信源和信道，还能控制大众传播无法接触到的信宿，所有信宿的每一举动都能进入媒体信息平台，然后与各种新闻资讯按照一定规则分发给用户，另一个明显的特点是平台之间的入口竞争。最典型的是各类"平台型媒体"对用户注意力的争夺，表现为如今众多新类型的新闻分发平台的上线：一是整合类平台，多源聚合+人工分发；二是搜索引擎，多源搜索+算法调度；三是社会化媒体，人际网络+大众传播；四是个性化推荐平台，个性分析+算法匹配；五是视频和VR/AR平台，临场体验+社交传播；六是服务类平台，生活场景+新闻推送。每一种新平台的分发机制不尽相同，但它们的共同点是，都并非为传统媒体所掌控。

故此，传统媒体的分发平台较于互联网分发平台是处于弱势的，目前传播效果更为出色的网络分发平台呈现出算法主导、人工编辑与热门推荐为辅（包括"你想看的"以及"大家都在看的"两种推荐模式）的特点，透露出对新闻流量的垄断化趋势，最终目的是完成新闻内容与新闻消费者之间更加精准与高效的对接。这些企业日益渗透到民生服务、传媒文化、智慧城市等各个层面，用户也已逐渐转移到各"平台型媒体"，传统媒体运营必须在技术平台升级、产品分发创新、业务领域拓展、服务体系完善、机制体制创新等各方面取得实质性进展，建立起可持续发展的全业务运营模式，以应对日益残酷的竞争格局。

3. 智媒分发的平台化构想

媒体对技术的依赖非常强，正是由于具备技术优势的新媒体对原有的媒体生态产生了重大影响，社交网站"去中心化"的传播模式削弱了传统媒体的渠道优势，平台机构对传统媒体传播权力的收编，导致媒介机构权力的弱化和转移，弱化的表征就在于报纸、广播、电视整体利润的下滑与机构的裁减。对智慧媒体的呼唤此起彼伏，而智慧媒体的建立必然依靠智能技术。

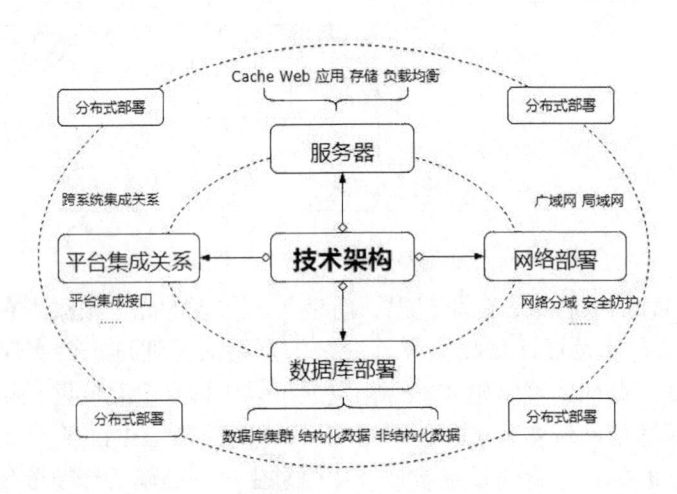

图7-3 智媒分发平台云技术架构

在未来的智慧媒体中，智媒分发平台的目标是面向全媒体、以云技术架构（架构设想图如7-3所示）为基础、适应融合媒体发展的，将主要解决传统媒体传播信息量指数级增长与单一网络信息传输和处理能力线性级增长之间的矛盾，统一整备传统媒体和新媒体发布的内容。同时，构建面向多业务、多渠道分发的内容控制系统，对于用户的多屏、多场景和多视角需求，智慧分发平台也能够利用特定的技术，如大数据、算法技术、云计算等人工智能技术、VR、AR等物联网技术进行智能分发，使同一份媒体内容能够适应不同场景、不同屏幕和不同网络的传输需求。智媒分发平台的主要特征即是重建主流媒体与用户的关系连接，聚合泛终端全场景的流量入口，使得用户在实际体验中可以接入无所不在的网络服务，且不必关心具体接入的网络种类和技术细节，以此获得满意的服务体验。

智能分发平台的本质主要体现在智慧、智能与智力。智慧，即平台分发的内容符合高尚的价值观，分发的是经过技术甄别真假和是否具有欺骗性的信息，为用户提供的是更多、更优质的新闻，避免因谋利而欺骗用户；智能，即能够实现信息智能匹配，能够利用大数据和人工智能等技术手段进行用户画像、用户分群、模型建构，实现内容与用户的连接，更好地满足用户的需求；智力，即基于机器学习等人工智能技术的智媒分发平台本身具备较高程度的智力，这种智力能够帮助媒体自我进化、自我完善、自我发展，使得平台处于不断自我演化和发展的过程中。

（二）智媒分发平台的主要架构

彭兰曾在2017年对未来新闻分发平台的目标作出五点总结。

一是规模化用户的集聚与维系：形成并维系足够规模的用户，社交、社群对用户的集聚与维系发挥着主要作用。

二是多元化内容生产者的汇聚：内容生产者的多元化，不仅有助于为用户提供多元的满足，也有助于营造均衡的信息环境。

三是内容生产与消费之间的匹配：分发的意义，即是内容生产与消费的匹配，这可以是通过人工编辑，也可以通过算法，需要兼顾个性化满足与公共价值关照。

四是多重新闻体验环境的营造：对于不同的内容，用户需要不同的体验手段，虽然每个平台在文字、声音、视觉、VR等不同手段中有所侧重，但是，如果同一平台能提供多重体验，用户的黏性也会增加。

五是内容与其他互联网服务的关联：未来的内容、社交与其他互联网服务之间的关联度将更高，这不仅有助于内容产品的价值挖掘，也有助于形成新的盈利模式。

将这五点目标作为指导，智媒分发平台的架构可从后台、中层、前端三个层面搭建。

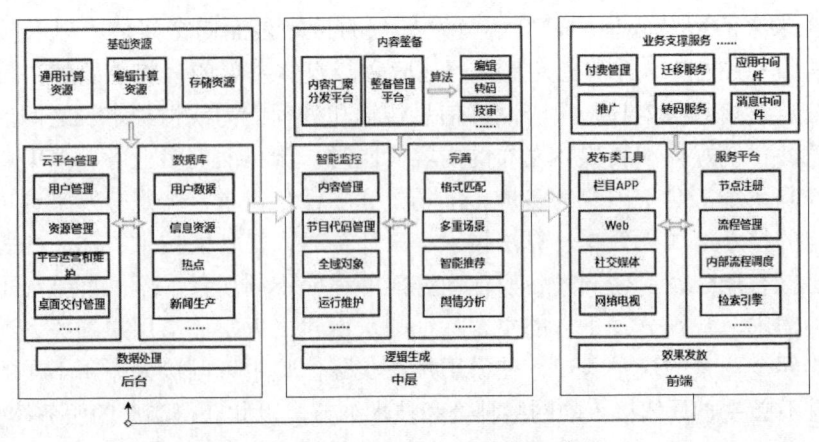

图7-4 智媒分发平台技术架构示意图

1. 后台——数据处理

一个基本的命题就是：智媒分发平台必须建立在数据库基础之上。获取大数据持续性的基础赋能，数据库的概念被数据云平台概念所替代，采用基于非结构化数据库管理技术，对非结构化、半结构化和结构化全媒体大数据进行统一管理和存储，服务于多种功能模块，在媒体信息资源的开发和利用方面，起到无可替代的决定性作用，后台的数据处理为分发平台提供了根本性的物质保障。

2. 中层——逻辑生成

内容汇聚除了可以从传统媒体生产系统内提交，还引入了UGC/PGC内容接入、社交媒体接入，远程回传等方式为全媒体内容生产发布提供丰富的素材资源。在汇聚之后，便是对数据的检测、内容的编辑、转码、技审等过程，将素材内容转换成符合不同发布终端要求的各种格式，再按照算法逻辑实时分发至各新媒体发布平台，完成日志管理、迁移管理、内容管理、节目代码管理、策略管理以及存储管理等工作。算法逻辑是基于数据后台生成的，属于分发平台的中层架构。在这一阶段，需要完善格式匹配转换、多重新闻体验场景预设、智能推荐、舆情分析等智能化服务能力，还可设置智能监控中心，采用全域对象统一管理将IT及AV设备、网络、软件、业务、信号监控等有机结合，实现基础设备环境、基础平台、云环境、链路信号、文件流程、运行维护、可视化业务全域监控。另外，为了维持平台及团队的资本生存，还需开发业务终端，明确推广与付费广告、合作招商的流程与细节，设置如何付费内容。

3. 前端——效果发放

完成了中层逻辑架构后，需要设计平台前端的效果发放环节。平台注重的是分发信息，而不是生产内容。在大众传播时代，从"内容为王"到"渠道为王"反映了传播方式的改变。突破传统媒体的发布渠道和方式，全面支持全媒体分发，将发布渠道从单一转向多元化、转向全媒体融合发布，发布手段包含社交媒体、栏目APP、WEB发布和IPTV集成播控平台等接口，针对各种业务需求和多屏发布的特点，以多渠道、全方位有机组合配套完成内容的发布和用户覆盖。同时，入驻主体的注册、平台内容运营、业务订单、付费端都应清晰地设置在前端。效果发放本身即可以作为一种数据进行数据处理的阶段进入后台，形成整个流程的正效应循环。

三、智媒分发平台的建设

智能改变媒体，创新推动未来。借助数字技术搭建智能媒体分发平台是一个全新的、开放的、更利于多方合作的跨界融合业务平台，基于分布式缓存，能够灵活高效地适应未来视听文化内容及应用的生产、管理、分发及管控，能够确保三网融合下健康和合法内容的安全传播。

智媒分发平台建设分为资源、数据、服务、应用和门户五个层次，采用云技术对各层次进行整合，形成基础设施虚拟化、服务虚拟化、应用虚拟化的三位一体的云架构，从而建成一个层次清晰、扩展能力强、规范的分发平台，全面支撑以电视屏为主导、面向多屏接收的全省乃至全国的公网用户。下面本书将从硬件搭建、软件配置及人员培训三大板块进行建设说明。

（一）硬件搭建

1. CDC分级部署

从总体部署来说，基于网络和资源虚拟化、容器技术的使用，将分布于多处的数据中心整合为统一的云数据中心（CDC，Cloud Data Center），需要进行分级部署，采用中心节点、分中心节点、边缘节点三级架构，节点间通过专网连接，如图7-5。中心节点部署智媒分发平台的全局性和核心功能，如全局业务管控、核心服务能力、数据交换中心等；分中心节点负责本地业务管理、本地服务功能；边缘节点只需要部署边缘基础资源、基础服务功能。

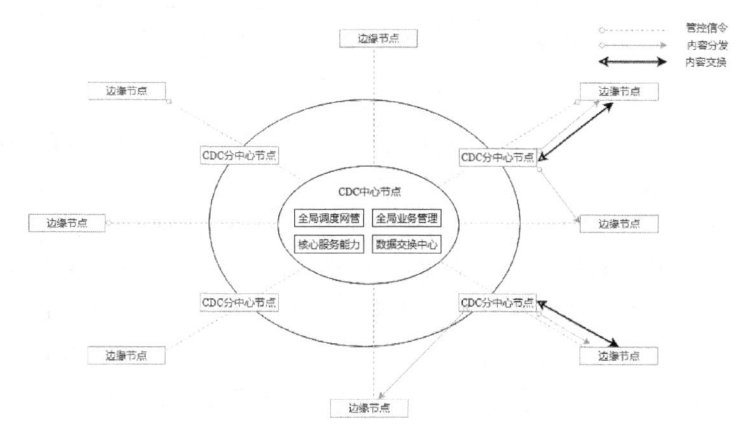

图7-5 CDC分级部署参考架构

2. 安全分域部署

不同安全等级的网络、不同功能的网络、承载不同应用架构的网络应分区划属不同的逻辑分区，分区总量不宜过多，且各分区之间松耦合连接。根据不同的分区，CDC的安全要求可划分为对外服务、内容转发、核心业务与外部连接4个安全域。对外服务安全域负责向用户和第三方提供开放式访问服务；内容转发安全域负责服务交换、请求转发，是外部访问内部核心业务和数据的"跳板"；核心业务安全域分为核心业务区和安全管理区，前者部署各种业务系统、能力系统和管理系统，不提供对外服务，安全管理区为整个云平台体系提供基础设施支撑，不与互联网连接；外部接入安全域是CDC与互联网出口、广域网连接、外部操作访问的总接口区。

3. 资源分池

设置计算、存储、网络、安全等物理和虚拟资源池，可为平台各能力系统及各类应用系统提供所需的各类资源，如图7-6所示。

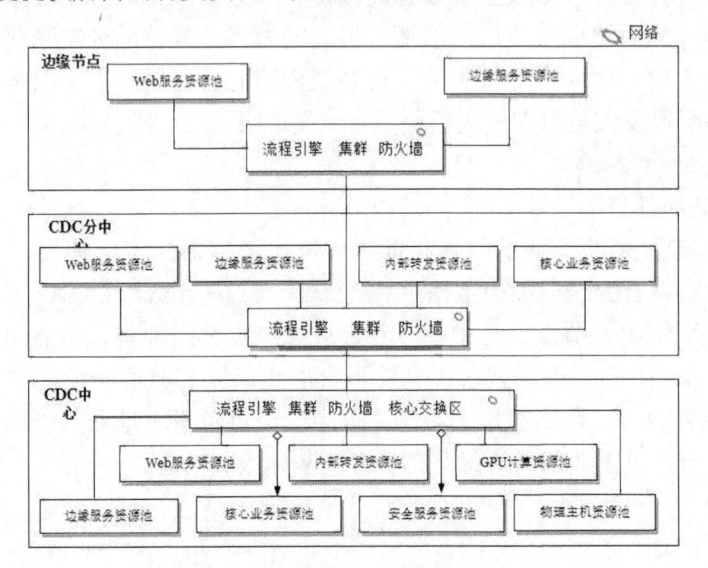

图7-6 智媒分发平台资源分池架构

图中所绘涉及七个主要的资源分池：Web服务资源池主要向用户提供Web访问服务，设置在对外服务区；边缘服务资源池主要为用户提供推流、边缘转码、渲染、下载等服务；内部转发资源池主要实现外部访问内部核心业务访问的转发；核心业务资源池实现内部业务系统核心部件的部署；GPU计算资源池主要针对3D建模、图形渲染、深度学习模型等高性能计算需求的业务；物理主机资源池针对的是特殊需求的业务系统，比如大数据采集、分析、存储；安全服务主要对内部业务系统之间的横向流量进行安全防护，对CDC及核心业务进行保护。

4. 服务器分层

如图7-7所示,智媒分发平台的服务器分层架构可分为五级:将Cache服务器(高速缓冲存储器)部署在直接提供用户访问服务的边缘节点,采用多台均衡负载的模式代理后面多个应用的Web服务器提供内容访问;Web服务器部署在分中心和源中心,按应用划分,处理静态页面的生成和代理业务逻辑的访问,同样采用多台服务器均衡负载[1]的模式;应用服务器部署在分中心和源中心,按应用进行划分,处理应用的动态业务逻辑;数据库服务器负责动态数据的存储和管理,部署在源中心和分中心;运营发布应用还需要独立的图片、视频转码服务器、下载服务器等,和Cache服务器、Web服务器部署在一起;存储服务器主要为了满足整个平台的数据存储,由于分发平台中绝对部分数据属于非结构化的音/视频等多媒体数据,故此采用分布式的云存储架构来搭建后台的通用可扩展存储资源池更为合理。

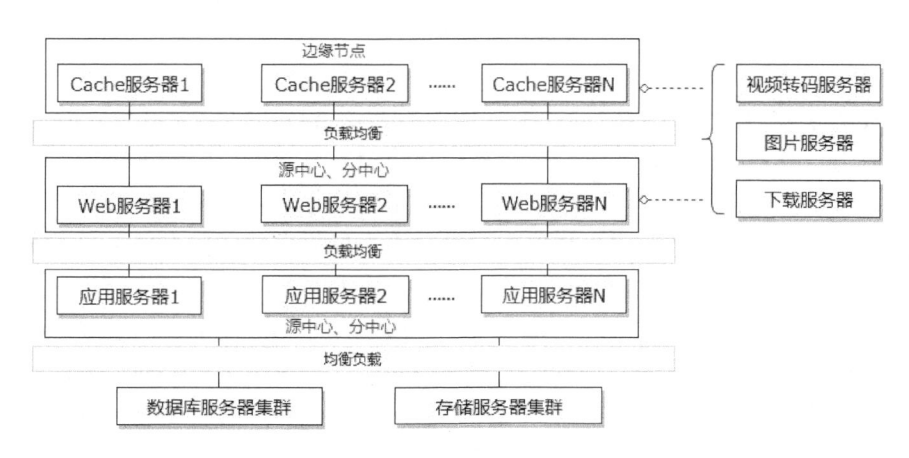

图7-7 服务器分层示意图

2. 软件配置

软件配置是与硬件设备及底层操作系统相对的概念,能够保证平台在运行时能够在已有的系统基础上顺利实现分发及相关辅助功能。根据NIST的权威定义,云计算有SaaS、PaaS和IaaS三大服务模式[2]。这是目前被业界最广泛认同的划分。基于云计算技术的智媒分发平台的软件配置,可根据这三个层级来进行搭建,如图7-8。

---

1 负载均衡,Load Balance,首先是一种集群的技术,通过负载均衡技术的使用将不同类别的指定业务分散到不同的多个服务机组或网络单元,达到提高业务处理和响应速度的能力。
2 SaaS(Software-as-a-service),软件即服务,在21世纪开始兴起的完全创新的软件应用模式,能够通过互联网使用信息系统;PaaS(Platform-as-a-Service),平台即服务,通过网络进行程序提供的服务;IaaS(Infrastructure as a Service),基础设施即服务,最简单的云计算交付模式。

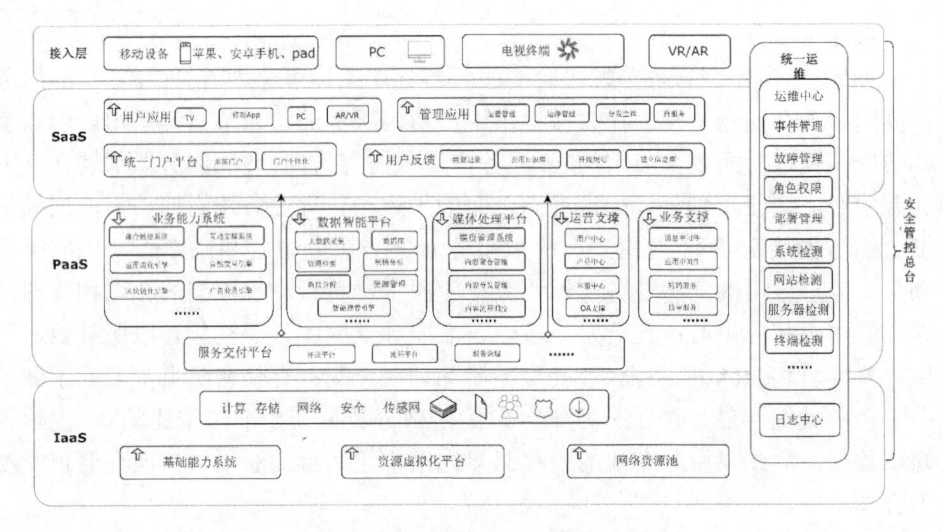

图7-8 智媒分发平台软件配置分级示意图

1. SaaS层软件配置

SaaS层将平台的业务管理及运营能力以云服务的方式对外开放，其中配置用户应用、统一门户平台、管理应用和用户反馈。其中用户应用包括TV、PC门户页面、移动应用软件等，可以借助统一门户平台进行内容发布，也可自主独立发布；管理应用包括运营门户、运维门户等，也可以借助统一门户平台进行内容发布，也可自主独立发布，其实现方式通常是APP应用或H5应用，运维门户和运营门户通常使用专用终端，由专业人员负责，自服务操作相对简单，门槛较低；统一门户平台负责向多终端的内容发布及展现交互，包括分发内容管理、模板管理、发布管理等；用户反馈则是将用户反馈内容与公用知识库做对比以得出问题最有效解决方案，在这一过程中，进行类型记录、规则升级，并收集所有信息建立相应的信息库。

2. PaaS层软件配置

智媒分发平台的最终目的是将新闻信息有效地派发给用户且得到良好的传播效果，实现这一目标的核心在于PaaS层的功能实现。PaaS层将平台内的各种能力以组件、服务方式通过服务交付平台进行集成，合理划分平台内各系统的功能与边界以降低系统间的耦合度，主要通过服务交付平台对外提供流程引擎、数据库及能力服务，也可整合IaaS层基础资源服务，统一对外提供服务，实现"能力运营"。其中业务能力系统主要有融合通信系统、互动支撑系统、自然交互引擎、应用流化引擎、区块链引擎等一系列相互独立且业务功能实现关系密切的能力系统；数据智能平台是对全局数据，包括内部数据、用户行为数据、用户基础信息、内容元数据、互联网数据、网络爬虫、IT资源使用数据等进行统一采集、处理、分析计算的核心平台，通过AI算法，实现特定的智能服务；媒体处理平台须在传统媒资基础上，针对多屏发布、面向OVP（Online Video Promotion）等开放模式的需求，对媒资文件及多来源媒资元数据进行归一化管理，根据一定算法逻辑进行内容流程调度，还能进行版权管理、基于内容聚合提供更好的检索功能等；运营支撑和业务支撑平台，是整个分发平台运营全业务发展的重要支撑。

3. IaaS层软件配置

IaaS层利用虚拟化技术，整合底层各种基础设施和基础能力，成为对上提供资源服务、对外开放资源服务的坚实基础，以满足上层应用对网络、视频处理、内容分发等各种能力的使用需求，这一层配置在云数据中心，硬件搭建居多。基础能力系统中包括其中视频转码/推流服务、5G通信服务、基于HPC（High Performance Computing）应用的人工智能、深度学习、科学计算、图形渲染等功能。

4. 统一运维

统一运维是为了统一资源管理，实时监控平台运行状态、流程，以及时发现故障，保证整体的正常高效运转，包括事件管理、故障管理、系统检测、网站检测、终端检测、角色权限管理等多种功能。

（三）主要人员培训

基于智媒分发平台的业务运行逻辑，在分析完整各系统内部及跨系统的业务经营和平台管理，可对其中必须存在的角色做一次梳理，即运营基本角色和运维基本角色。

1. 运营基本角色

根据平台的基本业务流程，可将运营角色定为八类，在招聘和培训人员时可遵照这八类角色的标准。

（1）总编：隶属于内容管理和业务运营，其职责在于对平台的内容运营合规性、自主业务和合作业务的内容合法性、版权合法性进行管理，并组织领导日常的编辑事务，如审核、审杨、撰写重要言论、代表平台立场等。

（2）数据分析师：隶属于业务运营和运营支撑，职责在于通过大数据技术对用户使用、业务运营等进行科学分析、挖掘和展现，以提供科学管理和决策所需的数据服务。

（3）编辑：隶属于业务运营，可分为模块编辑、视频编辑、图文编辑、广告编辑等，模块编辑负责平台各模块的总体把控，音视频编辑负责音视频的收录、转码、编辑、审核及视频业务的运营管理，图文编辑负责图文内容的审核、制作、修改及发布等。

（4）经理：隶属于应用业务、服务治理和运营支撑，可分为运营经理、开发经理、客户经理、市场经理、营销经理、产品经理。

（5）服务治理工程师：隶属于服务治理，该角色需要熟悉平台的IT运维管理流程，并基于SDP（Software Defined Perimeter）、OpenAPI（开放平台）的定义，根据实际运营效果进行平台的服务优化。

（6）流程配置工程师：隶属于服务治理，负责平台的业务流程配置及维护，并根据实际运营效果进行平台的服务优化，需要熟悉平台的流程引擎（用于驱动业务按照基本设定的固定流程去流转）。

（7）建模分析师：隶属于运营支撑，职责在于根据数据分析师的需求，设计分析模型，通过大数据平台实施，并对分析模型进行评估和优化。

（8）管理员：隶属于运营支撑，可分为财务管理员、资产管理员、安全管理员。

2. 运维基本角色

运维人员隶属于平台运维，以服务为中心，以稳定、安全、高效为三个基本点，对平台系统所依赖的基础设施、基础服务等进行稳定性加强，进行日常巡检发现服务可能存在的隐患，对整体架构进行优化以屏蔽常见的运行故障等，可分为五类角色。

（1）管理员：可分为系统管理员、作业计划管理员和安全管理员。系统管理员负责平台系统日常管理和维护，具有平台的最高管理权限；作业计划管理员负责作业计划的确定、审核并指导作业计划的最终实施；安全管理员需要最大限度保障平台的运行安全。

（2）经理：可分为配置经理、事件经理和变更经理。配置经理提供统一的流程来管理IT基础架构中的各个组成部分，确保所有配置被正确识别；事件经理及内部专家，负责7*24小时处理各类应急事件，制定和改进应急策略和流程，提高服务运行质量，负责监控、系统性管理和优化、网络性能管理和优化等；变更经理负责通过统一标准的方法和步骤管理并控制所有对平台分发环境有影响的变更。

（3）值班人员：负责7*24小时监控平台运行状态，及时记录并上报问题。

（4）值班主管：对值班人员的管理，完成值班工作考核，并对上报的运行问题进行处理，解决不了则再次上报交由内部专家。

（5）支持人员：分为一线值班人员、二线内部专家、三线合作方。

第二节　平台分发的技术

基于Web 2.0成熟数字技术网络，融合数据挖掘、深度学习、神经网络等人工智能技术形成的第四次工业革命智能技术全貌，在新闻传播领域的整个新闻业态呈现出传感互联、智能互联、感官互联、输出互联等特点。其中智能技术起着至关重要的作用。

智能技术可以更好地分析传播行为、测量传播效果，从而优化传播方式、促进传播过程。深度学习、机器深度学习、5G通信网络等这些智能技术都推动着新闻分发向更加智能化的方向发展。在智能技术驱动下，新闻生产与分发都发生了巨大变革。分发模式呈现出从单一到多维发展的态势，从编辑推荐再到算法推荐，通过多元化的分发渠道，智媒平台将内容分发给受众。

具体到传媒领域，智能技术将人类社会带入万物互联、移动互联的智能传播时代，把通信网络由人拓展到物，实现"人—机—物"的三元互联，既丰富了媒介的内涵，消解了虚拟与现实的边界，也增强了人类连接世界的能力。未来，随着智媒分发技术的更广泛应用，媒介信息传播的内容将更加丰富，传播关系也将进一步重塑。同时，这也将对人类自身的角色定位、认知模式以及时空观念带来深刻影响。

一、平台分发技术内涵

中国人工智能发展报告中界定：人工智能是算法（函数关系）与大数据（运算对象）的结合，通过依据人类预设的规则，以更高效精准的方式解决问题。人工智能技术中的深度学习、数据挖掘、算法推送等技术在新闻传播领域的渗透日益深入，写作机器人腾讯 Dreamwriter、新华社的快笔小新、媒介融合的平台化产品浙江24小时APP等，已经在重新定义新闻业乃至传媒业的传播模式。由于人工智能等智能化技术使得传统媒介生态发生巨变，关注智能化技术的运用，是智能化时代提升媒体"四力"的重要任务。

目前，形成的传播效果较好的智慧媒体分发模式之一，是由互联网技术公司主导的算法推荐技术，且互联网公司以此逐步占据分发渠道。智媒平台分发更多的也是依靠算法进行的。

在算法专家看来，算法是"一种有限、确定、有效并适合用计算机程序来实现的解决问题的方法，是计算机科学的基础"。通俗地说，算法可以看作用计算机程序实现的、基于数据分析、面向特定目标的一套指令或方案。今天在新闻分发流程中与人们生活紧密相关的算法也是多种多样的，既包括个性化推荐算法、决策算法，又有各种平台的算法、各种管理目标下的治理算法等。

从今日头条、一点资讯等算法分发客户端的兴盛，到算法建构用户日常信息世界，算法已然引发了世界新闻传播领域的革命。以"今日头条"的精准分发算法为例，将各个媒体渠道所生产的新闻内容聚合之后，再通过算法计算推送给受众，通过抓取用户的兴趣点和情绪痛点，建构关于用户的兴趣图谱和画像，做到比用户更加了解用户。在很大程度上，它淘汰了无法与用户产生关联的无效信息，压缩了受众获取有效信息的时间，实现了用户信息需求与海量内容的适配。传统意义上的新闻分发是新闻生产者与用户兴趣的博弈，并且此过程只对新闻内容进行分发而不自己生产新闻内容。其逐渐成长为拥有流量以及技术优势的互联网公司，为专业内容生产者提供快速、有效的内容到达通道，随后传统专业媒体也逐渐迎合趋势纷纷入驻平台。随着智能技术的快速发展以及相关智能基础设施的落地，算法新闻是运用智能算法工具自动生产新闻并实现商业化运营的过程、方法或系统。算法新闻生产者必须在内容与社会兴趣的最大公约数之间寻找一个平衡点，从而实现理想的新闻传播效果。在个性化需求的背景下，传统的新闻分发模式逐渐式微，算法通过对用户画像的动态描绘，让每一个信息都精准地匹配用户，让信息分发实现了从"千人一面"到"千人千面"的跨越，让"我的日报"成为新闻传播的常态。

在新闻的分发平台上，算法推荐系统的广泛使用带来了新闻业态的新格局，用户的话语权升级，媒体和用户的关系由以往的"传授关系"更替为更加平等的"对话关系"，由之而来的是把关人理论的范式转移以及基于使用与满足理论上用户地位的升级。在用户平台和新闻终端上，环绕用户的各类设备、与人相关的各种场景都正处于媒体化的进程当中，智能家居、车联网、智能出行、物联网以及生活中其他环绕用户的各类场景都会是用户的媒体入口。万物皆媒的时代将要到来。著名学者彭兰在《场景：移动时代媒体的新要素》一文中将用户场景的要素界定为四个方面，即空间和环境、用户的实时状态、用户的生活惯性以及社交氛围。围绕着这四个方面的场景，媒体可以获得用户多重维度的数据为用户提供更加智能的服务。如今的媒体格局，"纯粹的"传统媒体日渐式微，利用好智能技术的主流媒体在智能时代依然有强大的话语权，在重大事件发生时，可以发挥重要的作用，正确引导舆论。

人工智能算法分发机制增强了人的理解力、关联度、互动性，使得媒体对于用户的理解、用户间的理解力、用户对于自身以及自身场域的理解力得到了增强；用户之间的关联度得到了增强，每个人在社会网络中作为一个节点的中心度在不同层面、不同程度上获得了提升；媒体与用户之间的互动性得到了增强。媒介系统以更人性化的方式嵌入我们的生活中，使得信息在社会网络中的流动更加符合人本身的行为习惯，并且"软决定"着这个社会的结构和样貌。新闻分发系统作为媒介系统的子系统，负责目标达成功能，即向这个社会高效地提供有价值的信息，并提供合适的反馈回路，整合社会中的人群和资源，传衍社会文化。人工智能算法分发系统增强了这些功能的实现能力。

二、平台分发技术介绍

在传媒行业，智能技术正在重塑媒体的生态链，也重塑着新闻的生产和传播方式。从全球实践看，智能技术已经渗透到媒体日常生产的全部环节，包括线索发现、内容采集、内容写作、内容分发、效果反馈、内部协同、自动处理等。本节将列举智媒平台常用的几种分发技术。

（一）NLP自然语言处理

算法之所以重要是因为在人工智能出现之前，机器智能处理结构化的数据（例如处理Excel里的数据）。但是网络中大部分的数据都是非结构化的，例如：文章、图片、音频、视频等。正如比尔·盖茨所说："语言理解是人工智能领域皇冠上的明珠。"在非结构数据中，文本的数量是最多的，他虽然没有图片和视频占用的空间大，但是他的信息量是最大的。为了能够分析和利用这些文本信息，我们就需要利用NLP技术，让机器理解这些文本信息，并加以利用。

NLP（Natural Language Processing，自然语言处理）是计算机科学、人工智能、语言学关注计算机和人类（自然）语言之间的相互作用的领域。NLP技术就是在机器语言和人类语言之间沟通的桥梁，以实现人机交流的目的。人类通过语言来交流，狗通过汪汪叫来交流，机器也有自己的交流方式，那就是数字信息。不同的语言之间是无法沟通的，比如人类就无法听懂狗叫，甚至不同语言的人类之间都无法直接交流，需要翻译才能交流。而计算机更是如此，为了让计算机之间互相交流，人们让所有计算机都遵守一些规则，计算机的这些规则就是计算机之间的语言。既然不同人类语言之间可以有翻译，那么人类和机器之间是否可以通过"翻译"的方式来直接交流呢？NLP就是人类和机器之间沟通的桥梁。

NLP有两大核心任务，一是自然语言理解——NLU/NLI；二是自然语言生成——NLG。

其中，自然语言理解就是希望机器像人一样，具备正常人的语言理解能力。NLU自然语言理解的5个难点是：语言的多样性；语言的歧义性；语言的鲁棒性；语言的知识依赖；语言的上下文。NLG自然语言生成是为了跨越人类和机器之间的沟通鸿沟，将非语言格式的数据转换成人类可以理解的语言格式，如文章、报告等。NLG自然语言生成的6个步骤：内容确定（Content Determination）；文本结构（Text Structuring）；句子聚合（Sentence Aggregation）；语法化（Lexicalisation）；参考表达式生成（Referring Expression Generation|REG）；语言实现（Linguistic Realisation）。目前该算法语言被广泛应用于智媒平台分发。

（二）XML技术

随着新媒体技术的发展以及智能信息设备的深度应用，智慧媒体中新闻评论类平台的内容分发理念与手段实现了跨越式发展。第一，新闻内容分发平台可以利用智能化采编、校排与信息服务技术打造兼容多重功能的新闻传播系统，为自媒体新闻传播奠定坚实的技术基础。第二，新闻内容分发平台持续增强新闻内容的颗粒度与沉浸感，以培养新闻评论类平台内容分发的核心竞争力。但当前用户对自媒体新闻传播效率与传播功能的需求日益升级，以往僵化的新闻内容分发技术显然无助于有效聚合新闻内容、拓展新闻报道边界。

可扩展标记语言（eXtensible Markup Language，XML）作为一类可同时实现数据多维度抓取与多版本发布的数字内容传播技术，在可扩展性、结构性与可校验性等方面相对传统数据标记技术具有突出的比较优势。将XML应用于自媒体新闻内容分发领域，可有效降低内容制作与传播成本，并促进新闻内容、界面与样式相分离，真正实现自媒体新闻的一站式传播。因此，当前，国内颇具影响力的新闻评论类公众号不断探索基于XML的自媒体新闻内容分发新思路。比如，"今日平说""占豪""冯站长之家"自2018年开始便打造了集成新闻数据采编、处理与发布的智能云平台，极大拓展了自媒体新闻分发的功能边界与价值边界。"侠客岛""长安街知事"不仅开通了新闻XML智能分发业务，而且为用户提供包括但不限于文献链接、知识关联与视听资源的特色自媒体新闻增值服务。可见，对新闻评论类微信公众号基于XML的内容分发现状开展实证考察，并总结其在内容生产、管理与发布等方面的成功经验，对增强我国新闻评论类自媒体平台XML内容分发效能具有重要的现实指导意义。

（三）垂直搜索引擎技术

由于新闻信息在网络上的发布成本的降低，网络新闻的数量也呈现爆炸式的增长。新闻网站的推送内容有时候并不能满足一些用户的需求。当用户想要根据自身的需求进行新闻查找时，就需要用到搜索引擎。通用的搜索引擎在进行信息搜索的时候，并不会对内容进行区分，因此当一个用户对某个关键字进行搜索时，返回的内容可能掺杂许多不符合用户需求的信息，用户还需要在这些返回信息中自己筛选出相关的新闻信息。当用户仅仅需要查询新闻信息时就可以使用新闻垂直搜索引擎获取更加准确有目的性的信息。

目前，新闻垂直搜索引擎的主要技术需求有：新闻网页信息获取技术、新闻信息提取技术、建立索引和对索引进行检索的技术。新闻数据可以通过开源爬虫Heritrix从各个新闻网站上获取。由于Heritrix有良好扩展性和配置性，可以定向对新闻网页进行搜集。Jsoup技术可以对HTML网页进行解析，从网页中提取结构化的新闻信息。Lucene工具可以对新闻信息进行索引的建立与检索。通过各种软件技术的合理扩展及应用可以实现系统功能。

（四）协同过滤推荐技术

目前主要的个性化推荐算法包括基于内容的推荐、协同过滤推荐、基于标签的推荐、社会化推荐、基于深度学习的推荐、基于知识的推荐、基于网络结构的推荐、混合推荐等。

基于内容的推荐是指根据用户选择的对象，推荐其他类似属性的对象。在个性化推荐中，这是一种常见的推荐机制。协同过滤推荐（collaborative filtering）是根据用户兴趣的相似性来推荐资源，把和当前用户相似的其他用户的意见提供给当前用户，从而使用户发现新的感兴趣的资源。基于标签的方法通过分析用户的标签偏好、物品的标签特征，基于二者的相似性为用户进行物品推荐，其本质是通过引入标签，形成用户——标签——物品三元关系。而近年来开始受到关注的社会化推荐主要是根据用户之间的社会关系信息构建用户之间的社会化关系网络，根据这种社会关系和已知用户兴趣模型，向用户进行推荐。基于深度学习的推荐算法则可能更为"聪明"，如通过建模用户的历史序列行为来预测用户的下一个动作、挖掘用户的背景信息以进行更全面的推荐等。可以预期，未来的推荐算法还会有更多的新思路。

推荐算法之所以在今天成为一种互联网广泛应用的技术，其核心动力在于解决海量信息（或产品）与用户之间的供需适配问题。对于用户来说，是为他们发现符合自己需要的信息（或产品）；对于生产者来说，是为内容（或产品）找到合适的用户。

（五）5G通信技术

5G移动通信技术既是人工智能、物联网、云计算、区块链等新技术、新产业的基础，也是改造社会的创新力量。4G 时代，流量和入口是核心资源，5G 时代，数据是核心资源。当速度和容量产生革命性跃迁时，信息服务的内容将日益多元化，尤其是随着图像、音频、视频等业务规模的迅速扩张，用户对内容产品的需求量及质量要求将不断提升。这些新的需求不仅对媒介组织高质量内容生产、高效率智能分发提出了新期待，也对网络基础设施的运行保障提出了新要求。针对这些方面的需求，5G移动通信网络的服务支撑作用得到进一步显现。

一是以场景要素为补充，服务精准智能的内容分发。在移动互联网、大数据、云计算、人工智能等技术的共同驱动下，市场上涌现出若干以满足用户需求为核心、通过算法技术解决海量信息供给与有限受众关注之间矛盾的内容分发平台。这些平台在观念、产品和平台三个方面实现了对新闻传播活动的价值创新，初步实现了内容分发的智能化，内容与需求的有效适配，在一定程度上满足了用户在内容超载环境中个性化的信息需求。

二是以切片技术、缓存技术为支撑，实现内容分发网络的按需分配。进入5G时代，海量的设备连接、多样的场景服务产生着大量内容数据，随之增长的还有用户对高品质内容的需求，将两者很好地匹配，不但需要优化算法模型、提高内容分发的精度，还需要有可靠智能、灵活配置的网络基础设施作支撑。5G移动通信网络在搭建时引入了内容分发网络（Content Distribution Network, CDN）及信息中心网络（Information-Centric Network, ICN）等新型网络体系结构，既能降低网络时延、节省网络带宽资源，也可以为用户提供分布式缓存资源。结合切片技术（通过网络虚拟化技术，将网络中的通用物理基础设施资源抽象成虚拟资源，并基于指定的网络功能和特定的网络接入技术，按照用户的需求构建端到端的逻辑网络，并提供定制化的网络服务）可以将缓存资源、计算资源虚拟化，并根据不同业务场景的需求进行网络功能、网络资源的按需分配，实现用户服务的定制化。比如，远程沉浸式媒体需要极大带宽、极低时延、超高容量，5G网络切片则可以为这些应用场景配置更多的宽带资源、边缘配置计算资源和缓存资源，以保障为用户提供流畅平滑的使用体验。

三、分发技术实例分析

智媒平台分发是极富智慧和创造性的一项任务，在人工智能技术日趋成熟、行业法规日趋完善的前提下，将人工智能技术合理地应用到业内各领域，可以协助完成分发流程再造，发挥出内容行业的最大价值。技术变革必然要经历一个漫长的过程，在算法、大数据、5G、人工智能等给出版行业带来的颠覆性变革中，企业应该正视行业变化，从传统的经营思维中跳脱出来，将技术与内容产业结合，最大限度地发挥内容行业的社会价值。

（一）腾讯新闻APP

目前分发技术在腾讯新闻APP中主要的应用场景有以下几个部分，第一个，腾讯新闻APP中各种内容形态（如图文、视频、音频、话题、问答等）的理解和分发，涉及推荐系统，以及AI算法赋能内容的运营。第二个，将腾讯新闻推送到微信，每次一个大图和三条新闻资讯，一共四条，点进去有些底层页能跳转到腾讯新闻APP。第三个，海豚智音，一个"听新闻"神器，主要用于智能音箱、车载音响和智能家电，目前能提供市场上70%的语音资讯；它涉及语音摘要、语音录制和个性化语音推荐算法。第四个，辅助创作（Dreamwriter），涉及写稿、内容创作、筛稿、配图等。

腾讯新闻算法及个性化推荐流程如图7-9所示。

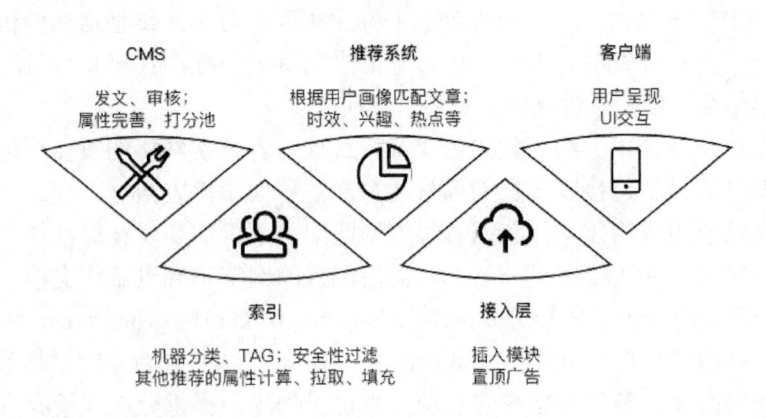

图7-9 腾讯新闻算法及个性化推荐流程

（二）新华社"媒体大脑"

"媒体大脑"扮演新闻生产基础设施的角色，融合大数据、AI（人工智能）、云计算、物联网等多项技术，让新闻信息生产更为智能化，综合运用各项技术，赋能媒体，促进媒体的深度融合、跨界融合。"媒体大脑"是新华社2017年底推出的智能化内容生产平台。"媒体大脑"中的2410区块能通过摄像头、传感器、行车记录仪等进行24小时实时传感器数据监测，针对突发事件即可生成文字、图片、视频等多维数据。高科技传感器在挖掘信息的深度和广度、提升信息和数据的准确性方面有着传统信息来源无法比拟的独特优势。传统的新闻生产环节形成以新闻记者为核心的线性生产模式，然而传感器数据能及时、准确、真实地反映和记录新闻事件的过程，当传统媒体未能及时赶赴现场获得新闻素材时，传感器新闻已能在报道中准确还原事发过程。根据调查，除去媒体报道外，41.5%网民会根据网友拍摄的事发真实视频来确认新闻的真实性。传感器新闻的普及化不仅丰富了新闻线索和素材，降低了新闻的收集时间、人力支出，也为新闻真实性获得受众认可提供了支持。"媒体大脑"的人脸核查为新闻真实性提供依据，并且能比较精准地分析图片、视频中的特定人物。

新华社"媒体大脑"依托面向未来的智能硬件和国内一流的分发渠道和个性化推荐、语音交互等智能技术将新闻内容触达到用户。通过大数据，为读者精准推送新闻资讯，也让内容生产者真正了解用户，拉近媒体与用户间的距离，这两者相辅相成，从而达到媒体影响力扩大、用户体验提升的双赢效果。

（三）新闻对话机器人

人工智能技术越来越多地应用于新闻领域。目前，国内外机器人在新闻写作方面的技术正日趋成熟，而以新闻对话机器人为代表的"聊新闻"模式也逐渐引发关注。2016年，Quartz、Facebook Messenger等应用程序以其对话式的聊天界面重新定义了新闻分发模式，呈现出了在对话模式推动下的双向度运作逻辑。新闻对话机器人（News Chatbots），也称新闻聊天机器人，是指通过与用户进行双向互动，以对话形式呈现新闻资讯的准人工智能程序系统。简要来说，准人工智能程序系统的定义意在涵盖人工智能现有的两大分类：强人工智能和弱人工智能。现阶段的新闻对话机器人，正处在"由弱到强""强弱共存"的复杂技术生态之中。

新闻对话机器人的核心运算逻辑在于通过信息抓取技术从互联网上广泛采集信息，再借助社交关系或者算法匹配，实现信息的二次分配。由于内容的整合与编辑需占用部分时间，对话中所使用的并非严格意义上的"实时资讯"，故大部分新闻对话机器人仍属于"延迟式"对话范畴。随着相关数据库的扩大与完备，"直播式"新闻对话机器人开始出现。例如，百度旗下的对话机器人"度秘"于里约奥运会期间亮相男篮比赛，进行了"人机合作"的比赛直播，其在比赛中还兼顾与用户的互动，实现"新闻内容"与"对话模式"的有效结合。

第三节 智媒平台分发模式

"模式"一词，是指以模型、图解等形式呈现的，用以固定和规范某一现象或事实，进而形成一种规律、范本以供学习和沿用的框架。它往往以符号和规则所定义，有助于直接明确地揭示事物或系统的组成、特征和运行过程，以及它们之间的相互关系。模式包括文字、图解、公式和模型等几种表现形式，为各种特殊的规律和模型提供清晰的示意和解读。

而在信息的传播过程中，媒介的"分发模式"是研究、认识和解释媒介信息分发过程及其过程中各个要素之间的相互关系与相互作用规律，帮助研究者透过现象和事实，观察、了解到信息分发的实际组成、性质和效果等深层内容。此节是对智媒平台分发模式的探讨，阐述智媒平台分发模式的构建逻辑，浅析智媒分发平台可能存在的风险和问题。

一、智媒平台分发模式形成背景

（一）影响信息分发模式形成的多种因素

在不同时期下萌芽、诞生和成长的媒介，其传播和分发模式都呈现出不同的特点。与此同时，这种动态的模式转变受到多种诱因的共同作用和影响。因此，在研究现有媒介平台的内容、渠道和分发模式时，需要考察在发展过程中促成模式得以发展的各要素。对于信息分发模式的演变探索，可以从技术、受众、政策、资本、市场、社会观念等因素中进行衡量。

影响信息分发模式形成和变化的首要因素是技术。技术的不断更新作为媒介形态和传播模式的催化剂，已然在种种因素中扮演了最为重要的角色。特别是近年来，互联网技术对网络媒体的空前发展作出的贡献更是毋庸置疑。纵观媒介技术飞速发展的历史，世界三大技术革命都在一定程度上影响着当时媒介形态和分发模式的变化。媒介技术的不断发展，不仅会重塑社会规则和文化形式，还影响媒介传播形式演变和信息分发模式的建构。

受众作为接受和使用大众传播媒介的观众，是由独立个体组成的集合群体概念。随着大众媒介商业化程度的提升，受众在信息分发中的地位也得到显著提升。受众的需求和偏好作为付费接收信息的市场需要，进而影响媒介平台筛选和分发新闻消息的标准。在互联网时代的智媒平台信息分发中，受众的概念演变成"用户"，成为模式发展和演变重要的影响因素。

政策、资本、市场等作为影响信息分发模式形成的外在动因，影响着形成和演进的进程和效率，是能够发挥一定影响的要素。

（二）技术变革视域下分发模式的演进

在网络时代前，是以某种实体的介质为载体，经由专业人员把关，通过单一媒介推送给受传者，完成内容的分发。随着数字技术的出现和互联网的普及，信息的传输开始提速，也因此给其分发模式带来显著的转变。

1. 商业门户网站的编辑分发模式

互联网传入中国伊始，出现了具有商业性质的门户网站。它们具有承载信息上传、整合、共享的职能，可以提供较为完整的信息内容服务，通过网站投放广告、点击浏览量和固定用户群体以获取直接或间接收益。如，"中国四大门户网站"之一的新浪网，以提供网络新闻消息等内容服务和在线媒体的增值咨询服务为部分主线业务，提供包括地区性门户网站、移动增值服务、搜索引擎及目录索引、兴趣分类与社区建设型频道、免费及收费邮箱、博客、影音流媒体等在内的一系列服务。

作为早期的电子信息呈现整合平台，商业门户网站的内容生产仍然是由网站的编辑所完成，他们往往将各种新闻讯息搜集起来，有选择性地播发在自己的门户网站上，用户也只能浏览这些选择后的内容。门户网站作为信息的整合渠道，具有"单向性"和"单一性"的特征，同时期搭建的网络索引、论坛社区以及邮箱、博客，只限于自身的功能体现，没有与信息整合、分发产生显著的关联和聚合效果。

2. 搜索引擎的匹配分发模式

随着搜狐网、谷歌等搜索类功能网站的出现，网络搜索引擎作为一种信息查找和分发平台，凭借自身的实用性和易操作性等特点，快速占领用户市场。搜索引擎是在已有一定数量和种类的资源聚集库基础之上运行的信息查找工具，用户通过所要查找信息的特征搜索关键词，借助搜索技术和数据库技术服务检索相关内容，按一定的排列顺序将结果返给用户，完成网络信息搜索定位。

搜索引擎不仅可以检索与用户查询条件匹配的相关记录、实现用户与信息的精准性分发，还在这过程中对数据进行一定的处理、筛选和组合后进行呈现。这些信息生产的任务不完全由网站编辑和计算机技术来完成，也有搜索引擎的用户对部分内容进行编写和补充。用户生产内容模式初见端倪。如国内最大的中文搜索引擎"百度"，在关键词搜索引擎服务的基础之上，更是搭建一系列像"贴吧""知道""网盘"等基于搜索功能的互动式知识问答分享的平台。它们提供用户交流和社交的中介，或是"一问一答""一问多答"等形式的消息交互，或是用户与用户之间的资源分享，都作为以搜索和社交社区为呈现方式的渠道，对信息和资源进行选择性的分发。

3. 社交网络的关系分发模式

社交媒体的快速崛起使得社会化媒体平台逐渐成为新的内容集散与分发中

心。社交媒体起始于人与人之间联系和交流的网络化发展，为用户通过互联网进行交流与分享信息提供技术支持和平台支撑，具有信息量大、交互性强、即时通信、个性化定制为主的特点。早期的即时通信软件表现出个体社交的私密性，它们所具有的用户人际传播网络在社会化媒体的构建中成为重要组成部分。例如，分享即时短信息的广播式社交平台"微博"，是"微型博客"的简称，在传统博客实时更新的基础上，缩短文本，扩展传播范围，缩短分发周期。

除此之外，个人账号的"关注"和"被关注"实现用户之间或单向或双向的两种传播方式，广播式分发信息打破社交壁垒，保证交流广场的开放性和信息分发的广泛性，也给予用户对于个人信息隐私的自由选择权利。此类社会化媒体平台的异军突起，不仅使互联网寻找到较为迅速广泛的分发渠道，更是重塑舆论场域，使"人人都有麦克风"的自媒体登上舞台。

二、智媒平台的智慧分发模式构建逻辑

（一）作为技术支撑的大数据和算法

自媒体内容生产的多样化和丰富化使得大量信息不得不去竞争有限的渠道资源，而互联网多种多样分散的平台不利于优质内容和信息的整合分发。凭借大数据算法进行收集和分发的信息聚合功能的平台应运而生，从多种信息来源中整合新闻、图片、音频、视频等多媒体内容，再依据用户偏好进行选择性呈现和推送。

在收集内容的同时，大数据技术记录用户个人完整的信息并形成独特的"个人档案"，再由算法通过分析用户的点击、喜爱（点赞）和评论，对机器记录的账号信息、浏览内容、停留时间等计算出用户完整的信息偏好、行为特性和思维模式，据此在后续的信息分发中形成个性化的"一对一"服务。

（二）面向用户为主的个性化推荐

互联网环境下，对于海量媒体平台生产的多元化内容和个性化消费需求，智慧媒体平台的灵活运作需构建智能分发引擎，这不仅仰赖于技术的支持，还需要引入"个性化推荐"的智能分发逻辑。

"个性化推荐"最为人所熟知的应用起始于电子商务的兴起。消费者在电商网站上的搜索、点击和选择给电商平台提供原始数据，帮助平台对消费者的相关信息进行收集，分析消费者可能存在的偏好，从而在下一次购物时推送与历史购物数据相关的、系统推荐的商品。因此，这一类的"个性化推荐"被视为电商平台的营销手段。之后，"个性化推荐"被运用在信息的筛选和传播之中，是指在算法分析受众的个人数据基础上，面向某一类受众的偏好、年龄、接受度等因素，预测受众的可能偏好从而进行的一种信息过滤方式。依托媒体服务的智能化、传输的高效性，统筹规划平台和网络资源，统一管理用户、内容数据，提供技术保障。

（三）交叉传播、矩阵化传播等多种分发方式

在"交叉"二字的定义中，是指方向不同的两个层面有所互动联系。而在融媒体传播时代，交叉传播是指基于网络聚合算法的，多媒体内容以不同形式在不同的平台间进行信息交互和传播的链路和渠道，图文、音视频等内容跨越多种媒介平台，发布时自动关联，融合多个平台维度的传播影响和反馈。

在内容的交叉传播过程中，首先应面向不同传播平台的集中定位和受众特点，调整内容生产的差异性和针对性，如在不同的视频平台哔哩哔哩弹幕网、抖音短视频之间的视频创作者，在前者时，没有严格的视频时间限制，作者可以制作十分钟左右的长视频，但是要注重平台的特色化受众（如亚文化受众）和视频的叙事形式、深度等；而在抖音上发布短视频时，则要关注时长限制（30秒—2分钟）和短视频内容的趣味性、独特性，避免流于同质化。不仅是内容生产者要关注平台和渠道的特性，平台的所有者、运营者更要坚持以"受众"为中心的原则，有选择性地推送体现平台特色的优质内容，固化用户群体的同时，也能在市场日益激烈的竞争中打造自身的不可替代性。

除此之外，交叉传播以平台为基础，以不同的形式形象地、立体地塑造多媒体内容。它不仅限于本身的形式，通过其他平台的渠道，以更多跨领域的形式呈现和传播，形成丰富多样的内容集群。如美国华特迪斯尼公司所拍摄的系列电影，不仅是本身所呈现的影视、游戏的形式，更在漫画、轻小说到平台游戏和网络游戏中提高自身的知名度，以不同的形式拓展到不同的平台上，形成品牌效益。

在交叉传播内容的生产中，如何实现不同平台和形式的完美转换，提升工作人员的素质，生产出高质量内容，这些问题仍亟待解决。

相较于不同平台和形式之间的"交叉"，"矩阵"更有不同个体整合成集群的含义，"矩阵化传播"可理解为不同平台和渠道间互相独立、各具特色，同时相互联系、共融互通，形成平台间的联动和集群。在当下融媒体的传播中，内容的丰富度往往超出单一渠道和形式的表现极限和容量极限，不同平台以不同的定位扩大用户覆盖面，从而共同影响和反馈，形成点到点之间的集群传播效果。与此同时，在信息过载的互联网时代，任何碎片化内容传播自发出后即沉没在信息之洋，媒体平台需要通过多种分发使内容获得复杂信息环境的注意力和关注度，从而获得可持续性的影响力和竞争力。

矩阵化传播通过建立多渠道的传播平台，根据自身实际情况，满足不同用户的多种诉求。如传统媒体网站的矩阵化传播探索——新华网，不仅在内部开拓了像新华网科普频道、新华网财经、新华聚焦等账号矩阵，以种类为标准细化内容分发渠道，也发挥技术优势设置频道矩阵，以图文、图+短视频、直播等多种形式，与其他媒体平台互动交流，提升形式的丰富度和传播的交互性；新华网也通过自身的内容生产联结其他传播平台和社交媒体的，形成媒体渠道矩阵，注重根

据不同用户群、受众兴趣个性化与定制化实现精准传播,在新华网客户端APP上,用户可以自己设置偏好频道筛选种类,或是在账号矩阵系统内关注平台内的不同公众号,APP内根据用户偏好实时进行内容推送提醒。用户也可以把喜爱的内容分享、转发进其他社会化媒体,发挥矩阵化传播的效用。

矩阵化传播具有一系列的优点,然而也不能忽视新媒体平台在发展中所呈现的问题,如同一个媒体平台之间细化的媒体矩阵在日常系统化运营和管理所遇到的困难;为了用户和流量的竞争,缺少内容产品质量的打磨;而矩阵化渠道对传统纸媒也产生了生存挤压的难题。提升媒体矩阵内容与服务,坚守"内容为王"的本心,寻求合适的、可持续发展的道路,是矩阵化传播渠道未来的必由之路。

三、智媒平台的两大主要分发类型

智慧媒体平台承担互联网各种信息的集中和分发任务,在数字媒体时代和大数据分析技术支撑下,构建以用户为中心,供给和呈现多元化、个性化优质内容的智能传播平台。在已有的分发模式的基础上,智媒分发平台进行了分发模式的聚合性发展,即学习、融合多种业已成熟和完备的分发模式,兼顾技术中心的智能性及用户的定制性。现今,社交分发和算法分发两种类型被提及较多,受到业界和学界的广泛关注。

(一)社交分发

1. 社交分发的含义

移动设备的普及与互联网技术的更迭,用户的网络化社交诉求成为社交网络的快速崛起的重要因素之一。单点用户往往和繁复的关系网络相连接,新闻和消息可以通过关系网达到最为直接、快速、有效的传播效果。在社交平台上,单一事件借助用户的分享、转发进而得到关系链中受众成员的关注。因此,社交分发是基于多个用户组成的社会关系网络,以社交圈的直接联系作为传播渠道,通过交互的形式完成各种事件和信息的收集、整合及筛选,实现双向分发的过程。

2. 社交分发的特征

社交分发之所以能飞速崛起,成为网络时代重要的新闻播发与信息资源调度的主流方式之一,不仅是因为媒介技术的推动作用,还与社交媒介的分发特质息息相关。

首先,社交分发是去中心化的平等分发。社会化媒介平台具有较为广泛的用户集群。据中国互联网络信息中心(CNNIC)于2021年2月发布的《第47次中国互联网发展状况统计报告》指出,截至2020年12月,我国即时通信用户(应用)规模达9.81亿,占网民整体的99.2%;其中,手机即时通信用户达9.78亿,占手机网民总数的99.3%。巨大用户体量的背后意味着能够构建出具有一定规模的社会关系网络。基于熟人社会关系网络间的内容分发更容易精准而有效地抵达受众的另一端。每个用户都作为新闻和信息的传播者，掌握信息筛选和分发的主导性，这种分发特性打破了传受双方的界限，降低了内容分发的门槛，促进了自媒体力量的诞生和成长。

其次，社交分发是用户主导的个性化分发。在社会关系网络的分发中，用户通过发送文本、点赞和分享推荐自己所感兴趣的内容，同时也可以接收到好友的推送的内容，这种分发基于个性的兴趣爱好，受到人际交往关系圈层的影响，拥有较好关系的人际交往网络中的用户，更愿意交互、分享偏好信息，分发喜爱内容，用户间的活跃度更高，因此，个体之间差异化可以体现在信息生产和分发中，用户生产内容模式因其门槛的一再降低而得到发展，不同题材的内容供用户挑选，用户自发的参与度提升，平台的分发成本降低，形成良性循环。与此同时，社会化媒介作为分发内容的渠道，随着技术的升级和信息体量的增加，正在经历从社交工具转型成为内容分发平台的变化过程。这不仅强化了社交媒介的分发功能，还助力具有一定关系链接和网络社群基础的意见领袖和自媒体发出更大的声音。这是机遇，也是一种挑战。

3. 社交分发面临的挑战

社交平台享受到用户话语权带来的分发自由度和丰富度同时，也会面临着一些困难和挑战。如，社交分发内容趋向良莠不齐。随着社交平台化规模的扩大，越来越多的用户涌入、成为内容生产和分发活动中的参与者。信息超载、内容和题材同质化现象的出现，致使通过社交平台分发和推荐的信息质量难以保障。充斥大量毫无营养的碎片化的信息，为夺人眼球、博取流量而出现的虚假消息、营销垃圾等内容堵塞分发渠道，劣币驱逐良币的问题时有发生，也提高了平台对于信息的筛选和分发的难度。

自媒体的力量达到一定高度时，准入门槛较低的缺点就会暴露无遗。集中而庞大的社交网络再中心化，以及自媒体在壮大过程中所积累的拥趸，造成意见领袖把控信息分发，垄断流量和话语权，进而掌握"议程设置"的权力。这是对自媒体传播者个人素质和道德的体验，产生形成受传者群体极化现象的风险，造成负面的社会影响。这是社交分发过程中难以预料、无法控制的挑战。因此，社交分发开始寻求算法推荐技术的帮助。

（二）算法分发

1. 算法分发的含义

互联网时代的内容过载导致人工编辑分发模式效率性降低，移动网络设备的迅速普及极大地提升了内容分发需求。因此，算法分发应运而生，一经诞生即回应了用户需求，受到各大新闻讯息分发平台和互联网企业的重视、使用和研究。它是指通过基于人工智能的数据分析技术，通过收集用户数据，从大量的信息中快速准确地匹配用户的兴趣和偏好，对此进行选择并发布给用户需要的内容，以代码为基础构建出的智能算法分发体系。

2. 算法分发的特征

区别于编辑人工筛选与用户搜索筛选的分发模式，算法分发展现出独有的特征：首先，算法分发具有广泛性。通过大数据技术的全面收集，整理出用户系统性各项数据矩阵，相比于早期筛选模式，在此基础上的信息选择，具有无存储上限的数据积累和更为完善的分析样本。其次，算法分发注重差异性，庞大的用户大数据不仅在于数量上的积累，还在于不同个体分门别类地收集用户信息、分析和搭建出不同的用户偏好数据库，有利于精准投放讯息至用户面前的屏幕上。除此之外，算法分发还具有高效性，算法技术模型的搭建虽然会花费一定的时间，但投入运行和使用时，系统化的运行流程和人工智能的判断规则在过程中出现极少的失误，使得分发效率有所提高。

3. 算法分发的运作逻辑

智媒平台可以通过算法对信息的聚合和发布实现全面掌控，使得平台对于内容的把关效用加强，而更加契合用户偏好的内容更容易抢占用户，提升平台用户黏性。算法分发的运作体系可以分为三个部分。

第一部分：用户个人画像。作为算法分发系统的前提和核心部分，描绘详细立体的用户画像是平台信息精准分发的基础。在这过程中，算法能够在海量数据群中寻找构建画像的三种要素数据，经过少量多次收集零散的数据信息供以算法学习，直到形成数据矩阵化画像，机器为用户建立起"个人偏好数据库"，从而更新算法面向用户的分发模型，即能根据这一画像进行算法分发的活动。需要收集的数据包括静态数据（性别、身份、年龄、学历、爱好、社交等）、动态数据（浏览、停留、点击、转发、点赞、收藏、评论、分析等）以及环境数据（GPS定位、使用网络、手机型号、应用安装等）。

第二部分：内容文本认知。在了解到用户偏好导向的分发标准后，还需给算法下达有关文本内容的限定要求。也就是说，算法需要在尚待分发的海量信息中正确分类和选择合适的信息内容文本。关注文本的内容特征（关键词、关键句、标签、相似度等）、形式特征（语言、题材、篇幅等）和深度特征（文本质量、主题、体裁等），对内容进行一定程度的分类。

第三部分：匹配程序模型。在经历前两个部分的数据收集和信息归类后，则需要通过程序模型把已经分类的文本与建立起"个人偏好数据库"的用户相互匹配，像是把整理好的拼图放入与之形状相对应的空缺之中。在运行时，程序模型先分成更为细化的部分，盛放文本，再一一进行挑选和分发。过程中根据程序模型严格执行命令，保证算法匹配的精准性和分发的高效性。

算法的分发逻辑虽然带有绝对理性和精准个性推介的色彩，然而，过度聚焦和承认算法技术在分发过程中的决定性作用会带来一些负面效用。

四、智媒平台分发模式可能存在的风险

（一）"信息茧房"风险

智媒平台受到大数据与算法技术的先进性和智能化的影响，信息分发具有准确性和高效性。这不仅是算法分发方式的特性和长处，也会在分发过程中带来风险。

"媒介依赖理论"（Media-system dependency）是由美国学者德弗勒和鲍尔·洛基奇提出的传播效果研究的重要理论之一。他们认为，人类一旦使用了媒介资源，将其作为实现个人和社会的理解、确定行为方向、获得社交和娱乐三项功能的途径，就已经与媒介产生了依赖关系。媒介依赖性的强度提高，受传者被唤起的认识程度和感情程度也就相应地变高。虽然该理论有过度强调媒介功能化之嫌，但是"理解""确定"和"娱乐"与当前算法分发模式展现的功能和个性化推荐的构想逻辑相吻合。算法分发来源于用户个人偏好的数据记录，它所学习的规则和标准也是依据个人兴趣的内容进行分发和推送。社交分发经由人际社会关系网过滤和筛选，分发到终点时也只留下与用户相同兴趣爱好和需求的新闻和内容。这两种分发方式都是在不断地发展和完善中造成内容推荐的极端个性化，用户倾向于接触自己赞同的、感兴趣的信息，而刻意回避自己不赞同、不感兴趣的信息。导致最终形成美国学者凯斯·桑斯坦在《信息乌托邦》一书中提出的"信息茧房"概念："公众只注意自己选择的东西和使自己愉悦的东西的通讯领域。久而久之，会将自身束缚于像蚕茧一般的'茧房'中。"

用户过度接收个性化信息，容易加剧网络群体的极化现象；接收者长时间处于自身话语的舒适场域内，缺少其他不同话语和观点的冲击，这是在用户无意识的状态下减弱个人独立思考的能力，无视具有丰富度和重要性的信息分发。因自身偏好囿于算法推荐带来的框架限制，产生思考问题更为偏执、极端的想法，进而对个人和社会产生负面影响。

（二）个体隐私与身份固化风险

智媒平台的分发无一不涉及用户信息的收集和社交关系网的牵连，通过收集一段时间内特定计算机或移动设备在互联网上的相关行为信息，在这过程中虽一直依靠先进的大数据和算法技术，由分发平台和互联网企业内部完成，但是依旧存在对个人隐私的侵害风险。算法技术为了更加精准地进行算法分发，需要经历机器学习的持续过程。这需要持续收集用户信息，完善用户"画像"，致使用户的信息数据被进一步发掘，个人隐私更容易受到侵害。

算法分发是以用户相关的数据收集作为基础支撑的，即可以表明，如果算法分发在未来发展趋于规模，大部分平台的信息分发都将仰赖于用户个人的"偏好数据库"，随着算法对于用户数据不断完善的学习，最终用户的"图像"被完全

描绘和构建起来，形成随时随地的、如影随形的"档案"。用户的个人表征和信息将会受到已有框架的固化限制，所获取的新闻、接收到的讯息、参与到的内容生产都限定在算法给予的限制内，而技术则会掌握更大的主导权，带来重大的社会隐患问题。

以上所提及的负面效用和风险隐患并不能只由技术或用户来进行制约，而是涉及道德约束和法律法规管辖、限制的范畴。为了降低风险的可能性，智媒平台分发在运作和管理时也可以融合人力管控和把关，形成技术、用户和监督的合力，共同维护和谐井然的分发秩序。

第四节 平台分发的原则

智媒分发平台建设依靠技术和人的同心协力，应当建成一个"用户—入口—数据"的超级平台，本质上以人的原则为根本。但如果只论人的原则，就是忽略了实际，无法建成理想的智慧的分发平台，而如果仅以技术为原则，就是忽略了人的价值，不加约束和引导将不可避免地陷入传播无序状态，内容低俗甚至违背伦理道德。

一、平台的技术原则

智媒分发平台有着自己的一套技术架构，即技术体系结构，集传感器技术、数据收集、挖掘和融合技术、算法技术为一体，并由技术层面上指导整个平台技术更迭、信息传递、交互作用和依赖关系的一套规则，确定了各种标准、接口和关系，提供数据词典、数据模型、交互协议以及交互标准等。技术规则不是一成不变的，随着传播机制的不断发展，技术架构会做出相应的变化，将最新技术与智媒分发平台相结合。针对现有的新闻分发平台包括传统媒体分发、资讯整合平台和六种新型新闻分发平台所遇见的各种困境，在开发智媒分发平台时，从技术上可以从以下几点原则着手：

（一）原则要求

平台搭建的技术原则首条应当是采用成熟好用的技术，即可用性要强，软件和硬件系统应稳定、可靠，能够满足平台7×24小时不间断运行的要求，并且具备成熟的高可用解决方法；在满足系统需要的前提下，应尽可能选用先进的技术体系，提升平台的整体资源利用率，利用虚拟化、分布式部署、集群处理等技术，实现低成本、高性能的平台架构，确保对软硬件资源的充分利用，保证部署的经济性；维持平台的扩展性，全部研发要从小构建、不断迭代，即水平扩展而非垂直升级，部署方式、规模（支持最大并发流数）和可提供的业务应能灵活扩展，不会引发系统工程再造，让系统不断成长；保证平台的可维护性，应为系统运维管理人员提供极其便利的可视化管理界面，能够远程完成系统配置和运行监控，要具备良好的负载均衡、可分布式部署的能力，在系统扩容时可以无须对系统框架作修改。

（二）原则目标

1. 设置分发主体门槛

设置分发主体门槛是为了保证生产提供者的内容质量，是对传播赋权的限制，并不一味地让所有人都平等地拥有新闻分发权利。现在的网络分发平台乱象丛生的重要因素之一，就是未对所有主体进行分发门槛的设定。

2. 自动化获取信息

从技术上提供各种自动化能力，实现实时的自动数据信息采集、自动服务信息采集与自动业务信息采集等，既将分发内容抓取到云端存储，也对用户信息进行收集和处理，完成用户画像，还要能够从互联网中采集丰富的网络信息，监测热点，以供分发主体参考。

3. 管理基础数据

数据质量是分析和挖掘的关键，基础数据需要统一的规范，包括数据字典、数据模型和数据集成的标准。数据字典是指对数据的结构、形式、存储方式、处理逻辑和外部实体等进行定义和描述，目的是使得数据流的各个环节清晰展现；数据模型是数据特征的抽象展示，是数据库管理的教学形式框架，包括数据库数据的结构部分、数据库数据的操作部分和数据库数据的约束条件，这里的约束条件是对平台内的分发新闻、推广信息、广告进行剔除或保存的依据，也就是说必须设置关键指标监控项；数据集成是指把不同类型和来源的数据进行集中处理，解决数据的分布性和异构性问题，为用户提供全面的数据共享。在这一过程中，必须形成对各个信息采集点的规范，建立模式化的操作规程、错误信息的反馈、矫正等一系列过程，应用技术自动发现其中的质量检核规则，并将这些检核规则持续积累以形成数据的检测规则库。另外，对数据的完整性、准确性应有可靠的保证机制，在发生意外情况时能够很好地处理并给出错误提示，并且能够减少不必要的损失。

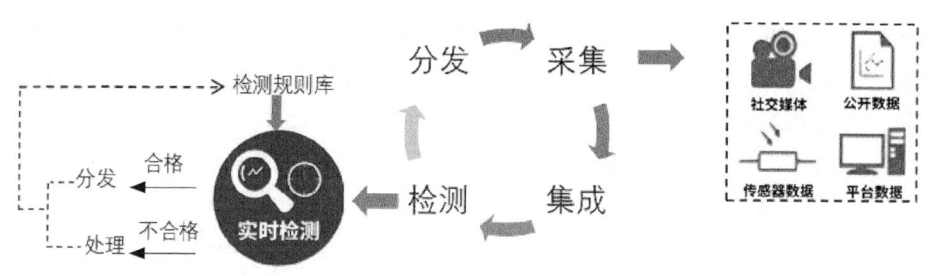

图7-10 基础数据处理简单流程图

4. 关联分发渠道

虽然互联网技术的更迭不断地改变着内容生态系统，使得去中心化的内容生产逐渐打破精英垄断、大众传播单一主体的模式，但分发渠道却一直遵循中心化逻辑——PC时代是门户网站主宰分发；算法技术出现后，算法霸权主宰了分发；社交平台崛起后，各种话题、热搜、朋友圈话题主宰了分发。智慧分发平台应采用松耦合、模块化设计，要以打通算法与社交等渠道为原则，将媒体提供的各类新闻相应地以不同形式分发到不同的渠道，做到内容分发跨屏、跨场景无压力，以满足用户的不同需求。

（三）技术概括

此外，我们还可以用分布式系统架构设计原则和理论与组织和系统改进原则来对平台架构的技术原则做整体性的概括：

1. 分布式系统架构设计原则和理论

这部分包括马丁·L.阿伯特和迈克尔·T.费舍尔总结的AKF15条架构原则，可根据TTM（Time To Market）、可用性/可扩展性/质量、成本/效率分布在三个环内，如图7-11所示。

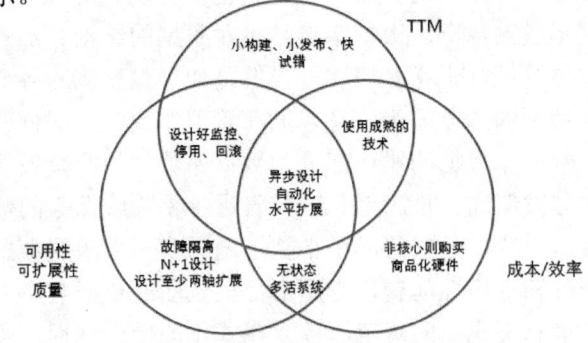

图7-11 AKF架构原则

第二个是加州大学伯克利分校的Eric Brewer教授提出的CAP猜想：一个分布式系统最多同时满足一致性（Consistency）、可用性（Availability）和分区容忍性（Partition Tolerance）这三项中的两项。一致性指更新操作成功，所有节点在同一时间的数据完全一致；可用性指服务一直可用，而且响应时间正常；分区容忍性指分布式系统在遇到某节点或网络分区故障时，仍然能够对外提供满足一致性和可用性的服务。

第三个原则是eBay架构师Dan Pritchett对CPA理论的延伸——Base理论，核心思想是即使无法做到强一致性（Strong Consistency，CAP中的一致性指强一致性），但是可以采用适当的方式达到最终一致性（Eventual Consistency）。BASE指基本可用（Basically Available）、软状态（Soft State）和最终一致性（Eventual Consistency）。

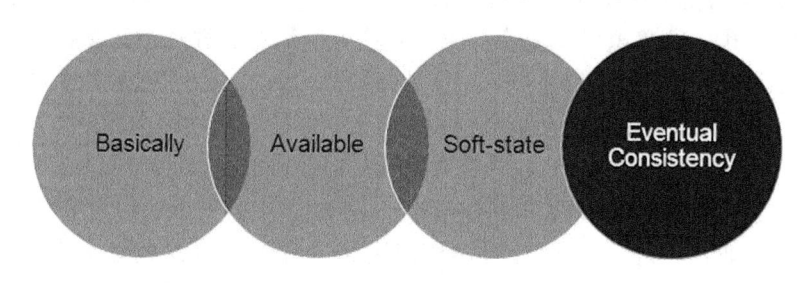

图7-12 Base理论

4.组织和系统改进原则

这部分第一个包括Melvin Conway在1967年提出的康威法则,指出设计系统的组织其产生的设计等价于组织间的沟通结构,如果系统架构不支持,你无法建立一个高效的组织;同样,如果你的组织架构不支持,你也无法建立一个高效的系统架构。所以不能单方面改变一方的结构,调整时必须两边联动,团队需要根据满足整体需求进行解耦拆分,从而使得每一小组可以独立开发、测试和部署各自的微服务。

第二个是IT运维管理高手Gene Kim提出的系统改进三原则:系统思考(System Thinking)、强化反馈环(Amplify Feedback Loops)、持续试验和学习的文化(Culture of Continual Experimentation And Learning)。这一原理要求以流式思维和瓶颈约束思维完成系统优化而非局部优化,还要加强关注基于数据的反馈,技术上的手段包括大数据分析和系统各个层次的测量监控。

事实上,对于以上客观原则是技术开发人员所必须注意的,我们所做的是这一平台整体的设想方向把控,我们更应关注的是技术分发的价值理性以及这一分发行为内蕴的意识形态。

二、技术分发的意识形态原则

智媒分发平台的分发行为所依靠的算法推荐技术,"基于每个用户内容的行为数据、个体属性数据与社交关系数据进行大数据计算与分析,实现精准的用户'画像',进而推送'懂你'的信息"。这种技术一旦被运用于人们的生活当中,就会与意识形态有着千丝万缕的联系。

(一)算法推荐的技术意识形态

意识形态理论是马克思主义的重要组成部分,在《德意志意识形态》中马克思、恩格斯构建起了自己的意识形态理论。根据这一理论,人们的物质生活是意识形态产生的根源,没有任何人类生产的产品没有意识形态,所以由人生产的科学技术必然会包含意识形态。关于科学技术与意识形态之间的关系,马尔库塞认为"现行的社会控制形式在新的意义上是技术的形式"。在技术社会,技术统治的意识形态控制更加隐蔽化且效率化，技术本身就成为社会控制的工具。哈贝马斯进一步发展了其技术意识形态理论，他认为技术统治的隐性意识形态控制着社会发展，渗入居民的意识，对科技进步逻辑的依赖成为政治统治和社会控制的重要方式。而在马克思看来，"要学会把机器和机器的资本主义应用区别开来"，也就是说技术与资本或权利结合起来，就无法避免地具有强烈的意识形态性。

算法推荐作为新兴的分发平台的宠儿，其主要特征在于三点：首先对大数据的收集、整理和分析，为信息的精准化推送打下基础；其次代替了传统媒介的"把关人"角色，成为信息与用户的中介；最后，会通过大数据对用户的使用情况进行收集、反馈，实时调整和改变推送的信息。算法推荐的意识形态性同样来源于三点：其一，隐藏设计者的价值倾向和意识形态意图，谁设计、为谁服务、算法计算中的价值倾向等都造成了算法推荐兼有的强烈的意识形态性；其二，算法推荐的结果会影响用户的价值认知和思想观点，产生对数据分析和算法推荐的依赖；其三，算法推荐易被资本逻辑和权力逻辑所操纵，服务于特定的商业或政治目的，在信息的收集、选择时的价值判断、信息推送和数据过滤等一系列过程中都有着自己的一套价值标准，从而达到对用户的价值引导和思想操纵。

（二）算法推荐蕴含的意识形态风险

资本的逻辑依然是统治当代世界以及社会生活的强大力量。在全球化的进程中，为资本逻辑所操纵的大众文化和消费社会成为资本逻辑运行的最新机制，以百度、今日头条等分发平台的算法推荐便是其中案例之一。作为一种重塑世界的全新技术力量，智能算法蕴含着特定的意识形态风险。

首先，由机器算法和人工智能充当大众传播"把关人"，把关权从传统媒体转移给平台，改变了传统主导意识形态凝聚力形塑的一体化权力结构，资本逻辑占据主导地位极易带来价值失序，工具理性超过了价值理性，挤压了主导意识形态话语空间，最终使主流意识形态的凝聚力弱化。其次，智能算法推荐带来的信息成瘾和娱乐泛化消融了主流意识形态传播的价值理性，使得主流意识形态的传播力和影响力减弱。第三方面是信息私人定制的裂变传播削弱了主流意识形态的优势传播地位，降低这主流意识形态的引领失效，智能算法推荐千人千面的个体叙事带来价值分化及博弈，消解了主导意识形态的宏大叙事效果。另外一点是，智能算法形塑了过滤气泡，并进一步催生了价值偏见，正在改变社会价值共识形成的信息场景，为凝聚社会价值共识带来了前所未有的挑战，主流意识形态也面临着认同窄化风险。

（三）"党媒算法"牵引的意识形态原则

习近平总书记指出："探索将人工智能运用在新闻采集、生产、分发、接收、反馈中，用主流价值导向驾驭'算法'，全面提高舆论引导。"主流意识形态引领社会思潮和凝聚社会价值共识，是凝聚全体人民朝着共同大发展方向奋斗的思想基础和有力保障，具有指导、主导、统治之地位。智能算法推荐的所有意识形态风险都触及价值的失序。故此，智媒分发平台规避技术的负面效应，把握并运用其技术优势促进主流意识形态建设，必须考量价值理性原则，在定量计算的算法推荐中融入定性方法，以符合主流意识形态的要求和正确的价值导向，可以将"党媒算法"作为牵引力，完成平台整体的主流价值观导向。人民日报客户端推出的新媒体聚合平台"人民号"就是一个有益的积极尝试。

"推荐算法"强调的是用户偏好而不是新闻价值，带来的价值分化与博弈对社会的风险较大。"党媒算法"规制智能算法推荐的意识形态负效应，就是以主流价值观驯化算法推荐权力。资本逻辑的原生动力决定了智能算法推荐的开发和设计会具有牟利竞争的强烈色彩，机器算法的信息分发一刻也不能离开主流价值观的约束和纠偏。智媒分发平台一旦融入主流价值观，就是为算法权力套上缰绳，以防止其越跑越偏离，进而形塑工具理性与价值理性的平衡，不断完善人机协同的分发模式，实现人机协同的人机互补，进而实现推送效率、内容生态与公共责任的动态平衡，打造移动端内容的生产和分发全流程服务。

另外，"党媒算法"还要注重推动主流意识形态内容、话语和传播方式的创新，推动政治、理论等话语向日常生活话语转化，使得主流意识形态话语更加贴近群众的生活常态。在加快媒体融合的基础上，争取以更优质的平台和更丰富的内容占领舆论交锋的制高点。

三、以人为本的伦理原则

在建设智媒分发平台时，还需坚守的是"以人为本"的伦理原则。"以人为本"原则于2003年党的十六届三中全会第一次出现在党的文件上，理论源头是马克思主义，体现的是对人权的肯定、公平、正义等，强调的是"人"重于"物"，以及尊重人、解放人、依靠人、为了人和塑造人的价值取向，在人与社会的关系上，就是促进"每个人自由而全面发展"，尊重和关怀人性发展的要求。

"推荐算法"在后台运作的属性无形中赋予了算法制定者隐形而又强大的新闻选择权，不加约束和引导难免会让引导的舆论陷入低俗甚至违背伦理道德。如果不对其施以伦理原则，因技术引起的算法偏见、过滤泡等各种消极影响，会对人的社会认知、价值观的塑造产生负面作用。结合韦伯在《以政治为业》中提出的责任理论，"以人为本"的伦理原则可以归纳为以下几点：

（一）自主性原则

自主性原则，即个人能够根据自我意愿自由支配其合法信息的权利，人能有自己的思想、禀赋、品德和选择，这种信息权利不是一次性的信息选择权，是一系列的权利束，最基本的伦理观念是在尊重人的基础上，尊重人的自我决定权。

自主性原则源自康德的自由理论，康德从人的理性和尊严角度来界定"自主"，认为每个人都有绝对的价值和决定自己命运的能力。

2018年12月18日，欧盟委员会公布《可信赖的人工智能道德准则草案》，其列举的十条需求原则中包括"尊重人的自主性"这一原则，强调推荐系统、导航系统和个人助理等AI必须支持用户的个人偏好，增强用户自我决策能力，保护用户价值观的多样性。

自主性原则要求算法设计者在理念上承认用户拥有信息选择的权利，并在行动上尊重用户的自我决定权，不干涉用户的信息选择自由。但算法设计者不能只停留在不干涉用户信息选择的层面上，而应当设计算法促进和维护用户自主选择的能力，尽可能地帮助用户避免破坏其自主行为的因素。具体而言，算法设计者应增加用户选择的功能，让用户能够自行选择是否、何时以及如何让算法进行自动化决策。

（二）公正性原则

公正性原则既是新闻传播的基本原则和要求，也是适用于算法偏见和歧视问题的伦理原则。根据罗尔斯在《正义论》提出的正义的两大原则——自由平等原则和差别原则。最重要的是，算法设计不带种族、民族、性别、财富、地位等歧视或偏见，保障用户平等获取信息的权利，无论用户的身份特征如何，都不能受到区别对待；不能因利益需求过滤、混淆用户的搜索内容，更不能协助虚假内容的传播。在技术条件允许的情况下，可以在设计算法的过程中嵌入"机会平等"的概念，构建算法运行应遵守的技术公平原则。可以参考国外一研究团队引入的"歧视指数"概念，提出的设计"公平"算法的构想。

根据正义的第二原则，在制定算法规则时要兼顾公正和效率，使社会中处境最不利的成员获得最大的利益。算法设计者不仅要维护媒介素养较高的信息优势群体的信息权利，还要将着力点放在媒介素养不足的信息弱势群体上，设计适用于弱势群体的算法，为其提供更具针对性的信息服务。

（三）最优化原则

最优化原则最早出现在医疗领域，在本质上是一种技术性原则。由于智能分发平台追求的不是满足人类基本的、最低层次的需求，而是发展性的、高层次的需求，因此它的设计和使用具有较大的选择空间。正是其依靠的智能算法技术具备的这种可选择性的特点，也突显了最优化原则的重要性。最优化也就意味着在技术利用之前，应对可能出现的风险进行预防，最大程度地发挥技术的优势，避免产生不良后果，通过综合评估与分析选择能将损失降到最低的设计方案。制定技术系统的风险评估标准，建立一个评估体系，将社会、道德、环境等因素纳入到设计环节中，并对分发技术风险进行日常的实时监测。一旦发现存在缺陷或潜在风险，根据具体情况决定是否终止这一技术系统及其相关服务。

2019年4月10日，美国参议院参议员Cory和Ron wyden提出《算法问责法》，该法列出的高风险算法中就包括带有歧视性后果的算法、基于个人的地理位置、个人偏好、行为轨迹而做出的影响个人权利的算法等。可见，算法技术的应用存在着不容忽视的风险，验证了算法设计既要满足当前的新闻生产与传播需求，更要对未来的算法风险做出合理的预判，降低风险发生的可能性。

（四）透明性原则

透明性原则毋庸置疑已经渗透到新闻生产流程中，包括新闻分发。2013年，凯利·迈克布莱德和汤姆·罗森斯蒂尔在《新闻记者的伦理：21世纪的准则》一书中将原来的"独立性"准则替换成"透明性"，并提出透明性的价值在于培育公众的智力独立，唤醒人类潜能和创造。算法介入到信息分发领域，由于存在隐蔽性极强的"技术黑箱"，公众往往难以理解新闻的制作过程，也难以对基于算法分发的新闻进行独立判断，因此无法有效监督算法的使用，也就难以防范算法带来的风险。因此，有必要通过透明性原则，提高公众对算法运作的监督力度，避免算法技术的滥用。

透明性原则的推行应当从理念转移到技术应用中，应该在进行系统架构时实施一定的技术披露，增强算法的可解释性，提高用户对平台技术运行的理解程度。技术披露的内容应当包括分发平台的技术架构、算法技术要素和算法背景。分发平台的技术架构披露，让用户了解平台的设计目标、运作机制、推荐特定内容的原因以及算法决策中存在的误差和缺陷。算法要素披露，要求媒体公布数据质量、可信度、准确性、误差范围、采样范围、缺失值等要素，主动披露涉及公共利益的算法的源代码。算法背景披露是向用户提示算法在新闻生产中的参与程度。在算法推荐信息之前，对新闻是否由机器人记者撰写、是否为算法技术推荐、是否存在人类记者干预等进行提示。这些信息的公开，能够在一定程度上破除算法的"技术黑箱"，满足用户对算法运作的知情权，提高用户对算法运作的判断力、辨别力和监督效力。

第八章 传播效果

第一节 传播效果指标

传播作为一种社会活动,有其起因,亦有其结果。而所谓传播效果,指的则是在一定条件下由传播动因与其他传播环境因素对特定传播对象所产生的系统性或单一性的有效结果。为全面有效地观察和评估传播效果,传播效果指标作为一种系统性工具被创制出来,它内嵌着媒体从业者对认识传播效果并进而改进传播流程的意愿。

一、认识传播效果

(一)对传播效果的基础认知

1. 理解传播效果的两种观念

对于传播效果的基础含义,一般有两种观念。第一种是从传播者的角度出发,将传播效果定义为传播活动实现传播者目的和意图的程度。第二种是从传播活动的角度出发,将传播效果定义为传播活动对受众与社会所产生的一切影响的总体性结果。

应当看到,前一种定义以传播者的主观意图为纲,完全依赖传播者的效果观念来区分什么样的结果是传播效果,什么样的结果不是传播效果。而后一种定义以传播活动的客观事实为据,将所有或有意或无意的或直接或间接的,或显性的或隐性的结果全部纳入传播效果的范围。两种定义本身不分好坏,只是因主观与客观而各具特色与缺陷:前者虽然偏狭,但聚焦程度高,可操作性强;后者虽然全面,但内容较为离散,在实际行动中难以形成有效抓手。

要想对传播效果有全面的理解,则应当对两种观念均有认知,并将它们融为一体,形成立体化的传播效果理解。

2. 理解传播效果的五重维度

美国学者H.拉斯维尔于1948年提出了构成传播过程的五种基本要素,并按照一定结构顺序将它们排列形成了"5W模式",即Who(谁)Says What(说了什么)In Which Channel(通过什么渠道)To Whom(向谁说)With What Effect(有什么效果),较为清晰地说明了传播效果会受到多重要素影响的事实。后人在此基础上又增加了How（怎么说）、Feedback（反馈）等其他要素对这一模式进行了完善。

实际上，信息从被发出到被接受的过程中会受到非常多因素的影响，为全面且简洁地说明这些影响因素的存在，在此结合相关传播学经典理论，将之划分为五重维度。

（1）信源维度。信源一般是占据传播活动主动性的角色，对于内容的取舍和传播的手段有相当大的控制权，并进一步在源头掌握了传播效果的控制权。而在确定性的控制权之外，信源对于传播效果的影响也受其自身的传播观念、传播资源丰富程度、可信度的影响，尤其是可信度在相当程度上影响着信息是否被再传播，进而扩大传播效果的进程。

（2）信息维度。在网络化时代，信息的形式愈发丰富，而网络基础设施对文字、图片、音频、视频、链接等信息形式的支持也促进了各种信息形式的细化发展。如文字，现今手机端就既有140字的微博，也有深度报道的长文；图片则有静态图片、GIF图片、长图等；视频则有长视频、直播视频、短视频、互动视频等。信息自身属性的细化发展为用户的信息体验带来了深化和放大效果。

（3）信宿维度。信宿是信息的触达点，而由于不同信宿的不同属性，即使是同一信源使用同一方法传递的同一信息，对不同信宿依然会产生不同的传播效果。"对牛弹琴"这一成语即说明了这一点。而影响传播效果的信宿属性主要有信宿的心理动机与接收能力。心理动机影响的是信宿是否有意愿被动接受或主动搜寻相关信息，而接受能力影响的则是信宿能否理解认同信宿发出的信息。

（4）关系维度。关系是嵌入传播活动的隐秘逻辑，信源与信宿之间的关系在相当程度上影响着传播效果。信源与信宿之间背景和爱好的相似程度、线上和线下的互动程度、交流的友好程度都会使得二者的关系有强弱、方向、存续时间上的差异。而关系维度不仅限于人际传播，对于大众传播来说，营造自身良好形象和增加自身产品的互动属性都是加强与用户关系的方法。

（5）情境维度。所谓情境，指的是传播活动发生时与之相关的各种情况的组织状态，它既是传播活动的背景，也参与传播活动本身的进行。一般来说，在情境维度中应当着重注意以下三种情境，即时空情境、心理情境、文化情境。时空情境强调的是传播的时机和在场感，心理情境强调的是传播的心理介入机制，而文化情境强调的则是传播的跨文化共通性。

（二）传播效果的基本类型

传播效果从时间向度上看，有短期效果和长期效果之分；从传播者意图关联上看，有预期效果和非预期效果之分；从效果的性质上看，有积极效果和消极效果之分。而若按照时间和意图两个要素的组合，则形成了传播效果的基本类型框架，下面将借此来分析传播效果的基本类型。

```
                        意  图
                       预期的
                         |
        个人的反应        |   推广及普及
        媒介集中宣传报    |
        道活动           |   知识的传播
时                       |
间  短期的 ——————————————+—————————————— 长期的
        个人的自发反应    |   社会化
                        |   社会控制
        集合的自发反应    |   媒介与社会变革
                         |
                       非预期的
```

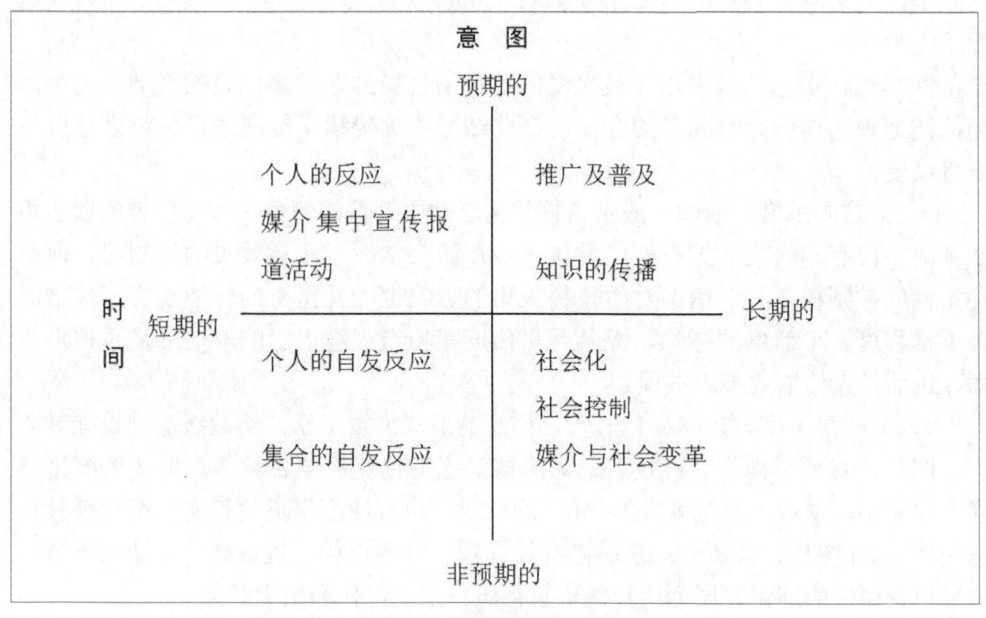

图8-1 传播效果的类型

1. 预期的短期效果

预期的短期效果包括个人的反应和媒体集中宣传报道活动的反应等。前者指个人对那些媒介有计划施行的、在知识、态度或行为方面施加影响的信息，所表现出来的接受改变和抵抗改变的反应。后者指诸如竞选演说、广告推广、健康传播和安全教育等带有劝服或启蒙目的的宣传活动。以2019年底暴发新冠肺炎疫情后的媒体反应为例，媒介的及时公开报道一方面极大程度地满足了广大公众的知情权，同时也向公众传达了加强防治、如何防治等知识类信息以及培养良好卫生习惯的重要性等。

2. 非预期的短期效果

非预期的短期效果包括个人的自发反应和集合的自发反应等。前者指个人接触媒介的各类信息刺激后，产生的与传播意图无关联或难以预测的模仿或学习等结果，这种模仿与学习可能是正向的，比如个体知识的增加与信息的积累；也可能是负向的，比如未成年人在收看了包含色情或暴力的影视作品后，会产生暴力或犯罪倾向。后者指社会上许多人在同一信息的刺激和影响下产生的集合现象，比如新冠肺炎疫情信息公开后发生的部分地区抢购风潮和社会恐慌等，都是媒介传播时无意图的社会不良反应，有时这些现象还会导致一些更大的破坏性后果。

3. 非预期的长期效果

非预期的长期效果包括社会化、社会控制和媒介与社会变革等，它主要是由日常的或者持续的传播活动所产生的结果。社会化指个体从"自然人"转化为

"社会人"的过程，传播学中特指媒体发挥与家庭、学校类似的教育功能，使个体习得社会知识、技能与行为规范，并将社会价值观念与角色规范等内化为个体的基本特质，进而适应社会生活。社会控制是社会组织体系应用各种社会规范及其相应的方式和手段对社会成员的价值观念进行引导或约束，对社会成员的行为方式进行指导或限制，对各类社会关系进行调节或制约，以维护社会秩序与实现社会认同的过程。媒介的社会控制特指一种有别于制度控制（政权或法律等）和组织控制的特殊社会舆论控制方式。媒介与社会变革是指媒介传播不仅影响人的行为，而且也是促进社会发展与变革的力量之一。在经济全球化和社会信息化的今天，大众媒体发挥的作用愈加突出，渗透到社会生活的各个领域已经有目共睹，人类的社会环境、生活方式、思维模式、价值观念、文化结构、教育发展乃至精神世界等都在悄然发生变化。

4. 预期的长期效果

预期的长期效果包括推广普及和知识的传播等，通过一系列的宣传推广活动或其他长期的信息传播进行新技术推广、政策宣传和社会教育等。媒介在这方面能够发挥向社会广泛传播知识的独到作用，同时，真正的教育也离不开媒介，它令教育成为一种人人触手可得的公共产品。国家对远程教育产品的支持无疑正是基于这样一种战略考虑，人才的培养靠教育，而互联网的教育性功能恰恰顺应了这一要求，因此，互联网被认为是普及科学知识、提高国民科技素养的有效途径。其兴盛让国家在社会教育上的诉求目标得以实施，并进而通过促发其价值观念、行为规范的某些改变、调整以及长期的维持。

二、新媒体时代的传播效果指标体系

（一）新媒体时代的传播效果指标构建原则

在传统媒体时代，其实并无明确的传播效果指标体系，对传播效果的评估一般通过收视率、收听率、发行量等硬性指标进行。很显然，就算是在传统媒体时代，这种评估标准也存在重大缺陷。首先，缺乏用户满意度、用户留存度等软性指标的"唯硬性指标"标准并不科学。其次，单一化的评估标准容易诱发数字迷信现象，从而令得媒体的品牌价值、文化价值、政治价值等公共社会价值被忽略。而进入新媒体时代，传播效果指标构建更应抛弃传统的一套，全面、真实、有效应当成为指标构建的追求目标。在这一目标指引下，以下三重原则应当被着重把握。

1. 用户层次原则

新媒体时代，技术的赋权作用并未将全部受众拉至同一平面以使它们拥有平等的信息接收姿态，反而在一定程度上强化了话语权力的集中分配趋势。处于话语权力中心的意见领袖可能是微博大V，可能是社会名流，可能是一群之主，但更多的意见领袖也意味着传播效果的层次分化效应更加明显。要想控制传播效果以达到预期，则必须与意见领袖达成良性互动合作关系，借助其力量使信息在传播网络中实现有效下沉，增强传播的广度和深度。

2. 反应层次原则

1961年，拉维奇和斯坦纳提出传播效果阶梯模式，将受众的反应过程归纳为认知、态度（情感）、行动（意愿）三个效果层次。这三重层次反映的即是受众从获得信息到理解信息，再到被信息驱动的接收过程，在这一过程中，三重层次的效果不断累积但也依次递减，也就是说，要想让受众有较大的行动，则必须使他有更大的态度改变量，亦须有更大的认知可能。基于受众的反应层次原则，认知、态度、行动这三个层次都需在传播效果指标中得以体现。

3. 互动层次原则

新媒体时代的传播效果并不止于对受众的传播效应。实际上，时至今日，包括受众、传播者及一切其他传播渠道中的关涉主体之间的关系早已因互动而成为传播共同体的存有脉络，它们均应被纳入传播效果指标的构建。而它们之间的互动则因主体的不同而各具行动者特色：从点赞到转发，从评论到回复，从分享到交谈……互动的层次丰富性远非传统媒体时代可以比拟。

4. 时空层次原则

新媒体时代的信息传播不可避免地为加速的时空所裹挟：时间向度上，绝大多数的信息传播效果高峰持续时间非常短，这就为监测传播效果提出了"实效性"的要求；空间向度上，人们的活动地域被越来越快也越来越便宜的交通工具极大拓宽，同时，网络技术将空间扩展至比特世界，这就为监测传播效果提出了"移动性"的要求。因此，新媒体时代的传播效果指标构建应当从实际出发，观照"实效性"与"移动性"，遵从时空层次原则，以求与真实传播效果的双重贴近性。

（二）新媒体时代的传播效果指标体系

为建构新媒体时代的传播效果指标，层次结构化成为首先要完成的工作。而这一工作的起点则在认知效果、态度效果、行为效果这三重一级指标之上，为方便进行叙述，下面就将从各一级指标出发，对其和其下的二级指标和三级指标进行说明。

新媒体时代的传播效果指标体系

一级指标	一级指标说明	二级指标	二级指标说明	三级指标	三级指标说明
认知效果	测量信息被可用户认知的情况	信息可见性	测量信息被发现的难易情况	信道丰度	矩阵媒体数量、关注数量、群成员数量等总体信息传播渠道的数量
				内容丰度	既有内容与新增内容的总体数量
		信息可达性	测量信息被使用和被用以得出精确推论的难易情况	分享友好度	信息从某一私有内容池进入另一私有内容池或公有内容池的步骤数量
				理解友好度	由内容逻辑或内容时长等所规定的信息内容被简化并被理解的难易程度
态度效果	测量用户对信息及其中所含价值判断的观点倾向性	态度曝光性	测量用户态度的曝光情况	态度曝光量	正面信息与负面信息的数量
				态度曝光率	曝光自身态度的用户数量与全体用户数量之比
		态度互动性	测量用户进行态度分享交流的情况	态度互动量	正面互动与负面互动的数量
				态度互动率	正面互动以及负面互动的情绪数值之比
行为效果	测量信息对用户行为的作用效果	行为互动性	测量用户受信息驱动所产生的行为互动情况	行为互动量	评论、转发、回复等互动的数量
				行为互动率	有评论、转发、回复等互动的用户数量与全体用户数量之比
		行为活跃性	测量用户受信息驱动产生行为的活跃程度	行为活跃量	行为活跃用户的数量
				行为活跃率	行为活跃用户数量与全体用户数量之比

1. 认知效果

新媒体时代的显著特征之一是信息的海量性，这一则意味着信息再也不是难以获取的商品，二则意味着信息的可见性与可达性成为重要的信息指标。

所谓信息可见性，即信息被用户发现的可能性。在新媒体时代，每天都有PB级别的数据在产生和流动，而在微博和微信各自统领陌生人社交和熟人社交的背景下，大量数据实际上是在有限的空间中流动的。如此，信息的可见性便成为不得不被重视的传播效果指标的起点。而在信息可见性这一二级指标下还有信道丰度与内容丰度这两个三级指标。信道丰度指的是矩阵媒体数量、关注数量、群成员数量等总体信息传播渠道的数量，信道丰度越高，则意味着媒体所掌握的信息流通渠道越多，也就越可能让自身所发出的信息不被海量信息淹没。内容丰度指的是既有内容与新增内容的总体数量，之所以将之纳入信息可见性的底层指标，是因为内容本身的体量是确保其可见的基础，而推动或发送信息的数量与频率则说明了媒体主动与用户发生接触的意愿与能力，这能够在相当程度上吸引用户参与信息消费并被媒体的已有内容绑定，实现用户数量的增长与留存。

所谓信息可达性，即信息被使用和被用以得出精确推论的难易情况。信息可达性参与认知效果测量的意义在于，它将对信息客观存有的描述深化为信息入脑的可能性描述，在可见性的基础上更进一层。信息可达性下，有分享友好度与理解友好度两个三级指标。分享友好度指的是信息从某一私有内容池进入另一私有内容池或公有内容池的步骤数量。实际上，新媒体时代其实并不意味着信息壁垒被拆除，无论是付费墙，还是"淘口令"都说明了信息在网络空间中的人为区隔。而在人为区隔之外，各种私有内容池之间的连接本身也会受到跨平台的技术操作限制，分享友好度的提出就是为了说明用户对信息进行分享的技术支持程度。理解友好度指的是由内容逻辑或内容时长等所规定的信息内容被简化并被理解的难易程度。无论以何种渠道分享信息，信息被分享这一活动在认知层面的实质其实是核心信息的分享，亦即被简化过后信息的分享。内容的主体能否被轻易地简化即说明了其主体被理解的难度，从根本上来说，这实际上是对内容生产者提出的要求。

2. 态度效果

传统媒体时代用户的态度其实较难以被测量，一则问卷或电话调查费时费力且难以全面，二则直接询问可能会激发被测量者的心理防御，使结果缺乏信度。而新媒体时代，用户的态度则在相当程度上可以被网络痕迹所描述，且这种描述是在时空中脱离用户本身而使用户基本无感的。而在态度效果下，还有态度曝光性和态度互动性这两个二级指标。

所谓态度曝光性，即用户态度的曝光情况。这是态度效果测量必须前置的事实基础，而对于这一事实基础，还可以进一步使用态度曝光量与态度曝光率进行测量。态度曝光量指的是被曝光的正面信息与负面信息的数量。网络空间的技术可供性在一定程度上激发了用户的态度曝光意愿，而正面信息与负面信息的存在既是对现实生活中情绪的两面反映，也是对此的强化，网络极化效应使得用户情绪可能更具吸引力与影响效果，因此对于两种情绪的测量是十分必要的。态度曝光率指的是曝光自身态度的用户数量与全体用户数量之比。自然，网络用户中存在大量不愿意或不习惯表达自身态度的用户，但网络用户的身份就决定了他们的态度必将受其他曝光了自身态度的用户的影响。态度曝光率一方面是对用户的测评指标，可了解有态度表达习惯的用户的数量，另一方面也是对媒体自身的测评指标，可了解媒体所发出的内容究竟在多大程度上影响了用户态度表达的意愿。

所谓态度互动性，即用户进行态度分享交流的情况。如果说态度曝光性这一指标对准的是用户态度的数量，那么态度互动这一指标对准的就是用户态度的性质，正面与负面则是对于用户态度判断的二分原则。在这一原则之下，使用态度互动量和态度互动率来对态度互动性进行精准描述。态度互动量指的是正面互动与负面互动的数量，一般来说，用户对于某一信息的态度在一段时间之内会保持在一定区间之中，即可被清晰划分为正面或负面或中性，若为中性，则不必参与至态度互动的计算之中。正面互动和负面互动的数量反映着信息所引起的用户态度的基础分化，对其进行区分有利于媒体及时调整信息管理策略。态度互动率指的是正面互动以及负面互动的情绪数值之比。在态度正负的基础之上，用户的态度还可以被精细化地捕捉跟踪，由此，情绪数值之比成为描述态度互动的可行路径。它的建立基础在于，"让人感觉轻松"和"让人感到兴奋"的态度互动在社交网络中的影响会在相当程度上由其情绪数值决定，即越高的情绪数值一般拥有更高的二次传播可能。

3. 行为效果

新媒体时代，各类社交媒体得到蓬勃发展，其一方面为媒体竞争提供了新的战场，另一方面也给受众提供了新的活动空间。在这种技术背景下，媒体与受众的关系已经从单纯的"传—受"关系演变为"互动"关系，信息的行为效果拥有了可被精准测量的可能。而行为互动性与行为活跃性则被构建为行为效果测量的二级指标。

所谓行为互动性，即用户受信息驱动所产生的行为互动情况。在技术支持之下，用户的行为互动不仅成为可能，而且往往被信息发出者所鼓励，在这种基础意愿之下，行为互动量和行为互动率成为描述行为互动鼓励是否有明显成效的二级指标。行为互动量指的是评论、转发、回复等互动的数量。很显然，行为互动量越多，则代表着某条信息所产生的影响越大。只是，纯粹的瞄准行为互动量往往并不能客观反映行为互动性，"人工灌水""社交机器人"等现象的存在经常令得行为互动量变成无意义的"高数值"。因此，对于行为互动率的测量是十分必要的。行为互动率指的是有评论、转发、回复等互动的用户数量与全体用户数量之比。此处的全体用户既可以指某平台的全体用户，也可以指某账号的全体关注用户，若为前者，则反映了某条信息的整体影响力，而若为后者，则反映了某条信息在自有流量池中所激起的涟漪。行为互动率不在行为互动量上纠缠，而聚焦于有行为互动的用户，在一定程度上避免了"灌水"等行为对行为互动性的观察。

所谓行为活跃性，即用户受信息驱动产生行为的活跃程度。这一指标的核心在于区分活跃用户与不活跃用户，并对活跃用户投以足量关注。行为活跃量和行为活跃率则是行为活跃性的两个二级指标。行为互动性指的是行为活跃用户的数量。对于何为活跃用户，其实存在许多执行标准，目前一般有DAU（Daily Active User，日活跃用户数量）和MAU（Monthly Active User，月活跃用户数量）两种通用核心指标，而行为活跃性则以用户的真实行为来判断其是否为行为活跃用户，这种规定避免了"点击后即退出"等片面行为对于活跃用户判别的影响。行为活跃率指的是行为活跃用户数量与全体用户数量之比，在这一指标下，非行为活跃用户数量成为判定传播行为效果的剩余空间，点明了媒体传播未来的增长域。

第二节 用户行为分析

用户一词是融媒体时代新闻生产观念转变的集中体现,从受众到用户,反映了从大众传播时代到融媒体时代新闻传播本位的极大变化。用户已经成为新闻生产内容、传播方式、传播效果的决定性因素之一。由此,在融媒体时代,对用户进行深刻、本质、全面地分析也就成了应有之义。

一、用户行为分析的方法

（一）概念与界定

用户分析,在营销学的概念上也被称为用户画像,最早提出用户画像概念的是交互设计之父A. Cooper,他在研究中将用户画像定义为"基于用户真实数据的虚拟代表"。国内学者王宪朋则认为用户画像的定义包括三个方面内容：一是用户数据的搜集,该内容也是构建用户画像的前提和基础;二是用户画像与业务是密不可分的,构建用户画像时需要对符合业务需求的特定用户进行画像,因此需要体现业务特色;三是构建用户画像需要进行数学建模,需从已有的海量数据中挖掘出更深层次的用户潜在信息,并通过数据可视化技术为用户展示有价值的信息。国内外学者对于用户分析或用户画像的界定各有不同,但大致包括以下几个方面:首先用户分析是对用户的数字化信息进行分析,这种数字化信息是用户真实数据的虚拟代表,是具有相似背景、兴趣、行为的用户群在使用某一产品或者服务时所呈现出的共同特征集合。其次,用户分析针对的是基于各类属性特征提炼后的具有典型代表性的用户。最后,用户分析要凸显用户的主体地位,注重典型用户的特定化需求。

（二）分析要素

在对用户分析进行概念界定以后,用户分析具体是对用户的哪些要素进行分析就成为接下来需要讨论的内容。在要素分析这块,国外学者D. Travis给出了7个基本条件：基本性、移情性、真实性、独特性、目标性、数量和应用性,并将这7个特性的首字母组成Persona一词,翻译为中文即为"用户画像"。Guimaraes等将用户画像的构成要素归纳为：用户的基本素养、学历层次、社会关系、工作状况、位置情况、时间信息等。这一要素归纳在某种程度上更加具体也更具操作性。而在当下融媒体时代,对于用户进行分析,除上述所提到的用户的基本信息以外,其中用户的数字行为是必不可少的要素,诸如用户的访问偏好、关注偏好、应用偏好、内容偏好点击次数、转发数量、评论数量等都是值得关注的要素,这些代表着用户真实形象的虚拟行为都是融媒体时代分析用户的重要构成要素。同时,随着技术的演进和用户的变化,基于用户的节点位置而进行的用户分析也成为当下时代的热点和应有之义，利用数据通过对用户的物理位置、社会位置与服务位置进行测定也能够帮助我们建立更为细致、全面的用户形象，以此改进新闻的生产和传播，以实现更好的传播效果。

（三）用户分析方法

融媒体时代的用户分析中核心的一个问题就是如何对用户进行分析，采用何种方法对用户进行分析是亟需讨论和解决的关键性问题。在这一问题上，在整理归纳分析总结的基础上提出了以下几种用户分析的方法。

1.基于用户行为的分析方法

用户分析自身的一个核心问题就是对用户行为进行分析。而在融媒体时代，对用户的数字行为进行分析则成为关注和解决的焦点。在这一模型中，对相关用户的数字行为所产生的数据进行爬虫抓取并采用相关软件进行聚类和可视化分析是常用的模式。而在融媒体时代，基于AI技术，内容提供方通过机器学习自动抓取用户在内容阅读方面的相关数据构建出相对精确的用户画像，并基于此对用户提供个性化的内容已经成为一个成熟的模式，当下我们所熟知的几大主流的新闻内容提供平台都是基于这一模式进行内容的个性化推荐。基于行为的用户画像方法有助于剖析用户决策行为不同阶段表现出来的特征行为、变化过程、动因要素等，从而进一步发现该用户属于什么群体分布，该群体与其他用户群体的差异，基于此来构建较为完善的用户画像模型，为不同群体用户提供独具特色的个性化精准服务。但随之而来的则是在当下融媒体时代，用户的交互数据往往是海量的，这对于专注于内容生产的媒体来说，海量的数据抓取、存储、分析的难度无疑是巨大的。由此，能否基于大数据处理技术对用户的海量数据行为进行深入挖掘，从而构建面向用户行为大数据的画像模型，则成为当下内容生产方和平台方亟须解决的问题。

2.基于用户兴趣偏好的分析方法

用户的兴趣偏好在某种程度上是用户在特定领域行为偏好和特征的集中体现，如果能够窥探出用户在内容和阅读方式等方面的偏好，对于新闻的生产和推送是具有很强的导向价值的。在这一模型当中，有两种较为普遍的分析方法。其一是比较显性的兴趣分析，这一分析基于用户的账户注册信息进行构建。在用户进行注册时，性别、年龄、兴趣偏好等在初始阶段就被平台进行了记录，而基于这些所搜集的粗略的显性信息也被平台用来构建相应的用户画像并推送相关的内容。其二是基于隐形方式对用户的兴趣进行搜集整理并对用户进行分析，以此构建出用户的偏好类型。值得注意的是，这一方式同上述基于用户行为进行的分析是有一定相似之处的，都是通过搜集抓取分析用户的数字行为，得出相关结果并给出相应方案。不同点在于上述基于行为的分析范围更加广泛，而基于用户兴趣偏好的分析模型则聚焦于用户阅读兴趣这一点。但需要指出的是，随着时间的推移，用户对某一资源的兴趣以及关注程度都会发生变化，产生用户兴趣漂移的情况。同时，场景也是我们在分析用户兴趣时值得注意的重要因素，用户所处的地理位置、时间要素、环境特点、社交关系等都会在某种程度上影响用户的特定兴趣。由此，基于用户兴趣偏好的分析模型，需要借助相关定位技术，结合具体场景，构建出与用户情景最为契合的画像模型，并进行相应的个性化的内容生产与推送，以期达到最好的传播效果。

3. 基于用户位置落点的分析方法

上述两种用户的模型与方法大多只是对用户的某一特质进行分析，所得结果虽较为精确，但毕竟稍显片面，难以实现对典型用户的全面精准分析。而在特定情况下，通过对用户的节点位置进行综合性测算，将个体用户画像与其节点位置相结合，则可以实现更加深入、全面的分析。具体而言，用户的节点位置主要包括三种，一是最基础也最显性的基于用户终端网络的地理位置及空间环境数据的物理位置、二是基于用户自身关系网络的社会位置（如所处的群体、社群、圈子等），三是基于用户对内容与服务网络的需求而表现出来的服务位置。通过测定用户的物理位置，匹配相应的内容；通过测定用户在其社会关系中的位置，量化其人际关系、社交圈和社会资本，关联其社交活动；通过测定用户特定场景下的服务需求，匹配相应的服务。上述测定在某种程度上仍属于理想化状况，在今天如果能够实现对上述的物理位置、社会位置和包含了需求与资源特征的服务位置的结合分析，对用户的认知则将达到更加深入全面的程度，对用户的个性化服务也将推入更深的层次。

4. 基于用户个人特性和情绪的分析方法

除了客观的数字行为，用户个人主观上的特性和情绪表现也可应用于对用户的分析。早在20世纪的使用与满足理论中就证实，个人特性是用户寻求信息和阅读内容的决定性因素之一。而在当下融媒体时代，技术与观念的进步使得用户更多凭借个人需求和主观情绪主动寻求相关内容。由此，基于用户特性和情绪进行针对性地用户分析也在当下成为了可行且必需的参考。总体来说，这类模型主要从心理层面进行分析，一方面，诸如内向性和外向性等个人特质会和用户的社交关系产生一定关联，而社交关系则又在一定程度上影响着用户对阅读内容的点击、分享和评论行为。另一方面，社交媒体或者内容平台上用户所进行的诸如阅读、点赞、分享、评论等行为又在一定程度上反映着特定场景下用户的情绪状态。由此，基于情绪来完善对用户的分析，将情绪建模作为用户行为建模的一个导向是当下融媒体时代内容生产方和平台提供方值得广泛关注和深入探讨研究的热门方向。

综上，融媒体时代下用户的数字行为是用户的主题偏好、情感强度、态度倾向、情绪认知等的直观性的体现，对于用户的数字行为进行研究与分析可以深入挖掘其情感倾向和群体行为。上述所罗列的用户分析的模型与方法各有其特点和不足，综合采用多种方式对用户行为进行全面精确的分析和测量，以挖掘用户个性特征进行用户画像的构建，才能实现最佳的传播效果。

二、用户行为的变化和具体表现

（一）用户行为变化的底层逻辑

1. 传播逻辑：渠道和模式的双重变化

用户一词是由受众演变而来，而受众则是传播的对象。由此，传播渠道和模式的变化是促使用户行为产生变化的底层逻辑之一。从传播渠道来讲（如图8-2所示），从最初的完全由传播者主导的包括电视、报纸在内的传统大众媒体，到基于编辑把关+大众化推送的门户网站，到基于人际网络+大众传播的将公共信息传播转为社交化传播的社会化媒体，再到基于个性分析+算法匹配的打破点对面传播模式的个性化推荐平台。再到基于现场感受+社交传播的极大提高用户传播体验的VR/AR平台。不同特点的传播平台依次出现，使用这些平台进行信息接收、消费的用户的行为的变化也会随之产生显而易见的变化。

大众媒体 ⇒ 门户网站 ⇒ 搜索引擎 ⇒ 社会化媒体 ⇒ 个性化推荐平台 ⇒ VR/AR平台

图8-2 传播平台的变化

同样，伴随着传播平台的变化，信息传播的模式也随之发生变化。在大众传播时代，大众门户模式是最为主要的传播模式，这种模式以报纸、电视、网站为主要平台，以自身提供内容为核心。由于这种模式是完全的"点对面"，用户处于线性传播的另一端，而天然处于弱势地位只能被动进行信息接收。而随着技术的更迭，在Web 2.0及其他技术推动下，一种完全有别于"大众门户"的"个人门户"模式逐渐形成。在这一传播模式中，每一个个人节点都是一个传播中心，每个节点都同时扮演着信息的生产者、传播者与接收者的多重角色，而节点之间的关系也自然而然成为信息流动的渠道，基于关系的社交和分享也就成为传播的动力。相应地，这一传播模式的形成，也给予了用户前所未有的主动性。理论上每个传播者都有着相对平等的起点，基于这一平等的起点，用户的行为相比于"大众门户"模式有了十分明显的变化，这种变化在下文我们还会具体阐述。总之，传播渠道与模式的变化扩展了传播的主体，过去由专业人士主导的大众传播，已经开始逐渐向用户倾斜，用户也开始逐渐成为传播的主体，万众皆媒的景观正在形成，而我们对用户行为的分析也有了新的逻辑起点。

2. 空间逻辑：互联网对网络社会空间的塑造

在传统大众传播时代，人与人之间在真实具体的现实社会空间中进行交流，这种社会空间是相对封闭、静止的，人们几乎凭借现有关系进行信息的接收和分享。同时，这种交流分享受到现实物理空间的限制，因此交流的跨度和范围较小，一个个个体只能在特定时空中进行"在场"交流。而在互联网兴起后，在技术的支持和推动下，交流、分享、传播、关系、内容逐渐转为"线上"，一个有别于现实社会空间的互联网社会开始逐渐成形。

互联网社会是一个不断发展的新的社会形态，但它的发展总是基于特定的互联网空间与结构特征的。这种特征主要基于以下几个方面：①互联网社会是突破现实空间约束的流动性的空间，这种解除不仅是对物理空间和身体的约束，更是打破了人们传统的关系网络的约束。由此，互联网社会空间的这种流动是时空和社会关系的双重流动。②互联网社会是由个体化节点和服务性枢纽等基本要素构成，而个体节点的互动则是互联网社会结构的关键。首先，这种个体化节点既是传播网络中的节点，也是限定范围内的传播中心，这种双重节点赋予了用户不同的主动权，由此产生的行为也不尽相同；其次，这种个体化节点也是社会关系网络中的节点，它既是现实社会关系在网络中的映射，也是个体节点在互联网社会中全新关系的拓展；最后，个体化节点在互联网社会中的所有行为都是在网络服务商和各类组织建立的服务平台中，这类包括融媒体、社会化媒体等在内的平台扮演着连接和服务个体化节点的枢纽作用。这些枢纽不仅决定了互动的具体手段与形式，也决定了人们的关系模式。总之，在这种由互联网塑造的全新的以开放和流动为特征的网络社会结构中，用户的身份、地位、社会关系等相比于现实社会都有了全新的变化，由此所带来的对于我们研究用户包括信息接收、传播、分享、生产等在内的传播行为也有了新的逻辑起点。

（二）节点化用户的信息行为表现分析

从传播效果的衡量来说，用户包括信息接收、认知在内的信息消费行为测量是其中的一个重要指标。由此，在传播效果这一章，这里我们所叙述的用户行为分析主要针对当下融媒体时代下处于网络社会中同其他节点和服务型枢纽相连的节点化用户的信息消费行为进行分析。

1. 主动与被动并存的信息消费行为

用户一词是由受众演变而来的，而受众一词就天然地隐含着被动性的一面。在当下新媒体乃至融媒体时代，受众变成了用户，其主动性得到了极大增强，但这并不意味着当下用户在信息接收上就已经是绝对的主动行为。相反，当下融媒体时代用户的信息消费行为仍然是主动与被动并存的复合行为。

在本节上述用户行为变化的底层逻辑中，我们谈到了传播模式、传播结构和互联网社会空间的变化所赋予的用户前所未有的主动性。基于这种空间和传播模式、结构，用户可以在任意时空下通过主动的信息检索和整合来构建自己的信息网络，并形成对一个话题的深入完整的了解。相比于传统的受众只能无条件地被动接受来自精英阶层所生产和传播的内容，用户在这一显性的层面上，主动性确实有了质的提升。但是，当我们将视角深入到人的本性中时，我们会发现用户在信息消费行为中仍然存在着"不可挣脱"的被动性。这种被动性首先是由用户的"懒惰"所带来的，当然这里所说的"懒惰"是指用户总是倾向于用最小的成本来获得最大的报偿。美国传播学者施拉姆（Wilbur Schramm）曾提出的一个选择或然率公式或许可以很好地解释用户这一行为。施拉姆认为，选择的或然率=报偿的保证/费力的程度。当我们将上述公式稍作改造，这样可以用于解释更广的现象：选择的或然率=获得的报偿/付出的代价，付出的代价包括金钱代价、时间代价、精力代价等。由此，在融媒体时代下，为了以最小的代价来获得最大的报偿，用户会被动性地依赖包括他人、系统等在内的社会外界力量来获取信息并进行消费。其次，用户的另一典型特点即容易被自己的习惯左右和固化，也会导致用户在消息消费中的被动性。这种惯性一方面是路径惯性，即面对着媒体中的海量信息时，人们更会倾向于通过自己的行为惯性，选择已有的熟悉途径去降低获得信息的成本。另一方面这种惯性表现为关系惯性，用户总是倾向于选择自己喜爱的、同自己社交圈重合程度高的平台去进行信息的消费。由此，在融媒体的信息生产与信息服务中，我们既需要充分激发用户的主动性与参与性，有时又需要尊重和顺应用户的被动性。学会把握用户这种主动与被动并存的信息消费行为，有助于我们改进信息的生产和推送，以获得更好的传播效果。

2. 免费和付费互纠的信息消费行为

无论对于内容和服务的提供者，还是对于进行消费的用户来说，免费还是付费都是一个无法逃避也一直相互纠结的话题。对于平台方和提供者来说，通过提供信息、内容和服务来吸引用户使用甚至进行付费以实现变现是他们理想的结果。但对于用户来说，他们在某些时候会显得很吝啬，一毛不拔，而有些时候又可能很大方，一掷千金。其中的逻辑或许值得我们深究。

影响用户希望免费还是愿意付费的因素有很多，首先是用户自身的心理动因，用户的心理惯性和情感冲动是影响用户是否愿意付费的核心心理动因。一方面，对于在免费的互联网市场环境中成长起来的那一批网民，想要培养他们的付费习惯，就犹如"由奢返俭难"。相反，对于"原生于"网络世界的Z世代来说，在他们进入网络时，部分他们偏好的内容与服务已经开始收费，因此更容易接受付费产品。另一方面，用户付费心理中的另一种动因，是情感动因。2019年9月16日，周杰伦在网络上发布付费新歌《说好不哭》，单曲价格为3元，上线不到两小时，单曲数字版销售总额突破一千万。对于很多周杰伦的粉丝来说，付费不仅是为了先听为快，更重要的是表达对偶像致意和支持的情感。其次，类似于上一点所说的选择或然率，用户在选择是否进行付费时，信息的"有用性"与"易用性"也是重要的考量因素。具体而言，信息的质量、信息对用户需求的满足度、内容与用户需求的匹配度都会影响用户的付费行为。值得注意的是，目前市场上可被证行的一般是知识付费，在融媒体中，让用户为新闻或资讯付费，仍然不能普遍推行，大市场环境仍是趋向免费。如何改变这种大环境，需要平台方和媒体方深刻分析用户的免费和付费互纠的信息消费行为，从而找到破解之道。

3. 个性化和社会化相融的信息消费行为

在个性化推荐平台盛行的今天，个性化的信息消费愈发流行和普遍，但个性化并不是网络用户信息消费的唯一取向，人们的网络信息消费行为，也会因为外界的影响而日益被"社会化"。就信息消费的个性化而言，这种趋向主要来源于技术和用户社会关系的双重支持。其一，在算法和AI技术的双重加持下，服务和内容的提供者可以对个体化用户需求和行为特点进行分析，从而为他们推送符合其需求的个性化的信息；其二，用户可以通过社会化媒体中的社会关系，即通过他人的筛选，来获得个性化的信息满足。这种基于社会关系的过滤同传统的通过意见领袖和所处群体来接收信息有一定相似之处，本质上都是用户的社会关系在一定程度上扮演的信息过滤器角色，从而帮助用户减少获得信息的成本。

而就信息消费的社会化而言，它不是指狭义的社会化（从自然人成长成社会人）过程，而是指人们在社会环境中受到影响的过程。诚如上文所言，虽然技术和网络赋予了用户表达与满足个性化需求的可能性，但相应地，网络带来的连接却可能使用户在某些方向上受到更多的来自他人和群体的影响，呈现出"社会化"的一面。网络信息消费的社会化的含义是双重的。一方面，由于每个用户都是一个连通的节点，因此在传统媒体时代相对独立的个人信息消费行为，在网络中随时会被集合成一种社会性的行为，能够与他人的行为集合形成强大的社会效应；另一方面，作为个体的网民，其信息消费行为往往不是基于个体的自主判断与选择，而是在社会氛围作用下的复杂过程。信息的消费由此带来了个体与社会之间密切与频繁的双向互动。从传播的效果层面来说，服务和内容的提供方既要充分满足用户的个性化需求提供相应的信息和服务，又要充分把握用户信息消费的社会化倾向，在个性化和社会化相融的信息消费中找到平衡，以实现最佳的传播效果。

对用户行为进行深刻、全面、具体的分析在当下融媒体时代有着特定的实践价值和时代内涵。一方面，从微观层面上来说，对用户进行分析以构建其精确具体全面的用户画像，有助于媒体进行更加针对性的基于特定场景的个性化内容生产和个性化推送，以满足受众需求，达到更好的预期传播效果。同时，持续的用户分析也可以探测出用户的实时变化从而及时对内容生产进行调整。总之，融媒体时代下基于用户分析而制定的个性化的生产推送和实时性的调整使得传播效果更加易于把握，这对整个信息服务行业都有着革命性的意义。另一方面，从宏观层面上来说，通过融合用户的全源分析结果，可以构建舆情信息资源库，在出现特定舆情时，结合用户画像，进行针对性的舆情疏导，以构建天朗气清的网络生态环境。同时，媒体担负着进行舆论引导服务于党和国家大局的作用，而基于用户数字行为进行分析形成的包含个人特性、情绪状态、行为兴趣偏好等在内的用户画像，则使得媒体可以进行更加针对性、个性化的辐射到每个个体的舆论引导，这对于发挥媒体导向作用、筑牢民族信念、凝聚国家力量以实现中华民族伟大复兴中国梦有着重要的作用。

第三节　传播平台的效果评价

在21世纪移动网络兴起后的媒体融合时代，借助新媒体生产内容、传播内容已经成为传统媒体拥抱新媒体的重要方式。在此过程中，我国报纸、电视、广播积极尝试数字化转型，进行移动发展战略，通过建立融合传播矩阵，覆盖用户总数增长123%，自有平台和第三方平台共同发展，充分体现了媒体融合时代中锐意改革的精神风貌。那么如何去评价媒体融合下传播平台的效果呢？一般而言，传播平台的效果评价在很大程度上等同于媒体融合传播效果评估，它是指聚焦媒体融合的发展变化，立足媒体融合的发展实际，以全网数据分析为支撑，结合行业特点和专家意见，通过一套评价指标体系，科学且全面地评估与研究媒体融合的发展状况。

2021年初，人民网研究院进一步优化媒体融合传播指数指标体系，对我国275份中央、省级、省会城市及计划单列市的主要报纸，287个中央及省级广播频率，34家中央及省级电视台的融合传播力进行考察评估，形成2020年中国媒体融合传播指数总报告以及报纸、电视、广播融合传播指数三个分报告。研究显示，2020年，我国报纸、电视、广播通过建立融合传播矩阵，进一步扩大主流价值影响力版图，覆盖用户总数增长123%，自有平台和第三方平台共同发展。受疫情影响媒体发布内容减少，但被转载篇次显著增加，入驻聚合视频客户端粉丝量增长迅速，发力视频生产传播成效显著。中央级媒体融合传播力继续领跑，广东、北京、江苏媒体传播综合实力强，各省市媒体融合传播各有所长。鉴于《2020年媒体融合传播指数报告》的权威性、科学性、全面性，因此本节将依托该报告数据进行传播平台效果评价的内容撰写。

一、报纸融合：融合发展创新，打造主流新型媒体

进入媒体融合时代后，新的媒介环境为报纸媒介的发展创造了新的契机。《2020年媒体融合传播指数报告》对全国275份中央、省级、省会城市及计划单列

市主要报纸在2020年的融合传播情况进行了考察，其中包含党委机关报70家、都市报106家、专业报82家、对象报17家，形成2020报纸融合传播指数报告。结果发现，2020年报纸网站原创率大幅提高，自建客户端提质增效覆盖用户最多，入驻视频聚合客户端的比率明显上升。具体表现为：第一，在报纸融合传播方面，报纸在各个传播渠道的布局较为完善，其中微博、微信入驻率均为98.9%，已经成为报纸普遍覆盖的传播渠道；报纸自建网站、客户端的比率分别为97.8%和69.5%，较2019年均有小幅下降；报纸入驻聚合新闻客户端和入驻聚合视频客户端的比例分别为97.1%和89.1%，较2019年均有所增长。在进入2020年报纸融合指数排行榜百强的报纸中，中央级报纸22家，省级报纸55家，省会城市及计划单列市报纸23家，省级报纸中《北京日报》《新京报》及《第一财经日报》位列前三，省会城市及计划单列市报纸中《广州日报》《每日经济新闻》及《羊城晚报》位列前三。第二，报纸自有平台传播力建设方面，报纸网站原创数量增长9%、原创率达53%，每家报纸网站平均被全网转载17.5万篇次；报纸整合优化自有客户端，市级报纸安卓客户端下载量增长明显。第三，报纸在第三方平台的传播力建设方面，市级报纸微博粉丝增长快，报纸微博原创率高、点赞量继续大增；报纸微信公众号日均发文增长约50%，15个报纸微信公众号年总阅读量过两亿；报纸入驻聚合新闻客户端发力视频内容，报纸头条号平均关注人数最高；报纸入驻聚合视频客户端的比率明显提高，粉丝数、播放量大幅增长。

（一）《人民日报》：整合资源，打造"中央厨房"全媒体矩阵

报业的媒体融合之路始于20世纪90年代的数字化转型，《人民日报》亦不例外。党的十八大以后，媒体融合发展上升为中央决策和国家战略，自2014年至今，《人民日报》已经形成了"1+3+1"的全媒体矩阵："1"是《人民日报》的主体机关报，"3"是新媒体端的三大平台——人民网、两微两端、电子阅报栏，最后的"1"就是"中央厨房"。值得一提的是，由于"中央厨房"的建设优势和《人民日报》的特殊地位，《人民日报》"中央厨房"在不断完善的过程中还利用自己的资源和成果，为一些媒体融合工作进展较为缓慢的媒体机构提供帮助，包括传授体制机制和解决方案上的成熟经验，进行新型媒体技术方面的支持，共享内容、渠道、红利和人才方面的资源等。目前，《人民日报》"中央厨房"已经与《湖南日报》《上海报业》《广州日报》《深圳特区报》等地方媒体建立战略合作，旨在围绕内容、技术和传播等维度开展一系列合作，帮助地方加快融合进程。例如，2018年6月16日，由人民日报媒体技术公司提供技术支持的北京市延庆区融媒体中心正式揭牌成立，它是国内首家"广电+报业"模式的"中央厨房"，也成为了县级融媒体中心建设的成功样板。基于《人民日报》"中央厨房"打造的延庆融媒体与《人民日报》"中央厨房"自身的模式非常相像，实现了部门、人员和新闻资源的高度整合。延庆融媒体中心的媒体融合不仅为全媒体

发展奠定了坚实基础，还体现了《人民日报》"中央厨房"的可借鉴性，凸显了其在推动国内媒体融合过程中的示范价值。

（二）《北京日报》：立足"2+3+X"布局，探索时政新媒体品牌

"从报纸中走来，与新北京同行。"《北京日报》创刊于1952年10月1日，经历68年风雨，如今已从一张报纸发展成融通"报、网、端、微"的新型主流媒体集团，形成了客户端、微信公众号、微信小程序、平台号、官方微博共同发布的新媒体传播矩阵。目前全网覆盖用户超过1.1亿，2020年上半年阅读总量达185.35亿次，平均每日阅读量超过1亿次。在媒体融合发展的大趋势下，北京日报报业集团打造"2+3+X"的传播矩阵。"2"是指以《北京日报》《北京晚报》为基础；"3"是以北京日报客户端为龙头，以长安街知事、艺绽为重点；"X"是以北京日报微博微信、北京晚报微博微信、北晚新视觉、识政、长安观察、都视频、京直播、光影记忆等新媒体产品为支撑，构建起"全链条生产、全平台发布、全媒体呈现"的立体化传播格局。其中，北京日报客户端定位为"新闻+政务"，2018年10月9日全新上线，设有热点、时事、锐评、城事、看报、学习、直播、视频、清风北京、经济、民生等多个频道，是"习近平新时代中国特色社会主义思想"的学习传播平台、全面从严治党的教育平台、市委市政府政务信息权威首发平台。目前下载总量已达1600万，月均发稿量从5000多篇提升到10000多篇。截至目前，累计阅读量达90多亿，在全国省级党报客户端中处于排头兵地位。"长安街知事"主打时政新闻，全网用户达2336.5万，月均10万+篇数超过120篇，超越大量中央媒体，今年上半年累计阅读量达19.48亿，影响力各项指标已远超北京地区所有媒体、机构自办新媒体，位居全国地方党报新媒体前列，成为名副其实的全国时政新媒体一线品牌。

（三）《广州日报》：明晰顶层设计，推进媒体融合传播发展

近年来，《广州日报》坚决贯彻落实习近平总书记关于媒体融合发展的系列重要讲话精神，坚定不移推动以"移动优先为目标、精品党报为定位"的媒体融合改革发展，集中力量做好重大主题报道和中心工作报道的全媒体产品生产传播，不断提升主流媒体在舆论宣传主阵地中的主导作用。《广州日报》通过建立适应媒体融合发展的体制机制，已初步建立了以内容建设为根本、先进技术为支撑、创新管理为保障的全媒体传播体系，如：优化机构设置、业务流程及管理体系，以打通传统媒体与新媒体的障碍；改革考核制度，以激发干事创业内在动力；推进垂直团队建设，以打造有实力和影响力的品牌；着力打造适应全媒体发展需求的人才队伍，以提高采编人员政治素质和业务水平。截至2020年底，《广州日报》在媒体融合传播力得到明显提升，广州日报客户端的总装机量超过1亿，新花城客户端活跃用户数174万，微博、微信、抖音的粉丝数超过2500万，各端口积极推出了一系列爆款产品，其中过亿级作品有6条、过千万级作品超过200条。

值得一提的是，《广州日报》共有120篇稿件被全国主要网站全网推送，在全国两会期间，《沿着总书记的扶贫足迹》《高端访谈》等5件作品取得较大影响力，并获得中宣部表扬。

二、广播融合：挖掘传统优势，融合持续健康发展

媒介理论家麦克卢汉曾说"媒介是人的延伸"，听觉的延伸则是广播媒介。在媒介不断更新迭代、技术不断发展创新的浪潮中，多数传统广播媒体积极拥抱新技术，融合报道形式，持续探索广播媒体可持续化发展的途径。《2020年媒体融合传播指数报告》对全国37个中央及省级广播电台的287个广播频率的融合传播情况进行考察。研究显示，自建客户端是广播覆盖用户最多的渠道，广播频率开通的微博账号覆盖用户数首次超过了传统广播。广播频率微信公众号日均发文量、阅读量和抖音账号粉丝数、播放量显著增长。中央广播电视总台中国之声、河南广播电视台交通广播及中央人民广播电台经济之声融合传播力排名前三位。具体表现为：第一，在广播融合传播方面，广播频率自建安卓客户端以及所依托的广播电台、广播电视台集团安卓客户端，平均下载量为584.2万次，覆盖用户数最多，广播微博账号的平均粉丝量首次超过广播传统端收听人数。此外，进入融合传播力百强的广播频率以新闻综合类广播（27%）、交通广播（25%）和音乐广播（18%）为主，前十名的广播频率中，有6个交通广播。第二，广播自有平台传播力建设方面，交通广播收听率普遍较高，广播网站新闻报道原创率显著提升；广播频率自建客户端减少2/3，平均下载量略有增长，广播电台客户端发展向好。第三，广播在第三方平台的传播力建设方面，广播频率微博日均发文数增长51%，平均粉丝量超103万，比2019年增长7%；广播频率微信公众号日均发文量及平均阅读量均显著增加；广播频率入驻聚合新闻客户端关注人数较少，广播头条号视频内容平均播放量约两倍于图文阅读量；广播频率在聚合音频客户端入驻率下降但收听量增长较快；广播频率抖音账号粉丝数、播放量显著增长，交通类广播在快手表现突出。

（一）中央人民广播电台中国之声：创新公益主题，联合联动尽显特色

中央广播电视总台中国之声是中央广播电视总台旗下的第一套广播新闻综合频率，在促进文化发展、推动公益发展中彰显了应尽的社会责任。例如在第三个"中国农民丰收节"之际，中央广播电视总台中国之声与音频客户端云听联合策划推出5集融媒体直播节目《当大厨遇到"找茬儿"主播》，邀请国家级烹调师何亮与中国之声五位新闻主播走进视频直播间，围绕"厉行节约、反对浪费"的主题，现场创意制作"家庭版"节俭美食，传播"浪费可耻、节约为荣"的理念。5场直播实现云听平台音视频播放量破10万+，全网微博、头条抖音等新媒体渠道播

放量超100万+，公益主题结合融媒体直播，实现了传播效益和社会效益的双赢。近几年中，中央人民广播电台中国之声也取得了显著成效，例如在抖音账号中，中央广播电视总台中国之声抖音账号粉丝数为251.8万，是唯一一个抖音账号粉丝量过百万的中央级广播频率。在快手账号中，中央广播电视总台中国之声快手号单条视频播放量180.4万次、单条获赞8.6万次。在喜马拉雅客户端中，中央广播电视总台中国之声频率直播收听总量为2.2亿，居所有广播频率之首。在32个自建广播苹果客户端中，中央广播电视总台自建广播客户端"云听"热词搜索量最高，在娱乐免费排行榜中排名第165位。

（二）河南广播电视台交通广播：深入移动互联网领域，服务用户个性化需求

河南广播电视台交通广播是全国省级电台中第一家交通广播，成立至今，始终聚焦出行生活，服务移动人群。目前，河南广播电视台交通广播仅次于中央人民广播电台中国之声，位居广播频率第二名。值得一提的是，在2020年十一假期，河南广播电视台交通广播事业部推出《2020十一假期"看见广播，看见你"200小时融媒体直播特别节目》，该直播综合运用交通厅直播室、记者现场直播、节目视频直播等形式，累计发布权威出行服务信息近3000条，并通过大象新闻、交广领航、抖音、微博、快手等平台分发稿件990余篇，总阅读量超过2000万；视频直播累计观看量突破200万，互动点赞点评量达到10万次；抖音直播平台观看阅读量730万，设置的微博话题词"#看见广播看见你#"阅读量超过770万。直播期间还解决车友求助16次；找到走失老人2名；邀请交警、交通部门领导做客交通广播全媒体直播间4次，指挥调度3万余名交警路政为车友出行保驾护航，利用遍布全省高速公路的近万块电子屏幕，实时发布节目信息，无缝覆盖车友出行的每个环节；其间更是结合《河南省第七季文明出行活动》开展了"随手拍举报违法占压高速公路应急车道"活动，仅在交通广播微信平台参与的车友就达3万人次，为假期百姓出行提供了翔实权威服务信息，也创下河南融媒体直播多项新纪录。

三、电视融合：战略布局清晰，平台建设有序推进

互联网媒体的出现改变了人们固有的收视习惯，移动端的发展使得用户碎片化、移动性的收视行为成为现实。至此，原有的电视市场格局被打破，电视媒介迎来了自互联网移动端的机遇与挑战。《2020年媒体融合传播指数报告》对全国34家中央级、省级电视台（含其所属的96个电视频道、474个电视栏目）的融合传播情况进行考察，研究显示，自建客户端是电视最主要的传播渠道，电视在抖音、快手等聚合视频客户端的传播影响力跃居第二位，传统电视端仍是电视传播主渠道。中央广播电视总台融合传播力遥遥领先，湖南广播电视台、浙江电视

台、上海广播电视台及广东广播电视台在省级电视台中表现优异。具体表现为：第一，在电视融合传播方面，电视台融合传播覆盖用户数总体增长，自有平台仍是传播主渠道，电视台在传统收视渠道、网站、自建客户端等自建平台方面，仍然以全台统一打造一个平台为主，而在借助第三方平台拓展传播力方面，电视台旗下的电视频道和栏目则更为突出。据数据显示，中央广播电视总台融合传播力遥遥领先，湖南广播电视台、浙江电视台、上海广播电视台及广东广播电视台在省级电视台中表现优异。第二，电视自有平台传播力建设方面，传统电视收视人口较2019年下降4%，仍是电视传播主渠道；电视台网站新闻报道数量增长11%，原创率达42%，平均被217家媒体机构转载；电视台自建安卓客户端减少但平均下载量大增，15个电视安卓客户端下载量超千万。第三，电视在第三方平台的传播力建设方面，电视微博平均粉丝量增长11.6%，电视栏目微博账号互动效果最佳；电视微信账号数量减少，单条微信平均阅读量下降为3961次；电视台头条号日均发布视频45条，开通的腾讯新闻账号减少；电视抖音账号年平均总播放量倍增，但单条平均播放量下降，中央级电视快手账号粉丝量均值达703万。

（一）中央电视台：聚焦特色，不断创新合作方式

2020年，中央广播电视总台凭借在各渠道发力均衡、传播覆盖面广，形成了以"央视新闻""央视频"等自有旗舰产品为核心，并联动200个百万级以上头肩部账号共同发力的新媒体传播矩阵。一方面，从排行数据上看，所有监测的媒体中，中央广播电视总台收视人口达2881.5万人，为媒体传统端覆盖用户数最高。在电视抖音账号中，中央广播电视总台新闻频道的抖音账号央视新闻粉丝数最多，达到1.08亿，2020年总播放量为695.9亿次，居全国第一。在已开通的电视频道官方微博中，隶属于中央广播电视总台的@央视新闻、@央视财经、@央视体育在微博粉丝量上排名前三。在入驻聚合新闻客户端中，中央广播电视总台新闻频道的头条号"央视新闻"，关注人数为2853.3万，居所有聚合新闻客户端的媒体账号首位。在电视客户端方面，中央广播电视总台的电视客户端"央视影音"和广播客户端"云听"，在9个安卓应用商店下载量分别为6.08亿次和3226万次。另一方面，从内容生产与传播效果上看，中央广播电视总台自有APP充分利用"云"直播相关技术，打造"出圈"内容产品，扩大在新媒体平台的影响力。"央视频"在疫情防控期间对武汉火神山、雷神山两大医院建设施工现场进行的24小时不间断"慢直播"，超2亿网友在线观看，活动助推"央视频"APP，2月初下载量在苹果应用市场名列前茅，并催生年度热词"云监工"。针对2020年高校毕业生的就业压力，"央视频"依托强大的品牌号召力开启"云招聘"——"国聘行动"，活动上线仅3个月就吸引约1.7万家企业参与，累计向求职者提供160多万个优质岗位。2020年底，"央视新闻"与抖音合作推出话题"#2020年最后一个拥抱#"，中央广播电视总台主持人康辉、朱广权、尼格买提和众多抖音KOL均积极响应，带

动网友参与投稿，截至发文前（1月31日）已累计获得9.3亿播放。总之，近年来中央广播电视总台通过在媒介产品生产、内容传播、平台建设等方面发力，已建成全覆盖、立体式的宣传网络，为主流媒体发挥引领作用提供了可靠保障。

（二）湖南广播电视台：坚持优质内容，创新"芒果模式"

湖南广播电视台在中宣部、国家广电总局和湖南省委省政府的坚强领导下，以巩固宣传思想文化阵地、壮大主流宣传舆论为核心，"融合发展以我为主"，精准实施媒体融合战略，形成了湖南卫视与芒果TV"一云多屏、两翼齐飞"的全媒体发展格局，基本建成了自主可控、传播力强的新型传播平台。在媒体融合发展的探索中，湖南广播电视台领跑省级电视台，收视人口为468万，共有30个百万级及以上粉丝量的头肩部账号。湖南广播电视台老牌综艺节目"快乐大本营"的官方微博账号粉丝量为2286万，阅读数为100万+，互动数为8.8万，官方抖音账号粉丝量超过2184.9万，获赞2.4亿。湖南广播电视台自建客户端"芒果TV"依托优质内容提升自有产品竞争力，在考察的9个安卓商店中累计下载量超过49.3亿，位居所有媒体客户端下载量首位。值得一提的是，2020年爆款综艺"乘风破浪的姐姐"在湖南娱乐频道和芒果TV同步播出，仅上线一天播放量突破2亿，后续累计播放量超过50亿，带动芒果TV累计下载量增长近50%。总之，湖南广播电视台具备全面融合、深度融合、市场化运作三大特点，并一步步形成了今天相对独特的媒体融合"芒果模式"，在兼具先进性、独特性和引领性特点的同时，还在主流影响力、用户规模、创新能力、经营体量、人才团队、品牌价值方面都实现了突破升级，收获了"1+1＞2"的阶段性成果。

（三）浙江电视台：全平台内容矩阵，数字移动化新体验

随着媒体融合不断朝向纵深发展，浙江电视台已逐步构建起以浙江卫视官方网站"蓝天下"和"浙江卫视中国蓝"官方微博、微信为主体，人民日报客户端、新浪微博、今日头条等为支撑的全平台内容矩阵，并具备内容深耕化、小支点切入、撬动电视报道大主题，媒介轻量化、从"新"看两会、深化移动报道影响力，技术5G化、创新"云"手段、让节目"活"起来等特征。在今年两会报道中，浙江电视台以"设计巧、体量轻、互动强"为特点，创新技术手段，实现个性化生产、可视化呈现、互动化传播，为媒体用户提供全媒体表达，全景报道两会盛况。例如浙江电视台推出了快闪视频《今年"两会"这些词最热！快来蹭热度》；H5《你好，浙江！》《看看"浙"里数字范儿》；竖视频产品《"两会"上新了》，新媒体短评栏目《大舒小兰说"两会"》；短视频《图说60秒，数说"十四五"规划的浙江元素》；图文报道融合短视频《两会速递ING》；视频融合Vlog的《倾听两会》《两会"青年说"》《奋进青年"看两会"》等大屏小屏共振互补的各类新媒体产品，总浏览量超1500万，互动人数超800万，在全面扩大两会报道影响力的同时，让广大网友在看两会报道的同时享受更新潮的新闻体验。

四、总　结

总体上，报纸、广播、电视的移动互联网指标权重都最高，反映了移动互联网成为信息传播主渠道的发展状况。但在传统端的比重差异较大，体现出三种传统媒介形态仍然有着鲜明的差异化特质，对于用户的媒介选择仍然产生重要影响，而在PC互联网、移动互联网端，三类媒体则走向融合趋同，对用户的媒介选择反而没有那样显著的影响。总而言之，众多媒体平台在信息技术的更迭换代中推陈出新、聚焦特色，朝向全媒体机构转型，有力彰显了全媒体传播时代的新模式与新发展。未来，新时代的媒体融合将更加数字化及智能化，以科学、全面、系统指标对媒体平台传播展开效果评估，将有助于推动中国媒体融合走向深度融合、纵深发展，从而加速构建融为一体、合二为一的全媒体传播格局，以不断增强主流媒体内容的传播力、影响力和竞争力。

第九章 融媒体版权资产管理

一、融媒体版权资产概述

随着国内版权产业的不断发展、版权治理水平的不断提升以及社会版权意识的不断增强，版权资产管理逐渐纳入研究者的视野，并被相关生产经营单位和政府主管部门提上工作日程。

国内对版权资产管理工作的关注始于软件领域，具体是从软件版权评估方法研究开始的。1996年，武汉汽车工业大学工商管理学院程艳霞、王虎二人合作发表《软件著作权资产评估方法研究》（《中国高新技术企业评价》1996年Z1期）一文，结合传统的价值评估方法，提出了有关软件著作权的两个新的评估模型，开启了版权资产管理理论研究的先河。2005年，中国国际电视总公司贾立权提出，"电视节目作品版权应当作为无形资产核算"（《会计之友》2005年第3期）。2010年12月，中国资产评估协会制定《著作权资产评估指导意见》，为规范注册资产评估师执行版权资产评估业务提供了指导和遵循。2018年2月，原国家新闻出版广电总局发布了《新闻出版广播影视企业版权资产管理工作指引》，率先将新闻出版广播影视企业的版权资产管理纳入政府管理范畴。同年12月，山东省财政厅发布了《山东省省属文化企业版权资产管理暂行办法》，在地方政府层面率先开始对版权资产进行专项管理（其他省份仍然只是将版权作为无形资产的一部分进行管理，如《甘肃省省属文化企业国有资产监督管理暂行办法》第25条规定，"省属文化企业要做好著作权等无形资产的管理和运营工作，无形资产出资、质押和转让等行为应当依法由资产评估机构进行评估，合理确定价值"，等等）。目前，尽管从行业管理角度看，版权资产管理还停留在政策指导层面，但理论和实务界包括相关媒体越来越重视版权资产管理问题。尤其是，一些新闻出版企业，如人民卫生出版社在长期的市场化发展实践中先行先试，在版权资产管理方面作出了系列探索，形成了重要积累。

就其概念而言，版权资产管理以版权资产为基础。所谓版权资产，又称著作权资产，前述《著作权资产评估指导意见》《新闻出版广播影视企业版权资产管理工作指引》对其作出了相同的界定，即：权利人所拥有或者控制的，能够持续发挥作用并且预期能带来经济利益的著作权的财产权益和与著作权有关权利的财产权益。所谓版权资产管理，按照《新闻出版广播影视企业版权资产管理工作指引》，是指将版权资产纳入企业核心管理范畴，通过策划、实施、检查、改进，对版权资产进行组织、协调、配置，促进其保值增值的管理过程。这一概念强调了版权资产管理的地位和目的，内容规定系统、全面，尽管名义上只关乎"企业"，但具有经营性质的其他单位甚至个人显然也可参照适用。

融媒体建构在对报纸、广播、电视、网络等各种原有媒体进行全面整合的基础上，其版权资产管理的对象与范畴和原有媒体息息相关。不过，由于历史的原因，我国原有媒体本身就普遍存在版权权属不清、版权资产闲置等问题，加之长期以来版权价值评估标准欠缺以及相关新兴媒体发展速度较快、版权意识较弱、管理力量不足等问题，毋庸讳言，融媒体版权资产面临诸多难题和挑战。

总体而言，融媒体版权资产管理与其他媒体版权资产管理一样，要以法律规定为前提，明确相应组织机构和职责权限，健全管理制度和操作流程，在资产清查的基础上实行台账管理与绩效考核，在管理过程中要注意覆盖形成、使用、交易、处置等全部环节，明确所有权、占有权、使用权、收益权和处置权，同时要坚持系统管理和持续改进。以下，结合融媒体自身特点和规律，根据融媒体运营单位所享有权限的不同，按其自有版权资产和关联版权资产两个维度，对管理工作中应注意的事项分别加以阐述。

二、融媒体自有版权资产的管理

融媒体自有版权资产，包括依法归属于融媒体运营单位所有的版权资产（以下简称"自创资产"）和依约归属于融媒体运营单位所有的版权资产（以下简称"委约资产"），两者产生基础不同，管理工作中需要注意的事项也不尽相同。

（一）自创资产

自创资产产生的基础为，融媒体运营单位自行创制相关作品，并且依据版权法规定，相关成果的整体版权归其所有。

在相应版权资产管理过程中有以下环节：

1. 形成环节

形成管理重点在于获权环节的管理，因此又称获取管理。管理过程中，一是要注意本单位有无自行创制相应版权作品的资格，包括是否具备《信息网络传播视听节目许可证》《广播电视节目制作经营许可证》等相应行政许可资质，以及依据与他方签订的合法有效的合同是否有权自行创制相应版权作品，避免使己方陷于行政违法或民事违约的境地；二是要注意参与创制的人员是否均为本单位职工，如果均为本单位职工，则要确保相应人员的劳动合同或其他补充协议中有职务作品版权归属于单位的条款，如果部分参与人员不是本单位职工或者与本单位职工缺乏职务作品版权约定[我国2020年修订的《著作权法》第18条规定，报社、期刊社、通讯社、广播电台、电视台职员创作的职务作品，作者享有署名权，其他版权权利由作者所属的法人或者非法人组织享有。该规定系新增规定，此前，本规定所涉单位职员所创作的职务作品的整体版权，如无特殊约定，依照修改前的《著作权法》归采编人员个人所有，只不过单位有优先使用权。新法实施以后，有两点仍需注意：一是该条未列明的融媒体运营单位仍需与其职员就职务作品版权归属问题进行专门约定；二是该条列明的单位，对于2021年6月1日（新《著作权法》开始实施日期）以前的职员创作的职务作品，并不自动按新法规定改变版权归属，仍然需要进行专门约定]，则要通过项目合同、任务书、责任书等方式约定其所参与创制的成果的整体版权归本单位所有；三是创制作品所用素材是否合法合规，要力避使用侵犯他人版权、名誉权、肖像权等合法权益的素材，力避使用包含依法禁止传播的信息内容的素材；四是在作品创制完成以后，及时发布消息稿，重要的还可以进行版权登记，并可采取数字加密以及添加时间戳、数字水印等技术措施进行必要保护，并尽可能详细地进行登记备案，登记备案的信息包括但不限于作品（产品）名称、题材类型、体裁特征、创制人员、创制过程、所用素材、内容简介、完成时间、登记情况（已做版权登记的，填写登记机关、登记时间、相关证书编码）等。

2. 使用环节

一是使用前先对相应版权隶属关系和使用限制条件进行仔细核对，确保本单位可以按预设方式、预设场景进行相应使用；二是对使用部门（或授权使用方）、使用人员（包括但不限于上线署名的责任编辑）、使用时间（网络传播使用最好具体到时分秒）、具体用途等进行详细记录；三是注明版权所有者信息，既包括整体版权的所有者（本单位）信息，又包括相应作品素材的版权所有者信息，并视情况添加相应版权声明，具体声明内容按需编制，但最好能够注明本单位相关部门相对固定、长期的联系方式，便于后续有联络需要的本单位职员以及其他使用方及时联系。

3. 销售环节

一是需要再次核实版权隶属关系和使用限制条件，以便向买方作出如实陈述，减少和消除权利瑕疵担保责任风险，避免本单位在买卖合同履行过程中违约；二是签订书面买卖合同，明确出售的类型（许可还是转让）、具体权项、时间和地域范围以及买方可否享有转授权、可否进行维权等其他限制条件；三是涉及大额交易或具有其他重要情节的销售事项，要确保符合本单位内部制度、流程要求，履行必要评估、竞价、议价程序等；四是对版权资产的价值变化情况进行追踪记录和必要分析，为后续相关版权作品的打造、应用、宣传、推广和维权等提供参考。

4. 质押、出资等其他环节

质押环节，由于版权资产的权属不发生移转，可以根据情况选择其市场价值或评估价值进行质押，并做好相应记录。出资环节，与出售环节相同，一般选择市场价值进行出资，同样需做好相应记录。其他环节如捐赠以及基于疫情防控、三农建设、抢险救灾等特定公益目的而做的有限支持（如部分权利让渡、部分内容赠与以及特定时期、特定人群、特定地域的支持）等，尽管不涉及许可或转让费用，但仍需核对原版权记载项，明确权利瑕疵担保责任，并明确对当事各方相关权利、适用情由以及对应时期、人群、地域等具体因素的界定和限制。

（二）委约资产

委约资产产生的基础为，融媒体运营单位依据相关约定有权以自己的名义占有、使用他人的版权作品，并有权进行相应处置或收益。

在相应版权资产管理过程中有以下环节：

1. 形成环节

主要分三种情形：一是委托他人创制的作品。此处与前面职务作品表述有所交叉，但侧重于部分或全部创制工作或其中某一环节独立外包、委托他人进行创制，而作品整体版权又归本单位所有的情形，如委托某朗诵艺术家对某纸质出版作品进行艺术朗读，邀请某公司进行翻译或加工制作相应音视频，等等。对于委托创制的作品，首先要约定阶段性成果和最终成果的版权归属；其次要约定权利瑕疵担保责任，确保创制形成的成果在权利上无瑕疵，在使用中无风险，即便出现争议，也由受托者负责解决、承担责任；最后要明确权利限制条件，如在使用中要加署创制者姓名、名称（有的还要附创制者简介和照片），并要注意相应署名位置，等等。二是面向社会公开征集的作品，按征集通知（启事）中的申明整体版权归融媒体运营单位。这类作品在版权资产管理方面的注意事项总体上与委托他人创制的作品相同。但是，征集通知（启事）本身具有局限性，这是因为：一则，它是由征集单位单方面作出的，缺乏投稿人的明示同意；二则，征集活动本身旨在获得广泛参与和支持，与版权有关的具体细节问题，如违反原创承诺等所导致的权利瑕疵担保责任、对投稿人自身使用本人的原创作品的种种限制等，不适宜在征集通知（启事）正文中充分（过于露骨地）体现。因此，在征稿实施环节，除征集通知（启事）外，为了规避版权风险、方便后续使用等，还需要投稿人签署更加细致、明确的合同（可以是线上点击合同）以及相应原创声明等。对这两类作品，都要通过检索查重或通过相应领域专家审读把关，避免剽窃、抄袭，从而在源头上排除后续使用、处置的版权风险。三是受让作品。包括购买、受赠、置换三种情形，此三类作品要做好对受让前作品各项版权信息的审核把关，对购买作品要进行价值评估，对不熟悉的转让方还要进行背景调查，确保受让作品原系转让人合法拥有、转让人有相应处分权、作品本身不侵犯他人合法权益。

2. 使用、销售等其他环节

在形成环节妥善管理、确保源头权利清晰、明确的基础上，委约资产在其他环节的管理与自创资产大体无异。需要特别注意的是，由于原创并非本单位，在后续各环节，要特别注意核实原始委约文件，厘清其有无必须体现原创者（受托创制者）的姓名、名称，本单位有无权利进行转授权、是否有权销售或做其他处置，以及在转授权或做其他处置前是否需要告知原创方、是否必须给原创方相应对价，等等。如有，则必须严格按照原始委约文件的规定开展各项工作，否则，就会给本单位、买方或其他相关方带来版权风险，并可能因此需要承担相应的侵权责任或违约责任。

三、融媒体关联版权资产的管理

融媒体关联版权资产，是指相关版权作品虽不归融媒体运营单位所有，但其部分资产权益由融媒体运营单位享有的版权资产，实践中，比较常见的主要是外来授权作品、入驻单位和个人的作品以及注册用户的海投作品等。

（一）外来授权作品

这类作品是融媒体关联版权资产管理中的主要对象，甚至可以说是全部——入驻作品和海投作品事实上也以有效授权为基础，某种程度上也可以视为外来授权作品。因此，对于关联版权资产管理，在此处作重点表述，在其他两类作品中仅作补充性说明。

1. 形成环节

必须以有效授权文件为基础，授权文件包括授权书和许可使用协议两大类。在以授权书为授权基础的情形中，授权书关于授权作品、授权权利、授权作出时间、授权期限、授权使用范围以及权利瑕疵担保责任的申明必须明确、详尽，且能覆盖商定的全部授权需求。其中：授权作品必须指向具体、唯一（如出版物需标明作者、出版机构、出版时间、版次等信息），如果授权作品较多，最好以列表形式一一列明；授权权利尽量宽泛，最好使用"信息网络传播权及其他相关权利"表述，以满足不同场景下的权利应用需求，同时还要明确是否为非独家、是否包括转授权（允许转授权的话，转授权时是否需要告知授权方）、维权权利（允许以被授权名义维权的话，还需要明确维权收益归属）；授权使用范围尽量周延，在传播终端方面，最好使用"包括但不限于电脑端、手机APP端"的表述，在传播地域方面，尽量不要限制在我国大陆地区，因为网络无国界，除非有防火墙的特殊管控，对于正常内容的域外访问几乎不受地域限制。此外，在授权书的签署方面，为防控风险，最好请自然人授权人在授权书的每一页上签字并按指纹，或者在授权人为机构的情况下，请授权机构在落款处签字并盖章的同时，在附件上一并签字盖章，并在同一授权书的所有页面上加盖骑缝章。在以许可使用协议（名称包括许可使用协议、内容授权协议以及相关合作协议等）为基础的情形中，所涉授权要素与授权书基本相同，只不过协议是双方或多方联合作出的，协议中不仅要明确授权方的权利义务，还要明确被授权方的权利义务。涉及有偿授权的，要对授权作品及其相应版权权项的价值进行评估。同时，许可使用协议还要对违约责任、保密责任、争议处理方式（包括管辖法院等）乃至所适用法律进行明确约定。一般而言，无偿授权、简易授权适用授权书情形，有偿授权、复杂授权（如授权作品较多、牵涉关系重大或授权方特别要求等）适用授权使用协议情形。

2. 使用环节

需要在仔细复核授权文书内容的基础上，严格按照授权文书所载明的授权范围，在授权范围内进行使用，并对使用部门、使用人员、使用时间、使用次数、具体用途等进行详细记录。

3. 其他环节

授权作品因为版权不在融媒体运营单位，一般不涉及其他处置方式。在所获授权为独家授权的情况下，客观上具有出质价值，但基于反垄断和反不正当竞争考虑，独家授权一般不被允许，存在较高的管制风险。故而，此处不作赘述。

（二）入驻单位或个人的作品

将其单列主要是考虑入驻方与融媒体运营方的紧密关系。在入驻手续办理过程中，相关融媒体运营方会要求入驻的单位或个人签署相应入驻协议，其中包括相应版权授权条款。在相应条款中，一是要明确入驻平台可无偿选用入驻方在对应入驻媒体渠道（如头条号、百家号等）发布的版权作品；二是要明确入驻方的权利瑕疵担保责任；三是要明确入驻平台的使用限制，如需注明作品来源（入驻方名称）和作品创制者信息，不得进行实质性修改，更不得进行歪曲篡改；等等。

（三）海投作品

海投作品是指注册用户在所注册平台上发布的各种版权作品，包括有独创性、构成版权法上作品的帖子、日志、音频、视频以及具有版权价值的相应评论、弹幕等互动内容。此种情形下，注册用户在办理注册手续时，会与注册平台签署用户协议（一般为点击合同），该协议中，通常会设置相应授权条款，包括授权权利、授权使用范围、授权期限、付费阅读（观看）模式及价位选择、广告分成、线下传播、权利维护、权利瑕疵担保、遵规守法承诺等内容。需要注意的是，海投作品数量大、门槛低，需要在作品的原创性、真实性、合法性、合规性等多方面进行一系列、多层级的审核，既要有机器审（利用语义分析、敏感词过滤、内容相似性比对等技术手段进行初审），又要有人工审（一审、二审和三审），并且不同审级要有不同的具备相应资质的人员担任，以便最大程度地保证后续使用、销售、出质或其他处分过程中的安全，尽量避免此类版权资产运营管理中的风险和责任。

综上所述，融媒体版权资产管理作用特殊重要，同时又异常复杂，对于融媒体这一新型媒体的运营单位和相关人员而言，是新兴课题、长期课题，也是必须认真、妥善完成的课题，全单位特别是单位领导班子尤其主要负责人必须给予足够重视。

考虑到融媒体快速发展的业务需求以及相关版权资产管理的特殊复杂性，建议融媒体运营单位在逐步扩充相关管理队伍、不断完善相关工作机制的同时，充分利用加解密、时间戳、区块链、数字水印、媒体指纹等相关技术手段，在传统媒资库的基础上，建立集资产登记、信息查询、权利保护等功能于一体的版权资产管理平台，并在其实际运行过程中，及时增加价值评估、传播使用、收益分配等其他相关功能。这方面，有待融媒体运营单位内部的版权部门、内容采编部门、技术研发部门、计划财务部门以及社会相关各方面的共同探索和不懈努力。只要设计科学、开发完备、应用充分，我们相信，相关平台建设会起到事半功倍的效果，在大幅提升本单位版权资产管理能力的同时，会大幅增强本单位的市场竞争实力。

第十章 职业规范

职业规范是维持职业活动正常进行或合理状态的成文和不成文规则或要求，这些规则或要求，是该行业在长期职业活动实践中形成和发展起来的，为行业内部共同遵守和普遍认同的法律、法规、制度、自律机制、风尚习惯、道德规范等。职业规范对行业内成员具有引导、规范和约束作用，同时也有调节与外界关系，保护行业长远利益的作用。

第一节 融媒体管理制度规范

一、融媒体相关行政管理概述

（一）行政管理的含义

行政管理是指国家依据法律法规运用行政手段对社会政治、经济、文化教育等生活的各个方面进行干预、调节和治理。行政管理是国家社会职能的表现形式，政府通过行政管理履行管理国家的职能。融媒体行业是国家对所有传媒进行行政管理的一部分。国家依照法律法规的授权和程序，保障和规范融媒体传播活动，规范和促进融媒体产业发展，监管和惩戒融媒体相关违法违规行为，促进融媒体产业的健康繁荣。

（二）行政管理的范围

广义的行政管理包括了行政的整个体系，包括法律行政对融媒体相关行业的内容管理、传播管理、安全管理、人员管理等。融媒体具有跨媒介特性，当前我国对新闻传媒的管理方式主要是媒介管理，主要分布在报纸、杂志、广播、电视、电影和电信网络等。因此，这里仅讨论当前与融媒体关系密切的纸媒、电媒和网媒的行政管理。

1. 对出版物的管理

根据《出版管理条例》（2016年）第六条规定："国务院出版行政主管部门负责全国的出版活动的监督管理工作。国务院其他有关部门按照国务院规定的职责分工，负责有关的出版活动的监督管理工作。县级以上地方各级人民政府负责出版管理的部门（以下简称出版行政主管部门）负责本行政区域内出版活动的监督管理工作。县级以上地方各级人民政府其他有关部门在各自的职责范围内，负责有关的出版活动的监督管理工作。"

《出版管理条例》（2016年）第二条明确："本条例所称出版活动，包括出版物的出版、印刷或者复制、进口、发行。本条例所称出版物，是指报纸、期刊、图书、音像制品、电子出版物等。"

当前，我国出版管理的职能部门是国家新闻出版署（国家版权局）。国家新闻出版署（国家版权局）以《出版管理条例》为依据，制定各个部门规章，进一步明确职权分工。如《出版物市场管理规定》（2016年）第四条规定："国家新闻出版广电总局负责全国出版物发行活动的监督管理，负责制定全国出版物发行业发展规划。省、自治区、直辖市人民政府出版行政主管部门负责本行政区域内出版物发行活动的监督管理，制定本省、自治区、直辖市出版物发行业发展规划。省级以下各级人民政府出版行政主管部门负责本行政区域内出版物发行活动的监督管理。制定出版物发行业发展规划须经科学论证，遵循合法公正、符合实际、促进发展的原则。"

2. 对广播电视的管理

根据《广播电视管理条例》（2017年）第五条规定："国务院广播电视行政部门负责全国的广播电视管理工作。县级以上地方人民政府负责广播电视行政管理工作的部门或者机构（以下统称广播电视行政部门）负责本行政区域内的广播电视管理工作。"

《广播电视管理条例》（2017年）第二条明确："本条例适用于在中华人民共和国境内设立广播电台、电视台和采编、制作、播放、传输广播电视节目等活动。"

当前，我国广播电视管理的职能部门是国家广播电视总局。国家广播电视总局以《广播电视管理条例》为依据，制定各个部门规章，进一步明确职权分工。

此外，对广播电视管理的其他规章制度有《电视剧内容管理规定》《广播电视节目制作经营管理规定》《音像制品管理条例》等。

3. 对电信网络的管理

根据《电信条例》（2016年）第三条的规定："国务院信息产业主管部门依照本条例的规定对全国电信业实施监督管理。省、自治区、直辖市电信管理机构在国务院信息产业主管部门的领导下，依照本条例的规定对本行政区域内的电信业实施监督管理。"

《电信条例》（2016年）第二条明确："本条例所称电信，是指利用有线、无线的电磁系统或者光电系统，传送、发射或者接收语音、文字、数据、图像以及其他任何形式信息的活动。"

当前，我国电信管理的职能部门是国家互联网信息办公室（中共中央网络和信息化委员会办公室）。国家互联网信息办公室以《电信条例》为依据，制定各个部门规章，进一步明确职权分工。

电信网络管理的行政规章大都是以《电信条例》为依据制定的，主要有《网络信息内容生态治理规定》《网络音视频信息服务管理规定》《互联网新闻信息服务管理规定》《网络出版服务管理规定》《互联网视听节目服务管理规定》《专网及定向传播视听节目服务管理规定》《互联网文化管理暂行规定》《电信和互联网用户个人信息保护规定》《规范互联网信息服务市场秩序若干规定》《专网及定向传播视听节目服务管理规定》《互联网信息内容管理行政执法程序规定》《中华人民共和国互联网域名管理办法》《数字印刷管理办法》《图书、期刊、音像制品、电子出版物重大选题备案办法》《新闻出版保密规定》等。

行政管理的依据来自法律。我国现行的立法体制具有"一元、两级、多层次"的特点。"一元"是指全国范围内只存在一个统一的最高国家权力机关，行使国家立法权，即全国人民代表大会及其常务委员会。"两级"是指我国的立法体制分为中央立法和地方立法两个立法权等级。"多层次"是指不论是中央级立法，还是地方级立法，都可以各自分成若干个层次和类别。制定规范性法律文件的主体从中央到地方宝塔式的设置，层次清楚，权限明确，相应的它们制定的规范性法律文件的效力地位也是成为梯级的。

其一，根据《中华人民共和国立法法》，国务院（及其所属部委）有权根据宪法和法律制定行政法规，发布决定和命令，可以根据全国人大及其常委会的授权，修改、补充法规或拟定有关条例以草案的形式发布施行。因此，我们可以看到很多法律在其附则中明确规定国务院可以根据法律制定相关实施细则。例如，《著作权法实施条例》就是国务院为执行《著作权法》而制定的，《计算机软件管理条例》《网络传播权保护条例》是根据《著作权法》为保护计算机软件著作权和网络传播权而制定的。

国务院发布的行政管理的法规一般有三种形式：对某一方面的行政工作作比较系统全面的规定，称之为条例，如《音像制品管理条例》《出版管理条例》《印刷业管理条例》《广播电视管理条例》《中华人民共和国电信条例》等。对某一方面的行政工作的部分规定称之为规定，如《新闻出版广播影视从业人员廉洁行为规定》《出版物市场管理规定》《专网及定向传播视听节目服务管理规定》等。对某一方面的行政工作作比较具体的规定的称为办法，如《广播电视节目制作经营管理办法》《互联网新闻信息服务单位内容管理从业人员管理办法》《互联网信息服务管理办法》《群众参与的广播电视直播节目管理暂行办法》等。

其二，省、自治区、直辖市可以根据法律、行政法规和本省、自治区、直辖市的地方性法规，制定地方政府规章。《立法法》第七十二条规定："省、自治区、直辖市的人民代表大会及其常务委员会根据本行政区域的具体情况和实际需要，在不同宪法、法律、行政法规相抵触的前提下，可以制定地方性法规。"第七十四条规定："经济特区所在地的省、市的人民代表大会及其常务委员会根据全国人民代表大会的授权决定,制定法规,在经济特区范围内实施。"第七十五条规定:"民族自治地方的人民代表大会有权依照当地民族的政治、经济和文化的特点,制定自治条例和单行条例。"

地方性法规的事项第七十三条规定了地方性法规规定事项的范围,一是为执行法律、行政法规的规定,需要根据本行政区域的实际情况作具体规定的事项。例如,为规范深圳市连续性内部资料出版物,深圳市2005年4月根据《出版管理条例》《印刷业管理条例》等有关规定出台了《关于重申连续性内部资料出版物有关规定的通知》。二是属于地方性事务需要制定地方性法规的事项。例如,2004年11月24日吉林市第十三届人民代表大会常务委员会第十六次会议通过了《吉林市网络新闻监督管理条例》。

因此,融媒体从业者不但要守法守规,也应知晓我国法律体系的层级关系,以便更好地在法律和行政管理的范围内进行新闻传播活动。

（三）行政管理的部门

国家依法对传媒实行行政管理,行政管理的具体实施在各级政府部门。2018年2月28日,中国共产党第十九届中央委员会第三次全体会议通过了《中共中央关于深化党和国家机构改革的决定》;2018年3月21日,中共中央印发了《深化党和国家机构改革方案》（以下简称《方案》）。根据《方案》,我国现行对传媒领域的行政管理部门较之前发生了较大变化,主要如下。

1. 中央网信办统筹管理全国网信工作

《方案》明确:中央网络安全和信息化领导小组将改为中央网络安全和信息化委员会,负责相关领域重大工作的顶层设计、总体布局、统筹协调、整体推进、督促落实。委员会的办事机构为中央网络安全和信息化委员会办公室。同时,中央网络安全和信息化委员会办公室职责也得到优化和扩充,将国家计算机网络与信息安全管理中心由工业和信息化部管理调整为由中央网络安全和信息化委员会办公室管理。工业和信息化部仍负责协调电信网、互联网、专用通信网的建设,组织、指导通信行业技术创新和技术进步,对国家计算机网络与信息安全管理中心基础设施建设、技术创新提供保障。

2. 中宣部统一管理新闻出版及电影工作

《方案》明确:为加强党对新闻舆论工作的集中统一领导,加强对出版活动的管理,发展和繁荣中国特色社会主义出版事业,以及为更好发挥电影在宣传思想和文化娱乐方面的特殊重要作用,发展和繁荣电影事业,中央宣传部将统一管理新闻出版及电影工作,原国家新闻出版广电总局的新闻出版管理职责及电影管理职责划入中央宣传部。中央宣传部对外加挂国家新闻出版署（国家版权局）及国家电影局牌子。

调整后，中央宣传部关于新闻出版管理方面的主要职责是：贯彻落实党的宣传工作方针，拟订新闻出版业的管理政策并督促落实，管理新闻出版行政事务，统筹规划和指导协调新闻出版事业、产业发展，监督管理出版物内容和质量，监督管理印刷业，管理著作权，管理出版物进口等。

3. 组建国家广播电视总局

《方案》提出：为加强党对新闻舆论工作的集中统一领导，加强对重要宣传阵地的管理，牢牢掌握意识形态工作领导权，充分发挥广播电视媒体作为党的喉舌作用，在国家新闻出版广电总局广播电视管理职责的基础上组建国家广播电视总局，作为国务院直属机构。不再保留国家新闻出版广电总局。

国家广播电视总局的主要职责是：贯彻党的宣传方针政策，拟订广播电视管理的政策措施并督促落实，统筹规划和指导协调广播电视事业、产业发展，推进广播电视领域的体制机制改革，监督管理、审查广播电视与网络视听节目内容和质量，负责广播电视节目的进口、收录和管理，协调推动广播电视领域走出去工作等。

4. 组建中央广播电视总台

《方案》提出：坚持正确舆论导向，高度重视传播手段建设和创新，提高新闻舆论传播力、引导力、影响力、公信力，是牢牢掌握意识形态工作领导权的重要抓手。为加强党对重要舆论阵地的集中建设和管理，增强广播电视媒体整体实力和竞争力，推动广播电视媒体、新兴媒体融合发展，加快国际传播能力建设，整合中央电视台（中国国际电视台）、中央人民广播电台、中国国际广播电台，组建中央广播电视总台，作为国务院直属事业单位，归口中央宣传部领导。撤销中央电视台（中国国际电视台）、中央人民广播电台、中国国际广播电台建制。对内保留原呼号，对外统一呼号为"中国之声"。

中央广播电视总台的主要职责是：宣传党的理论和路线方针政策，统筹组织重大宣传报道，组织广播电视创作生产，制作和播出广播电视精品，引导社会热点，加强和改进舆论监督，推动多媒体融合发展，加强国际传播能力建设，讲好中国故事等。

5. 组建文化和旅游部

国务院机构改革后不再保留文化部和国家旅游总局，新组建文化和旅游部。文化和旅游部的主要职责为：贯彻落实党的宣传文化工作方针政策，研究拟订文化和旅游工作政策措施，统筹规划文化事业、文化产业、旅游业发展，深入实施文化惠民工程，组织实施文化资源普查、挖掘和保护工作，维护各类文化市场包括旅游市场秩序，加强对外文化交流，推动中华文化走出去等。

以上部门，国家互联网信息办公室与中央网络安全和信息化委员会办公室，一个机构两块牌子，为中共中央直属机构（中共中央直属机构是指直接由中共中央领导的，列入中共中央直属编制序列的机关部门和决策议事协调机构，这些部门中有些是中国共产党内部的部门，同时亦与国务院的部门一个机构两块牌子。文化和旅游部、国家新闻出版署（国家版权局）在中央宣传部加挂牌子，由中央宣传部承担相关职责，为国务院直属机构（国务院直属机构主管国务院的某项专门业务，具有独立的行政管理职能）。国务院新闻办公室在中央宣传部加挂牌子、国家广播电视总局、中央广播电视总台，为国务院办事机构（国务院办事机构协助国务院总理办理专门事项，不具有独立的行政管理职能）。这些机构下设各类职能司局，分管相关工作。

二、融媒体管理制度体系

（一）主体责任制度

主体是相对于客体而言，指的是认识和实践能力的人。责任是应当做的事情。融媒体管理中的主体责任是指将内容生产和传播的工作落实到每一个具体的人身上，"谁办网谁负责""谁生产谁负责""谁出版谁负责""谁发布谁负责""谁传播谁负责"，权责对等，履职尽责，违规必究的责任制度。落实主体责任制度要求所有媒体服务机构履行信息内容管理的责任，加强内部管理，营造积极健康、向上向善的网络生态环境。

在我国，所有的媒介管理法律法规都有落实主体责任的相关制度。《音像制品管理条例》第十六条规定："音像出版单位实行编辑责任制度，保证音像制品的内容符合本条例的规定。"《广播电视管理条例》第五十三条规定："广播电视行政部门及其工作人员在广播电视管理工作中滥用职权、玩忽职守、徇私舞弊，构成犯罪的，依法追究刑事责任；尚不构成犯罪的，依法给予行政处分。"《互联网新闻信息服务单位内容管理从业人员管理办法》第十六条规定："从业人员从事互联网新闻信息服务活动，存在违反本办法第五条至第八条规定，以及其他违反党和国家新闻舆论领域有关方针政策的行为的，国家或省、自治区、直辖市互联网信息办公室负责对其所在互联网新闻信息服务单位进行约谈，督促该单位对有关人员加强管理和教育培训。从业人员存在违法行为的，根据有关法律法规依法处理。构成犯罪的，依法追究刑事责任。"《网络信息内容生态治理规定》要求，网络信息内容服务平台应当履行信息内容管理主体责任，加强本平台网络信息内容生态治理，培育积极健康、向上向善的网络文化。《网络音视频信息服务管理规定》要求，网络音视频信息服务提供者应当落实信息内容安全管理主体责任，配备与服务规模相适应的专业人员，建立健全用户注册、信息发布审核、信息安全管理、应急处置、从业人员教育培训、未成年人保护、知识产权保护等制度，具有与新技术新应用发展相适应的安全可控的技术保障和防范措施，有效应对网络安全事件，防范网络违法犯罪活动，维护网络数据的完整性、安全性和可用性。

主体责任制度要求平台加强制度建设和机制创新，发挥舆论传导作用，健全用户注册、账号管理、信息发布审核、跟帖评论管理、版面页面管理、内容巡查管理、应急处置预案、网络谣言应对、不健康信息处置等制度。并将上述管理制度落实到人，设立专职负责人，配备与业务范围和服务模式相适应的专业人员，加强培训考核，提升从业人员素质，层层落实责任制。

主体责任制度还要求传媒机构在内容管理方面坚持主流价值导向。宣传习近平新时代中国特色社会主义思想，全面准确生动解读中国特色社会主义道路、理论、制度和文化，增强"四个意识"，树立"四个自信"，宣传党的理论路线方针政策，展示经济社会发展亮点，反映人民群众伟大奋斗和美好生活，弘扬社会主义核心价值观，向世界传播中华文化，弘扬中国文化。

主体责任制度还要求传媒机构要注意防范和抵制制作、复制、发布含有不良内容的内容信息。防止违反"四项基本原则"，危害国家统一、主权和领土完整，危害国家安全，损害国家荣誉和利益的内容。防止煽动民族仇恨、民族歧视，侵害民族风俗习惯，伤害民族感情，破坏民族团结，违反宗教政策的内容。防止扰乱社会秩序，破坏社会稳定，宣扬邪教、淫秽、赌博、暴力、迷信，危害社会公德或者民族优秀文化传统的内容。防止出现侮辱、歧视、诽谤他人，侵害他人合法权益的内容。防止诱使未成年人产生不良行为或者不良价值观，危害其身心健康的内容以及其他一切违法违规、违反社会公序良俗和道德的内容。

（二）许可备案制度

许可备案是指行政机关根据公民、法人或者其他组织的申请，经依法审查，准许其从事特定活动的行为或相对人按照法律、法规、行政规章及相关性文件要求，向主管部门报告制定的或完成的事项行为。《中华人民共和国行政许可法》第二条规定："行政许可是指行政机关根据公民、法人或者其他组织的申请，经依法审查，准予其从事特定活动的行为。"

当前，国家对下列新闻传播活动实行许可制度：
（1）出版、制作、复制、进口、批发、零售音像制品；
（2）电影摄制、进口、出口、发行、放映和电影片公映；
（3）印刷经营；
（4）电信业务；
（5）电信终端设备、无线电通信设备和涉及网间互联的设备的进网；
（6）经营性互联网信息服务（是指通过互联网向上网用户有偿提供信息或者网页制作等服务活动）；
（7）广播电视节目传送业务；
（8）从事信息网络传播视听节目业务；
（9）设立广播电视节目制作经营机构或从事广播电视节目制作经营活动；
（10）电视剧实行题材规划立项审查和电视剧发行。

附录：中国教育报刊社

中国教育报刊社是中华人民共和国教育部直属的新闻出版机构，主办"两报四刊三网"：《中国教育报》《中国教师报》；《人民教育》杂志、《中国高等教育》杂志、《神州学人》杂志、《中国民族教育》杂志；中国教育新闻网、神州学人网站、蒲公英评论网。

其中，《中国教育报》创刊于1983年，邓小平同志亲笔题写报名，是由教育部主管、中国教育报刊社主办的以教育新闻为主的全国性日报，是国内唯一一份面向全国的国家级教育日报，是迄今为止中国最具权威和最有影响力的教育新闻媒体。

近年来，中国教育报刊社深入贯彻落实习近平总书记关于推动媒体融合发展、做大做强主流舆论的重要论述，着力加强新闻舆论宣传工作，提升围绕中心、服务大局能力水平，全力推进媒体深度融合和治理能力建设。

从2015年开始，中国教育报刊社探索媒体融合之路，成立"中央编辑部"，统筹"两报四刊三网一端"及新媒体矩阵的力量，重构新闻策采编发业务流程和组织机构，加快推进体制机制改革、流程再造、产品创新，建立报刊社"智能教育融媒体平台"（以下简称"智融平台"）。记者一次采访、新闻产品多次生成，实现信息内容、技术应用、平台终端、管理手段共融互通，极大地增强了新闻宣传报道的生产效率和传播效率。

2018年3月，《中国教育报》获得第三届全国"百强报纸"。2019年12月7日，《中国教育报》入选"新媒体影响力指数"TOP10。

一、媒体融合总体情况

经过多年探索，中国教育报刊社形成了"三创、四融、五统、六全、七位一体"的媒体深度融合新模式。

（一）"三创四融"激发全员干劲

所谓"三创"，即创新体制、创新机制、创新产品。在建立一体化媒体深度融合运行机制中，建立教育媒体智融平台，实现"四融"，即流程融合、平台融合、资源融合、评价融合。

其中，流程融合，是指创新运行机制，实现全媒体一体化采编体系。完善匹配"中央编辑部"的融合生产和传播流程，探索新闻信息的一次采集、新闻产品的多次生成、多终端呈现、全渠道传播、全平台考核，实现流程智能化、高效化。平台融合，则是指改造软件环境，打造全媒体生产传播智融平台。资源融合，是指创新编发运行机制，建立报刊社中央稿库和大数据信息资源中心，打通内容资源、用户资源和渠道资源。评价融合，包括建立一体化考核体系等。

在智融平台上，每个人的角色从单一变为多元，编辑也是主持人，记者也是新媒体小编，甚至美工、场记、化妆师等。媒体大融合激发出前所未有的动力，大家团结协作，干劲满满。

（二）做强"大脑"——智融平台常态化

在中国教育报刊社"中央编辑部"，处于中间的大屏是这个"中央编辑部"的指挥大厅。从早到晚，只要有新闻发生，"中央编辑部"随时策划，记者、编辑随时采访、随时发稿、随时传播。目前，已经实现了常态化运作，每天社领导分工协作，坐镇调度中心，主持"中央编辑部"舆情研判会，每天上午研判策划重点选题；直接对接记者，部署采访报道；每日晚间的编前会统筹协调"报网端微"所有媒体的栏目和稿件，审核重点稿件及报纸版面。

为了做强"中央编辑部"，中国教育报刊社还创新实施了"全员、全网、全渠道、全平台、全流程、全天候"的"六全"工作机制，实现了统人、统事、统流程、统内容、统资源的"五统"的全面一体化。

其中，全员——"中央编辑部"统一指挥、调度旗下"两报四刊三网一端"采编力量。全网——纸媒、网站、客户端及移动端深度融合，一体化运作。全渠道——与众多社会化移动资讯平台合作，抢占移动互联网主阵地。全平台——充分发挥各媒体形态优势，打造立体化宣传传播格局。全流程——生产流程上，每个环节每个岗位都明确到人，确保运行流畅；在审稿流程上，严格实行"三级审稿，分级负责"；在发稿流程上，严格执行"三审三校"。全天候——"中央编辑部"随时策划，记者、编辑随时采访、随时发稿、随时传播，坚决守好教育新闻主阵地。

在融合过程中，深度融合"报网端微"各种资源，突出移动优先，中国教育报刊社积极打造"舆、策、采、编、发、传、评"七位一体的全新生产流程，打通报纸、网站及新媒体之间的壁垒，实现各种媒介资源、生产要素有效整合。

（三）突出行业特色，专业服务教育

习近平总书记指出，要"着力打造一批形态多样、手段先进、具有竞争力的新型主流媒体，建成几家拥有强大实力和传播力、公信力、影响力的新型媒体集团，形成立体多样、融合发展的现代传播体系"。

2018年7月，结合实际，中国教育报刊社制定了《中国教育报刊社改革发展媒体融合方案和愿景规划》。其战略目标是：把报刊社建设成为新型主流教育传媒集团。战略设计是：顺应媒体未来发展趋势，坚定正确的政治方向，以打造新型主流教育媒体为主体，新型教育新闻媒体集群和教育行业高端专业服务智库两翼发展。

中国教育报刊社的"两翼"分别如下：

一是打造新型主流教育媒体集群。核心是突出"新闻+服务""专业+服务""数据+服务"的教育特色，创新教育特色产品，发挥优势做大做强产品，特别是基于专业化内容的新媒体产品。打造"全天候中国教育报"，抢占和壮大线上教育舆论战略新阵地。对内，倾力打造"全天候中国教育报"新闻核心品牌，打造包括中国教育报纸媒、微信、微博、客户端等，众多基于全网、全平台、全渠道的中国教育报新媒体以及中国教育新闻网在内的新型媒体集群。

二是打造教育行业高端专业服务智库。以大数据、人工智能等为技术支撑，精心开发深度专业的教育行业信息服务产品，打造基于互联网和大数据的"教育新闻+专业智库"的各类教育服务和专业化信息服务的中教传媒智库产品。

深耕专业、创新发展，提升《人民教育》《中国高等教育》《中国民族教育》《中国教师报》等专业服务能力；高端引领、专业服务，打造以改革情报、舆情内参为引擎提供高端专业服务的"中教传媒智库"，增强新型主流教育媒体的专业服务力、核心竞争力。

专业化服务是行业媒体的生命。为此，中国教育报刊社提出要把"围绕中心、服务大局"作为新闻工作的崇高使命；把"方向性引领、专业化服务"作为行业媒体的基本思想理念；把"人民性质、教育特色"作为教育媒体的根本宗旨；把"转型发展、深度融合"作为改革发展的基本原则。因此，在加强传统报刊行业专业化服务的同时，中国教育报刊社重点在新媒体发力，向教育智库转型，占领制高点。

（四）从纸端到"指端"

中国教育报刊社坚持移动优先、新媒体优先，前方后方协同，网上网下联动，将一网（中国教育新闻网）、两端（中国教育之声客户端、中国教育报客户端）和中国教育报微信微博、平台号等新媒体矩阵，作为宣传报道的最前端，所有新闻第一时间在网站、客户端、微博微信及平台号上发布，从纸端到"指端"。

在移动端（客户端、微信公众号）全天候发布大量权威、及时、有用的报道，移动端多项关键数据创下新高。

除了"两报四刊三网"的日常出版、更新外，中国教育报刊社客户端、微信及各个社会化平台也都保持着实时更新，通过以中国教育报微信为核心，辐射头条号、微博、一点号、抖音、快手等十余个社会化平台号。

（五）从单打独斗到"一鱼多吃"

视频报道是中国教育报刊社提升宣传报道传播力、影响力的一大重点。一次采访、多元生成，从传统的单打独斗到"一鱼多吃"，中国教育报刊社整合资源、渠道、流程和人力，发挥网端微屏自身特点，推出了多篇颇具品质和格调的报道。

以2020年两会中推出的"驻村第一书记对话代表委员"融媒体报道为例，中国教育报刊社融媒体报道团队分成7路，每个团队3至4人，走进未摘帽的贫困县，一次性采集素材，然后根据报纸、微信、客户端等不同介质的属性，生产出的产品有供报纸使用的整版严肃深度稿，有供移动端轻阅读的推文，有即时的视频连线直播，有精加工、颇具看点的短视频小故事，借助腾讯视频、今日头条、抖音、快手等平台进行差异化传播……以多种形式呈现，集体发声、形成声势，全渠道提升新闻产品的品质，力求将报道的影响力做到最大。

二、媒体融合组织机构再造

为了进一步推进媒体融合，中国教育报刊社对组织机构进行了以下三个方面的改革。

（一）管理体制的改革

取消各子报子刊编辑部领导行政级别，公招优秀人才，以解决媒体融合外在机制的问题。

（二）薪酬制度的改革

首席记者和社领导的同酬，打破了管理和业务的官本位，为年轻人提供了上升渠道，激发其积极性，解决了人的问题。

以上两个问题的解决释放了报刊社媒体发展的活力。

（三）成立全媒体中心

这是一个跨越编辑部的统筹协调机构。全媒体中心主任由社领导担任，副主任由各个媒体的总编辑或副总编辑来担任，这基于对全媒体中心定位的三个判断：

一是采编数字化、经营数字化、管理智能化的母平台。全媒体中心是一个技术的平台，也是一个品牌的平台。如中国教育之声就是这样一个实体，它面向移动端，但也统筹传统媒体与网媒，把整个转型业务放在全媒体中心母平台的框架下思考。

二是传统媒体与新媒体融合发展的司令部。以全媒体中心牵头，整合两报四刊的资源，尝试全媒体报道。例如，两会期间报刊社邀请两会代表和基层教师到视频演播室访谈，实现新闻素材的一次采集。采集之后生成多个产品，根据不同终端的特点，在不同的终端发布，报纸突出深度，杂志突出思想，网站突出整合，新媒体突出交互，探索融媒体的报道。

三是新媒体项目的主力军。全媒体中心是主力军但并不意味着要探索整个报刊社的新媒体业务，各编辑部也自发地探索。全媒体中心承担的是前沿和支撑的作用，为各个编辑部提供资源支持。

三、内容的采集、发布——以中国教育报客户端为例

中国教育报刊社打造推出了中国教育报客户端，这是中国教育报刊社推动媒体融合向纵深发展的新型平台，是"全天候中国教育报"倾力打造的全媒体内容生产和传播新型阵地。

运行以来，中国教育报客户端充分发挥主流教育行业媒体优势和移动互联优势，聚合中国教育报多年来形成的核心品牌资源、内容资源、数据资源，搭建多元、优质的新闻产品生产线，秉承"方向性引领，专业化服务"理念，聚焦"教育新闻+专业服务+新媒体产品"，为广大用户提供24小时流淌在互联网上的中国教育报，以理性塑造有品质的文图音视频新闻产品，开创新时代主流教育媒体提升传播力、引导力、影响力、公信力的新征程。

目前，中国教育报客户端主要设置头条、评论、高等教育、基础教育、职业教育、家庭教育等频道，并提供音频、视频、直播等多介质的新闻产品，第一时间传播党中央、国务院及教育部出台的教育方针政策，全面深入报道全国教育战线改革发展的生动实践、感人故事，更好地服务教育改革发展大局。

（一）运行机制

成立专门的负责团队负责日常运营，并明确主要职责：

（1）从当日中国教育报见报报纸、人民日报、新华社、央视新闻等权威媒体遴选选题，更新至中国教育报客户端相关栏目，把好政治关、导向关、质量关；

（2）及时选用、审签中央编辑部"中央编辑部稿库"中的原创稿件、图片、音视频，按时保质保量完成刊播任务；

（3）完成"中央编辑部"交办的其他事项。

（二）报道内容

（1）更新中国教育报客户端，所使用的内容来源限于：

新华社（新华网）发布的涉及中央领导的时政类报道；

新华社（新华网）、人民日报（人民网）、央视（央视网）、央广（中国广播网）、光明日报（光明网）、经济日报等中央媒体及官方新媒体发布的两会报道和教育类报道；

来自教育部官网和"微言教育"微信公众号发布的内容；

各省级党报及所属网站发布的该省相关的两会报道和教育类报道；

中国教育报电子版见报报道和中国教育新闻网刊播报道；

中国教育报刊社记者（上会记者、后方报道组记者）采写的稿件、图片、音视频（来源为智融平台"中央稿库"）等；

其他中央网信办开设白名单的媒体，在不涉及版权问题的前提下，主编认为有必要签发的报道。

（2）根据需要制作新闻专题，并进行更新和运营，具体内容包括文字稿件、图片、音视频等多种形式，与中国教育报客户端相关栏目、频道对应。

（三）工作流程

1. 值班负责人职责

（1）严把客户端刊播内容的政治关、导向关、政策关、质量关，是APP日常维护安全和质量的第一责任人。

（2）负责客户端的终审，对每篇稿件的内容、标题、配图、封面图以及勾选栏目是否合适进行最后审核、签发，如果需修改，应安排编辑或亲自对上述内容进行修改。如有把握不准的情况，须向上级领导请示。

（3）及时完成中央编辑部交办的其他工作。

2. 编辑职责

值班编辑须及时完成自己所负责栏目的稿件更新工作，具体内容包括：

（1）每天早上及时选取中国教育报当天的见报稿件，按栏目、频道更新到客户端上。

（2）从中央稿库、新华社稿库等根据需要选取稿子至采编里的中国教育报客户端稿库。

（3）从中央主流媒体选取合适的教育类报道，更新到客户端上。

（4）对稿件内容进行编辑、审核，除中国教育报、新华社、人民日报、央视新闻之外的其他稿件，均须及时请值班负责人审阅后发布。部分稿件可能涉及需要修改电头、按照中国教育报客户端的业务规范填写相关信息。

（5）给稿件起适合移动端传播特点的标题，并交由值班负责人终审。

（6）给稿件选取适合的图片，包括封面图（有根据需要准备好的部分封面图）和稿件内图片（如没有可不放）。插入稿件的图片必须有图片说明。

（7）给稿件选取合适的标签。

（8）及时完成值班负责人交办的其他工作任务。

3. 工作流程

（1）报纸上的见报稿以及新华社、人民日报、央视新闻所发稿件，由编辑自行根据自己负责的栏目进行选用，每天及时更新。

（2）其他媒体尤其是社会媒体和地方媒体所发稿件，由编辑根据稿件完成编稿、选图等工作后把稿件在采编上传稿给值班负责人，经值班负责人审核无问题后签发。

（3）发现有问题的稿件须及时向上级汇报，并由值班负责人统一进行修改或删除操作，编辑不得自行修改和删除稿件。

（四）编辑业务规范

（1）使用其他媒体（如新华社、人民日报、央视新闻）的稿件，电头、记者署名和所放位置，相应表述以及对原标题的处理规范：

消息直接在开头署，如"新华社某地某日电 记者（某某 某某）""人民日报某地某日电（记者 某某 某某）"；

通讯署在结尾，如"新华社某地某日电 记者 某某 某某（注：此处名字不加括号）"；

人民日报有很多通讯结尾不加电头的，这种情况在结尾署：人民日报记者 某某 某某。其他媒体的与此处理方法类似。

特别注意：如果客户端修改了原标题，应该在文章结尾加一行字："文章原标题：×××××××"，并将字体加粗。

（2）使用中国教育报自己的稿子规范与上述类似：

消息署"中国教育报——中国教育报客户端某地某日讯（记者 某某 某某 通讯员 某某）"；

通讯有日期的在结尾署"中国教育报——中国教育报客户端某地某日电 记者 某某 某某"，没有日期的在结尾署"中国教育报——中国教育报客户端记者 某某 某某"。

需要注意的是：如果客户端签发时改了标题，同样在结尾注明原标题。

（3）非新闻类稿件，如署名文章等：

在结尾注明"来源：中国教育报某日某版 作者某某系×××××××（不知道身份可以不写）"。

（4）评论报道：

如果是以中国教育报刊发的评论报道，直接在结尾署"中国教育报——中国教育报客户端评论员"。

转发其他媒体的评论与上述操作类似。

（5）使用其他来源的文章，如教育部网站等政府网站、微信公众号、微博等：

在结尾括号里注明"来源：××××媒体/单位名称，作者某某（如果没有作者可以不填）"。

（6）中国教育报记者采写在中国教育报客户端首发的稿子署"中国教育报客户端某地某日讯（记者 某某）"。

（7）新华社稿库的稿件、图片不能直接在客户端上用，但可以转发新华网同题稿件及带新华网水印的图片。

参考文献

[1] 陈昌凤.媒体融合中的全员转型与生产流程再造——从澎湃新闻的实践看传统媒体的创新[J].新闻与写作,2015(9):48-50.

[2] 陈力丹,向笑楚,穆雨薇.普利策奖获奖作品《雪崩》为什么引起新闻界震动[J].新闻爱好者,2014(6):43-56.

[3] 陈颂清.以优质内容参与传播竞争[J].新闻战线,2018(11):16-18.

[4] 中国互联网络信息中心(CNNIC).中国互联网络发展状况统计报告[EB/OL].[http://www.cnnic.net.cn/hlwfzyj/hlwxzbg/hlwtjbg/202004/P020200428596599037028.pdf]2020-04-28.

[5] 郭全中.互联网思维与传统媒体转型[J].出版广角,2014(13):35-37.

[6] 刘旺,雷鸣.出版融合呼唤产品经理——产品经理的职能、胜任力分析及核心能力构建[J].出版广角,2019(16):10-13.

[7] 傅伟中.从图书编辑到产品经理——从畅销书看融合发展背景下编辑思维的转换[J].中国编辑,2017(9):39-45.

[8] 林晖.从"新闻人"到"产品经理",从"受众中心"到"用户驱动":网络时代的媒体转型与"大众新闻"危机——兼谈财经新闻教育改革[J].新闻大学,2015(2):1-6.

[9] 顾春.县级融媒体中心建设全面启动[EB/OL].[http://media.people.com.cn/n1/2018/0922/c40606-30308803.html]2018-09-22.

[10] 朱春阳.县级融媒体中心建设的任务、核心问题与未来方向[J].传媒评论,2018(10):9-12.

[11] 郭全中.县级融媒体中心建设的进展、难点与对策[J].新闻爱好者,2019(7):14-19.

[12] 王建,付小艳.数字出版编辑思维转型:从编辑走向产品经理[J].中国出版,2019(4):35-38.

[13] 习近平.习近平在党的新闻舆论工作座谈会上的讲话[EB/OL].[http://cpc.people.com.cn/n1/2016/0220/c64094-28136289.html]2016-02-20.

[14] 曾祥敏.三大央媒集中发力布局智能生态,智能编辑的潜力有多大?[EB/OL].中国日报网,2020-01-4.

[15] 丁和根.县级融媒体中心核心功能的实践路径与保障条件探析[J].南京师范大学学报(社会科学版),2020(4):130-139.

[16] [美]迈克尔·哈默.企业行动纲领[M].赵学凯等译.中信出版社,2002.

[17] 李海燕.ERP实施过程中的业务流程重构分析[J].中国外资,2012(18):135.

[18]黄楚新.当前我国媒体融合发展特点、问题及趋势[J].人民论坛·学术前沿,2019(12):84-93.

[19]刘奇葆.加快推动传统媒体和新兴媒体融合发展[N].人民日报,2014-04-23(6).

[20]李岚.生态式改革:广电转型全媒体的体制机制创新[J].视听界,2014(4):36-40.

[21]媒体深度融合 打造传媒旗舰——访天津海河传媒中心党委书记、总裁王奕[J].中国记者,2019(4):54-57.

[22]大庆新闻传媒集团获"中国最具投资潜力媒体单位"称号[EB/OL].大庆网,[http://www.daqing.gov.cn/zwdt/qszwxx/200255.shtml]2011-08-30.

[23]程伟.传统媒体转型与采编流程重组[J].传媒观察,2017(1):50-52.

[24]Harrison,B.D.,Pratt,M.D.,A Methodology for Reengineering Business.,Planning Review,1993,21(2):6-11;Furey,T.R.,A Six Step Guide to Process Reengineering. Planning Review,1993,21(2):20-23.

[25]Kettinger W.J. & Grover V.Toward a Theory of Business Process Change Management [J].Management Information Systems,1995,12(1):9-30.

[26]Hammer M.,Champy J.A.Reengineering the Corporation: A Manifesto for Business Revolution[M]. Harvard Business,NY,1993.

[27]习近平视察解放军报社并发表重要讲话,2015-12-25.

[28]宋建武.物理空间易打造,真正融合不容易;曲延涛:受众在哪里,宣传报道的触角就要伸向哪里,见2019(第四届)全国党报网站高峰论坛,2019-07-31.

[29]巢乃鹏,刘欣.媒介融合时代采编业务流程重组研究——以南京某报媒人员的深度访谈来展开[J].新闻记者,2012(5):21-27.

[30]彭兰.变革与挑战:智能化技术对传媒业的影响[J].信息安全研究,2019,5(11):966-974.

[31]Hamid Reza Ahadi, An Examination of the Role of Organization Enablers in Business Process Reengineering and Impact of Information Technology[J].Information Resources Management Journal, 2004,17(4):1-19.

[32]从竞争到合作 人民云打造融媒体协同发展平台[EB/OL].人民网—舆情频道,2019-04-19.

[33]田米亚.深耕垂直领域 做好专业服务——对融媒体时代专业媒体经营的思考[J].财会学习,2018(35):156-157.

[34]广州日报报业集团.打好"组合拳"构建一体化生产融媒方阵[EB/OL].中国记协网,2018-10-11.

[35]李天行.人民日报中央厨房"融媒体工作室"再探媒体融合新模式[J].中国记者,2017(1):9-11.

[36] 胡义华,卓芝琴.融媒体时代,如何做好新闻的追踪报道[J].中国记者,2019(8):108-109.

[37] 辛瑞佳.以科技为驱动,打造智能化的内容风控平台[J].传媒,2019(19):22+24.

[38] 唐彩红.融媒体工作室推动媒体融合的路径探析[J].记者摇篮,2020(8):3-5.

[39] 童云.融媒体工作室管理模式创新研究[J].现代视听,2020(3):34-37.

[40] 尤莼洁.上海观察融媒体工作室:新技术新应用生产优质融媒体内容[J].传媒评论,2018(3):18-20.

[41] 唐彩红.融媒体工作室推动媒体融合的路径探析[J].记者摇篮,2020(8):3-5.

[42] 万方."学界大咖"寻找2015中国经济关键词[EB/OL].[http://news.cnr.cn/native/gd/20150121/t20150121_517491129.shtml]2015-01-21.

[43] Rodney, M. Radical Change: A Conceptual Model for Research Agendas[J]. Leadership Organization Development Journal, 2003, 24(4):226-235.

[44] 曹三省.面向全媒体格局的智能融媒体创新发展路径[J].领导科学论坛,2019(16):60-81.

[45] 段鹏.试论我国智能全媒体传播体系建设的实践路径:内容、框架与模式[J].现代出版,2020(3):11-18.

[46] 宋建武,于书亚.使命与愿景:人工智能编辑部的智能传播模式[J].媒体融合新观察,2020(2):21-26.

[47] 曾祥敏.三大央媒集中发力布局智能生态,智能编辑的潜力有多大?[EB/OL].中国日报网,2020-01-04.

[48] 肖娜.谈新媒体时代新闻编辑的媒介素养[J].编辑之友,2014(9):56-59.

[49] 崔金贵,盛杰,谈国鹏,顾艳,刘伦,刘星星.编辑的新媒体素养培养[J].中国科技期刊研究,2014,25(7):970-974.

[50] 习近平.2013年8月19日全国宣传工作会议讲话.

[51] 南振中.记者的发现力[M].清华大学出版社,2018.

[52] 李良荣.新闻学概论[M].复旦大学出版社,2012.

[53] 蔡雯.从面向"受众"到面对"用户"——试论传媒业态变化对新闻编辑的影响[J].国际新闻界,2011,33(5):6-10.

[54] 王建,付小艳.数字出版编辑思维转型:从编辑走向产品经理[J].中国出版,2019(4):35-38.

[55] 苏杰.人人都是产品经理2.0:写给泛产品经理[M].电子工业出版社,2017.

[56] 张永杰.互联网产品经理的34堂修炼课[M].中国工信出版集团,人民邮电出版社,2017.

[57] 傅伟中.从图书编辑到产品经理——从畅销书看融合发展背景下编辑思维的转换[J].中国编辑,2017(9):39-45.

[58] 江菊敏.以互联网思维为支点走向产品思维[J].新闻战线,2016(15):73-75.

[59] 宫承波,梁培培.从"用户体验"到"媒体用户体验"——关于媒体用户体验几个基本

问题的探析[J].新闻与传播评论,2018,71(1):66-73.

[60]John Edson.苹果的产品设计之道：产检优秀产品、服务和用户体验的七个原则[M].机械工业出版社,2013.

[61]徐凌.读图时代的新闻图片编辑[J].南通大学学报(社会科学版),2007(4):137-140.

[62]朱春阳.县级融媒体中心建设：经验坐标、发展机遇与路径创新[J].新闻界.2018(9).

[63]人民日报"中央厨房"有什么不一样[EB/OL].人民网—新闻战线,[http://www.xinhuanet.com/newmedia/2017-02/23/c_136078802.htm]2017-02-23.

[64]丁俊杰.智能融媒体：理解、要求与期待[J].中国科技信息,2020(7).

[65]朱春阳,曾培伦."单兵扩散"与"云端共联"：县级融媒体中心建设的基本路径比较分析[J].新闻与写作,2018(12):25-31.

[66]李彪.县级融媒体中心建设：发展模式、关键环节与路径选择[J].编辑之友,2019(3):44-49.

[67]张庆洁.县级融媒体中心建设路径探索[J].传媒,2019(1).

[68]崔金贵,盛杰,谈国鹏,顾艳,刘伦,刘星星.编辑的新媒体素养培养[J].中国科技期刊研究,2014,25(7):970-974.

[69]New Media Consortium(2005).A Global Imperative: the Report of 21st Century Literacy Summit.

[70][美]琳达·哥乔斯.产品经理手册[M].祝亚雄,冯华丽,金驼彬译.机械工业出版社,2017.

[71][德]乌尔里希·贝尔.风险社会：新的现代性之路[M].张文杰,何博闻译.译林出版社,2018.

[72]庞继光.拟态环境下的"媒介化风险"及其预防[J].西南民族大学学报(人文社科版),2008(4):102-104.

[73]刘晓程.媒介化风险社会对危机传播环境的改变[J].武汉理工大学学报(社会科学版),2012(1):43-46.

[74][美]罗伯特·希斯.危机管理[M].王成等译.中信出版社,2004.

[75]史安斌.危机传播与新闻发布[M].清华大学出版社,2013.

[76]习近平关于防范风险挑战、应对突发事件论述摘编[M].中央文献出版社,2020.

[77]张玺乾.政府危机公关中的整合传播[J].新闻界,2004(3):50-51.

[78]田新蕊,王海英.创新能力实用教程[M].石油工业出版社,2009.

[79][美]琳达·哥乔斯.产品经理手册[M].祝亚雄,冯华丽,金驼彬译.机械工业出版社,2017.

[80]习近平出席全国宣传思想工作会议并发表讲话[EB/OL].新华网,[http://www.xinhuanet.com/2018-08/23/c_129938245.htm]2018-08-23.

[81]顾春.县级融媒体中心建设全面启动[EB/OL].人民网,[http://media.people.com.cn/

n1/2018/0922/c40606-30308803.html]2018-09-22.

[82]中共中央宣传部、国家广播电视总局.县级融媒体中心建设规范[EB/OL].国家广播电视总局官网,[http://www.nrta.gov.cn/module/download/downfile.jsp?classid=0&filename=e961041c73e44644a757b3effe57b050.pdf]2019-01-15.

[83][美]琳达·哥乔斯.产品经理手册(原书第4版)[M].祝亚雄,冯华丽,金驼彬译.机械工业出版社,2017.

[84]梁衡.总编手记:版面背后的故事[M].中国人民大学出版社,2018.

[85]Wahl-Jorgensen, K. The Strategic Ritual of Emotionality: A Case Study of Pulitzer Prize-winning Articles[J]. Journalism, 2013,14(1), pp.129-145.

[86]彭兰.短视频:视频生产力的"转基因"与再培育[J].新闻界,2019(1):34-43.

[87]潘毅.电视台记者获取新闻线索的有效途径研究[J].西部广播电视,2019(17):150-156.

[88]廖凌云.浅谈热线电话的作用——以《齐鲁晚报》读者热线为例[J].新闻世界,2013(11):34-36.

[89]崔玲.探究新闻采访的"意义"及实现途径[J].声屏世界,2019(11):72-73.

[90]王珊珊,李艳华,俞博飞.勤奋使得妙笔生花[J].新闻三昧,2008(10):25.

[91]韩世峰.获取新闻线索的三个重要途径[J].采写编,2020(02):43-44.

[92]安玲,刘翔.网络媒体热点事件的报道方式——以中国警察网大案要案频道为例[J].新闻战线,2014(8):61-63.

[93]张娴君.从新闻心理学的视角看新闻标题中的新闻价值[J].今传媒,2019,27(10):118-120.

[94]刘文婧.新闻线索与新闻价值[N].鄂尔多斯日报,2020-08-17(3).

[95]吴双红.浅析纸媒记者如何在互联网时代挖掘新闻线索[N].云南经济日报,2020-08-05(B04).

[96]申凡.网络传播心理学[M].清华大学出版社,2013.

[97]卜洪漩.融媒体背景下移动短视频新闻传播策略探析[J].巢湖学院学报,2019,21(4):98-104.

[98]吴学秋.在"博弈"中"协同"发展[EB/OL].价值中国网,2007-06-08.

[99]程楠.基于博弈论的媒体参与下网络舆情演化机制研究[D].南京邮电大学,2018.

[100]罗坤瑾.控制论视域下的网络舆论传播[J].学术论坛,2011,34(5):179-183.

[101]徐盛,李梁.基于PID技术的烘炉温控精益管理[J].电镀与涂饰,2020,39(14):934-938.

[102]尹冠琳.新媒体环境下明星访谈节目的制播特点与价值取向——以《星月对话》和《非常静距离》为例[J].河北企业,2018(12):138-139.

[103]于力音.国内电视人物访谈节目的特色和价值取向——以《鲁豫有约》《非常静距离》和《杨澜访谈录》为例[J].新闻知识,2015(9):64-65.

[104]张君成.县级融媒最大优势是群众贴近性[EB/OL].[http://media.people.com.cn/

n1/2019/0606/c14677-31123934.html]2019-06-06.

[105]海南县级融媒体中心入选全国县级融媒体中心建设十大典型案例[EB/OL].[http://www.cac.gov.cn/2020-12/18/c_1609858711708567.htm]2020-12-18.

[106]方提,尹韵公.县级融媒体中心建设的重要意义[EB/OL].[http://media.people.com.cn/n1/2019/0923/c14677-31367108.html]2019-09-23.

[107]王二龙,李明非."机器新闻写作":历史、现状与应对策略[J].新闻战线,2019(10):19-21.

[108]Hu B. Chen Q. Zhu F. LCSTS: A Large Scale Chinese Short Text Summarization Dataset[J]. Computer Science, 2015:2667-2671.

[109]爱因斯坦.爱因斯坦文集:第三卷[M].许良英译.商务印书馆,1979.

[110]赵宇翔,范哲,朱庆华.用户生成内容(UGC)概念解析及研究进展[J].中国图书馆学报,2012(5):68-81.

[111]廖晓雅,刘传才,徐晓峰等.基于用户属性的协同滤波混合推荐系统研究[J].计算机与数字工程,2019,47(6):1377-1381,1431.

[112]陈起来,武开有.基于广播融媒体内容生产平台的UGC安全控制策略[J].中国广播,2017(7):43-45.

[113]三声.梨视频总编辑李鑫:资讯短视频会成为这个时代的媒体支撑[EB/OL].[http://www.sohu.com/a/211414493_524286]2017-12-19.

[114]孔子俊.用户生产专业化(PUGC):梨视频的内容生产模式探析[J].新媒体研究,2018,4(13):17-18.

[115]满都拉.美术编辑学概论[M].清华大学出版社,2018.

[116]满都拉.美术编辑工作指南[M].清华大学出版社,2012.

[117]满都拉.美术编辑创意课经典案例200[M].清华大学出版社,2016.

[118]满都拉.期刊美术编辑指导教程[M].电子工业出版社,2014.

[119]满都拉.新闻人物素描[M].电子工业出版社,2015.

[120]马克思恩格斯全集(第1卷)[M].人民出版社,1956.

[121]谷虹.信息平台论——三网融合背景下信息平台的构建、运营、竞争与规制研究[M].清华大学出版社,2012.

[122]彭兰.网络传播概论[M].中国人民大学出版社,2017.

[123]彭兰.未来传媒生态:消失的边界与重构的版图[J].现代传播(中国传媒大学学报),2017,39(1):8-14+29.

[124]贾军.算法推荐新闻:技术困境与范式变革[J].西南民族大学学报(人文社科版),2019(5):152-156.

[125]彭兰.场景:移动时代媒体的新要素[J].新闻记者,2015(3):20-27.

[126]郑雷,江苏佳,郑立波.新媒体环境下新闻内容分发平台的衍变、特征及影响[J].传

媒, 2019(24):91-93.

[127]谭雪静.利用XML技术完善编排校一体化出版模式[J].中国科技期刊研究, 2018(7):711-714.

[128]喻国明,兰美娜,李玮.智能化：未来传播模式创新的核心逻辑——兼论"人工智能+媒体"的基本运作范式[J].新闻与写作, 2017(3):41-45.

[129]中国互联网络信息中心.第47次中国互联网络发展状况统计报告[R/OL].[https://zndsssp.dangbei.net/2021/20210203.pdf]2021-02.

[130]张志安,汤敏.论算法推荐对主流意识形态传播的影响[J].社会科学战线, 2018(10):174-182+2.

[131][德]尤尔根·哈贝马斯.李黎,郭官一译.作为"意识形态"的技术与科学[M].上海：学林出版社, 1999.

[132]马克思恩格斯全集（第19卷）[M].人民出版社, 1972.

[133]郭庆光.传播学教程[M].中国人民大学出版社, 1999.

[134]人民网研究院.2020年媒体融合传播指数报告[R/OL].[http://yjy.people.com.cn/n1/2021/0426/c244560-32088214.html]2021-04.

[135]赖少芬,孙丽萍,李志勇等.版权资产：激活"沉默"的金山[J].瞭望, 2012(26).